D0817490

McGraw-Hill Educatio

Preparación para el

Examen TASC

Examen de Competencia para Educación Secundaria™

McGraw-Hill Education

Preparación para el Examen TASC

Examen de Competencia para Educación Secundaria™

Kathy A. Zahler

Diane Zahler

Stephanie Muntone

Thomas A. Evangelist

Mc
Graw
Hill
Education

New York Chicago San Francisco Athens London Madrid
Mexico City Milan New Delhi Singapore Sydney Toronto

1 2 3 4 5 6 7 8 9 0   RHR/RHR   1 2 1 0 9 8 7 6

ISBN   978-0-07-184760-5
MHID   0-07-184760-X

e-ISBN   978-0-07184761-2
e-MHID   0-07-184761-8

Contenido

 Introducción al Examen TASC   **1**

¿Por qué un nuevo examen ahora?. .1

¿Qué son los Estándares Comunes? 2

Nuevos formatos 4

Acerca del Examen .7

La calificación del examen. 17

Estrategias para tomar exámenes 18

 Examen TASC de Artes del lenguaje–Lectura   **21**

Examen TASC de Artes del lenguaje-Examen de prueba en Lectura. . . . 23

Examen TASC de Artes del lenguaje-Respuestas al Examen
de prueba en Lectura 31

Examen TASC de Artes del lenguaje—Repaso de lectura 32

1 Leer cuidadosamente para hacer inferencias, citar evidencia
y llegar a conclusiones   32

2 Determinar temas o ideas centrales; resumir detalles
e ideas de apoyo   34

3 Analizar cómo y por qué las personas, los eventos o ideas
se desarrollan e interactúan   36

4 Interpretar y analizar palabras y frases   38

5 Analizar la estructura de los textos   40

6 Evaluar el punto de vista y el propósito   42

7 Evaluar el contenido presentado en diversos formatos y medios   44

8 Delinear y evaluar argumentos y planteamientos en un texto   46

9 Analizar cómo dos o más textos se refieren a temas o tópicos similares   47

10 Determinar significados de palabras   50

11 Entender el lenguaje figurado, relaciones de palabras y matices   52

12 Palabras y frases de uso académico y campos específicos   54

Examen TASC de Artes del lenguaje–Examen de práctica en Lectura . . . 56

Examen TASC de Artes del lenguaje–Lectura Respuestas explicativas del examen de práctica 78

Examen TASC de Artes del lenguaje–Escritura

81

Examen TASC de Artes del lenguaje–Examen de prueba en Escritura . . . 83

Examen TASC de Artes del lenguaje–Escritura Respuestas al Examen de prueba de Escritura 91

Examen TASC de Artes del lenguaje–Repaso de escritura 93

   1 Normativas del español estándar Gramática y uso 94

   2 Normativas del español estándar Mayúsculas, puntuación y ortografía 100

   3 Aplicar el conocimiento del lenguaje 104

   4 Escribir argumentos para apoyar planteamientos 105

   5 Escribir textos explicativos e informativos 108

   6 Producir una escritura clara y coherente 110

   7 Desarrollar y fortalecer la escritura 112

   8 Obtener evidencia de los textos 113

Examen TASC de Artes del lenguaje–Examen de prueba en Escritura . . . 117

Examen TASC de Artes del lenguaje–Escritura Respuestas explicativas del examen de práctica 134

Examen TASC de Matemáticas

139

Examen TASC de Matemáticas–Examen de prueba 141

Respuestas al examen de prueba de Matemáticas 150

Repaso del Examen TASC de Matemáticas 151

   1 El sistema de números reales 151

   2 Cantidades 154

   3 El sistema de números complejos 156

   4 Distinguir estructuras en expresiones 158

   5 Aritmética con polinomios y expresiones racionales 161

   6 Crear ecuaciones 164

   7 Razonar con ecuaciones y desigualdades 167

   8 Interpretar funciones 172

   9 Construir funciones 176

10 Modelos lineal, cuadrático y exponencial   178

11 Funciones trigonométricas   181

12 Congruencia   184

13 Similitud, triángulos rectos y la trigonometría   189

14 Círculos   192

15 Expresar propiedades geométricas con ecuaciones   195

16 Medidas y dimensiones geométricas   199

17 Modelos geométricos   202

18 Interpretar datos categóricos y cuantitativos   203

19 Hacer inferencias y justificar conclusiones   208

20 Probabilidad condicional y las reglas de la probabilidad   211

Examen TASC de Matemáticas Examen de práctica **214**

**Examen TASC de Matemáticas Respuestas explicativas
del examen de práctica** **232**

5 Examen TASC de Estudios Sociales   235

Examen TASC de Estudios Sociales–Examen de prueba **239**

Examen TASC de Estudios Sociales Respuestas al examen de prueba . . **246**

Repaso de Estudios Sociales del Examen TASC **247**

HISTORIA DE ESTADOS UNIDOS   247

1 Explicar el conflicto político que condujo a la Revolución de
las Trece Colonias   247

2 Describir las causas, los efectos y el curso de la expansión hacia el oeste y los
principales asuntos políticos de inicios del siglo XIX   249

3 Describir las causas, eventos principales y resultados de la Guerra Civil
y explicar las causas, el curso y los efectos de la Reconstrucción en la
antigua Confederación   251

4 Discutir cómo los Estados Unidos se convirtió en una importante nación
industrial hacia finales del siglo XIX   254

5 Analizar y explicar cómo los Estados Unidos se convirtió en una potencia
mundial a inicios del siglo XX   255

6 Explicar las causas y los efectos de la Gran Depresión y discutir el papel de
Estados Unidos en la Segunda Guerra Mundial   256

7 Comentar sobre los asuntos sociales, económicos y culturales que
enfrentaba el puebo estadounidense después de la Segunda
Guerra Mundial, y discutir el papel de los Estados Unidos
durante la Guerra Fría   258

8 Entender y discutir los principales asuntos políticos y sociales
que enfrentaba Estados Unidos a inicios del siglo XXI   259

HISTORIA MUNDIAL   262

9 Definir *civilización* y describir y ubicar las primeras civilizaciones humanas   262

10 Analizar y describir la Grecia y la Roma clásicas, las primeras civilizaciones de China y la India, y las principales religiones del mundo antiguo   264

11 Describir los primeros patrones de migración, el asentamiento de Europa Occidental durante la Temprana Edad Media el establecimiento de los estados-naciones e imperios europeos, y la fundación del Islam en el Oriente Medio   267

12 Analizar y describir las causas y efectos del Renacimiento, la Reforma y la Revolución Científica, identificando a las personas, ideas y logros principales   269

13 Identificar las causas y los patrones de la civilización europea en Asia, las Américas y África, y explicar los efectos de la colonización en los dos lados   270

14 Discutir la Edad de la Revolución en Europa, comenzando con la Revolución Gloriosa y terminando con la Revolución Bolchevique, y analizar la influencia de la Ilustración en la Edad de la Revolución   272

15 Discutir y describir las principales crisis y logros mundiales de 1900 a 1945 en Europa, China, India y el mundo árabe, y analizar y describir las dos guerras mundiales   274

16 Analizar las cambiantes relaciones entre las naciones desde el fin de la Segunda Guerra Mundial hasta el presente incluyendo las causas y los efectos de la Guerra Fría y el aumento de terrorismo global   276

CÍVICA Y GOBIERNO   279

17 Definir *vida cívica, política* y *gobierno*   279

18 Explicar los fundamentos del sistema político estadounidense   281

19 Conectar la forma de gobierno de Estados Unidos con los principales propósitos de la democracia estadounidense   282

20 Explicar y analizar el papel de Estados Unidos en los asuntos internacionales   287

21 Describir el papel que juega el ciudadano en la democracia estadounidense   288

ECONOMÍA   290

22 Explique y aplique principios básicos de economía tales como la ley de oferta y demanda   290

23 Explicar y aplicar el concepto de la microeconomía—las decisiones económicas tomadas por individuos   292

24 Explicar y aplicar el concepto de la macroeconomía—la forma en que una economía funciona en conjunto   292

25 Describir (el papel que desempeña) el gobierno en la economía nacional   294

26 Analizar la conexión entre el comercio internacional y la política extranjera   295

GEOGRAFÍA   297

27 Describir las características físicas y humanas de los lugares   297

28 Explicar cómo los humanos modifican el ambiente físico y cómo los sistemas físicos afectan los sistemas humanos   299

29 Entender la migración humana y las características de los asentamientos humanos   301

30 Leer e interpretar mapas   302

31 Definir *ecosistema* y explicar cómo los elementos de un ecosistema funcionan juntos   303

Examen TASC de Estudios Sociales Examen de práctica   306

Examen TASC de Estudios Sociales Respuestas explicativas del examen de práctica   322

6 Examen TASC de Ciencia   327

Examen TASC de Ciencia Examen de prueba   329

Examen TASC de Ciencia Respuestas al examen de prueba   336

Repaso de Ciencia del Examen TASC   336

Ciencias físicas   336

1 La materia y sus interacciones   336

2 Movimiento y estabilidad: fuerzas e interacciones   345

3 Energía   349

4 Las ondas y sus aplicaciones en las tecnologías para transferir información   351

CIENCIAS BIOLÓGICAS   356

5 De las moléculas a los organismos: estructuras y procesos   356

6 Ecosistemas: interacciones, energía y dinámicas   358

7 Herencia: Herencia y variación de rasgos   363

8 Evolución biológica: unidad y diversidad   367

CIENCIAS DE LA TIERRA Y EL ESPACIO   370

9 El lugar de la Tierra en el universo   370

10 Los sistemas de la Tierra   373

11 La Tierra y la actividad humana   382

INGENIERÍA   384

12 Diseño de ingeniería   384

Examen TASC de Ciencia Examen de práctica   387

Examen TASC de Ciencia Respuestas Explicativas del examen de práctica   403

Apéndice   407

Muestra del auténtico Examen TASC preguntas de los hacedores de exámenes   407

Introducción al Examen TASC

CÓMO USAR ESTE CAPÍTULO

» Lea "¿Por qué un nuevo examen ahora?" y "¿Qué son los Estándares Comunes?" para saber información básica sobre el Examen TASC.

» Lea "Nuevos formatos" "Acerca del Examen" para familiarizarse con las diferentes secciones del examen y ver algunas preguntas modelos.

» Repase "Estrategias para tomar exámenes" para descubrir algunas maneras efectivas para obtener las calificaciones más altas.

¿Por qué un nuevo examen ahora?

CTB/McGraw-Hill diseñó el Examen de Evaluación de la Educación Secundaria (TASC por sus siglas en inglés) para satisfacer la demanda de muchos estados de una nueva y asequible evaluación de equivalencia de la educación secundaria. Los estados querían un examen que fuera fácilmente asequible para estudiantes adultos y que proveyera opciones para ofrecer el examen. A partir de 2015–2016 el examen también ofrecerá un grado de rigor que no se encuentra en los exámenes de equivalencia anteriores. Este nivel de rigor es requerido ahora para la graduación de escuela secundaria en estados donde se han adoptado los Estándares Comunes Estatales.

Como los exámenes de equivalencia de escuela secundaria que han existido desde la década de 1940, el Examen TASC compara su rendimiento con el de los graduados de secundaria en todo Estados Unidos. Además, el examen mide su preparación para la universidad y la fuerza laboral tal y como se define en los Estándares Comunes

Estatales. Distinto de otros exámenes de equivalencia de escuela secundaria, el Examen TASC viene con un precio razonable y está disponible como examen de papel y lápiz como también en línea. Esto le permite a los estados introducir la versión del examen por computadora a un paso razonable.

El Examen TASC evalúa el conocimiento y destrezas en las artes del lenguaje del español (lectura y escritura incluidas), matemáticas, ciencia y estudios sociales. El examen está disponible en inglés y español y en letras grandes, en versión braille y en audio.

En los estados donde se reconoce y se usa el Examen TASC, aprobar este examen puede ayudarlo a conseguir un empleo o un ascenso en su empleo actual, solicitar admisión a la universidad o calificar para el servicio militar. Los que se examinen exitosamente recibirán calificaciones tanto de la Preparación para la Carrera Universitaria (CCR por sus siglas en inglés) como de aprobación. Pasar el Examen TASC con calificaciones satisfactorias significa que sus destrezas son comparables a las de los estudiantes que se gradúan de las escuelas secundarias norteamericanas. Esto significa que usted está bien preparado para una carrera universitaria.

¿Qué son los Estándares Comunes?

Los Estándares Comunes Estatales proveen un entendimiento claro y consistente de lo que se espera que los estudiantes aprendan para que los maestros y los padres sepan lo que ellos necesitan hacer para ayudarlos. Los Estándares están diseñados para ser vigorosos y relevantes al mundo real y reflejar el conocimiento y destrezas que nuestra gente joven necesita para tener éxito en las carreras universitarias. Con los estudiantes estadounidenses debidamente preparados para el futuro, nuestras comunidades estarán mejor posicionadas para competir exitosamente en la economía global.

—Iniciativa para los Estándares Comunes Estatales

Por cerca de una década, los estados habían estado escuchando de los centros docentes de instrucción superior de dos años (Community Colleges) que los estudiantes estaban ingresando a la universidad sin estar preparados para satisfacer el rigor universitario. Estos centros docentes tenían que proveer cursos remediales a un costo enorme. Aun así, la mayoría de estos estudiantes eran incapaces de obtener un título, aun después de hasta ocho años. Mientras tanto, las empresas reportaban que la gente joven que entraba al mercado laboral carecía de razonamiento crítico, solución de problemas y destrezas de comunicación que sus jefes consideraban cruciales. Muchos de los empleados nuevos no podían escribir o realizar operaciones matemáticas básicas a un nivel aceptable.

Al mismo tiempo, los estudiantes estadounidenses seguían con un rendimiento pobre cuando se los comparaba con estudiantes de otras naciones. En exámenes internacionales, los estudiantes de las escuelas secundarias de los Estados Unidos obtenían resultados cerca de promedio en lectura y quedaban por debajo de promedio en matemáticas. El lugar de Estados Unidos en la economía global estaba en desventaja porque los estudiantes estadounidenses no podían competir con los niveles internacionales.

En 2009 un grupo de estados, territorios, la Asociación Nacional de Alcaldes y el Concilio de Jefes Estatales de Administradores Escolares se aliaron para crear la Iniciativa de Estándares Comunes Estatales. Su primera tarea fue definir la preparación para las carreras universitarias. Ellos usarían esa definición para preparar una nueva gama de estándares para la educación desde kindergarten hasta la secundaria (K-12) en Estados Unidos. Este grupo trabajó para desarrollar y publicar los Estándares para la Preparación Universitaria y Profesional en septiembre de ese año.

Luego, la Iniciativa formó los equipos para Artes del lenguaje en inglés (ELA) y Matemáticas. Cada equipo estaba compuesto por maestros y profesores, expertos en currículos y evaluación, organizaciones educacionales y padres. Estos equipos comenzaron a trabajar en estándares comunes. Empezaron con los Estándares para la Preparación Universitaria y Profesional. Añadieron partes de los mejores estándares de sus respectivos estados. En junio de 2010 publicaron Estándares Comunes Estatales para ELA, Áreas de lectura y escritura y Matemáticas.

El propósito de los Estándares era proveer objetivos que fueran "menos, más claros y más elevados" que los que los estados habían proveído en el pasado. En lugar de un currículo que tenía "una milla de alto y una pulgada de profundidad", los nuevos Estándares requerían conocimiento a profundidad de algunas ideas clave. En lugar de emplear una jerga educacional, los nuevos Estándares son entendibles por los estudiantes y padres así como por los educadores. En vez de enfocarse en un mínimo común denominador, los nuevos Estándares elevan el nivel para todos los estudiantes.

Entonces, ¿qué significa esto para alguien que va a tomar el Examen TASC?

1. Significa que el examen será riguroso. La primera versión del examen incluirá en su mayoría preguntas de selección múltiple pero a partir de 2015, algunas preguntas del Examen TASC van a requerir que usted escriba o construya su respuesta además de contestar las preguntas de selección múltiple.
2. Significa que el examen se enfocará en las destrezas que son substanciales según los Estándares Comunes. He aquí algunos cambios que usted probablemente vea.

Cambios en el enfoque según los Estándares Comunes

En lectura y escritura	Aumento de complejidad en los textos
	Énfasis en textos informativos
	Desarrollo de argumentos y ensayos explicativos/informativos
	Hallar evidencia en los textos
	Enfoque en vocabulario académico
En matemáticas	Problemas del mundo real
	Modelos matemáticos
	Estructurar argumentos y criticar razonamientos
En estudios sociales	Preguntas basadas en los textos
	Análisis de los planteamientos del autor
	Análisis de asuntos sociales y eventos a través del lente de la cívica, la geografía, la economía y la historia
	Comparaciones de fuentes primarias y secundarias
En ciencia	Énfasis en prácticas científicas
	Problemas del mundo real
	Inclusión de la tecnología y conceptos de ingeniería

En otras palabras, mientras que los antiguos exámenes de equivalencia de escuela secundaria pudieron haberle pedido que leyera mucha ficción y poesía, ahora leerá más no-ficción. Mientras que los exámenes anteriores pudieron haberle pedido que escribiera acerca de un lugar o evento, ahora se le pedirá que escriba y apoye una opinión sobre una idea. Es posible que vea problemas de matemáticas que le piden que analice la respuesta de alguien más a un problema. Es posible que se enfrente con preguntas de ciencia que le preguntan acerca de los pasos en el proceso experimental o preguntas de estudios sociales que requieren que usted compare y contraste textos de dos eras diferentes.

La buena noticia es que este tipo de razonamiento lo preparará mejor para el mundo del trabajo o la universidad. Para ayudarlo a llegar ahí, el Examen TASC se desplazará gradualmente de los estándares actuales a los Estándares Comunes Estatales. A partir de 2015, los Exámenes TASC mostrarán más preguntas relacionadas con los Estándares Comunes en múltiples formatos. Para 2016, partes realzadas con tecnología como las que se usan para aprobar los Estándares Comunes Estatales en las escuelas secundarias serán una característica común de los Exámenes TASC en línea.

Nuevos formatos

A partir de 2015, el Examen TASC cuenta con una variedad de formatos. Como se puede imaginar, un examen por vía de computadora ofrece más opciones para preguntas y respuestas. Usted encontrará demostraciones interactivas con estos nuevos formatos en la página web www.tasctest.com. He aquí algunos ejemplos.

Respuesta construida

Una respuesta construida se da para una pregunta que requiere una respuesta corta. En vez de elegir o manipular las respuestas dadas, usted tiene que proveer una respuesta por cuenta propia.

En la venta de pasteles, los estudiantes vendieron x cantidad de pasteles a 15¢ cada uno, y cantidad a 25¢ cada uno, y z cantidad a 50¢. Después de pagar $12 a su consejero por los ingredientes, les quedaron $45. Escriba una expresión para representar el valor de los artículos vendidos.

Respuesta correcta: $0.15x + 0.25y + 0.50z = \$57$. El total recaudado fue $45 + $12, o sea $57. Cada variable es representada por una letra y la cantidad que valía cada artículo.

Respuesta de selección múltiple

Este tipo de pregunta es igual a una pregunta de selección múltiple, excepto que en vez de una sola respuesta, hay más de una posible. En un examen por vía de computadora, usted necesita hacer clic en cada selección.

¿Cuáles dos presidentes estadounidenses tuvieron como meta la anexión de Texas?
- (A) Jefferson
- (B) Madison
- (C) Tyler
- (D) Grant
- (E) Polk
- (F) Johnson

Respuestas correctas: C y E. La anexión tuvo lugar en 1845, justo antes de la inauguración del presidente Polk, quien había prometido en su campaña hacerlo un hecho. El presidente Tyler trabajó con su inminente futuro sucesor en el desarrollo de una resolución conjunta para la anexión.

Este es un formato que usted podría ver en un examen de lectura. En la primera parte, Parte A, usted analiza un texto y elige una conclusión de cuatro opciones. En la segunda parte, Parte B, usted elige evidencia del texto para apoyar su conclusión en la Parte A. La segunda parte puede aparecer en formato de selección múltiple o puede tener más de una respuesta.

Lea el texto. Luego conteste las preguntas.

Extracto de *Rosa en flor*

Louisa May Alcott

Tres hombres jóvenes estaban parados en un muelle un día brillante de octubre, esperando la llegada de un barco de vapor con una impaciencia que encontró desahogo en animadas escaramuzas con un jovencito que llenaba el lugar como un ilusionista y ofrecía bastante entretenimiento a los demás grupos reunidos allí.

"Son los Campbell, esperando a su prima, quien ha estado en el extranjero varios años con su tío, el doctor", le susurró una señora a otra mientras el más buenmozo de los jóvenes se tocaba el sombrero al pasar frente a ella, arrastrando al chico a quien había recién rescatado en una pequeña expedición de entre los pilotos.

"¿Quién es ese?", preguntó la extraña.

"El Príncipe Charlie, como le llaman al magnífico joven, el más prometedor de los siete, pero un poco lanzado, dice la gente," respondió la primera hablante moviendo de lado a lado la cabeza.

"¿Los demás son sus hermanos?"

"No, primos. El mayor es Archie, un joven ejemplar. Acaba de entrar en negocios con un tío mercader y promete ser el honor de su familia. El otro, el de los lentes y sin guantes, es Mac, el raro, acaba de salir de la universidad".

"¿Y el chico?"

"Ah, él es Jamie, el hermano menor de Archibald, y la mascota de toda la familia. Pobre de nosotras; ¡se echará a perder si no lo controlan!"

Parte A

¿Qué palabra mejor describe a Jamie?

(A) peleón
(B) revoltoso
(C) bien parecido
(D) loable

Parte B

¿Cuáles tres frases del texto proveen evidencia que apoya la respuesta de la Parte A?

(A) esperando la llegada de un barco de vapor
(B) llenaba el lugar como un ilusionista
(C) rescatado en una pequeña expedición de entre los pilotos
(D) el más prometedor de los siete
(E) el de los lentes y si guantes
(F) la mascota de toda la familia
(H) se echará a perder si no lo controlan

Respuestas correctas: **Parte A: B.** Cada descripción de Jamie indica que él es un chico vivaz, energético, que le causa problemas a sus hermanos. **Parte B: B, C y G.** Las opciones D y E aplican a los demás primos, y las opciones A y F no apoyan el comportamiento revoltoso de Jamie. Las opciones B, C y G muestran lo problemático y desinquieto que es.

Arrastrar y soltar

Es posible que usted haya visto formatos como éste en videojuegos. En este caso, usted arrastra y suelta la respuesta correcta para completar la línea de números. En la edición impresa de este libro, usted simplemente traza líneas para emparejar las respuestas con los espacios.

Arrastre y suelte cada número sobre el lugar correcto en línea de números.

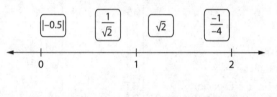

Respuesta correcta: En orden, negativo 1 sobre negativo 4, o ¼, debería aparecer a un cuarto de la unidad a la derecha de 0; el valor absoluto de −0.5 debería aparecer a medio camino entre 0 y 1; 1 dividido por la raíz cuadrada de 2 (alrededor de 0.7) debería aparecer un poco más lejos entre 0 y 1; y la raíz cuadrada de 2 (1.414) debería aparecer ligeramente a menos de medio camino entre 1 y 2. Para los propósitos de esta línea de números, ni la raíz cuadrada de 2 ni 1 sobre la raíz cuadrada de 2 pueden ser números negativos.

Acerca del Examen

El Examen TASC presenta el contenido de sus pregunta en cinco áreas: Artes del lenguaje en lectura, Artes del lenguaje en escritura, Estudios Sociales, Ciencia y Matemáticas. He aquí en detalle por el número de preguntas y el tiempo para completar cada sección.

Secciones en detalle del Examen TASC

MATERIA	DOMINIO	PORCENTAJE APROXIMADO	TIEMPO DE EXAMEN EN MINUTOS TOTAL: 7 HORAS	NÚMERO DE PREGUNTAS
Artes del lenguaje-Lectura	Lectura informativa e idioma	70	70	50 selección múltiple
	Lectura literaria e idioma	30		
Artes del lenguaje-Escritura	Idioma	100	60	50 selección múltiple
	Escritura	100	50	1 ensayo
Matemáticas	Número & Cantidad	15	90	40 selección múltiple
	Algebra	25		12 gráficas cuadriculadas
	Funciones	25		
	Geometría	25		
	Estadística & Probabilidad	10		
Estudios Sociales	Historia de EE.UU.	25	70	47 selección múltiple
	Historia mundial	15		
	Cívica & Gobierno	25		
	Geografía	15		
	Economía	20		
Ciencia	Ciencias físicas	33	80	47 selección múltiple
	Ciencias naturales	34		
	Ciencias de Tierra & Espacio (Ingeniería, Tecnología & aplicación de las ciencias más prácticas científicas y de ingeniería aparecen integradas)	33		

Artes del lenguaje-Lectura

50 preguntas, 75 minutos

En la sección de lectura de las Artes del lenguaje del examen, usted leerá pasajes y contestará una serie de preguntas acerca de cada pasaje. A partir de 2015, se podrán ver preguntas que requieren respuestas cortas, y si usted toma el examen por computadora, se podrán ver opciones en un menú desplegable u opciones para arrastrar y soltar.

Las preguntas en la sección de lectura de Artes del lenguaje ponen énfasis típicamente en estas destrezas:

- » Llegar a y apoyar conclusiones
- » Determinar la idea central
- » Resumir un texto
- » Analizar cómo se desarrollan las ideas o los hechos
- » Interpretar palabras y frases
- » Analizar la estructura de textos
- » Evaluar el punto de vista y el propósito
- » Evaluar argumentos
- » Demostrar entendimiento de lenguaje figurado

» Clarificar el significado de palabras desconocidas o de significado múltiple

» Analizar cómo dos textos tratan temas o tópicos similares

He aquí un ejemplo de un pasaje y preguntas sobre la lectura. La mayoría de los pasajes de lectura en el Examen TASC serán de no-ficción.

Lea este texto. Luego conteste la pregunta.

Selección de
"El hombre del rastrillo"

Theodore Roosevelt

15 de abril, 1906

Hace más de un siglo que Washington echó los cimientos del Capitolio en lo que era entonces poco más que un sendero entre los árboles del monte a orillas del Potomac. Ahora creemos necesario proveer grandes edificaciones adicionales para los asuntos del gobierno. Este crecimiento en la necesidad de edificios del gobierno no es sino prueba y ejemplo de la forma en que la nación ha crecido y el radio de acción que el Gobierno Nacional ha alcanzado. Ahora administramos los asuntos de una nación en la que el extraordinario crecimiento de población ha sido dejado atrás por el crecimiento de la riqueza y el crecimiento en intereses complejos.

Los problemas materiales que enfrentamos hoy no son como los del tiempo de Washington, pero los hechos subyacentes de naturaleza humana son los mismos ahora que los de entonces. Bajo forma externa alterada nos enfrentamos con las mismas tendencias del mal que eran evidentes en tiempos de Washington y nos asisten las mismas tendencias del bien.

Es acerca de algunas de estas que yo deseo decir algunas palabras hoy. En *El progreso del peregrino* de Bunyan, ustedes recordarán la descripción del Hombre del rastrillo, el hombre que no podía mirar sino hacia abajo, con el rastrillo en las manos; un hombre a quien se le ofreció una corona celestial por el rastrillo, pero siguió rastrillando hacia sí la suciedad del suelo.

En *El progreso del peregrino* el Hombre del rastrillo es presentado como el ejemplo del quien cuya visión está fija en las cosas físicas en lugar de las cosas espirituales. Además también tipifica el hombre quien en esta vida se rehúsa consistentemente ver algo que es noble, y fija sus ojos con solemne intensidad únicamente en lo que es vil y degradante. Ahora, es muy necesario que nosotros no nos estremezcamos de ver lo que es vil y degradante. Hay suciedad en el suelo y debe ser raspada con el rastrillo; y hay tiempos y lugares donde este servicio es el que más se necesita de todos los servicios que puedan prestarse. Pero el hombre que nunca hace nada, que nunca piensa o habla o escribe, excepto de sus hazañas con el rastrillo, rápidamente se convierte, no en ayuda para la sociedad, no una incitación al bien, sino uno de las fuerzas más potentes para el mal.

¿Por qué se refiere Roosevelt al personaje de *El progreso del peregrino*?

Ⓐ para mostrar cómo la nación y su gobierno han crecido con el tiempo
Ⓑ para sugerir que siempre buscar lo peor puede ser destructivo
Ⓒ para ilustrar que la espiritualidad es parte de la esencia estadounidense
Ⓓ para aclarar la importancia de ver lo malo así como también lo bueno

Respuesta correcta: B. Roosevelt dice que el Hombre del rastrillo nunca levanta la mirada, pero continúa rastrillando la suciedad del suelo. Aunque toma en cuenta que "no nos estremezcamos de ver lo que es vil y degradante," su argumento es que el Hombre del rastrillo puede estar ciego ante lo bueno y por eso podría ser "una de las fuerzas más potentes del mal". Aunque el pasaje se refiere a la selección A, no está en el contexto del personaje de *El progreso del peregrino*. La selección D invierte el argumento de Roosevelt.

Artes del lenguaje-Escritura

50 preguntas, 55 minutos	1 ensayo, 50 minutos

La sección de escritura de Artes del lenguaje del Examen TASC se presenta en dos partes separadas. La primera parte trata sobre destrezas con el idioma –ortografía, gramática, mayúsculas y puntuación. A partir de 2015, esta sección podría incluir preguntas que requieren respuestas de selección múltiple, respuestas construidas, respuestas con múltiples opciones y del tipo arrastrar y soltar. Véase la página 4 para más detalles de estos formatos. La segunda parte es un ensayo. Se le pedirá que escriba una respuesta a un pasaje o pasajes.

A continuación aparecen las destrezas que usted puede esperar ver en el examen de la sección de escritura de Artes del lenguaje:

>> Identificar y corregir errores en gramática, uso, mayúsculas, puntuación y ortografía
>> Editar textos para mejorar la claridad, la precisión, la organización y el estilo
>> Desarrollar argumentos para apoyar propuestas
>> Escribir textos informativos y explicativos

Lea esta oración.

> Porque nadie estaba recibiendo la invitación para la fecha de la fiesta, la asistencia era mínima.

¿Cuál de las siguientes versiones de la oración es la <u>más</u> gramaticalmente clara?

(A) Porque nadie ha recibido la invitación para la fecha de la fiesta, fue mínima la asistencia.

(B) Cuando nadie recibió la invitación para la fecha de la fiesta, mínima asistencia fue tenida.

(C) Nadie habiendo recibido la invitación para la fecha de la fiesta, hubo una asistencia mínima.

(D) Porque nadie había recibido la invitación para la fecha de la fiesta, la asistencia fue mínima.

Respuesta correcta: D. El problema en la oración original radica en los verbos. La opción D corrige el primer verbo para reparar el tiempo de la acción y ajusta el segundo verbo para concordar con su sujeto y evitar la voz pasiva. Leer en voz alta las oraciones podría ayudar a seleccionar la mejor opción.

La parte del ensayo de la sección de escritura requiere que usted evalúe y responda al argumento presentado por un autor o examinar un tópico y presentar información relacionada. He aquí un ejemplo.

Escriba un ensayo a favor o en contra sobre la noción de Teddy Roosevelt de que el "rastrillero" puede ser una fuerza del mal. Base sus ideas en la selección del discurso de Roosevelt "El hombre del rastrillo" y esta definición del diccionario de "rastrillero" en el sentido de "escarbador de vidas ajenas":

> **Escarbador de vidas ajenas:** aquel que busca y expone públicamente la conducta impropia real o aparente de un funcionario prominente o negocio

A medida que usted relea el discurso, piense en qué detalles del texto usted podría emplear. Piense en el punto de vista de Roosevelt como un funcionario público. Piense en cómo trabajan hoy los escarbadores de vidas ajenas.

Después de releer los textos, desarrolle un plan para su ensayo. Considere la posición que usted quiere adoptar. ¿Está usted de acuerdo con o en contra de Roosevelt? ¿Por qué? ¿Qué hechos y detalles puede usted usar para apoyar su argumento?

Ahora, escriba el ensayo. Asegúrese de:

» Incluir detalles específicos o citas del discurso.
» Que quede claro sea que esté a favor o en contra del punto de vista de Roosevelt.
» Apoye su propio argumento con hechos y detalles.
» Emplee palabras y frases de transición para organizar las ideas.

>> Elija palabras que sean precisas y claras.
>> Provee una declaración concluyente que se derive de su argumento.

Su ensayo recibirá un puntaje entre 0 a 4, basado en la evaluación del argumento y su apoyo, la organización, el empleo de palabras precisas y poderosas, las transiciones, el tono, la fuerza de su conclusión, y el uso correcto del español estándar.

La sección de Matemáticas

52 preguntas, 90 minutos

A partir de 2015, las matemáticas van a mostrar preguntas que requieren respuestas de selección múltiple, respuestas construidas y del tipo arrastrar y soltar. Véase la página 4 para más detalles de estos formatos. Además, la parte del examen donde no se permite la calculadora va a presentar respuestas para marcar manualmente sobre la hoja de respuestas.

A medida que usted estudie para la sección de matemáticas del Examen TASC, concéntrese en estas áreas:

>> Expresiones polinomiales y racionales
>> Ecuaciones y desigualdades
>> Interpretación de funciones
>> Modelos lineales, cuadráticos y exponenciales
>> Medidas geométricas en tres dimensiones
>> Triángulos
>> Congruencia y similitud
>> Trigonometría básica
>> Números reales
>> Hacer inferencias obtenidas de datos
>> Interpretación de datos

También se podría encontrar con preguntas ocasionales sobre círculos, funciones trigonométricas, números complejos y sobre las reglas de probabilidad.

Aproximadamente para la mitad de la sección de matemáticas se le permitirá usar una calculadora. Para la otra mitad las calculadoras no se permiten. Las instrucciones le indicarán si se puede o no usar una calculadora. En la mayoría de la sección de matemáticas se le permitirá usar una calculadora. Hay una sección en la que no se permiten calculadoras. Las instrucciones le indicarán si se permite o no usar una.

He aquí un ejemplo de una pregunta que requiere una cuadrícula de respuesta.

Encuentre la medida de $\angle\,a$ en el siguiente triángulo.

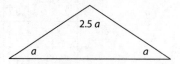

Sombree su respuesta sobre la cuadrícula de respuesta.

Respuesta correcta: 40. Los ángulos de cualquier triángulo suman hasta 180 grados, así que esta pregunta se puede resolver de forma muy sencilla algebraicamente: a + a + 2.5a = 180. 4.5a = 180. a = 40. En la cuadrícula de respuesta usted escribirá 4 y 0 en cualquiera de dos columnas adyacentes (es mejor comenzar al extremo izquierdo y trabajar hacia la derecha) y entonces sombree rellenando las burbujas que contienen el 4 y el 0 debajo del número que usted escribió.

4	0			
	⊘	⊘	⊘	
⊙	⊙	⊙	⊙	⊙
⓪	●	⓪	⓪	⓪
①	①	①	①	①
②	②	②	②	②
③	③	③	③	③
●	④	④	④	④
⑤	⑤	⑤	⑤	⑤
⑥	⑥	⑥	⑥	⑥
⑦	⑦	⑦	⑦	⑦
⑧	⑧	⑧	⑧	⑧
⑨	⑨	⑨	⑨	⑨

A medida que el Examen TASC se vaya adaptando para tomarlo por computadora, usted va a digitar sus respuestas en una cuadrícula en vez de escribirlas y se hará clic sobre las burbujas para rellenarlas.

La sección de Estudios Sociales

47 preguntas, 75 minutos

Muchas de las preguntas en la sección de Estudios Sociales estarán basadas en un pasaje, un mapa, un cuadro, una gráfica o sobre una situación basada en una caricatura. Pueden aparecer unas cuantas preguntas aisladas, pero la mayoría de las preguntas aparecerán en conjuntos. A partir de 2015 las preguntas podrían ser de selección múltiple, respuesta construida, de múltiples opciones o del tipo arrastrar y soltar. Véase la página 4 para más detalles de estos formatos.

Espere encontrar preguntas en esta sección que se enfocan en estas áreas:

» La Constitución de los Estados Unidos
» Fundamentos de la política estadounidense
» Industrialización
» Guerra Civil y Reconstrucción
» La Gran Depresión y la Segunda Guerra Mundial
» El Estados Unidos de la posguerra
» Gobierno y economía
» Vida cívica y política
» Microeconomía
» Macroeconomía

» Lugares y regiones
» Medioambiente y sociedad
» Era de las revoluciones
» Historia mundial del siglo veinte

En un grado menor, el Examen TASC puede poner a prueba otras áreas en la historia de Estados Unidos, civilizaciones tempranas, tradiciones clásicas, religiones principales, imperios y exploración, comercio y política internacional y sistemas físicos.

He aquí un ejemplo de una pregunta de la sección de estudios sociales basada en una gráfica.

Examine la gráfica. Luego conteste la pregunta que sigue.

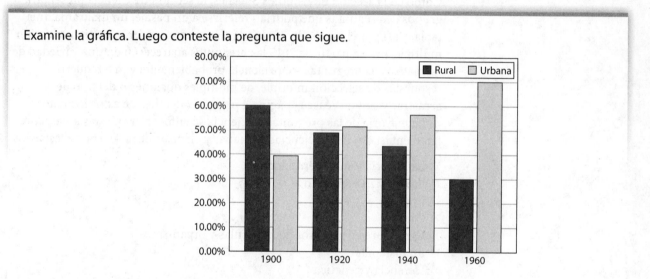

La tendencia mostrada en la gráfica fue principalmente afectada por cuáles de estos elementos:

Ⓐ Oportunidades de empleo
Ⓑ Cambio climático
Ⓒ La Segunda Guerra Mundial
Ⓓ Hambruna en Irlanda
Ⓔ disminución de la agricultura en la familia
Ⓕ mejoras en el control de natalidad

Respuesta correcta: A. Para contestar esta pregunta se debe primero identificar la tendencia. Esta se puede expresar simplemente como, "La población rural declinó mientras que la población urbana aumentó". Esa tendencia venía ya en camino mucho antes de la Segunda Guerra Mundial (opción C), y la inmigración desde Irlanda tuvo lugar mucho antes de que comenzara el cambio climático (opción D). La mejor respuesta es que había empleos disponibles en las ciudades, y es allí donde la población se mudó, ya sea del sur rural a ciudades norteñas, ya sea a ciudades del este desde la Europa Oriental y otras tierras extranjeras, o simplemente de las granjas de los estados centrales a las ciudades del medio oeste u oeste. Debido a que la tierra no era fértil, al Tazón de Polvo de la década de 1930, y al apogeo de la industrialización, las granjas de familia a menudo fracasaban o eran vendidas por mayores preocupaciones; y esas gentes desplazadas se mudaban a donde estaba el trabajo, haciendo que la opción E sea otra causa potencial.

La sección de Ciencia

47 preguntas, 80 minutos

Como en la sección de Estudios Sociales, la sección de Ciencia presentará grupos de preguntas que podrían referirse a un pasaje, un diagrama, una tabla, y así por el estilo. En 2014 todas las preguntas serán de tipo selección múltiple, pero a partir de 2015 las preguntas aparecerán en una variedad de formatos. Las preguntas sobre ciencia probablemente van a requerir respuestas de selección múltiple, de múltiples opciones o del tipo de arrastrar y soltar. Véase la página 4 para más detalles de estos formatos.

La mayoría de las preguntas de ciencia se enfocarán en estas áreas, con igual énfasis en física, ciencias humanas y ciencias de la Tierra y el espacio:

>> La materia y sus interacciones
>> Fuerza y movimiento
>> Energía
>> Ondas
>> Estructuras y procesos de moléculas y organismos
>> Ecosistemas
>> Herencia y genética
>> Evolución biológica
>> Los sistemas de la Tierra
>> La Tierra y el universo
>> La actividad humana en la Tierra

Entrelazadas con las preguntas de ciencia estarán los principios de ciencia e ingeniería, incluyendo tales conceptos como causa y efecto, sistemas de modelo, proporciones, solución de problemas y evaluación de solución de diseños. He aquí un ejemplo de pregunta de ciencia del tipo arrastrar y soltar basada en un diagrama. Cuando usted conteste preguntas del tipo arrastrar y soltar en este libro, usted puede simplemente trazar líneas para emparejar las respuestas con los espacios. Cuando usted las conteste en un examen vía una computadora, usted va a arrastrar y soltar usando el ratón o tocando con el dedo la pantalla.

Examine el siguiente diagrama. Luego responda a la pregunta que sigue.

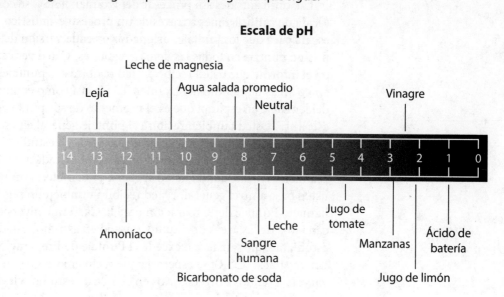

¿Dónde esperaría usted encontrar el agua de la llave en la escala que se muestra?

Ⓐ cerca de la leche de magnesia
Ⓑ cerca de la leche
Ⓒ cerca del jugo de tomate
Ⓓ cerca de las manzanas

Respuesta correcta: B. El agua de la llave ni es ácida ni es básica; es esencialmente neutral, situándose típicamente entre 6 y 8 en la escala pH. Por esto, en este diagrama se coloca más cerca de la leche.

La calificación del examen

En el Examen TASC las respuestas tipo selección múltiple y las de la cuadrícula de respuesta valen un punto cada una. El ensayo que usted escribirá en la sección de Artes del lenguaje del examen vale un total de 8 puntos. Su ensayo será leído por dos lectores, cada uno de los cuales le asignará de 0 a 4 puntos. Si cada uno de los lectores le asigna a su ensayo el mismo puntaje, o si sus puntajes difieren en un punto, entonces los dos puntajes se combinan para el puntaje final. Si ambos puntajes difieren por más de un punto, un tercer lector leerá y calificará su ensayo.

No hay penalidad por respuestas incorrectas, así que es buena idea intentar contestar todas las preguntas, aun si tiene que adivinar. Cuando tenga que adivinar, intente eliminar una o más opciones de respuesta.

Mientras más opciones elimine, mejores serán las posibilidades de elegir la respuesta correcta.

Las calificaciones sin procesar del Examen TASC se convierten a una escala de calificaciones a través de un proceso estadístico. Se recurre a una escala para que los puntajes asignados en cada versión del examen tengan el mismo puntaje en todas las demás versiones. Usted verá su puntaje en escala en el informe que usted recibe. Usted recibirá sus puntajes en escala en las cinco áreas de estudio del Examen TASC, así como el puntaje para las Artes del lenguaje en español que es el promedio de sus puntajes en lectura y escritura. Usted también recibirá el puntaje general en escala que es el promedio del puntaje total de las cinco áreas de estudio.

Se fijan puntajes satisfactorios para aprobar cada área de estudio del Examen TASC. Cuando usted aprueba cada materia individualmente usted pasa a nivel general. Usted recibirá también un segundo puntaje, llamado Puntaje de Preparación para la Carrera Universitaria (CCR) en cada una de las áreas de estudio. Basado en estudios estadísticos, un estudiante que satisface o exceda el Puntaje de Preparación para la Carrera Universitaria (CCR), se esperaría que recibiera un C o mejor en cursos con valor de créditos universitarios en el área de estudio relevante.

Estrategias para tomar exámenes

¿Puede usted hacer algo para aumentar las posibilidades de obtener un puntaje satisfactorio en el Examen TASC? ¡Claro que sí! Los métodos que usted emplea para estudiar, prepararse y tomar el examen pueden marcar la diferencia.

Estrategias de estudio

» **Sepa qué esperar.** Este libro le ayudará a reconocer cómo luce el examen, cómo podrían ser las instrucciones y qué tipos de preguntas podría encontrar en el Examen TASC. "Acerca del examen" en las páginas 7–17 le muestra cuáles tópicos son más propensos a aparecer en el Examen TASC.

» **Sepa cuál es su posición.** Cada uno de los capítulos de repaso de materias en este libro se inicia con un examen preliminar. Tome cada examen preliminar para ver cuáles son sus áreas débiles o fuertes. ¿Hizo un buen trabajo en lectura pero salió muy mal en matemáticas? Eso quiere decir que usted debe emplear más tiempo repasando destrezas y conceptos en matemáticas. Las secciones de repaso en este libro le ayudarán, pero además usted debe considerar el uso de libros de texto que usó en el pasado, libros de la biblioteca y otros recursos en Internet para mejorar sus destrezas antes de tomar el Examen TASC.

» **Ponga a prueba su mejora.** Una vez haya tomado los exámenes preliminares y repasado las destrezas que necesitaba, tome cada uno de los exámenes completos del Capítulo 2 hasta el 6. Mida el tiempo de modo que no esté consumiendo más de la cantidad de tiempo asignada a cada sección. Compare su trabajo ahí con el puntaje que obtuvo en los exámenes preliminares. ¿Mejoró después del repaso? ¿Necesita repasar más antes de tomar el Examen TASC? ¿Necesita administrar mejor su tiempo cuando se enfrente al examen real?

Consejos para tomar el examen

» **Conteste todas las preguntas pero repáselas, si tiene tiempo.** Su tiempo está limitado en cada una de las secciones del examen, así que intente contestar cada pregunta sobre la marcha. Si ve que le queda tiempo al final de la sección, regrese y revise de nuevo las preguntas que le resultaron problemáticas.

» **Use el proceso de eliminación.** Usted podría no saber la respuesta correcta de las cuatro opciones, pero usted probablemente pueda eliminar una o dos con solo usar su intuición. Una vez haga esto, las posibilidades de elegir la respuesta correcta aumentarán. No hay penalidad por adivinar, de modo que adivine si no hay más remedio. Si no adivina, sus posibilidades de elegir la respuesta correcta se reducen a cero.

» **Tenga cuidado con las opciones que parecen razonables pero que no son correctas.** Más de una de las opciones de selección múltiple pueden parecer correctas a primera vista. Lea con cuidado para asegurarse que está eligiendo la mejor respuesta.

Consejos para el día del examen

» **Duerma bien.** ¡El Examen TASC es largo! Usted va a tener recesos durante el día, pero para dar lo mejor va a necesitar mucha energía. No intente absorberlo todo la noche antes. Haga lo posible para dormir la noche entera y disponga de suficiente tiempo para comer un buen desayuno la mañana del examen.

» **Marque cuidadosamente.** Si está tomando el examen en papel-y-lápiz, rellene los ovales de cada respuesta completamente. Asegúrese de que el espacio de la respuesta que está rellenando coincide con el número de la respuesta que está contestando. Si salta una pregunta, salte también el espacio correspondiente en la hoja de respuesta. Use el dedo para rastrear su lugar, si esto ayuda.

» **Mire la hora.** Lleve un reloj y dese cuenta del tiempo de vez en cuando. Si usted se ha fijado un límite de tiempo cuando toma el examen completo de práctica, debería ser bastante bueno estimando cuánto tiempo le queda a medida que avanza sobre el Examen TASC.

Examen TASC de Artes del lenguaje–Lectura

2

CÓMO USAR ESTE CAPÍTULO

» Lea la Visión de conjunto para saber lo que cubre el Examen TASC de Artes del lenguaje en Lectura.

» Tome el Examen TASC de prueba de Artes del lenguaje en Lectura para poner a prueba sus conocimientos y habilidades.

» Estudie el Repaso del Examen TASC de Artes del lenguaje para refrescar sus conocimientos de las destrezas en escritura de TASC.

» Tome el Examen de práctica del Examen TASC en Lectura para agudizar sus habilidades y prepararse para el día del examen.

Visión de conjunto

El Examen TASC de Artes del lenguaje en Lectura está basado en los Estándares Comunes Estatales de Artes del lenguaje los cuales se pueden repasar en http://www.corestandards.org/ELA-Literacy. Los doce estándares para la escuela secundaria son los siguientes:

Ideas y detalles clave

1. **CCSS.ELA-Literacy.CCRA.R.1** Lectura cuidadosa para determinar lo que el texto dice explícitamente y para extraer inferencias lógicas del texto; citar evidencia textual específica cuando se escribe o se habla para apoyar conclusiones derivadas del texto.

2. **CCSS.ELA-Literacy.CCRA.R.2** Determinar ideas centrales o temas de un texto y analizar su desarrollo; resumir los detalles e ideas clave de apoyo.

3. **CCSS.ELA-Literacy.CCRA.R.3** Analizar cómo y por qué las personas, eventos o ideas se desarrollan e interactúan durante el curso del texto.

Arte y estructura

4. **CCSS.ELA-Literacy.CCRA.R.4** Interpretar palabras y frases como aparecen empleadas en el texto, incluyendo la identificación de sentidos técnico, connotativo y figurado, y analizar cómo la elección de palabras crea significado y tono.

5. **CCSS.ELA-Literacy.CCRA.R.5** Analizar la estructura de textos, incluyendo cómo oraciones, párrafos específicos y porciones más grandes del texto (tales como: una sección, un capítulo o estrofa) se relacionan unos con otros con el texto completo.

6. **CCSS.ELA-Literacy.CCRA.R.6** Evaluar cómo el punto de vista o el propósito crea el contenido y el estilo de un texto.

Integración de conocimiento e ideas

7. **CCSS.ELA-Literacy.CCRA.R.7** Integrar y evaluar el contenido que se presenta en diversos "medios" y formatos tanto visuales como cuantitativos, así como también en palabras.

8. **CCSS.ELA-Literacy.CCRA.R.8** Delinear y evaluar el argumento y planteamientos específicos en un texto, incluyendo la validez del razonamiento así como la relevancia y suficiencia de la evidencia.

9. **CCSS.ELA-Literacy.CCRA.R.9** Analizar cómo dos o más textos tratan temas o tópicos similares para crear conocimiento o para comparar el acercamiento que los autores adoptan.

Adquisición y empleo de vocabulario

10. **CCSS.ELA-Literacy.CCRA.R.L.4** Determinar o aclarar el significado de palabras desconocidas y de palabras y frases con múltiples significados usando claves del contexto, analizando partes de palabras y consultando materiales de referencia general y especializada, según sea necesario.

11. **CCSS.ELA-Literacy.CCRA.R.L.5** Demostrar entendimiento del lenguaje figurado, relaciones de palabras y matices en el significado de palabras.

12. **CCSS.ELA-Literacy.CCRA.R.L.6** Adquirir y usar correctamente una serie de palabras y frases de dominio académico específico y general suficientes para leer, escribir, hablar y escuchar en la universidad y a nivel de la carrera; demostrar independencia en deducir conocimiento de vocabulario cuando se encuentra un término desconocido importante para la comprensión o la expresión.

Usted puede esperar ver preguntas en el Examen TASC en cualquiera de estas áreas. Los estándares piden que usted demuestre capacidad de un lector alfabetizado, usando las siguientes habilidades:

1. Leer cuidadosamente y citar evidencia textual
2. Determinar ideas y temas centrales
3. Analizar la estructura del texto y el desarrollo
4. Interpretar y analizar palabras y frases
5. Evaluar el punto de vista y el propósito de un autor
6. Evaluar el contenido de diversos medios
7. Evaluar argumentos, planteamientos y evidencia

Examen TASC de Artes del lenguaje– Examen de prueba en Lectura

Use los elementos que siguen para poner a prueba sus conocimientos sus conocimientos de los conceptos y habilidades para la lectura. Las respuestas aparecen en la página 31.

Lea el siguiente texto. Luego conteste las preguntas.

Extracto de "Mi raza"

(José Martí)

Esa de racista está siendo una palabra confusa y hay que ponerla en claro. El hombre no tiene ningún derecho especial porque pertenezca a una raza o a otra: dígase hombre, y ya se dicen todos los derechos. El negro, por negro, no es inferior ni superior a ningún otro hombre; peca por redundante el blanco que dice: "Mi raza"; peca por redundante el negro que dice: "Mi raza". Todo lo que divide a los hombres, todo lo que especifica, aparta o acorrala es un pecado contra la humanidad. ¿A qué blanco sensato le ocurre envanecerse de ser blanco, y qué piensan los negros del blanco que se envanece de serlo y cree que tiene derechos especiales por serlo? ¿Qué han de pensar los blancos del negro que se envanece de su color? Insistir en las divisiones de raza, en las diferencias de raza, de un pueblo naturalmente dividido, es dificultar la ventura pública y la individual, que están en el mayor acercamiento de los factores que han de vivir en común. Si se dice que en el negro no hay culpa aborigen ni virus que lo inhabilite para desenvolver toda su alma de hombre, se dice la verdad, y ha de decirse y demostrarse, porque la injusticia de este mundo es mucha, y es mucha la ignorancia que pasa por sabiduría, y aún hay quien crea de buena fe al negro incapaz de la inteligencia y corazón del blanco; y si a esa defensa de la naturaleza se la llama racismo, no importa que se la llame así, porque no es más que decoro natural y voz que clama del pecho del hombre por la paz y la vida del país. Si se aleja de la condición de esclavitud, no acusa inferioridad la raza esclava, puesto que los galos blancos, de ojos azules y cabellos de oro, se vendieron como siervos, con la argolla al cuello, en los mercados de Roma; eso es racismo bueno, porque es pura justicia y ayuda a quitar prejuicios al blanco ignorante. Pero ahí acaba el racismo justo, que es el derecho del negro a mantener y a probar que su color no le priva de ninguna de las capacidades y derechos de la especie humana.

El racista blanco, que le cree a su raza derechos superiores, ¿qué derechos tiene para quejarse del racista negro que también le vea especialidad a su raza? El racista negro, que ve en la raza un carácter especial, ¿qué derecho tiene para quejarse del racista blanco? El hombre blanco que, por razón de su raza, se cree superior al hombre negro, admite la idea de la raza y autoriza y provoca al racista negro. El hombre negro que proclama su raza, cuando lo que acaso proclama únicamente en esta forma errónea es la identidad espiritual de todas las razas, autoriza y provoca al racista blanco. La paz pide los derechos comunes de la naturaleza; los derechos diferenciales, contrarios a la naturaleza, son enemigos de la paz. El blanco que se aísla, aísla al negro. El negro que se aísla, provoca a aislarse al blanco.

En Cuba no hay temor a la guerra de razas. Hombre es más que blanco, más que mulato, más que negro. En los campos de batalla murieron por Cuba, han subido juntas por los aires, las almas de los blancos y de los negros.

1. ¿Cuál de las siguientes frases resume <u>mejor</u> la idea central del texto de José Martí?

(A) El concepto de raza en Cuba ha sido prohibido.
(B) Solo hay dos razas en Cuba: la blanca y la negra.
(C) La raza negra es más fuerte que la raza blanca.
(D) La raza de un hombre no lo hace superior ni inferior.

2. ¿Cuál de las siguientes declaraciones describe <u>mejor</u> el propósito de Martí al escribir este texto?

(A) para explicar la palabra raza
(B) para crear conciencia de la composición racial de Cuba
(C) para detener la discriminación racial entre cubanos
(D) para informar al mundo que Cuba no es racista

3. Lea el siguiente segmento:

Si se aleja de la condición de esclavitud, no acusa inferioridad la raza esclava, puesto que los galos blancos, de ojos azules y cabellos de oro, se vendieron como siervos, con la argolla al cuello, en los mercados de Roma.

La frase "cabellos de oro" en este segmento se refiere a:

(A) la belleza del hombre blanco
(B) la esclavitud del hombre blanco
(C) el color de pelo del esclavo blanco
(D) el precio pagado por el esclavo blanco

4. Lea el siguiente segmento:

> En Cuba no hay temor a la guerra de razas. Hombre es más que blanco, más que mulato, más que negro. En los campos de batalla murieron por Cuba, han subido juntas por los aires, las almas de los blancos y de los negros.

¿Qué se infiere del contenido de la idea expresada en estas líneas?

Ⓐ que en Cuba hay armonía entre las razas
Ⓑ que en Cuba podría desatarse una guerra civil
Ⓒ que en Cuba no se habla de las razas
Ⓓ que en Cuba los blancos oprimen a los negros

5. Cuando en el texto se lee "El hombre no tiene ningún derecho especial porque pertenezca a una raza o a otra: dígase hombre, y ya se dicen todos los derechos", el autor está haciendo referencia a cuál de los siguientes documentos:

Ⓐ La Declaración de los derechos del hombre
Ⓑ La Declaración de Independencia de Estados Unidos
Ⓒ La Constitución de Estados Unidos
Ⓓ La Carta de Jamaica de Simón Bolívar

6. Cuando el autor pregunta:

> "¿A qué blanco sensato le ocurre envanecerse de ser blanco, y qué piensan los negros del blanco que se envanece de serlo y cree que tiene derechos especiales por serlo? ¿Qué han de pensar los blancos del negro que se envanece de su color?

Aquí el autor emplea el verbo *envanecerse* tres veces.

¿Cuál de los siguientes verbos podría emplearse como sinónimo de "envanecerse"?

Ⓐ ofenderse
Ⓑ jactarse
Ⓒ avergonzarse
Ⓓ presentarse

7. El tono de este ensayo de José Martí puede caracterizarse <u>mejor</u> como:

Ⓐ espiritual
Ⓑ cómico
Ⓒ moralizante
Ⓓ triste

Lea el siguiente poema. Luego conteste las preguntas.

A su retrato

Sor Juana Inés de la Cruz

Este, que ves, engaño colorido,
que del arte ostentando los primores,
con falsos silogismos de colores
es cauteloso engaño del sentido:

éste, en quien la lisonja ha pretendido
excusar de los años los horrores,
y venciendo del tiempo los rigores,
triunfar de la vejez y del olvido,

es un vano artificio del cuidado,
es una flor al viento delicada,
es un resguardo inútil para el hado:

es una necia diligencia errada,
es un afán caduco y, bien mirado,
es cadáver, es polvo, es sombra, es nada.

8. ¿Por qué las últimas dos estrofas del poema comienzan con la forma del verbo *es?*

 Ⓐ para crear énfasis en la vulnerabilidad del ser humano
 Ⓑ para explicar que el poema está llegando a su fin
 Ⓒ para buscar un efecto sonoro con la rima
 Ⓓ para hablar de la condición presente de la voz poética

9. El tema principal de este poema es:

 Ⓐ El tiempo pasado fue mejor que el presente
 Ⓑ Los retratos representan la juventud
 Ⓒ El paso irremediable del tiempo
 Ⓓ La representación de lo bello y joven

10. ¿Cómo se distingue el tono del último verso del poema con el resto del poema?

 Ⓐ El verso final da esperanzas de vida.
 Ⓑ El verso final resume las etapas de la vida de la poeta.
 Ⓒ El verso final es más optimista que el resto del poema.
 Ⓓ El verso final es la suma tristemente pesimista del resto del poema.

11. Relea la primera estrofa.

> Este, que ves, engaño colorido,
> que del arte ostentando los primores,
> con falsos silogismos de colores
> es cauteloso engaño del sentido.

La voz poética expresa que su retrato

(A) es una hermosa obra de arte realista

(B) deleita a quien lo mira

(C) pronto se deteriora

(D) es solo una ilusión causada por los sentidos

12. Según el poema, un retrato

(A) es una obra a color.

(B) es un intento por detener el proceso de envejecimiento.

(C) se debe destruir con el tiempo.

(D) se debe guardar hasta la muerte.

13. En la tercera estrofa, el verso "es una flor al viento delicada", el retrato se compara con la flor para mostrar que

(A) la flor tiene colores hermosos.

(B) la flor tiene una vida colorida y olorosa.

(C) la flor es el símbolo del amor.

(D) la flor se descolora y se marchita en poco tiempo.

Lea el siguiente texto. Luego conteste las preguntas.

¡Obsesión por los tulipanes!

Diane Zahler

Estamos acostumbrados a considerar valiosos ciertos objetos –obras de artistas bien reconocidos, por ejemplo, o diamantes, ropa de diseñador y coches fabricados por unas cuantas compañías especializadas. Pero por un breve y extravagante periodo en los 1600 había una mercancía que se consideraba tan valiosa que era casi invaluable: los tulipanes.

Los tulipanes vinieron a Europa de Turquía en la década de 1550, cuando el Sultán de Turquía envió bulbos de tulipán, de los cuales crecían flores, a Viena. Las coloridas flores se adaptaron bien al clima frío del norte y casi inmediatamente los europeos, y especialmente los holandeses, se volvieron locos por ellos. Para los holandeses, los tulipanes se convirtieron en un símbolo de lo nuevo y de lo excitante.

Los delicados y hermosos florecimientos se convirtieron en una suerte de moneda. Los bulbos de nuevos tipos de tulipanes alcanzaban precios absurdamente altos. Los tulipanes más populares en la década de 1630 eran los que tenían manchas o franjas en sus pétalos. Los holandeses no lo sabían pero esas franjas eran causadas por un virus. El virus debilitaba las plantas, volviéndolas menos propensas a florecer bien en los años venideros. Aunque estos bulbos eran los más valiosos, también se convirtieron en los menos indicados para compensar con hermosas flores o futuras ventas. El valor de estas flores exóticas subía y subía y los bulbos mismos se convirtieron en una suerte de dinero. Los comerciantes de todo tipo se involucraron en el negocio de los tulipanes, y la especulación, en la cual los clientes compraban inversiones arriesgadas que presentaban la posibilidad de grandes ganancias, pero que también representaban una posibilidad de pérdida más alta que promedio, causó que los precios subieran aun más. Hubo un informe en 1635 de una venta de 40 bulbos de tulipán por 100.000 florines. Esa cantidad era diez veces lo que ganaba un obrero cualificado en un año.

En ese año, el comercio de tulipanes dio un giro. Hasta entonces, los tulipanes eran comprados y vendidos en el verano, después que las flores abrían completamente. El bulbo era excavado de la tierra, se envolvía y se mantenía en seco y seguro bajo techo. Los vendedores vendían bulbos cuando eran excavados, y los compradores los pagaban cuando se les entregaban. Sin embargo, en 1635, los vendedores comenzaron a vender los tulipanes pesándolos mientras los bulbos aún permanecían en la tierra, con una nota para el comprador que describía el bulbo, incluyendo el peso al momento de plantarlo y al momento de excavarlo. Solamente las notas de papel se vendían; los bulbos no podían ser entregados por los próximos meses. Este "mercado de futuros" en tulipanes resultó en que las notas de papel se vendían y se revendían, siempre a precios más altos. La gente comenzó a preguntarse si los bulbos realmente costaban el dinero que ellos pagaban. Al mismo tiempo, los cultivadores de tulipanes seguían plantando más y más bulbos, lo cual causó que los tulipanes bajaran de precio, a medida que se hacían menos raros.

La combinación de la preocupación del inversionista con un excedente de tulipanes llevó al mercado de tulipanes a estrellarse en febrero de 1637. El precio de los tulipanes no podía subir más. La mayoría de los tulipanes que terminaron realmente vendiéndose eran comprados por cerca del cinco por ciento de lo que se había prometido, y muchos comerciantes estaban completamente arruinados. La obsesión por los tulipanes, un extraño y pasajero fenómeno, había llegado a su fin.

14. ¿Cuál detalle apoya mejor la idea de que los tulipanes eran demasiado caros?

Ⓐ Para los holandeses, los tulipanes se convirtieron en un símbolo de lo nuevo y lo excitante.

Ⓑ Hubo un informe en 1635 de una venta de 40 bulbos de tulipanes comprados por 100.000 florines.

Ⓒ Los tulipanes más populares en la década de 1630 eran los que tenían unas manchas o franjas en sus pétalos.

Ⓓ Los vendedores vendían los bulbos cuando eran excavados del suelo, y los compradores los pagaban cuando se los entregaban.

15. Los holandeses crearon un mercado exagerado para los bulbos de tulipanes porque

Ⓐ no tenían su propia moneda

Ⓑ siempre habían valorado las flores sobre el dinero

Ⓒ eran atraídos por la novedad y lo excitante de los tulipanes

Ⓓ había pocos mercados para sus demás productos

16. Lea el siguiente extracto del texto:

Sin embargo, en 1635, los vendedores comenzaron a vender los tulipanes pesándolos mientras los bulbos aún permanecían en la tierra, con una nota para el comprador que describía el bulbo, incluyendo el peso al momento de plantarlo y al momento de excavarlo. Solamente las notas de papel se vendían; los bulbos no podían ser entregados por los próximos meses. Este "mercado de futuros" en tulipanes resultó en que las notas de papel se vendían y se revendían, siempre a precios más altos.

Basándose en el pasaje, ¿qué es "mercado de futuros"?

Ⓐ la venta de algo que estará disponible en el futuro

Ⓑ vender algo que se pagará en el futuro

Ⓒ un mercado de flores que se montará en el futuro

Ⓓ una tienda donde la gente hace arreglos para pagar en el futuro

17. ¿Cuál de estos eventos condujo al eventual fracaso del mercado de tulipanes?

Ⓐ Los tulipanes eran comprados y vendidos en el verano.

Ⓑ Había un excedente de tulipanes.

Ⓒ Muchos comerciantes estaban arruinados.

Ⓓ Los tulipanes se vendían por el cinco por ciento del valor que habían tenido.

18. El uso de la autora de las palabras *extravagante, extraño* y *absurdamente* muestra que ella piensa que

Ⓐ la obsesión por los tulipanes es divertida

Ⓑ los tulipanes no valen nada

Ⓒ la obsesión por los tulipanes es desconcertante

Ⓓ los holandeses son interesantes

19. Lea este extracto del texto:

> Pero por un breve y extravagante periodo en los 1600 había una mercancía que se consideraba tan valiosa que era casi invaluable: los tulipanes.

Basándose en esta oración, ¿qué significa la palabra *mercancía*?

Ⓐ ordinariamente

Ⓑ dinero

Ⓒ venta

Ⓓ producto

20. El tercer y el cuarto párrafos del texto explican cómo

Ⓐ los holandeses se encariñaron con los tulipanes

Ⓑ la codicia contribuyó a la reparación de los tulipanes

Ⓒ la gente comenzó a tener dudas sobre el valor de los tulipanes

Ⓓ los tulipanes vinieron a la región norte de Europa

Este es el fin del examen de prueba de Lectura del Examen TASC de Artes del lenguaje

Examen TASC de Artes del lenguaje–
Respuestas al Examen
de prueba en Lectura

1. **D.** Repaso 1. Leer cuidadosamente para hacer inferencias, citar evidencias y llegar a conclusiones (pp. 32–34).

2. **A.** Repaso 6. Evaluar el punto de vista o el propósito (pp. 42–44).

3. **C.** Repaso 11. Entender lenguaje figurado, relaciones entre palabras y matices (pp. 52–54).

4. **A.** Repaso 1. Leer cuidadosamente para hacer inferencias, citar evidencias y llegar a conclusiones (pp. 32–34).

5. **A.** Repaso 3. Analizar cómo y por qué las personas, los eventos o ideas se desarrollan e interactúan (pp. 36–38).

6. **B.** Repaso 4. Interpretar y analizar palabras y frases (pp. 38–40).

7. **C.** Repaso 2. Determinar temas o ideas centrales; resumir detalles e ideas de apoyo (pp. 34–36).

8. **A.** Repaso 1. Leer cuidadosamente para hacer inferencias, citar evidencias y llegar a conclusiones (pp. 32–34).

9. **C.** Repaso 2. Determinar temas o ideas centrales; resumir detalles e ideas de apoyo (pp. 34–36).

10. **D.** Repaso 2. Determinar temas o ideas centrales; resumir detalles e ideas de apoyo (pp. 34–36).

11. **D.** Repaso 1. Leer cuidadosamente para hacer inferencias, citar evidencias y llegar a conclusiones (pp. 32–34).

12. **B.** Repaso 1. Leer cuidadosamente para hacer inferencias, citar evidencias y llegar a conclusiones (pp. 32–34).

13. **D.** Repaso 2. Determinar temas o ideas centrales; resumir detalles e ideas de apoyo (pp. 34–36).

14. **B.** Repaso 2. Determinar temas o ideas centrales; resumir detalles e ideas de apoyo (pp. 34–36).

15. **C.** Repaso 1. Leer cuidadosamente para hacer inferencias, citar evidencias y llegar a conclusiones (pp. 32–34).

16. **A.** Repaso 4. Interpretar y analizar palabras y frases (pp. 38–40).

17. **B.** Repaso 3. Analizar cómo y por qué las personas, los eventos o ideas se desarrollan e interactúan (pp. 36–38).

18. **C.** Repaso 6. Evaluar el punto de vista o el propósito (pp. 42–44).

19. **D.** Repaso 12. Palabras y frases de uso académico y campos específicos (pp. 54–55).

20. **B.** Repaso 5. Analizar la estructura de textos (pp. 40–42).

Examen TASC de Artes del lenguaje—Repaso de lectura

En las páginas que siguen se repasa brevemente cada uno de los doce Estándares Comunes Estatales que se listan en el Repaso general. Para saber más sobre cada estándar, diríjase al sitio Web: www.corestandards.org.

 Leer cuidadosamente para hacer inferencias, citar evidencia y llegar a conclusiones

Leer cuidadosamente significa fijarse bien en las palabras del autor para determinar sobre qué trata el texto.

TÉRMINOS CLAVE: conclusiones, evidencia, inferencias

Inferencias

Uno hace inferencias frecuentemente. Cuando uno oye la sirena de un camión de bomberos, uno infiere que hay un fuego en alguna parte. Cuando las personas en una audiencia se ponen de pie, aplaudiendo, se infiere que a ellos les gustó la presentación. Cuando usted lea para hacer inferencias en el Examen TASC, siga estos pasos:

1. Fíjese bien en la información del texto.
2. Pregúntese, "¿Qué significa esto?"
3. Use la información que usted tiene para hacer una suposición bien fundada.

Mónica estaba pálida y temblando, y cada vez que estallaba un trueno saltaba.

INFERENCIA: Mónica le teme a las tormentas.

Evidencia

Cuando usted haga una inferencia en algo que lee, debe ser capaz de apoyarla con evidencia. La **evidencia** incluye **hechos**, **razones** y **ejemplos**.

La supertormenta Sandy dejó terribles daños en la Costa Este. Más de 8 millones de personas perdieron la energía eléctrica por la tormenta.

EVIDENCIA: Más de 8 millones de personas perdieron la energía eléctrica.

Conclusiones

Una **conclusión** es similar a una inferencia. Es una suposición bien fundada apoyada por la evidencia y por su propia experiencia. Para llegar a una conclusión siga estos pasos:

1. Fíjese bien en la evidencia que aparece en su lectura.
2. Aplique su propia experiencia o conocimiento.
3. Haga una suposición bien fundada basándose en la información que usted haya reunido.

Evidencia: Más de 8 millones de personas perdieron la energía eléctrica a causa de la supertormenta Sandy. Mi propia experiencia: Es duro vivir y trabajar sin energía eléctrica.

CONCLUSIÓN: Millones de personas tuvieron problemas en sus casas y trabajos durante la supertormenta Sandy.

RETO

Leer cuidadosamente para hacer inferencias, citar evidencia y llegar a conclusiones

Lea el pasaje y luego elija la palabra o frase que mejor encaje para hacer la oración verdadera.

De *Carta de Colón a Luis de Santángel*

Cristóbal Colón, 15 de febrero, 1493

La Española es maravilla; las sierras y las montañas y las vegas y las campiñas y las tierras tan hermosas y gruesas para plantar y sembrar, para criar ganados de todas suertes, para edificios de villas y lugares. Los puertos de la mar aquí no habría creencia sin vista, y de los ríos muchos y grandes y buenas aguas, los más de los cuales traen oro. En los árboles y frutos y yerbas hay grandes diferencias de aquellas de la Juana. En ésta hay muchas especierías y grandes minas de oro y de otros metales.

La gente desta isla y de todas las otras que he hallado y habido noticia andan todos desnudos, hombres y mujeres, así como sus madres los paren, aunque algunas mujeres se cobijan un solo lugar con una foja de yerba o una cofia de algodón que para ello hacen. Ellos no tienen fierro ni acero ni armas, ni son para ello, no porque no sea gente bien dispuesta y de hermosa estatura, salvo que son muy temerosos a maravilla. No tienen otras armas salvo las armas de las cañas cuando están con la simiente, a la cual ponen al cabo un palillo agudo; y no osan usar de aquéllas, que muchas veces me ha acaecido enviar a tierra dos o tres hombres a alguna villa para haber habla, y salir a ellos dellos sin número, y después que los veían llegar huían a no aguardar padre a hijo; y esto no porque a ninguno se haya hecho mal, antes a todo cabo adonde yo haya estado y podido haber habla les he dado de todo lo que tenía, así paño como otras cosas muchas, sin recibir por ello cosa alguna; mas son así temerosos sin remedio. La verdad es que, después que [se] aseguran y pierden este miedo, ellos son tanto sin engaño y tan liberales de lo que tienen, que no lo creería sino el que lo viese. Ellos de cosa que tengan, pidiéndosela, jamás dicen de no; antes, convidan la persona con ello, y muestran tanto amor que darían los corazones, y quier sea cosa de valor, quier sea de poco precio, luego por cualquiera cosita de cualquiera manera que sea que se le dé, por ello se van contentos.

1. En la carta, Cristóbal Colón describe a los indígenas como gentes **(guerreras/ generosas/religiosas).**

2. Cuando el autor dice: "Ellos no tienen fierro ni acero ni armas, ni son para ello, no porque no sea gente bien dispuesta y de hermosa estatura, salvo que son muy temerosos a maravilla". Este dato, desde el punto de vista de los exploradores, significa que **(los indígenas serán fácilmente conquistados/los indígenas no conocen la guerra).**

3. De las referencias que hace Cristóbal Colón al oro y otros metales, se infiere que **(estos metales no tienen para los indígenas el mismo valor que para los europeos/estos metales solo se encuentran en los ríos).**

RESPUESTAS AL RETO
Leer cuidadosamente para hacer inferencias, citar evidencia y llegar a conclusiones

1. **generosas:** El autor describe a los indígenas como gente dadivosa cuando señala que "Ellos de cosa que tengan, pidiéndosela, jamás dicen de no".

2. **los indígenas serán fácilmente conquistados:** En esta época de exploraciones y conquistas, el hecho de mostrarse pacíficos y sin armas es una señal que indica que los indígenas podrían ser sometidos sin mucha dificultad.

3. **estos metales no tienen para los indígenas el mismo valor que para los europeos:** Para los indígenas, el oro, el jade y la plata tenía un valor decorativo más que económico.

2 Determinar temas o ideas centrales; resumir detalles e ideas de apoyo

Encontrar el tema o idea central en un texto le da más información acerca de lo que trata el texto y por qué es importante.

TÉRMINOS CLAVE: detalles de apoyo, idea central, resumir, tema

Tema

El tema de un texto se refiere a la idea general que el autor desea que los lectores entiendan. A menudo el tema conlleva una significación más profunda acerca de la experiencia humana. A veces el tema aparece declarado de forma directa, como en una fábula de Esopo donde el tema es la moraleja de la historia. Más frecuentemente, el tema está implícito. Para identificar el tema siga estos pasos:

1. Piense en las acciones y palabras del personaje.
2. Piense en los eventos de la obra.
3. Pregunte: "¿Qué mensaje o idea quiere comunicar el autor?"

TEMAS COMUNES: la fuerza del amor, la importancia de la familia, el sacrificio puede traer recompensas, la muerte es parte de la vida

---

Ideas centrales

La **idea central,** o idea principal, de un párrafo o un texto es la idea que tiene mayor importancia. Se puede determinar una idea central haciendo la pregunta: "¿De qué trata mayormente este párrafo o texto?"

Detalles de apoyo

Los **detalles de apoyo** son aquellos que ayudan a explicar la idea central. Los detalles de apoyo pueden incluir los siguientes:

» Hechos y estadísticas
» Evidencia
» Ejemplos
» Anécdotas
» Descripciones

Resumir

Un **resumen** de un texto es una breve declaración que incluye sus más importantes detalles. Cuando usted resuma una obra, siga estos pasos:

1. Encuentre la idea principal del texto.
2. Identifique los detalles en el texto que son necesarios para comprender la idea central.
3. Incluya la idea principal y los detalles importantes en el resumen.

El panda rojo es muy distinto del oso panda blanquinegro que usualmente nos imaginamos cuando oímos la palabra *panda*. De hecho, ni siquiera es un oso. Se relaciona más de cerca con los mapaches, comadrejas y zorrillos.

IDEA CENTRAL: El panda rojo no es igual al oso panda.

DETALLES DE APOYO: Es pariente cercano de los mapaches, comadrejas y zorrillos.

RESUMEN: El panda rojo no es un oso. Es pariente cercano de los mapaches, las comadrejas y los zorrillos.

RETO

Determinar temas o ideas centrales; resumir detalles e ideas de apoyo

Lea el siguiente pasaje y luego contesta la pregunta o elija la palabra o frase que haga verdadera la oración.

Morir de sed

Es lo suficientemente fácil decir, "¡Me muero de sed!" En muchos lugares alrededor del globo, sin embargo, la gente realmente se está muriendo por falta de agua limpia potable. Cerca de 1 de cada 6 personas en el mundo no tienen suficiente acceso a agua limpia. El agua sucia causa enfermedades como la diarrea, que mata miles de niños cada día. Uno de los retos más grandes del siglo veintiuno es proveer suficiente agua para las necesidades de las gentes de la Tierra.

1. ¿Cuál oración establece la idea central del pasaje? Subráyela.

2. Un detalle de apoyo en el pasaje se encuentra en la **(primera/tercera)** oración.

3. En un resumen, no se incluiría la **(primera/cuarta)** oración.

4. Se podría establecer el tema de este pasaje como **(el agua es vital para la vida/la gente no tiene acceso a agua limpia)**.

RESPUESTAS AL RETO

Determinar temas o ideas centrales; resumir detalles e ideas de apoyo

1. Uno de los retos más grandes del siglo veintiuno es proveer suficiente agua para las necesidades de las gentes de la Tierra.

2. La tercera: La tercera oración incluye hechos y estadísticas que apoyan la idea principal.

3. La primera: La primera oración no es necesaria para la comprensión de la idea principal.

4. El agua es vital para la vida. Esta declaración conlleva una significación más profunda acerca de la experiencia humana.

3 Analizar cómo y por qué las personas, los eventos o ideas se desarrollan e interactúan

A medida que avanzamos en la lectura de un texto, es importante descifrar qué está sucediendo y por qué. En el Examen TASC se le podría preguntar que usted explique el orden de los eventos y cómo éstos se construyen o cambian.

TÉRMINO CLAVE: secuencia de eventos

Secuencia de eventos

Muchos textos se organizan de forma cronológica. La **secuencia de eventos** en un texto se refiere al orden en que los eventos tienen lugar. En un texto de no ficción, la secuencia podría incluir pasos en un proceso. En un texto de ficción, la secuencia de eventos sería las acciones que ocurren como parte de la trama. La secuencia a veces aparece indicada por palabras que indican orden cronológico, como *primero, luego, entonces, por último* y *finalmente.* Cuando usted determine la secuencia de eventos para el Examen TASC, localice las palabras que indican orden cronológico; éstas le señalarán el orden de los eventos.

Para eliminar *cookies*, las cuales permiten que los sitios Web identifiquen su computadora, primero se debe buscar en la unidad la carpeta rotulada "cookies". Cuando se haya localizado, abra la carpeta e identifique los archivos que digan *user@sitename.* Luego, sombree las *cookies* que usted quiere eliminar. Finalmente, presione la tecla "delete".

SECUENCIA DE EVENTOS
1. Encuentre la carpeta de las *cookies.*
2. Abra la carpeta.
3. Localice los archivos de las *cookies.*
4. Sombréelas.
5. Presione "delete".

RETO

Analizar cómo y por qué las personas, los eventos o ideas se desarrollan e interactúan

Lea el pasaje. Luego elija la palabra o frase correcta en cada oración.

La cigarra de diecisiete años

Cada diecisiete años, las noches de verano se vuelven insoportablemente ruidosas en ciertos lugares del este de los Estados Unidos. Las cigarras de diecisiete años emergen, viven sus breves vidas, se reproducen y mueren. Estos insectos incuban como ninfas, luego barrenan tierra abajo, donde se alimentan de las raíces de los árboles, creciendo lentamente con el paso de los años. Entonces, al comienzo del primero de sus diecisiete años, taladran un túnel hacia arriba. Cuando la tierra alcanza los 63 grados Fahrenheit, los insectos salen a la superficie, todos a la vez. Se trepan a la vegetación, se aparean y, finalmente, dentro de seis semanas, todos mueren.

1. El evento final en esta secuencia es (**hacer el túnel, el apareamiento, la muerte**) de las cigarras.

2. El autor desarrolla los eventos para explicar (**el ciclo de vida de la cigarra, el impacto de la cigarra**)

RESPUESTAS AL RETO

Analizar cómo y por qué las personas, los eventos o ideas se desarrollan e interactúan

1. **la muerte:** El autor emplea la palabra *finalmente* para indicar el último evento en el ciclo de vida de la cigarra.

2. **el ciclo de vida de la cigarra.** El autor menciona el efecto del ruido de la cigarra pero el propósito principal del pasaje es explicar el ciclo de vida de la cigarra.

4 Interpretar y analizar palabras y frases

La manera en que los autores emplean el lenguaje puede ayudar a entender los textos que usted lee. En el Examen TASC se le podría pedir que identifique formas del lenguaje figurado o significados específicos de palabras.

TÉRMINOS CLAVE: connotativo, figurado, tono

Lenguaje figurado

El lenguaje **figurado** se refiere a palabras o frases que describen una cosa en función de otra. No se pretende entender el lenguaje figurado literalmente. En vez de ello, este lenguaje establece comparaciones para crear descripciones inusitadas e imaginativas. Cuando se interprete el lenguaje figurado para el Examen TASC, piense en lo que se compara y en lo que le dice la comparación.

» Símil: una comparación que emplea la palabra *como*

Ejemplo: *Mi amor es como una rosa roja, roja.*

» Metáfora: una comparación en la que no se emplea *como*

Ejemplo: *El mundo es un teatro.*

» Personificación: una comparación en la que se aplica cualidades humanas a un objeto

Ejemplo: *Muerte no seas orgullosa.*

Connotación

En el lenguaje **connotativo** se incluyen todos los significados, emociones y asociaciones que sugiere una palabra. La definición de una palabra que ofrece el diccionario es su denotación. Su **connotación** incluye emociones y demás significados relacionados.

Palabra: hogar

DENOTACIÓN: el lugar donde alguien vive

CONNOTACIÓN: el lugar donde alguien siente una sensación de pertenencia, paz, familia, e incluso felicidad

---

Tono

El **tono** de un texto es la actitud que adopta un escritor hacia el lector, hacia el asunto o hacia un personaje. El escritor expresa el tono a través de la elección de palabras y detalles. Tonos posibles incluyen humorístico, iracundo, sarcástico, sentimental, sobrio, compasivo, juguetón. Cuando usted evalúe el tono de un escritor para el Examen TASC, piense en cómo el escritor revela lo que él o ella siente.

No fue fácil ser el peor portero en la historia del juego de futbol, pero Marnie lo logró casi sin esfuerzo.

TONO: humorístico

| RETO | Interpretar y analizar palabras y frases |

Lea el poema. Luego elija la palabra o frase correcta en cada oración.

Selección de *La vida es sueño*

Pedro Calderón de la Barca

Yo sueño que estoy aquí
destas prisiones cargado,
y soñé que en otro estado
más lisonjero me vi.
¿Qué es la vida? Un frenesí.
¿Qué es la vida? Una ilusión,
una sombra, una ficción,
y el mayor bien es pequeño:
que toda la vida es sueño,
y los sueños, sueños son.

1. El tipo de lenguaje figurado que se encuentra en el verso seis es un ejemplo de **(metáfora/símil).**

2. Una connotación de la palabra *frenesí* (quinto verso) es **(paraíso/desasosiego).**

3. El tono de este poema se puede describir como **(trágico/pesimista).**

RESPUESTAS AL RETO
Interpretar y analizar palabras y frases

1. **metáfora:** Una metáfora compara dos elementos sin usar la palabra *como*. El símil es una comparación en la que sí se emplea *como*.

2. **desasosiego:** La voz poética padece una confusión entre lo que es real y lo que sueña. Esta sensación desorientadora hace que sienta desosiego.

3. **pesimista:** La voz poética del poema sufre el encierro en un castillo y allí, en su estado de desesperación, ha perdido las esperanzas de volver a vivir la vida fuera del estado en que se encuentra. Por eso piensa que 'la vida es sueño'.

5 Analizar la estructura de los textos

Las partes de los textos, tales como oraciones, párrafos, capítulos, estrofas o actos, contribuyen al texto como conjunto. Entender cómo se organizan las partes de un texto, incluyendo los argumentos, puede ayudar a entender el texto completo.

TÉRMINOS CLAVE: argumento, estructura

Argumento

Un **argumento** es un trabajo escrito que incluye lo siguiente:

» Un planteamiento o declaración que el autor quiere probar
» Evidencia de apoyo que resulte relevante y verificable
» Una explicación de cómo la evidencia apoya el planteamiento
» Argumentos en contra que reconozcan los planteamientos en contra

Cuando usted analice un argumento para el Examen TASC, piense en el planteamiento del autor y cómo lo apoya.

Una de las grandes amenazas a la supervivencia de los elefantes es el mercado negro del marfil, el cual se toma de los colmillos de los elefantes. Aunque el tráfico de marfil fue prohibido en 1989, hay una enorme cantidad de elefantes matados por cazadores furtivos para obtener sus colmillos. Esta práctica debe ser detenida.

PLANTEAMIENTO: Una de las grandes amenazas a la supervivencia de los elefantes es el mercado negro del marfil, el cual se toma de los colmillos de los elefantes.

EVIDENCIA: Hay una enorme cantidad de elefantes matados por cazadores furtivos para obtener sus colmillos.

Estructura

Reconocer la manera en que un autor ha estructurado un texto puede ayudarnos a entenderlo más cabalmente. La **estructura** de un texto informativo está basada en su método de organización. En los métodos de organización se incluyen los siguientes:

>> Causa/efecto
>> Comparación/contraste
>> Problema/solución
>> Secuencia de eventos

La estructura de un texto ficcional es la manera en que el autor ha organizado la trama. Esto incluye lo siguiente:

>> La exposición o introducción
>> La acción creciente
>> El clímax o el punto de mayor exaltación o suspenso
>> La acción decreciente
>> El desenlace, el cual puede ser cómico (humorístico) o trágico (triste)

Cuando usted analice la estructura de una obra de ficción para el Examen TASC, considere su organización y cómo ello ayuda a transmitir las ideas del autor.

Cuando la mayoría de la gente visualiza elefantes, ven una imagen del elefante africano, con sus enormes orejas flexibles y gruesos colmillos. Hay otra especie del animal, sin embargo—el elefante asiático. La diferencia más notable entre los dos animales es el tamaño y la forma de las orejas; las orejas del elefante africano son mucho más grandes, alcanzando gran parte de la cabeza.

ESTRUCTURA: comparación/contraste

RETO   Analizar la estructura de los textos

Lea el siguiente pasaje. Luego conteste la pregunta o elija la palabra que haga cada oración verdadera.

Canto al auto eléctrico

Es vitalmente importante que la gente comience a comprar más autos eléctricos. Esto nos ayudará a convertirnos en menos dependientes de la importación de crudo y reducirá la cantidad de dióxido de carbono que esparcimos en la atmósfera. Sin embargo, muchos consumidores opinan que una de las cosas que les impide comprar autos eléctricos es la dificultad de encontrar un lugar para cargar la batería. Una manera de resolver este problema es instalando estaciones privadas de carga gratis o a bajo costo en las casas o exonerar los impuestos para que la gente pueda adquirir la suya propia.

1. ¿Cuál oración declara la postura del autor? Subráyela.

2. La estructura que emplea el autor es (**comparación-contraste/problema-solución**).

RESPUESTAS AL RETO
Analizar la estructura de los textos

1. Es vitalmente importante que la gente comience a comprar más autos eléctricos.

2. **Problema-solución**: El autor describe un problema que tiene la gente con los autos eléctricos y propone una solución.

6 Evaluar el punto de vista y el propósito

Poder identificar la actitud y razón de un autor para escribir puede ayudarle a descubrir el significado de un texto. En el Examen TASC se le podría pedir que identifique aspectos del estilo y del contenido de un texto.

TÉRMINOS CLAVE: estilo, ironía, propósito, punto de vista, sarcasmo, sátira, subestimación

Punto de vista

El **punto de vista** de un autor es su actitud hacia el asunto. Un autor puede expresar su punto de vista declarando directamente sus opiniones o indirectamente a través de la elección de palabras y el tono. Los autores pueden revelar su punto de vista a través de la sátira, el sarcasmo, la ironía o la subestimación. Cuando usted evalúe el punto de vista de un autor para el Examen TASC, piense en la actitud del autor y cómo él o ella la revela.

Sátira	Tipo de escritura que se burla de la debilidad humana, a menudo procurando un cambio de comportamiento
Sarcasmo	Tipo de escritura agudo, incisivo o cortante; a menudo con un efecto humorístico
Ironía	Expresa la diferencia entre lo que se espera y lo que es real. Hay tres clases de ironía: • Ironía verbal, en la cual el hablante dice algo pero quiere decir lo contrario • Ironía situacional, en la cual ocurre algo que se opone a lo que se espera o a lo que es apropiado • Ironía dramática, en la cual la audiencia o el lector sabe algo que el personaje desconoce
Subestimación	Tipo de escritura que deliberadamente hace que un evento o situación parezca menos serio de lo que realmente es

Propósito

El **propósito** de un autor es su razón para escribir. Propósitos comunes incluyen:

» Informar
» Entretener
» Persuadir

Los autores pueden tener más de un propósito para escribir. Por ejemplo, un escritor de editorial podría querer persuadir a los lectores de que piensen de cierta manera y entretenerlos al mismo tiempo.

Damas y caballeros, estamos hoy aquí para celebrar el trabajo de la Organización Hermana y Hermano –y recaudar fondos para esa causa. Este valioso grupo ha ayudado a miles de jóvenes emparejándolos con mentores adultos que pueden ayudarlos a completar los estudios escolares, trabajo y vida. Y queremos que la organización se mantenga haciendo su acostumbrado buen trabajo.

PROPÓSITO: entretener y persuadir, informar

Estilo

El **estilo** de un escritor es la manera en que él o ella elije las palabras y combina las oraciones con los párrafos. El estilo incluye varios elementos.

ELEMENTO DE ESTILO	ESTRUCTURA DE LA ORACIÓN	ELECCIÓN DE PALABRA	TONO	VOZ	MECÁNICA
Definición	La longitud de las oraciones, la variedad de tipos de oraciones, y el orden de las palabras en las oraciones	La elección de palabras formales o informales, las connotaciones de las palabras elegidas, el uso de lenguaje figurado	La actitud hacia el asunto	El sonido de las palabras del autor	La elección de la puntuación

RETO Evaluar el punto de vista o propósito

Lea el siguiente pasaje. Luego elija la palabra o frase correcta en cada oración.

Selección de "Cómo los animales del bosque enviaron una expedición científica"

Mark Twain

Una vez, las criaturas del bosque celebraron una gran convención y seleccionaron una comisión que consistía de los más ilustres científicos entre ellos, para ir mucho más allá del bosque y hacia el mundo desconocido e inexplorado, para verificar la verdad de las materias que ya se enseñaban en sus escuelas y universidades y también para realizar descubrimientos. Fue la empresa más imponente de ese tipo en que la nación jamás se había embarcado. Cierto, el gobierno había enviado una vez al Dr. Rana Toro, con un equipo seleccionado, para encontrar un paso en dirección noroeste a través del pantano hacia la esquina derecha del bosque, y desde entonces había enviado muchas expediciones en busca del Dr. Rana Toro; pero nunca pudieron dar con él, y así el gobierno finalmente abandonó la búsqueda y ennobleció a su madre para mostrar su gratitud por los servicios que su hijo había aportado a la ciencia.

Y una vez el gobierno envió a Señor Saltamontes en busca de las fuentes del riachuelo que se había vaciado en los pantanos; y más tarde envió muchas expediciones en busca de Señor Saltamontes hasta que al fin tuvieron éxito –encontraron su cuerpo, pero si él había descubierto las fuentes mientras tanto, no lo dio a conocer. Entonces el gobierno actuó espléndidamente por su deceso, y muchos envidiaron su funeral.

1. El autor usa **(sátira/subestimación)** para revelar su punto de vista.

2. El propósito del autor es **(persuadir/informar/entretener)**.

3. El tono del autor es **(serio/humorístico)**.

RESPUESTAS AL RETO
Evaluar el punto de vista y el propósito

1. **sátira:** El autor se está burlando de las expediciones científicas describiendo una expedición de animales.

2. **entretener:** El pasaje no incluye información o intenta persuadir. Es divertido y su intención es entretener.

3. **humorístico:** El autor usa la sátira para divertir y entretener al lector.

7 Evaluar el contenido presentado en diversos formatos y medios

Es importante poder leer, juzgar y entender el contenido en una variedad de formatos, ya sea en libros, revistas o sitios Web.

TÉRMINOS CLAVE: evaluar, formato

Evaluar

Cuando uno **evalúa** texto y medios, uno juzga su valor, calidad e importancia. Para evaluar textos informativos u otro medio, es necesario hacerse uno mismo estas preguntas:

» ¿Es esta fuente confiable? Si el contenido aparece tendencioso o inexacto, uno no puede estar seguro de que la información que uno lee es confiable.

» ¿Es esta fuente consistente? Si uno no sabe si se puede confiar o no en la fuente, uno no puede apoyarse en la evidencia que ofrece.

» ¿Está actualizada esta fuente? Si uno está recogiendo hechos y estadísticas, uno quiere contar con fuentes que sean lo más recientes posible.

Para evaluar múltiples versiones de un relato, un drama o un poema, hágase estas preguntas:

» ¿Qué hace a estas versiones similares? ¿Qué las diferencia?
» ¿Cómo se relacionan las versiones a la fuente original?

Las diez principales ciudades de Estados Unidos por población, 2000

RANK	CITY	POBLACIÓN
1	New York, NY	8,008,279
2	Los Angeles, CA	3,694,820
3	Chicago, IL	2,896,016
4	Houston, TX	1,953,631
5	Philadelphia, PA	1,517,550
6	Phoenix, AZ	1,321,045
7	San Diego, CA	1,223,400
8	Dallas, TX	1,188,580
9	San Antonio, TX	1,144,646
10	Detroit, MI	951,270

EVALUACIÓN: Las estadísticas están caducas. Un censo se realiza cada diez años, entonces debe haber otro censo después del año 2000 con cantidades disponibles más recientes.

Formato

El **formato** de una obra es la estructura en la que se representa. El formato puede incluir los siguientes:

» Novelas
» Cuentos
» Obras de teatro
» Poesía
» Cuadros
» Tablas
» Diagramas
» Mapas
» Sitios Web

Cuando usted lea una obra para el Examen TASC, podría estar en cualquiera de estos formatos.

RETO	**Evaluar el contenido presentado en diversos formatos y medios**

Lea el siguiente pasaje. Luego elija la palabra o frase correcta en cada oración.

> Anneliese Watkins sería una terrible elección como Supervisora. Ella ha estado en la Junta del Pueblo por solo dos años, los cuales obviamente no son suficientes para que ella llegue a conocer los problemas que enfrenta nuestro pueblo. Su experiencia como abogada no es apropiada para la posición y ya que ella ha faltado a dos reuniones, queda claro que ella no se siente comprometida con el pueblo.

1. Una palabra en el editorial que le ayuda a evaluar su contenido es **(terrible/experiencia)**.

2. El contenido del editorial aparece **(no tendencioso/tendencioso)**

RESPUESTAS AL RETO

Evaluar contenido presentado en diversos formatos y medios

1. Terrible: la palabra terrible es emocional, no es racional y no está apoyada por hechos ni evidencia.

2. Tendencioso: El autor tiene claramente sentimientos muy marcados en contra del asunto que no aparecen debidamente apoyados.

8 Delinear y evaluar argumentos y planteamientos en un texto

Muchas obras informativas y de no ficción se escriben como argumentos. Contienen un planteamiento y lo apoyan con razones, hechos y evidencia. A usted se le puede pedir que explique y evalúe o juzgue la fuerza de un argumento en el Examen TASC.

TÉRMINO CLAVE: Premisa

Premisa

La **premisa** de un argumento es el planteamiento que forma la base de un argumento. Para encontrar la premisa de un argumento pregúntese, ¿Qué es lo que el autor plantea?

Un estudio reciente mostró que gente joven entre 8 y 18 años pasó un promedio de 7.5 horas al día en un medio electrónico. A medida que la gente pasa más y más tiempo en medios electrónicos, su capacidad de atención se reduce.

PREMISA: La capacidad de atención de la gente se reduce a medida que pasan más tiempo en medios electrónicos.

RETO | **Delinear y evaluar argumentos y planteamientos en un texto**

Lea el pasaje. Luego conteste la pregunta o elija la palabra o frase correcta en cada oración.

Malaria, una enfermedad transmitida por los mosquitos, es una de las más serias amenazas a la salud a nivel mundial. En 2010 infectó a más de 200 millones de personas y más de un millón murió a causa de ella. Muchos de ellos fueron niños. Es vital que fundemos programas anti-malaria tan completos como sea posible para que podamos seguir trabajando para el control de esta enfermedad.

1. ¿Cuál oración declara la premisa del argumento? Subráyela.

2. El argumento aparece apoyado por (**hechos/opiniones**).

RESPUESTAS AL RETO
Delinear y evaluar argumentos y planteamientos en un texto

1. Es vital que fundemos programas anti-malaria tan completos como sea posible para que podamos seguir trabajando para el control de esta enfermedad.

2. hechos: El argumento incluye el número de gente infectada y el número de ellos que murió.

 ## Analizar cómo dos o más textos se refieren a temas o tópicos similares

En el Examen TASC a usted se le puede pedir que identifique dos o más textos que tengan temas o tópicos similares. Usted puede compararlos o encontrar similitudes, y contrastarlos o encontrar las diferencias. Para hacer esto, usted debe examinar con cuidado los elementos del texto para determinar los acercamientos que los autores emplean.

TÉRMINO CLAVE: figuras retóricas

Figuras retóricas

Las figuras retóricas de un texto son los aspectos de su estilo y estructura que lo hacen único. Vuelva a mirar los puntos 5 y 6 para encontrar definiciones de estilo y estructura. Cuando usted analice dos o más obras, resulta de utilidad examinar sus figuras retóricas y hacerse la pregunta: ¿Qué hace única esta obra?

Editorial de *La Estrella Polar*

Frederick Douglas

LOS DERECHOS DE LAS MUJERES. Uno de los más interesantes acontecimientos de la semana pasada lo constituyó la celebración de lo que se ha técnicamente bautizado como una Convención de los Derechos de la Mujer en Seneca Falls. El habla, discursos y resoluciones de este extraordinario encuentro fueron casi enteramente conducidos por mujeres; y aunque ellas evidentemente se sentían en una nueva posición, no es sino justo decir que todos sus actos se caracterizaron por marcada capacidad y dignidad. Nadie de los presentes, pensamos, sin importar lo mucho que esté dispuesto a diferir de las ideas avanzadas por las destacadas oradoras en esa ocasión, dejará de darles crédito por los brillantes talentos y excelente propensión. En este encuentro, como en otras deliberativas asambleas, había frecuentes diferencias de opinión y animada discusión; pero en ningún caso hubo la más remota ausencia de buena voluntad y decoro.

FIGURAS RETÓRICAS: La estructura del texto es un editorial. Su estilo es formal, con oraciones largas y tono de admiración.

Analizar cómo dos o más textos se refieren a temas o tópicos similares

Lea los siguientes pasajes. Luego elija la palabra o frase correcta en cada oración.

Selección de "Hombres necios" Redondilla de

Sor Juana Inés de la Cruz

Hombres necios que acusáis
a la mujer sin razón,
sin saber que sois la ocasión
de lo mismo que culpáis:
   si con ansia sin igual
solicitáis su desdén,
¿por qué queréis que obren bien
si las incitáis al mal?

Combatís su resistencia
y luego, con gravedad,
decís que fue liviandad
lo que hizo la diligencia.
   Parecer quiere el denuedo
de vuestro parecer loco
al niño que pone el coco
y luego le tiene miedo.

Selección de *Respuesta de la poetisa a la muy ilustre sor Filotea de la Cruz*

Sor Juana Inés de la Cruz

Pues ¿en qué ha estado el delito, si aun lo que es lícito a las mujeres, que es enseñar escribiendo, no hago yo porque conozco que no tengo caudal para ello [...] Si el crimen está en la Carta Atenagórica, ¿fue aquélla más que referir sencillamente mi sentir con todas las venias que debo a nuestra Santa Madre Iglesia? Pues si ella, con su santísima autoridad, no me lo prohíbe, ¿por qué me lo han de prohibir otros? ¿Llevar una opinión contraria de Vieyra fue en mí atrevimiento, y no lo fue en su Paternidad llevarla contra los tres Santos Padres de la Iglesia? Mi entendimiento tal cual ¿no es tan libre como el suyo, pues viene de un solar? ¿Es alguno de los principios de la Santa Fe, revelados, su opinión, para que la hayamos de creer a ojos cerrados?

1. La estructura de la primera obra es un **(drama/poema)**.

2. El estilo de la segunda obra es **(formal/informal)**.

3. Ambas obras tienen como tema central **(las mujeres religiosas/la defensa de la mujer)**.

RESPUESTAS AL RETO

Analizar cómo dos o más textos se refieren a temas o tópicos similares

1. **poema:** La obra aparece organizada en estrofas e incluye rima y ritmo interior.

2. **formal:** La autora usa oraciones largas y palabras y frases formales.

3. **la defensa de la mujer:** En ambos textos se insiste en la idea de que a la mujer se le hacen reclamos injustos.

 ## Determinar significados de palabras

Saber el significado de palabras y cómo se usan las palabras es vital para entender los textos que uno lee en el Examen TASC. A usted se le puede pedir que defina palabras y que diga qué función tienen.

TÉRMINOS CLAVE: contexto, etimología, partes de la oración (or categoría gramatical)

Contexto

El **contexto** de una palabra se refiere a las palabras, frases o pasajes que se encuentran antes o después de ella. Uno puede a menudo determinar el significado de una palabra examinando las palabras a su alrededor, o sea, su contexto.

El hombre acusado se puso de pie e hizo una enérgica *declaración* de su inocencia, sus palabras y expresión facial eran tan convincentes que incluso los que lo acusaban se sintieron perplejos.

CONTEXTO: El contexto de *declaración* incluye las palabras y frases *de su inocencia, palabras,* y *convincente.* Ellas apuntan a que el significado de *declaración* es una "franca confesión".

Partes de la oración

La **parte de la oración** de una palabra es la categoría gramatical a la que pertenece, basado en cómo se usa en una oración.

PARTES DE LA ORACIÓN	FUNCIÓN	EJEMPLOS
Nombre	Nombra a personas, lugares, cosas o ideas	niño, lago, camión, miedo
Pronombre	Sustituye al nombre	ella, ellos, mío, alguien
Verbo	Expresa acción o estado de ánimo	gritar, saltar, son, parecía
Adjetivo	Modifica a un nombre o pronombre	grande, primero, varios, unos
Adverbio	Modifica a un verbo, adjetivo o adverbio	ahí, pronto, bien, astutamente
Preposición	Muestra relaciones entre palabras	para, hasta, por, de, sin
Conjunción	Une palabras o grupos de palabras	y, pero, o, ni…ni
Interjección	Expresa emoción	ay, shhh, uf, wao, mmmm

Etimología

La historia y orígenes de una palabra son su **etimología**. Muchas de las palabras que usamos hoy en español tienen su etimología en otras lenguas. Uno puede encontrar la etimología de una palabra en la mayoría de los diccionarios. La etimología de una palabra puede mostrarle cómo se vincula con otras palabras que comparten sus orígenes.

Etimología de lógica: de la palabra griega *logos* (palabra discurso, tópico, tratado, razonamiento)

PALABRAS VINCULADAS: analogía, biología, logaritmo

RETO **Determinar el significado de palabras**

Lea el pasaje. Luego elija la palabra o frase correcta en cada oración.

Selección de *La autobiografía de Benjamín Franklin*

Benjamín Franklin

Había un pantano de sal que unía parte del lago que proveía de agua el molino, a la orilla del cual, en marea alta, solíamos pararnos a pescar piscardos. De mucho pisotear, lo habíamos hecho un verdadero cenagal.

1. El significado de *cenagal* en la segunda oración es (**pantano/situación**).

2. Una palabra de contexto que le ayuda a definir *cenagal* es (**piscardos/pisotear**).

3. La palabra *cenagal* es un (**nombre/verbo/pronombre**).

RESPUESTAS AL RETO

Determinar el significado de palabras

1. **pantano**: El autor describe un área pantanosa que se ha convertido en un cenagal cuando los chicos lo pisoteaban.

2. **pisotear:** La palabra en contexto *pisotear* indica que se ha caminado sobre el pantano y se ha aplastado.

3. **nombre:** un cenagal es una cosa o un lugar, para lo cual se emplea un nombre.

Entender el lenguaje figurado, relaciones de palabras y matices

Definir palabras es vital para la comprensión, pero las palabras pueden tener significados que van más allá de la definición que ofrecen los diccionarios. Aprender las maneras en que los autores usan las palabras puede ayudarle a entender mejor su trabajo.

TÉRMINOS CLAVE: hipérbole, paradoja, relaciones de palabras

Hipérbole

Ya usted ha aprendido que el lenguaje figurado puede incluir símil, metáfora y personificación. La **hipérbole**, o exageración deliberada, es otra forma de lenguaje figurado. Los escritores a menudo la usan para producir un efecto humorístico.

Extracto de *Las maravillosas hazañas de Paul Bunyan*

W. B. Laughead

El año de los Dos Inviernos tuvieron invierno todo el verano y luego en el otoño se puso frío.

Paradoja

Una **paradoja** es una declaración que parece contradecirse a sí misma pero que puede de hecho ser verdadera. Cuando los escritores usan la paradoja, a menudo intentan sorprender o divertir a sus lectores.

Extracto de *Walden*

Henry David Thoreau

El viajero más veloz es aquel que va a pie.

Relaciones de palabras

Las **relaciones de palabras** incluyen lo siguiente:

» Sinónimos: palabras que tienen significados similares
» Antónimos: palabras que tienen significados opuestos
» Homófonos: palabras que tienen el mismo sonido pero distintos significados

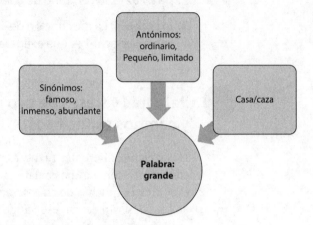

Entender el lenguaje figurado, relaciones de palabras y matices

Lea el pasaje. Luego elija la palabra o frase correcta en cada oración.

Selección de *La paradoja*

Paul Laurence Dunbar

Blancas son mis manos como la campanilla de invierno;
pardos son mis dedos como el barro;
oscura es mi expresión como la medianoche,
clara es mi frente como el día.

La batalla y la guerra son mis subalternos,
hacen mi deseo como divino;
soy la más serena de las pasiones,
la paz es mi niño de pecho.

1. El color de las manos y de los dedos de la voz poética es una **(hipérbole/paradoja)**.

2. En el poema, el antónimo de guerra es **(paz/batalla)**.

3. La descripción de la expresión del que habla en el poema es un/a **(sinónimo/hipérbole)**.

RESPUESTAS AL RETO

Entender el lenguaje figurado, relaciones de palabras y matices

1. **paradoja:** Las manos del hablante son tan blancas como "pardas" u oscuras –una paradoja.

2. **paz:** *Paz* es lo contrario de *guerra*.

3. **hipérbole:** La descripción de la expresión oscura de la voz poética "como la medianoche" es una exageración o hipérbole.

12 Palabras y frases de uso académico y campos específicos

Hay muchas diferentes maneras para definir y emplear palabras. Usted se encontrará con algunas palabras en su lectura que se pueden definir por el contexto; muchas de ellas serán conocidas para usted. Algunas, sin embargo, serán de uso específico para un cierto campo de estudio. Usted tendrá que recordar lo que usted ha aprendido o leído en ese campo para determinar los significados de las palabras.

TÉRMINOS CLAVE: académica, campo específico

Palabras académicas

Las **palabras académicas** en general representan formas sutiles o precisas para decir cosas relativamente simples–*deambular* en vez de *caminar*, por ejemplo. Frecuentemente se pueden definir por el contexto.

Palabras de campos específicos

Palabras de campos específicos son términos que están conectados a un área específica de estudio, tales como literatura, ciencia, matemáticas o historia. A menudo estas palabras necesitan ser definidas usando un diccionario o un glosario.

Las palabras académicas aparecen subrayadas con una línea. Las palabras de campos específicos se subrayan con dos líneas.

La liberación de metano en la atmósfera produce un desplazamiento repentino en los isótopos de carbono.

Palabras y frases de uso académico y campos específicos

Lea el pasaje. Luego elija la palabra o frase correcta en cada oración.

Selección de *La red del espacio sideral*

… La NASA estableció el concepto de la Red del Espacio Sideral como una instalación de comunicaciones separada de la base terrestre que apoyaría muchas misiones de vuelos espaciales simultáneamente, evitando de esa manera la duplicación poco práctica de una red de comunicaciones espaciales especializada para cada proyecto de vuelo. La Red era responsable por su propia investigación, desarrollo, y operación en apoyo de todos sus usuarios. Bajo este concepto, se ha convertido en un líder mundial en el desarrollo de receptores de baja frecuencia, rastreo, telemetría y sistemas de comando, procesamiento de señales digitales y navegación de radio en el espacio sideral.

1. Usando el contexto, se puede determinar que el significado de la palabra *simultáneamente* es **(solo/al mismo tiempo)**.

2. Una palabra que es de un campo específico es **(telemetría/poco práctica)**.

RESPUESTAS AL RETO

Palabras y frases de uso académico y campos específicos

1. **al mismo tiempo:** La palabra *muchas* nos dice que la Red apoyaría más de una misión; la frase "evitando la duplicación poco práctica" sugiere que el apoyo de las misiones tendría lugar al mismo tiempo.

2. **telemetría:** *Telemetría* es un término específico de la industria de las comunicaciones. Es la ciencia que reúne datos en áreas remotas y las transmite a un equipo receptor para su monitorización.

Examen TASC de Artes del lenguaje–Examen de práctica en Lectura

50 preguntas, 70 minutos

El siguiente examen está diseñado para simular un examen TASC real de la sección en Artes del lenguaje-Lectura en cuanto al formato de las preguntas, el número y el grado de dificultad. Para tener una buena idea de cómo le irá en el examen real, tome esta prueba bajo las condiciones reales del examen. Complete la prueba en una sesión y observe el límite de tiempo dado. Las respuestas y explicaciones comienzan en la página 77.

Lea el siguiente texto. Luego conteste las preguntas.

"A la deriva con estática"

Leslie Allen

Una marea alta de ruido creado por el hombre está alterando las vidas de los mamíferos marinos.

En lo profundo es oscuro, pero no silencioso; allí hay vida y sonidos. Las ballenas y otros mamíferos, peces e incluso algunos invertebrados dependen del sonido, el cual viaja mucho más lejos en el agua de lo que viaja la luz. Los animales se valen del sonido para encontrar alimento y aparearse, para evadir depredadores y para comunicarse. Ellos enfrentan un creciente problema: se están ahogando en el ruido creado por el hombre. "Para muchos de estos animales es como si vivieran en ciudades," señala el investigador marino Brandon Southall, antiguo director del Programa de Acústica Oceánica de la Administración Oceánica y Atmosférica Nacional (NOAA, por sus siglas en inglés).

Hace dos años el problema llegó a la Corte Suprema de Estados Unidos, en un caso que podría haberse llamado *Marina de Estados Unidos versus Ballenas*. La decisión de la Corte protegió el derecho de naves navales de llevar a cabo pruebas de sistemas de radar para la cacería submarina, cuyas intensas pulsaciones de sonidos se han vinculado con varios encallamientos masivos de ballenas. Pero la Marina no es el único villano. Las embarcaciones de compañías petroleras dejan atrás detonaciones de aire comprimido día y noche lo suficientemente sonoros para ubicar el crudo enterrado bajo el suelo marino −y también para ser oídas a cientos de millas. Las operaciones de construcción bajo el agua plantan pilotes en el suelo marino y abren agujeros en ellos con cargas explosivas.

Y la mayor parte de esta marea alta/ Y la mayoría de esa marea alta de ruido −un aumento de cien veces desde 1960 en muchas áreas− es creada simplemente por el dramático crecimiento en el tráfico de embarcaciones. "El ruido de las embarcaciones siempre está ahí," dice Southall. "No tiene que ser letal para convertirse en problemático con el tiempo". El problema está volviéndose consistentemente peor por otra razón. A medida que hacemos más ruido, también estamos haciendo que el océano lo transmita mejor. El agua del mar está absorbiendo menos sonido a medida que el dióxido de carbono del consumo de combustibles fósiles se filtra en el océano y lo acidifica.

El ruido lleva a que muchas especies de ballenas, delfines y otros animales marinos cambien su comportamiento notablemente −sus llamados, la búsqueda de alimento y los patrones de migración −aun cuando no es suficiente para acercarlos a una playa. Se ha notado que el bacalao y el eglefino en el mar de Barents huyen del área cuando comienzan las descargas de aire comprimido, reduciendo de forma drástica la pesca por días. Las grandes ballenas barbadas son de particular preocupación. Ellas se comunican a grandes distancias en las mismas frecuencias, alrededor de la nota musical C más baja en un piano, que generan las hélices y los motores de un barco. En la mayoría de días, dice Christopher W. Clark, director del programa de investigación en bioacústica en la Universidad de Cornell, el área sobre la cual las ballenas en aguas costeras pueden oírse unas con otras se reduce a solamente de 10 a 20 por ciento de su alcance natural.

Clark estudia las ballenas francas en peligro del área norte, cuyo hábitat incluye los congestionados carriles de transporte del puerto de Boston. En 2007 él y sus colegas colocaron una red de grabadores en el suelo marino y automatizaron boyas receptoras en la Bahía de Massachusetts. De tres años de continuas grabaciones, compilaron un completo "banco de sonido".

Animaciones a color de los datos muestran los llamados de las ballenas francas que no hacen sino distorsionarse cuando pasan las embarcaciones. "La red social de las ballenas está constantemente rasgándose y reformándose," señala Clark. Sin poder comunicarse, las ballenas que se separan tienen dificultades en encontrarse unas con otras y permanecen más tiempo por su cuenta.

Las diez boyas receptoras que se balancean ahora en la Bahía de Massachusetts podrían realmente ayudar a los animales. Los investigadores están compartiendo en tiempo real los datos de las ubicaciones de las ballenas, transmitidos vía satélite desde las boyas, con capitanes de buques cisterna, quienes pueden entonces reducir la velocidad de sus naves o alterar el curso para evadir las ballenas. Es una pequeña señal de esperanza en el estruendo. "La ciencia no puede más que ayudar en algunas áreas," señala Clark. "Luego tenemos que decidir si los animales son importantes para nosotros". Texto de Leslie Allen / Ilustración de Stefan Fichte / National Geographic Creative

1. Según el texto, ¿qué elementos se combinan para que el ruido marino se haga un problema?

Ⓐ el ruido de las embarcaciones
Ⓑ los patrones de migración
Ⓒ las boyas receptoras
Ⓓ los grabadores del suelo marino
Ⓔ el agua de mar acidificada
Ⓕ ballenas encalladas

2. ¿Cuál de las siguientes declaraciones incluye una idea central del texto?

Ⓐ Las diez boyas receptoras que se balancean ahora en la Bahía de Massachusetts podrían realmente ayudar a los animales.
Ⓑ Sin poder comunicarse, las ballenas que se separan tienen dificultades en encontrarse unas con otras y permanecen más tiempo por su cuenta.
Ⓒ Los animales usan el sonido para encontrar alimento y aparearse, para evadir depredadores y para comunicarse.
Ⓓ Una marea alta de ruido creado por el hombre está alterando las vidas de los mamíferos marinos.

3. Según la gráfica que encabeza el texto, ¿cuál de las siguientes es la causa más probable para causar daños a la audición de los animales marinos?

Ⓐ submarinos
Ⓑ armas de aire comprimido
Ⓒ viento
Ⓓ buques de carga

4. Lea el siguiente extracto de "A la deriva con estática".

> Se ha notado que el bacalao y el eglefino en el mar de Barents huyen del área cuando comienzan las descargas de aire comprimido, reduciendo de forma drástica la pesca por días.

¿Cómo emplea la autora esta oración para desarrollar el argumento de que el ruido hace que los animales marinos cambien su comportamiento?

(A) Provee un contraste con las formas en que se comportan los animales terrestres.
(B) Explica el comportamiento de animales en áreas tranquilas.
(C) Provee un ejemplo que apoya el argumento.
(D) Critica los niveles de ruido en el mar de Barents.

5. Del argumento de la autora se puede inferir que una manera de ayudar a reducir el ruido marino de <u>todas</u> las fuentes sería:

(A) dejar de usar detonadores de aire comprimido
(B) consumir menos combustibles fósiles
(C) terminar las perforaciones petroleras marinas
(D) cambiar las rutas de las embarcaciones

6. Lea el siguiente extracto de "A la deriva con estática".

> En la mayoría de días, dice Christopher W. Clark, director del programa de investigación en bioacústica en la Universidad de Cornell, el área sobre la cual las ballenas en aguas costeras pueden oírse unas con otras se reduce a solamente de 10 a 20 por ciento de su alcance natural.

El significado más probable de *bioacústica* es

(A) el estudio del ruido creado por los humanos
(B) el análisis de los sentidos de los animales
(C) el estudio de organismos y hábitats acuáticos
(D) la ciencia de los sonidos que afectan a los seres vivientes

7. La descripción de la autora de la profundidad del mar en el segundo párrafo demuestra el/la

(A) magnitud del sonido del agua marina
(B) alcance del silencio de agua profunda
(C) hecho de que el ruido en agua profunda es generado por los humanos
(D) peligro que enfrentan los animales marinos en aguas profundas

8. El propósito de la autora en este artículo es para

(A) explicar por qué las ballenas se han puesto en peligro
(B) argumentar que los humanos debieran hacer menos ruido en el fondo del mar
(C) convencer a la gente de consumir menos combustibles fósiles
(D) explicar los problemas causados por el ruido en el fondo del mar

Lea el siguiente texto. Luego conteste las preguntas.

Extracto de *Sir Gawain y el Caballero Verde*

Anónimo, siglo catorce

Y de este modo estaba el poderoso rey, de pie ante la más alta mesa, departiendo amigablemente. El buen Gawain se había sentado junto a la reina Ginebra, la cual tenía a Agravain al otro lado, hijos los dos de la hermana del rey, y muy leales caballeros. El obispo Baldwin tenía el privilegio de encabezar la mesa, y junto a él comía Iwain, hijo de Urien. Todos ellos estaban en el estrado, donde eran servidos con la dignidad debida, en tanto que muchos poderosos señores se acomodaban abajo, ante largas mesas. Y llegó el primer plato al resonar de las trompetas, de las que pendían espléndidos blasones, se oyó el estrépito de los tambores y los sones agudos y vibrantes de las flautas, y muchos corazones se enardecieron al oírlos. Se sirvieron a continuación platos delicados y exquisitos y carnes tiernas en tantas fuentes que apenas había espacio delante de las gentes para colocar la vajilla de plata repleta de manjares. Cada individuo se servía a su gusto sin reparo; había doce platos para cada dos invitados, buena cerveza y espléndido vino.

Extracto de *Un Yanqui en la corte del Rey Arturo*

Mark Twain

En medio de aquella plaza pública, bajo techo, había una mesa de roble, a la que llamaban la Mesa Redonda. Era tan grande como una pista de circo, y alrededor de ella se sentaba un gran número de hombres vestidos con colores tan abigarrados que el mirarlos hacía daño a la vista. Tenían siempre puestos los yelmos con plumas y sólo los levantaban una pizca cuando alguno de ellos se dirigía estrictamente al rey. Casi todos bebían, utilizando como recipiente enormes cuernos de buey, pero un par de ellos seguían masticando pan o royendo huesos de res. Había en el recinto una gran cantidad de perros, un promedio de dos por cada hombre, agazapados a la espera, hasta que alguien les lanzaba un hueso, y entonces se abalanzaban sobre él, separados en brigadas y divisiones, y se producía una refriega que convertía al grupo en un caos tumultuoso de cuerpos, cabezas que arremetían y colas batientes, y la tormenta de aullidos y ladridos silenciaba todas las conversaciones, pero eso no tenía importancia; de todos modos era mayor el interés por las peleas de perros que por la conversación; a veces incluso los hombres se ponían de pie para observar mejor y hacer apuestas, y las damas y músicos se empinaban por encima de las balaustradas con el mismo objeto y todos prorrumpían de vez en cuando en exclamaciones de deleite. Al final, el perro victorioso se tendía cómodamente con el hueso entre las garras, y con gruñidos de placer empezaba a roerlo y engrasar el suelo, igual que otros cincuenta perros que en ese momento hacían lo mismo, y el resto de la corte resumía las actividades y diversiones interrumpidas.

9. Ambos textos describen la corte del Rey Arturo. ¿Cómo difieren los tonos de los textos?

Ⓐ El primero es burlón, mientras que el segundo es intrigante.

Ⓑ El primero es sobrio, mientras que el segundo es humorístico.

Ⓒ El primero es irónico, mientras que el segundo es sombrío.

Ⓓ El primero es informal, mientras que el segundo es formal.

10. ¿Qué impresión crea el autor acerca de la corte en *Sir Gawain y el Caballero Verde*?

Ⓐ una impresión de simpleza y modestia

Ⓑ una impresión de alegría y expectación

Ⓒ una impresión de oscuridad y peligro

Ⓓ una impresión de esplendor y celebración

11. Gawain y Agravain se describen como "muy leales caballeros" en *Sir Gawain y el Caballero Verde*. De esta descripción se puede inferir que son

Ⓐ valientes

Ⓑ corpulentos

Ⓒ elegantes

Ⓓ descorteses

12. ¿Por qué Twain elige describir los perros en la corte en *Un Yanqui en la corte del Rey Arturo*?

Ⓐ para sugerir que los perros son más civilizados que los humanos

Ⓑ para sugerir que la corte no es muy civilizada

Ⓒ para mostrar cuán importante son los perros a la corte

Ⓓ para mostrar que la corte es refinada pero excitante

13. Lea el siguiente extracto de *Un Yanqui en la corte del Rey Arturo*.

Era tan grande como una pista de circo, y alrededor de ella se sentaba un gran número de hombres vestidos con colores tan abigarrados que el mirarlos hacía daño a la vista.

¿Qué tono crea el autor con el uso de la hipérbole?

Ⓐ un tono sombrío

Ⓑ un tono realista

Ⓒ un tono amenazante

Ⓓ un tono cómico

14. Lea el siguiente extracto de *Sir Gawain y el Caballero Verde*.

> Se sirvieron a continuación platos delicados y exquisitos y carnes tiernas en tantas fuentes que apenas había espacio delante de las gentes para colocar la vajilla de plata repleta de manjares.

La frase "carnes tiernas" implica que

(A) solo había carne en la mesa

(B) las carnes no estaban bien cocidas

(C) las carnes eran costosas y poco comunes

(D) había varias clases de carnes

15. La descripción del espacio que hace el autor en *Un Yanqui en la corte del Rey Arturo* sugiere que la narración será

(A) trágica

(B) cómica

(C) de aventuras

(D) de suspenso

Lea el siguiente pasaje y luego conteste las preguntas.

Selección de *El terremoto de Charleston (1886)*

José Martí

Un terremoto ha destrozado la ciudad de Charleston. Ruina es hoy lo que ayer era flor, y por un lado se miraba en el agua arenosa de sus ríos, surgiendo entre ellos como un cesto de frutas, y por el otro se extendía a lo interior en pueblos lindos, rodeados de bosques de magnolias, y de naranjos y jardines.

Los blancos vencidos y los negros bien hallados viven allí después de la guerra en lánguida concordia; allí no se caen las hojas de los árboles; allí se mira al mar desde los colgadizos vestidos de enredaderas; allí, a la boca del Atlántico, se levanta casi oculto por la arena el fuerte Sumter, en cuyos muros rebotó la bala que llamó al fin a guerra al Sur y al Norte; allí recibieron con bondad a los viajeros infortunados de la barca Puig.

Las calles van derechas a los dos ríos; bordea la población una alameda que se levanta sobre el agua; hay un pueblo de buques en los muelles, cargando algodón para Europa y la India; en la calle de King se comercia; la de Meeting ostenta hoteles ricos; viven los negros parleros y apretados en un barrio populoso; y el resto de la ciudad es de residencias bellas, no fabricadas hombro a hombro como estas casas impúdicas y esclavas de las ciudades frías del arte, sino con ese noble apartamiento que ayuda tanto a la poesía y decoro de la vida. Cada casita tiene sus rosales, y su patio en cuadro lleno de hierba y girasoles y sus naranjos a la puerta.

Se destacan sobre las paredes blancas las alfombras y ornamentos de colores alegres que en la mañana tienden en la baranda del colgadizo alto las negras risueñas, cubierta la cabeza con el pañuelo azul o rojo: el polvo de la derrota veía en otros lugares el color crudo del ladrillo de las moradas opulentas, se vive con valor en el alma y con luz en la mente en aquel pueblo apacible de ojos negros.

¡Y hoy los ferrocarriles que llegan a sus puertas se detienen a medio camino sobre sus rieles torcidos, partidos, hundidos, levantados; las torres están por tierra; la población ha pasado una semana de rodillas; los negros y sus antiguos señores han dormido bajo la misma lona, y comido del mismo pan, de lástima, frente a las ruinas de sus casas, a las paredes caídas, a las rejas lanzadas de su base de piedra, a las columnas rotas!

Los cincuenta mil habitantes de Charleston, sorprendidos en las primeras horas de la noche por el temblor de tierra que sacudió como nidos de paja sus hogares, viven aún en las calles y en las plazas, en carros, bajo tiendas, bajo casuchas cubiertas con sus propias ropas.

Ocho millones de pesos rodaron en polvo en veinticinco segundos. Sesenta han muerto, unos aplastados por las paredes que caían; otros, de espanto. Y en la misma hora tremenda, muchos niños vinieron a la vida.

Estas desdichas que arrancan de las entrañas de la tierra, hay que verlas desde lo alto de los cielos.

De allí los terremotos, con todo su espantable arreo de dolores humanos, no son más que el ajuste del suelo visible sobre sus entrañas encogidas, indispensable para el equilibrio de la creación; ¡con toda la majestad de sus pesares, con todo el empuje de olas de su juicio, con todo ese universo de alas que le golpea de adentro el cráneo, no es el hombre más que una de esas burbujas resplandecientes que danzan a tumbos ciegos en un rayo de sol! ¡Pobre guerrero del aire, recamado de oro, siempre lanzado a tierra por un enemigo que no ve, siempre levantándose aturdido del golpe, pronto a la nueva pelea, sin que sus manos le basten nunca a apartar los torrentes de la propia sangre que le cubren los ojos!

¡Pero siente que sube como la burbuja por el rayo de sol; pero siente en su seno todos los goces y luces, y todas las tempestades y padecimientos de la naturaleza que ayuda a levantar!

Toda esta majestad rodó por tierra en la hora de horror del terremoto en Charleston.

16. Esta selección de "El terremoto de Charleston" es un texto con un propósito

Ⓐ científico

Ⓑ geológico

Ⓒ informativo

Ⓓ social

17. En el segundo párrafo, la palabra *concordia* es sinónimo de

Ⓐ alegría
Ⓑ tristeza
Ⓒ guerra
Ⓓ armonía

18. Lea el siguiente extracto:

De allí los terremotos, con todo su espantable arreo de dolores humanos, no son más que el ajuste del suelo visible sobre sus entrañas encogidas, indispensable para el equilibrio de la creación;

Esta explicación del terremoto se asocia mejor con una descripción

Ⓐ científica
Ⓑ religiosa
Ⓒ filosófica
Ⓓ apocalíptica

19. Los primeros cuatro párrafos del texto ofrecen una descripción del pueblo de Charleston

Ⓐ desde el centro del pueblo
Ⓑ desde un pueblo vecino
Ⓒ desde la iglesia del pueblo
Ⓓ desde la mirada de alguien que se va acercando al pueblo

20. En el cuarto párrafo, la frase "moradas opulentas" se refiere a

Ⓐ los negocios del pueblo
Ⓑ las casas lujosas del pueblo
Ⓒ el color de las flores del pueblo
Ⓓ las iglesias destruidas del pueblo

21. Por la estructura de "El terremoto de Charleston" se infiere que este texto está más cerca de

Ⓐ un cuento
Ⓑ un poema
Ⓒ un artículo de periódico
Ⓓ una autobiografía del autor

22. Cuál de las siguientes oraciones mejor resume el contenido de la selección del texto:

Ⓐ Un terremoto ha destrozado la ciudad de Charleston.
Ⓑ La población ha pasado una semana de rodillas.
Ⓒ Ocho millones de pesos rodaron en polvo en veinticinco segundos.
Ⓓ Toda esta majestad rodó por tierra en la hora de horror del terremoto en Charleston.

Lea el siguiente poema. Luego conteste las preguntas.

Sólo la muerte

Pablo Neruda

Hay cementerios solos,
tumbas llenas de huesos sin sonido,
el corazón pasando un túnel
oscuro, oscuro, oscuro,
como un naufragio hacia adentro nos morimos,
como ahogarnos en el corazón,
como irnos cayendo desde la piel al alma.

Hay cadáveres,
hay pies de pegajosa losa fría,
hay muerte en los huesos,
como un sonido puro,
como un ladrido sin perro,
saliendo de ciertas campanas, de ciertas tumbas
creciendo en la humedad como el llanto o la lluvia.

Yo veo, solo, a veces,
ataúdes a vela
zarpar con difuntos pálidos, con mujeres de trenzas muertas,
con panaderos blancos como ángeles,
con niñas pensativas casadas con notarios,
ataúdes subiendo el río vertical de los muertos,
el río morado,
hacia arriba, con las velas hinchadas por el sonido de la muerte,
hinchadas por el sonido silencioso de la muerte.

A lo sonoro llega la muerte
como un zapato sin pie, como un traje sin hombre,
llega a golpear con un anillo sin piedras y sin dedo,
llega a gritar sin boca, sin lengua, sin garganta.
Sin embargo sus pasos suenan
y su vestido suena, callado, como un árbol.

Yo no sé, yo conozco poco, yo apenas veo,
pero creo que su canto tiene color de violetas húmedas,
de violetas acostumbradas a la tierra,
porque la cara de la muerte es verde,
con la aguda humedad de una hoja de violeta
y su grave color de invierno exasperado.

Pero la muerte va también por el mundo vestida de escoba,
lame el suelo buscando difuntos,
la muerte está en la escoba,
es la lengua de la muerte buscando muertos,
es la aguja de la muerte buscando hilo.

La muerte está en los catres:
en los colchones lentos, en las frazadas negras
vive tendida, y de repente sopla:
sopla un sonido oscuro que hincha sábanas,
y hay camas navegando a un puerto
en donde está esperando, vestida de almirante.

23. Uno de los temas de este poema es

Ⓐ los cementerios y sus tumbas
Ⓑ la muerte está en todas partes
Ⓒ el hombre es inmortal
Ⓓ no se puede engañar a la muerte

24. Se puede inferir que la voz lírica del poema le habla a

Ⓐ su amada
Ⓑ su madre
Ⓒ un amigo
Ⓓ nadie en particular

25. Las dos primeras estrofas del poema describen

Ⓐ lo doloroso de la muerte
Ⓑ la agonía
Ⓒ imágenes de la existencia de la muerte
Ⓓ la tristeza de los que mueren

26. ¿Cuál de los siguientes tonos describe mejor este poema?

Ⓐ nostálgico
Ⓑ pesimista
Ⓒ sombrío
Ⓓ alegre

27. Lea la siguiente estrofa de "Sólo la muerte".

> A lo sonoro llega la muerte
> como un zapato sin pie, como un traje sin hombre,
> llega a golpear con un anillo sin piedras y sin dedo,
> llega a gritar sin boca, sin lengua, sin garganta.
> Sin embargo sus pasos suenan
> y su vestido suena, callado, como un árbol.

¿A qué se refiere la voz poética en esta estrofa?

(A) a la forma silenciosa en que llega la muerte

(B) a los síntomas de la muerte

(C) a que las personas mueren por enfermedades crónicas

(D) a que la muerte es un castigo

28. Lea los siguientes versos de "Sólo la muerte".

> Pero también la muerte va por el mundo vestida de escoba,
> lame el suelo buscando difuntos,

El verso "Lame el suelo buscando difuntos" es un ejemplo de qué recurso poético:

(A) metáfora

(B) símil

(C) personificación

(D) aliteración

29. ¿Qué significa la palabra *naufragio* en el contexto de la primera estrofa?

(A) accidente

(B) hundimiento

(C) viaje

(D) escalofrío

Lea el siguiente texto. Luego conteste las preguntas.

Discurso inaugural de Andrew Johnson, después del asesinato de Abraham Lincoln el 14 de abril, 1865

(De Sunday Morning Chronicle, Washington, 16 de abril, 1865,
Y The Sun, Baltimore, 17 de abril, 1865)

CABALLEROS: Permítaseme expresar que me siento casi abrumado
por la noticia del triste acontecimiento que recientemente ha ocurrido.
Me siento incompetente para llevar a cabo las funciones tan
importantes y responsables como las que se me han impuesto de forma

tan inesperada. En cuanto a alguna indicación de cualquier política que pueda ser seguida por mí en la administración del Gobierno, tengo que decir que eso debe dejarse para el desarrollo a medida que la Administración avanza. El mensaje o declaración debe hacerse de acuerdo a los hechos según se revelen. La única garantía que ahora puedo dar del futuro es referencia al pasado. El curso que he emprendido en el pasado en conexión con esta rebelión debe tomarse como una garantía del futuro. Mi vida pública pasada, la cual ha sido larga y laboriosa, ha sido fundada, como yo creo a plena consciencia, sobre un gran principio del derecho, el cual yace en los cimientos de todas las cosas. Lo mejor de mis energías de mi vida se ha empleado en el esfuerzo por establecer y perpetuar los principios de un gobierno libre, y yo creo que el Gobierno en el paso por los peligros actuales se asentará sobre los principios en consonancia con los derechos populares más permanentes y duraderos hasta el momento presente. Permítaseme decir, si entiendo los sentimientos de mi propio corazón, que he trabajado para mejorar y elevar la condición de la gran masa de los ciudadanos estadounidenses. El trabajo duro y una honesta defensa de los grandes principios del libre gobierno han sido mi destino. Los deberes han sido míos; las consecuencias son de Dios. Este ha sido el fundamento de mi credo político, y siento que al final el Gobierno triunfará y que estos principios se establecerán de forma permanente.

En conclusión, caballeros, permítanme decir que yo quiero su apoyo y su consentimiento. Les pediré y confiaré en ustedes y en los demás para conducir el Gobierno por los peligros presentes. Al hacer esta solicitud siento que será respondida con entusiasmo por ustedes y por todos los demás patriotas y amantes de los derechos e intereses de un pueblo libre. 15 de abril, 1865

30. ¿Cuál es el "triste acontecimiento" al que se refiere Andrew Johnson? Escriba la respuesta en la caja.

31.

Parte A

¿Cómo pretende Johnson calmar los miedos de sus oyentes?

Ⓐ afirmando que cualquier aggressor sera castigado

Ⓑ recordándoles sobre su reputación por la prudencia y percepción

Ⓒ sugiriéndoles que él mantendrá las políticas existents de la administración

Ⓓ revelando una lista de planes para la dirección futura de los Estados Unidos

Parte B

¿Cuál de estas declaraciones más firmemente apoya su respuesta para la Parte A?

Ⓐ Me siento incompetente para llevar a cabo las funciones tan importantes y responsables como las que se me han impuesto de forma tan inesperada.

Ⓑ El curso que he emprendido en el pasado en conexión con esta rebelión debe tomarse como una garantía del futuro.

Ⓒ Permítaseme decir, si entiendo los sentimientos de mi propio corazón, que he trabajado para mejorar y elevar la condición de la gran masa de los ciudadanos norteamericanos.

Ⓓ Les pediré y confiaré en ustedes y en los demás para conducir el Gobierno por los peligros presentes.

32. ¿Cuál es el propósito principal del Presidente Johnson con este discurso?

Ⓐ informar a la audiencia que él reunificará el Norte y el Sur

Ⓑ para explicarle a la audiencia por qué él no será tan buen presidente como Lincoln

Ⓒ para defender ante la audiencia su pasado historial en el gobierno

Ⓓ para asegurarle a la audiencia que él dará lo mejor de sí para el país

33. ¿A qué se refiere el presidente Johnson cuando hace referencia a su "credo político"?

Ⓐ al partido político a que pertenece

Ⓑ a sus escritos sobre el gobierno

Ⓒ a sus creencias acerca del gobierno

Ⓓ a sus enemigos políticos

34. ¿Cómo cree usted que Andrew Johnson se siente sobre convertirse en presidente? Use evidencia del texto para apoyar su análisis. Escriba su respuesta en la caja. Lea el siguiente extracto del discurso.

> Permítaseme expresar que me siento casi abrumado por la noticia del triste acontecimiento que recientemente ha ocurrido. Me siento incompetente para llevar a cabo las funciones tan importantes y responsables como las que se me han impuesto de forma tan inesperada.

¿Cómo cree usted que se siente Andrew Johnson sobre convertirse en presidente?

- Ⓐ orgulloso
- Ⓑ incómodo
- Ⓒ satisfecho
- Ⓓ capaz

35. Lea el siguiente extracto del discurso.

> Mi vida pública pasada, la cual ha sido larga y laboriosa, ha sido fundada, como yo creo a plena consciencia, sobre un gran principio del derecho, el cual yace en los cimientos de todas las cosas.

¿Cuál es el significado más probable de "laborioso"?

- Ⓐ que requiere mucho esfuerzo
- Ⓑ que causa dolor físico
- Ⓒ difícil de explicar
- Ⓓ hecho en un laboratorio

36. En el párrafo final, ¿qué esperanza expresa el presidente Johnson acerca de su gobierno?

- Ⓐ que será mejor que el gobierno de Lincoln
- Ⓑ que rechazará las exigencias del Sur
- Ⓒ que sobrevivirá la Guerra Civil
- Ⓓ que prohibirá la esclavitud

Lea el siguiente texto. Luego conteste las preguntas.

"La instrucción de la mujer" (1906)

Gabriela Mistral

Retrocedamos en la historia de la humanidad buscando la silueta de la mujer, en las diferentes edades de la Tierra. La encontraremos más humillada y más envilecida mientras más nos internemos en la antigüedad. Su engrandecimiento lleva la misma marcha de la civilización; mientras la luz del progreso irradia más poderosa sobre nuestro globo, ella, agobiada, va irguiéndose más y más.

Y es que a medida que la luz se hace en las inteligencias, se va comprendiendo su misión y su valor y hoy ya no es la esclava de ayer sino la compañera igual. Para su humillación primitiva, ha conquistado ya lo bastante, pero aún le queda mucho de explorar para entonar un canto de victoria.

Si en la vida social ocupa un puesto que le corresponde, no es lo mismo en la intelectual aunque muchos se empeñen en asegurar que ya ha obtenido bastante; su figura en ella, si no es nula, es sí demasiado pálida.

Se ha dicho que la mujer no necesita sino una mediana instrucción, y es que aún hay quienes ven en ella al ser capaz sólo de gobernar el hogar.

La instrucción suya, es una obra magna que lleva en sí la reforma completa de todo un sexo. Porque la mujer instruida deja de ser esa fanática ridícula que no atrae a ella sino la burla: porque deja de ser esa esposa monótona que para mantener el amor conyugal no cuenta más que con su belleza física y acaba por llenar de fastidio esa vida en que la contemplación acaba. Porque la mujer instruida deja de ser ese ser desvalido que, débil para luchar con la Miseria, acaba por venderse miserablemente si sus fuerzas físicas no le permiten ese trabajo.

Instruir a la mujer es hacerla digna y levantarla. Abrirle un campo más vasto de porvenir, es arrancar a la degradación muchas de sus víctimas.

Es preciso que la mujer deje de ser mendiga de protección; y pueda vivir sin que tenga que sacrificar su felicidad con uno de los repugnantes matrimonios modernos; o su virtud con la venta indigna de su honra.

Porque casi siempre la degradación de la mujer se debe a su desvalimiento.

¿Por qué esa idea torpe de ciertos padres, de apartar de las manos de sus hijos las obras científicas con el pretexto de que cambie su lectura los sentimientos religiosos del corazón?

¿Qué religión más digna que la que tiene el sabio?

¿Qué Dios más inmenso que aquel ante el cual se postra el astrónomo después de haber escudriñado los abismos de la altura?

Yo pondría al alcance de la juventud toda la lectura de esos grandes soles de la ciencia, para que se abismara en el estudio de esa Naturaleza de cuyo Creador debe formarse una idea. Yo le mostraría el cielo del astrónomo, no el del teólogo; le haría conocer ese espacio poblado de mundos, no poblado de centellos; le mostraría todos los secretos de esas alturas. Y, después que hubiera conocido todas las obras, y después que supiera lo que es la Tierra en el espacio, que formara su religión de lo que le dictara su inteligencia, su razón y su alma. ¿Por qué asegurar que la mujer no necesita sino una instrucción elemental?

En todas las edades del mundo en que la mujer ha sido la bestia de los bárbaros y la esclava de los civilizados, ¡cuánta inteligencia perdida en la oscuridad de su sexo! ¡cuántos genios no habrán vivido en la esclavitud vil, inexplotados, ignorados! Instrúyase a la mujer; no hay nada en ella que le haga ser colocada en un lugar más bajo que el del hombre. Que lleve una dignidad más al corazón por la vida: la dignidad de la ilustración. Que algo más que la virtud le haga acreedora al respeto, a la admiración y al amor.

Tendréis en el bello sexo instruido, menos miserables, menos fanáticas y menos mujeres nulas.

Que con todo su poder, la ciencia que el Sol, irradie en su cerebro.

Que la ilustración le haga conocer la vileza de la mujer vendida, la mujer depravada. Y le fortalezca para las luchas de la vida.

Que pueda llegar a valerse por sí sola y deje de ser aquella creatura que agoniza y miseria, si el padre, el esposo o el hijo no le amparan.

¡Más porvenir para la mujer, más ayuda!

Búsquesele todos los medios para que pueda vivir sin mendigar la protección. Y habrán así menos degradadas. Y habrá así menos sombra en esa mitad de la humanidad. Y más dignidad en el hogar. La instrucción hace noble los espíritus bajos y les inculca sentimientos grandes.

Hágasele amar la ciencia más que a las joyas y las sedas.

37. Lea el siguiente segmento de "La instrucción de la mujer":

Porque la mujer instruida deja de ser esa fanática ridícula que no atrae a ella sino la burla: porque deja de ser esa esposa monótona que para mantener el amor conyugal no cuenta más que con su belleza física y acaba por llenar de fastidio esa vida en que la contemplación acaba.

¿A qué tipo de amor se refiere la frase "amor conyugal"?

(A) amor por el esposo
(B) amor por los hijos
(C) amor por la humanidad
(D) amor por la madre

38. La autora considera que si a la mujer se le diera la oportunidad de educarse, podría

(A) ocupar una posición superior en la iglesia.
(B) gobernar más que su hogar.
(C) hacerse mejor madre.
(D) convertirse en mejor esposa.

39. La pregunta que hace la autora, *¿Qué religión más digna que la que tiene el sabio?*, se refiere a

(A) que los sabios son todos teólogos.
(B) que los sabios conocen la naturaleza femenina.
(C) que la religión de los sabios es el conocimiento.
(D) que los sabios deben compartir su conocimiento.

40. El propósito general de este texto es

Ⓐ escribir la historia de la educación de la mujer.

Ⓑ informar sobre la necesidad de la instrucción de la mujer.

Ⓒ exigir que el hombre enseñe a la mujer.

Ⓓ diseñar un plan para crear mujeres intelectuales.

41. Del tono del texto se infiere que la autora es una mujer

Ⓐ verbalmente agresiva.

Ⓑ intelectualmente frustrada.

Ⓒ solidaria con la educación de la mujer.

Ⓓ en contra de las universidades.

42. ¿Qué quiere decir la autora con la declaración "Yo le mostraría el cielo del astrónomo, no el del teólogo"?

Ⓐ La mujer debe estudiar astronomía.

Ⓑ La mujer debe seguir una educación religiosa.

Ⓒ La mujer debe escuchar las lecciones del astrónomo.

Ⓓ La educación tradicional no es suficiente para la mujer de la época.

43. Según la autora, la mujer que no se instruye no puede ser

Ⓐ independiente

Ⓑ dependiente

Ⓒ buena esposa

Ⓓ mejor madre

44. La última frase de esta selección: "Hágasele amar la ciencia más que a las joyas y las sedas" implica que la mujer

Ⓐ debe preocuparse más por el estudio que por su apariencia física.

Ⓑ debe estudiar y seguir una de las ciencias en la universidad.

Ⓒ ganaría mejor sueldo para joyas y sedas si estudia las ciencias.

Ⓓ se convierte en una maestra para las demás mujeres.

Lea el siguiente texto. Luego conteste las preguntas.

¿El alimento del futuro?

Diane Zahler

Cuando usted escucha el término *alimento genéticamente modificado*, ¿qué visualiza? Un tallo de maíz con veneno acechantes en sus granos? ¿Un tupido y saludable campo de trigo? La práctica de cultivos genéticamente modificados se ha venido haciendo por décadas, pero la controversia que la rodea solo ha hecho más fuerte con el pasar de los años.

Para crear un alimento genéticamente modificado, los científicos introducen alteraciones en el ADN, o material genético, de una planta. Dichas alteraciones podrían ayudar a la planta a resistir enfermedad, crecer más rápido o mejor en condiciones adversas de temperatura, resistir plagas de insectos, producir nutrientes adicionales o resistir los efectos de herbicidas. En 1994 el tomate se convirtió en la primera planta genéticamente modificada que se vendió a los consumidores. Ahora, la mayoría de los cultivos de maíz, soya, canola y semillas de algodón en los Estados Unidos son genéticamente modificados. Otros alimentos que podrían cosecharse o producirse con modificación genética incluyen la papaya, el calabacín, el azúcar derivado de la remolacha azucarera, y el queso. La harina de trigo, la harina de maíz y el jarabe de maíz se hacen con maíz genéticamente manipulado. Los productos de soya genéticamente manipulados se pueden encontrar en muchos alimentos preparados, como los aceites vegetales modificados en lata.

Hay varias importantes objeciones al uso de alimentos genéticamente modificados, de acuerdo con la Organización Mundial de la Salud (OMS). La primera tiene que ver con los alérgenos, o la posibilidad de reacciones alérgicas en personas como resultado de la modificación del gen. La Organización de las Naciones Unidas para la Agricultura y la Alimentación y la OMS realizan algunas pruebas en alimentos genéticamente modificados en busca de alérgenos. Hasta ahora, no han encontrado ningún efecto alérgico.

La segunda objeción implica la transferencia de genes modificados a células o bacterias en el cuerpo. Algunos de los genes modificados no se afectan o no son resistentes a las drogas conocidas como antibióticos. La transferencia de estos genes no resistentes a antibióticos representa una posibilidad. La resistencia a antibióticos es ya un problema para la población humana. Hay muchas enfermedades que se están haciendo o se han hecho resistentes al tratamiento con antibióticos. La OMS ha sugerido que la modificación genética no incluye genes que son resistentes a antibióticos.

La fertilización cruzada, o el traslado de genes desde plantas genéticamente modificadas a otros cultivos o plantas relacionadas silvestres, es el tercer problema que genera objeciones. En los Estados Unidos este peligro se ha hecho una realidad. Un tipo de maíz genéticamente alterado que fue aprobado solamente para el consumo animal pasó a ser parte de productos con maíz cosechado para el consumo humano.

Una cuarta objeción implica los efectos de los cultivos genéticamente alterados en la biodiversidad. Porque estos cultivos son genéticamente más fuertes y a menudo de crecimiento más acelerado que el de otras plantas, tienden a rebasar y echar a un lado las plantas más débiles. Esto lleva a una mengua en la variedad de vida de las plantas. La fertilización cruzada solo acrecienta el problema.

Porque los alimentos genéticamente modificados han estado disponibles solo por un corto tiempo, los resultados a largo plazo de las pruebas de sus efectos tanto en poblaciones animales como en personas y en el ambiente todavía no están disponibles. La Asociación Americana para el Avance de la Ciencia, la Asociación Médica Americana, las Academias Nacionales de Ciencias y la Sociedad Real de Medicina han declarado que no ha habido efectos negativos de salud en humanos hasta la fecha. Sin embargo, muchos individuos así como grupos tales como el Greenpeace y la Asociación de Consumidores Orgánicos protestan contra el uso de cultivos genéticamente modificados. Ellos quieren que alimentos producidos de estos cultivos sean prohibidos hasta que se realicen más estudios. Como mínimo, ellos quieren que los alimentos genéticamente modificados sean etiquetados. La Unión Europea, Australia, Nueva Zelanda, China, India y varios otros países requieren etiquetas. Los Estados Unidos, sin embargo, no. La cuestión de si el alimento genéticamente modificado es la respuesta para la escasez de alimentos y hambrunas o una amenaza para la gente y el medio ambiente todavía no tiene respuesta y es probable que siga siendo controversial por muchos años todavía.

45. De acuerdo con este artículo, ¿por qué el alimento genéticamente modificado podría ser una amenaza para el medio ambiente? Use evidencia del texto para apoyar su análisis. Escriba su respuesta en la caja.

(A) Podría causar resistencia a antibióticos.

(B) Podría crear reacciones alérgicas.

(C) Podría mermar las variedades de plantas.

(D) Podría hacer que las plantas crezcan muy rápido.

46. Lea el siguiente extracto del texto.

Un tipo de maíz genéticamente alterado que fue aprobado solamente para el consumo animal pasó a ser parte de productos con maíz cosechado para el consumo humano.

¿Cómo usa el autor esta declaración para apoyar el argumento de que el alimento genéticamente modificado podría ser peligroso?

(A) Ella provee un ejemplo de fertilización cruzada, lo cual podría afectar el alimento de las personas.

(B) Ella provee un contraste a las declaraciones de los expertos de que no se han detectado efectos negativos.

(C) Ella describe un escenario en el que la modificación genética causa lesiones.

(D) Ella levanta sospechas acerca de si los cambios en los genes pueden ser controlados.

47. En el cuarto párrafo, ¿qué significa el término *resistencia antibiótica*?

Ⓐ la capacidad de los humanos para rechazar tratamiento antibiótico
Ⓑ la presencia de antibióticos en plantas y animales
Ⓒ el uso de antibióticos para contrarrestar enfermedades
Ⓓ la capacidad de que los gérmenes resistan antibióticos

48. ¿Cuál de las siguientes oraciones expresa mejor por qué el alimento genéticamente modificado podría ser útil?

Ⓐ Porque estos cultivos son genéticamente más fuertes y a menudo de crecimiento más acelerado que el de otras plantas, tienden a rebasar y echar a un lado las plantas más débiles.
Ⓑ La Asociación Americana para el Avance de la Ciencia, la Asociación Médica Americana, las Academias Nacionales de Ciencias y la Sociedad Real de Medicina han declarado que no ha habido efectos negativos de salud en humanos hasta la fecha.
Ⓒ Dichas alteraciones podrían ayudar a la planta a resistir enfermedad, crecer más rápido o mejor en condiciones adversas de temperatura, resistir plagas de insectos, producir nutrientes adicionales o resistir los efectos de herbicidas.
Ⓓ Porque los alimentos genéticamente modificados han estado disponibles solo por un corto tiempo, los resultados a largo plazo de las pruebas de sus efectos tanto en poblaciones animales como en personas y en el ambiente todavía no están disponibles.

49.

Parte A

En el Segundo párrafo, ¿qué significado tiene la palabra modificado?

Ⓐ moderizado
Ⓑ mejorado
Ⓒ fortalecido
Ⓓ cambiado

Parte B

¿Qué palabra en el párrafo provee la mejor pista para el significado de modificado?

Ⓐ genéticamente
Ⓑ alimento
Ⓒ cambios
Ⓓ material

50. En el sexto párrafo, ¿qué significa la palabra *biodiversidad*?

Ⓐ las interacciones entre animales y plantas
Ⓑ las variedades de organismos en un ambiente
Ⓒ la capacidad de los organismos para cambiar
Ⓓ el número de plantas en un ambiente

51. ¿Cuál es la razón <u>más probable</u> para que la OMS recomiende que los genes que resisten los antibióticos no se usen en alimento genéticamente modificado?

(A) Podrían introducir nuevas enfermedades en los humanos.

(B) Podrían incrementar el problema de la resistencia antibiótica en los humanos.

(C) Podrían causar que los humanos se vuelvan alérgicos a los antibióticos.

(D) Podrían causar que otros cultivos se vuelvan resistentes a los antibióticos.

Este es el fin del examen de práctica de Lectura del Examen TASC de Artes del lenguaje.

Examen TASC de Artes del lenguaje–Lectura Respuestas explicativas del examen de práctica

1. **A** El agua acidificada ayuda a conducir más lejos el sonido, lo cual hace que el ruido de las embarcaciones se convierta en una amenaza.

2. **D** La idea central del texto es que los ruidos hechos por el hombre está amenazando la vida marina.

3. **B** La gráfica muestra que las armas de aire comprimido tienen el nivel más alto en decibeles.

4. **C** El ejemplo de los peces que huyen de las detonaciones de las armas de aire comprimido apoya la idea de que el ruido cambia el comportamiento de los animales.

5. **B** La autora declara que el consumo de combustibles fósiles acidifica el agua, haciendo que todos los sonidos viajen más lejos; esto implica que consumir menos combustibles fósiles revertiría este efecto.

6. **D** *Bio* significa "vida" y *acústica* es el estudio del sonido.

7. **A** La autora contrasta la oscuridad de la profundidad del mar con la cantidad de ruido y describe los diferentes tipos de ruido.

8. **D** La autora describe varios problemas que han resultado de los ruidos de la profundidad marina, incluyendo la fuente de peligro para las ballenas; su propósito principal es informar al lector acerca de estos problemas.

9. **B** *Sir Gawain y el Caballero Verde* tiene un tono serio y formal, mientras que el tono de *Un Yanqui en la corte del Rey Arturo* es informal, satírico y humorístico.

10. **D** La descripción de la música, vestimenta formal y comida asombrosa funcionan para crear un ambiente de gran celebración y esplendor.

11. **A** "Valientes" implica que los caballeros poseen todas las cualidades de un buen caballero, incluyendo cortesía y coraje.

12. **B** La descripción de los perros crea una impresión de una corte desordenada y poco culta.

13. **D** Al describir la Mesa Redonda como "una pista de circo" y que los colores de la ropa tan eran vistosos que hacían daño en los ojos, el autor usa la exageración, o la hipérbole, para crear un tono cómico.

14. **C** *Carnes tiernas* en esta oración significa caras y exquisitas.

15. **B** La descripción de los caballeros y las acciones de los perros crean un ambiente que sugiere que una historia cómica se avecina.

16. **C** El texto tiene un propósito informativo ya que el autor pone énfasis en las descripciones del pueblo antes y después del terremoto. El autor es un observador que informa sobre lo que ve.

17. **D** *Concordia* connota la idea de "estar de acuerdo en algo". Los habitantes de Charleston se unen y se solidarizan ante la catástrofe ocasionada por el terremoto.

18. **A** La explicación es muy similar a la que ofrece los geólogos en nuestros días para explicar que los terremotos son el producto del roce o choque entre las placas tectónicas del subsuelo.

19. **D** Desde el inicio del texto el lector puede seguir la voz narrativa que se mueve como un lente de cámara que enfoca desde lejos y va acercándose hasta ofrecer detalles cada vez más específicos y pequeños. Es un recurso de acercamiento que permite examinar la escena en primer plano. Es un recurso de acercamiento o "close-up".

20. **B** "Moradas opulentas" se refiere a las casas lujosas del pueblo. Es un contraste que ofrece el autor para informar que aun los ricos fueron afectados por la sacudida del terremoto.

21. **C** El texto se parece mucho a un artículo de periódico. Es realidad, este texto es una "crónica" y las crónicas eran en ese tiempo una suerte de texto "híbrido" entre periodismo y literatura.

22. **A** La oración inicial "Un terremoto ha destrozado la ciudad de Charleston" cumple con la función de resumir la totalidad y el

propósito del texto. Luego el autor pasa a dar los detalles sobre cómo ha quedado Charleston después del terremoto.

23. B La voz poética menciona una serie de lugares y formas en que llega la muerte, muchas veces sin anunciarse.

24. D No hay referencias específicas para identificar a quién se dirige la voz poética. Se trata, más bien, de una especie de reflexión sobre la muerte pero de forma impersonal.

25. C Todas las imágenes que emplea el poeta comparten la "frialdad" y la "decadencia" con que frecuentemente se hace referencia a la muerte.

26. C El tono es sombrío y esto se logra empleando imágenes y referencias a objetos e ideas que carecen de color, de movimiento; por lo general predomina la oscuridad y los objetos que recuerdan la muerte.

27. A La muerte llega en silencio. Solo el que presiente la muerte "oye sus pasos" pero "callados". En esta estrofa hay una repetición de la preposición "sin" para apoyar la "ausencia" de señales que da la muerte.

28. C La personificación consiste en atribuir cualidades humanas a objetos inanimados. En este caso se ha humanizado una escoba que, en sentido figurativo, "lame" = barre buscando difuntos.

29. B La palabra "naufragio" se aplica generalmente a embarcaciones que se hunden en el mar. En sentido figurado, la muerte para la voz poética, es como un "hundimiento" cuyo efecto en morir.

30. B Como lo expresa la nota en el título, el presidente Lincoln fue asesinado un día antes; Johnson se convirtió en presidente al fallecer Lincoln.

31. B El presidente Johnson se refiere a sus acciones en el pasado, cuando él formaba parte de la administración de Lincoln, y declara que sus acciones darán cuenta de sus futuros actos, implicando que él seguirá el mismo proceder que el presidente Lincoln.

32. D El presidente Johnson declara que él continuará el trabajo de su predecesor y cree que "al final el Gobierno triunfará y que estos grandes principios permanecerán establecidos", asegurándole a la audiencia que él hará lo mejor para el país.

33. C Un *credo* es un sistema de creencias o principios; un credo político incluiría las convicciones o principios concernientes al gobierno.

34. B El uso de las palabras *abrumado* e *incompetente* indican que Johnson se siente incómodo en su reciente e inesperada posición como presidente.

35. A El nombre *labor* significa "trabajo duro" y de aquí el adjetivo *laborioso* significa "que requiere mucho esfuerzo".

36. C El presidente declara que quiere "conducir el gobierno por los peligros del presente", refiriéndose a la Guerra Civil. Le dice a la audiencia que él desea ayudar al país a sobrepasar la guerra.

37. A El amor conyugal es el amor que se expresa entre esposos.

38. B La frase en el texto que dice "hay quienes ven en ella al ser capaz sólo de gobernar el hogar" implica que la mujer, con la instrucción apropiada, podría ir mucho más allá de gobernar solo el hogar.

39. C Aquí, la 'religión de los sabios' no está empleada en el sentido teológico sino que se refiere al "conocimiento" que los sabios practican como si fuera una religión.

40. B El propósito del texto se infiere cuando identificamos el conjunto de argumentos que va describiendo la autora. La autora defiende la idea de que la mujer debe educarse más allá de una educación básica y convencional.

41. C De la totalidad de la selección se infiere que la autora, en su posición de mujer, está expresando un sentimiento de 'solidaridad' con las demás mujeres.

42. D La frase "el cielo del astrónomo" vs. "el cielo del teólogo" sugiere que la autora está proponiendo una educación de la mujer que esté más cerca de las ciencias y más lejos de la religión.

43. A La autora sugiere que la educación libera a la mujer y que, por tanto, puede dejar de depender de un mundo donde la mujer siempre aparece subordinada al hombre y al margen de la sociedad.

44. A Con esta frase la autora intenta cambiar la percepción que se tiene de las mujeres, para quienes la apariencia física tiene más importancia que su intelecto. La educación es un medio por el cual la mujer puede cultivar su inteligencia y preocuparse menos por su belleza física.

45. A La autora provee un ejemplo que ayuda a apoyar la idea de que los alimentos alterados genéticamente podrían resultar peligrosos.

46. D La palabra *resistencia* se deriva de la raíz "resist-" que significa "resistir". *Resistencia a los antibióticos* se refiere a la capacidad de los gérmenes para resistir o no ser afectados por el uso de los antibióticos.

47. C La oración provee un número de efectos positivos de la modificación genética.

48. D El contexto de la palabra "modificado" aclara que su significado es "cambiado".

49. B La raíz *bio* significa "vida" y *diversidad* significa "variedad"; entonces, *biodiversidad* significa "una variedad de vidas en el ambiente".

50. B El cuarto párrafo declara que los genes resistentes a los antibióticos podrían empeorar el problema de resistencia a los antibióticos en los humanos. Esto se convierte en la razón más probable para que la OMS no recomiende su uso.

Examen TASC de Artes del lenguaje–Escritura

3

CÓMO USAR ESTE CAPÍTULO

» Lea la Visión de conjunto para saber qué se cubre en el Examen TASC de Artes del lenguaje en Escritura.

» Tome el Examen TASC de prueba de Artes del lenguaje en Escritura para ver de antemano sus conocimientos y habilidades.

» Estudie el Repaso del Examen TASC de Artes del lenguaje en Escritura para refrescar sus conocimientos en las destrezas del Examen TASC en Escritura.

» Tome el Examen TASC de práctica en Escritura para agudizar sus habilidades y prepararse para el día del examen.

Visión de conjunto

La sección de Artes de lenguaje del Examen TASC en Escritura se divide en dos partes. La primera parte trata de su entendimiento del idioma español estándar. Se le pedirá que corrija o edite oraciones existentes o párrafos para mejorarlos o modificarlos. La segunda parte requiere que usted escriba un ensayo en respuesta a lo que se pide.

El Examen TASC de Artes del lenguaje en Escritura está basado en los Estándares Comunes Estatales para idioma y escritura. Usted puede ver estos estándares en www.corestandards.org/ELA-Literacy. Los principales estándares que se cubren en TASC incluyen los siguientes:

Normativas del español estándar

1. **CCSS.ELA-Literacy.CCRA.L.1** Demostrar dominio de las normativas de la gramática y del uso del español estándar cuando se escribe y se habla.

2. **CCSS.ELA-Literacy.CCRA.L.2** Demostrar dominio de las normativas del uso de mayúsculas, puntuación y ortografía en el español estándar escrito.

Conocimiento del lenguaje
3. **CCSS.ELA-Literacy.CCRA.L.3** Aplicar el conocimiento del lenguaje para entender cómo funciona el lenguaje en diferentes contextos, para hacer elecciones efectivas en cuanto a significado o estilo, y para comprender de forma más completa cuando se lee o se escucha.

Tipos de textos y los propósitos
4. **CCSS.ELA-Literacy.CCRA.W.1** Escribir argumentos para apoyar planteamientos en un análisis de tópicos o textos sustanciales empleando razonamientos válidos con suficiente y relevante evidencia.
5. **CCSS.ELA-Literacy.CCRA.W.2** Escribir textos informativos o explicativos que examinen y comuniquen ideas complejas e información de forma clara y correcta a través de una efectiva selección, organización y análisis del contenido.

Producción y distribución de la escritura
6. **CCSS.ELA-Literacy.CCRA.W.4** Producir una escritura clara y coherente en la cual el desarrollo, la organización y el estilo sean adecuados para lo que se pide, el propósito y la audiencia.
7. **CCSS.ELA-Literacy.CCRA.W.5** Desarrollar y fortalecer la escritura según se necesite por medio de un plan, revisión, edición, rescritura o implementación de un nuevo acercamiento.

Investigación para construir y presentar conocimiento
8. **CCSS.ELA-Literacy.CCRA.W.9** Sustraer evidencia de textos literarios o informativos para apoyar análisis, reflexión e investigación.

En general, la primera parte de la sección de Artes del lenguaje en Escritura se concentrará en los primeros tres estándares previamente listados; y la segunda parte se enfocará en el resto de los estándares–pero algunos se entrecruzan. Por ejemplo, a usted se le podría dar una pregunta de selección múltiple que le pida que elija la oración que mejor concluya un párrafo dado. Esa es una subcategoría bajo Tipos de texto y los propósitos.

La escritura de argumentos que usted escribirá en el Examen TASC es similar pero no idéntica a la escritura de opinión que usted pueda haber realizado en el pasado. Las páginas 105–108 del Repaso le mostrarán algunas reglas específicas para la escritura de argumentos.

Examen TASC de Artes del lenguaje– Examen de prueba en Escritura

Use las preguntas que siguen para evaluar de antemano sus conocimientos del lenguaje y la escritura. Las respuestas aparecen en la página 92.

Parte 1: Lenguaje

1. Lea esta oración.

> Antes que ella participe en el recital, Bridget ha estado dedicando horas de práctica.

¿Cuál de estas es la más efectiva y correcta revisión de la oración?

(A) Antes de participar en el recital, Bridget dedicará horas de práctica.
(B) Bridget dedicado horas de práctica antes de participar en el recital.
(C) Habiendo participado en el recital, Bridget dedicando horas de práctica.
(D) Participando en el recital, Bridget dedicará horas de práctica.

2. ¿Cuál de estas oraciones incluye una palabra mal escrita?

(A) El fotógrafo le pidió a la corte nupcial que se alinearan frente a la pared empedrada.
(B) Su cámara era de calidad profecional, por supuesto, él se gana la vida tomando fotos.
(C) El novio, un abogado de oficio, parecía una torre al lado de su diminuta novia.
(D) Los novios en esmoquin acompañaban un grupo de elegantes damas de honor.
(E) La hiedra entretejida sobre la pared servía como fondo encantador.
(F) La novia sostenía un ramo hecho enteramente de rosas blancas.

3. Lea el párrafo.

> El derecho al voto es algo que a menudo damos por sentado en nuestra sociedad libre. Puede estar seguro que en otras naciones recién democratizadas la gente lo toma mucho más en serio. Después del apartheid, algunos votantes sudafricanos esperaron pacientemente durante más de 12 horas para ejercer su primer voto por una lista multirracial de candidatos.

¿Cuál oración mejor concluye este párrafo?

(A) El proceso de votación debe cambiarse para acomodar a los votantes urbanos.
(B) La Asamblea Nacional de Sudáfrica se compone de 400 representantes.
(C) Existen muchos argumentos acerca de cuál es la democracia más antigua.
(D) El Día de Elecciones, haríamos bien al recordar cuán crucial es este derecho.

4. ¿Cuál de estas oraciones está correctamente puntuada?

Ⓐ El programa Nuevas Visiones, ofrece a los estudiantes avanzados de secundaria un año de estudio poco tradicional.

Ⓑ Nuevas Visiones ofrece cursos en dos áreas: Ciencias Humanas, y Salud y Carreras Médicas.

Ⓒ Los estudiantes en Nuevas Visiones obtienen créditos, paralelos para la entrada a las universidades comunitarias locales.

Ⓓ La selección para Nuevas Visiones está basada en las calificaciones, recomendaciones, una entrevista y ensayos.

5. Lea esta oración.

> No nos sorprendió que todos nos habíamos despertado en el mismo instante, ya que el canto del gallo no era algo a lo que la mayoría de nosotros, siendo de la ciudad, estábamos acostumbrados.

¿Cuál revisión de la oración <u>mejor</u> expresa la idea de forma más precisa y concisa?

Ⓐ No fue sorprendente que todos habíamos despertado en el mismo instante, siendo que el cantar del gallo no era algo a lo que estábamos acostumbrados, siendo de la ciudad.

Ⓑ Ya que el cantar del gallo no era familiar para nosotros como habitantes de la ciudad, no nos sorprendió que nos despertáramos en el mismo instante.

Ⓒ Dado que nosotros éramos de la ciudad y por eso no acostumbrados al cantar del gallo, no nos sorprendió que todos nos habíamos despertado en el mismo instante.

Ⓓ Despertarnos en el mismo instante fue sorprendente para nosotros que éramos de la ciudad, no acostumbrados a los cantos de los gallos.

6. ¿Cuál de estas oraciones está correctamente puntuada?

Ⓐ El curso del Señor Penn sobre escritura-de-ficción tuvo buena asistencia.

Ⓑ A él le gustaba separar el proceso de la escritura, en pasos.

Ⓒ Todos los treinta y dos estudiantes escribieron ficción semanalmente.

Ⓓ El Señor Penn tuvo que corregir todos esos relatos; astutamente escritos.

Ⓔ El Señor Penn a preferido corregir los trabajos en un café tranquilo, alejado del campus.

Ⓕ El Señor Penn corrijió los trabajos con una pluma de tinta roja muy distintiva.

Lea este extracto de un borrador de un ensayo. Luego conteste las preguntas 7 y 8.

[1]Manga son tiras cómicas japonesas ilustradas en un estilo particular que se remonta a más de un siglo atrás. [2]Aunque han sido populares en Japón por décadas, manga solo se ha convertido en un fenómeno mundial recientemente.

[3]Personajes tales como *Sailor Moon* dio a conocer personajes manga a nuevos fans en los Estados Unidos. [4]El popular personaje de *Pokemon* atrajo a espectadores y lectores jóvenes. [5]Personajes más maduros tales como los de la serie de *Ghost in the Shell* resultaron más atractivos para un público más adulto. [6]Hoy los artistas japoneses no son los únicos creando manga; muchos dibujantes estadounidenses y europeos han adoptado el distintivo estilo.

7. ¿Cuál oración sería la adición más efectiva al final del primer párrafo?

(A) Desde finales de 1990 las novelas gráficas se han hecho cada vez más populares.

(B) Al autor de un manga se le conoce como *mangaka*; la mayoría de los mangaka son artistas profesionales.

(C) Fuera de Japón la gente a menudo encontraba manga en sus formas animadas o "anime".

(D) Manga puede publicarse en series en revistas de historietas (*comics*) o publicados en novelas gráficas más largas.

8. ¿Cómo se podrían mejor combinar las oraciones 4 y 5?

(A) El popular personaje de *Pokemon* atrajo a espectadores y lectores jóvenes, mientras que personajes más maduros como los de la serie *Ghost in the Shell* resultaron más atractivos para un público más adulto.

(B) Porque el personaje popular *Pokemon* atrajo a a espectadores y lectores jóvenes, personajes más maduros como los de la serie *Ghost in the Shell* resultaron más atractivos para un público más adulto.

(C) La popularidad del personaje de *Pokemon* y el atractivo de personajes más maduros como los de la serie *Ghost in the Shell* atrajo a espectadores y lectores jóvenes así como a un público más adulto.

(D) Atraídos por el personaje de Pokemon fueron espectadores y lectores más jóvenes; públicos más adultos fueron atraídos por más personajes maduros tales como los de la serie *Ghost in the Shell.*

9. Lea el párrafo.

> Incluyen metales conocidos como el oro, plata, platino y cobre; pero también incluyen metales menos conocidos –rodio, rutenio, paladio, osmio e iridio. Estos metales nobles son relativamente raros y por eso muchos de ellos se consideran preciosos.

¿Cuál oración abriría mejor el párrafo para presentar el tópico?

(A) Los metales nobles, al contrario de los metales de base, no se corroen u oxidan.

(B) El químico inglés William Hyde Wollaston descubrió dos metales nobles.

(C) El platino y el oro, al ser resistentes al deslustre, se prestan para joyería fina.

(D) Un metal puede ser un elemento, un compuesto o una aleación.

10. Lea esta oración.

> Emmanuel Vargas, un recién llegado de España, nos dio un conmovedor discurso.

¿Cómo se podría modificar la oración para poner énfasis en la calidad del discurso?

(A) Un recién llegado de España, llamado Emmanuel Vargas, nos dio un conmovedor discurso.

(B) Escuchamos un conmovedor discurso de Emmanuel Vargas, un recién llegado de España.

(C) Emmanuel Vargas nos dio un conmovedor discurso; él es un recién llegado de España.

(D) Un recién llegado de España, Emmanuel Vargas, nos dio un conmovedor discurso.

11. ¿Cuál de estas oraciones contiene un error o errores en el uso de mayúsculas?

(A) ¿Leyó su clase de inglés *To Kill a Mockingbird* esta primavera?

(B) Usted definitivamente debería leer la obra maestra de Harper Lee más de una vez.

(C) Los niños disfrutan la historia de Scout, su hermano y su amigo Dill.

(D) Los lectores adultos entienden los temas subyacentes de Racismo y Empatía.

Lea este extracto de un borrador de un ensayo. Luego conteste las preguntas 12–14.

[1] Las loterías estatales son juegos populares en todos los estados de Estados Unidos, menos en seis de ellos. [2]_____ son importantes fuentes de ingreso para esos estados, son las más atrayentes a aquellas personas que menos pueden pagar el costo de un boleto. [3] Las loterías también contribuyen a la epidemia del juego de apuestas. [4] Mucha gente en Apostadores Anónimos reporta que dependen de la compra semanal de boletos de lotería para satisfacer sus ansias. [5]No es poco común para tales jugadores gastar $50 por semana en boletos. [6]Las oportunidades de ganarse la lotería son astronómicas; es francamente un juego de bobos. [7]Las oportunidades de ganar un juego con 6 números sacados de 49 son 1 en 13,983,816. [8]Hay incluso un sitio Web donde uno puede insertar números para determinar las oportunidades que uno tendría en un juego dado.

12. ¿Qué palabra o frase encajaría mejor en el espacio en blanco de la oración 2 para aclarar la transición entre las ideas?

Ⓐ Ya que
Ⓑ Sin embargo
Ⓒ Aunque
Ⓓ Asumiendo

13. ¿Cuál sería la mejor y más efectiva adición para añadirla al final del primer párrafo?

Ⓐ Usualmente, mientras más alto es el costo de un boleto de lotería, más dinero puede colectar el dichoso ganador.
Ⓑ Las loterías a menudo son llamadas "un impuesto a los pobres" porque los hogares con los ingresos más bajos gastan hasta un 5% de sus ingresos en boletos.
Ⓒ Hay muchas historias, ciertas o exageradas, acerca de ganadores de loterías que despilfarraron sus ganancias y perdieron todo.
Ⓓ Algunas personas usan las fechas de nacimiento para seleccionar los números de la suerte; otras simplemente dejan que la máquina se los seleccione al azar.

14. ¿Dónde podría el autor iniciar otro párrafo para organizar mejor el texto?

Ⓐ entre las oraciones 4 y 5
Ⓑ entre las oraciones 5 y 6
Ⓒ entre las oraciones 6 y 7
Ⓓ entre las oraciones 7 y 8

15. Lea esta oración.

> Cuando yo tomé el examen de álgebra, me sentí un poco preocupado de antemano porque yo no había tomado un curso de álgebra (o usado realmente esa habilidad) por lo menos en un año.

¿Cuál de estas es la más correcta y efectiva modificación de la oración?

(A) Al tomar el examen de álgebra, me sentí un poco preocupado de antemano debido a que no habiendo tomado un curso de álgebra o usado la habilidad real por lo menos en un año.

(B) Antes de tomar el examen de álgebra me sentía un poco preocupado, no habiendo tomado un curso de álgebra o realmente no usado esa habilidad en por lo menos un año.

(C) Sin tomar un curso de álgebra ni usar esa habilidad en por lo menos un año me preocupó de antemano tomar el examen de álgebra.

(D) Estaba un poco preocupado antes de tomar el examen de álgebra porque yo ni había tomado un curso de álgebra ni había usado esa habilidad en por lo menos un año.

16. ¿Cuál de estas oraciones contiene una palabra mal escrita?

(A) Enrique sabía que asistir a una buena universidad era algo que valía la pena perseguir.

(B) Su principal preocupación era económica; ¡la universidad sería cara!

(C) Tuvo la suerte de conseguir un trabajo en mantenición en su antigua escuela.

(D) El salario era más que adecuado, y Enrique podía trabajar por las tardes y por las noches.

17. Lea esta oración.

> Wanda siempre ha vivido en la ciudad ☐ por esa razón ☐ ella todavía no tiene una licencia de conducir ☐

Arrastre cada signo de puntuación a la posición correcta en la oración.

.

,

;

18. Lea esta oración.

Un premio al "escritor más sobresaliente" se le concedió a Jabez por el comité.

¿Cuál versión de la oración es la más correcta y concisa?

(A) Por el comité se le concedió un premio por el "escritor más sobresaliente" a Jabez.

(B) Jabez recibió del comité un premio por el "escritor más sobresaliente".

(C) El comité le concedió a Jabez un premio por el "escritor más sobresaliente".

(D) El premio por el comité para el "escritor más sobresaliente" fue concedido a Jabez.

19. Lea el siguiente párrafo.

Si "el azar favorece la mente preparada," como dijera una vez Louis Pasteur, no debiera importar realmente si uno estudia con una carrera específica en mente. Al obtener una educación sólida, básica y bien equilibrada, uno preparará la mente para estar lista para cualquier oportunidad. No es fácil predecir hoy cuáles carreras estarán disponibles de aquí a cuatro o cinco años.

Escriba una oración de conclusión que se derive lógicamente de la información dada en este párrafo. Escriba la oración en la caja.

```
┌──────────────────────────────────────────────┐
│                                                │
│                                                │
│                                                │
│                                                │
└──────────────────────────────────────────────┘
```

20. ¿Cuál de estas oraciones contiene un error gramatical?

(A) O Danielle o sus hermanas están planeando el evento.

(B) Marianne y Felicia tienen la lista de los invitados.

(C) Danielle y ella se ocuparán de toda la comida.

(D) Usted debe responderte a ella o a Marianne esta semana.

Parte 2: Escritura

Escriba un ensayo para explicar cómo un escritor puede usar hechos específicos y datos para establecer un caso. Fundamente sus ideas en el texto "Mi raza" de José Martí que usted leyó en las páginas 23–24.

Antes de comenzar a planificar y a escribir, lea el texto.

A medida que lea el texto, piense en cómo el autor utiliza los datos –y los números en particular– para establecer un caso acerca de la materia que trata. Puede tomar notas y resaltar los detalles mientras lee.

Después de leer el texto, diseñe un plan para su ensayo. Piense en las citas o ejemplos que usted quisiera incluir. Piense en cómo va a presentar el tópico y cuál será el tópico central de cada párrafo.

Ahora, escriba el ensayo. Asegúrese de:

» Usar información del extracto para que su artículo incluya detalles importantes. Presente el tópico claramente, provea una perspectiva, y organice la información de modo que tenga sentido.
» Desarrolle el tópico con hechos, definiciones, detalles, citas o cualquier otra información y ejemplos relacionados con el tópico.
» Use transiciones variadas y apropiadas para crear cohesión.
» Aclare la relación entre ideas y conceptos.
» Emplee un lenguaje y vocabulario claros para informar acerca del tópico.
» Provea una conclusión que sea consistente con la información presentada.

Este es el fin del examen de prueba de Escritura del Examen TASC de Artes del lenguaje.

Examen TASC de Artes del lenguaje–Escritura
Respuestas al Examen de prueba de Escritura

1. A Repaso 1. Normativas del español estándar Gramática y uso (pp. 94–99); Repaso 7. Desarrollar y fortalecer la escritura (pp. 112–113).

2. B Repaso 2. Normativas del español estándar Mayúsculas, puntuación y ortografía ortografía (pp. 100–103).

3. D Repaso 4. Escribir argumentos para apoyar planteamientos (pp. 105–108); Repaso 6. Producir una escritura clara y coherente (pp. 110–111).

4. D Repaso 2. Normativas del español estándar Mayúsculas, puntuación y ortografía (pp. 100–103).

5. B Repaso 1. Normativas del español estándar Gramática y uso (pp. 94–99); Repaso 7. Desarrollar y fortalecer la escritura (pp. 112–113).

6. C Repaso 2. Normativas del español estándar Mayúsculas, puntuación y ortografía (pp. 100–103).

7. C Repaso 5. Escribir textos informativos y explicativos (pp. 108–110); Repaso 6. Producir una escritura clara y coherente (pp. 110–111).

8. A Repaso 5. Escribir textos informativos y explicativos (pp. 108–110); Repaso 7. Desarrollar y fortalecer la escritura (pp. 112–113).

9. A Repaso 5. Escribir textos informativos y explicativos (pp. 108–110); Repaso 6. Producir una escritura clara y coherente (pp. 110–111).

10. B Repaso 3. Aplicar el conocimiento del lenguaje (pp. 104–105).

11. D Repaso 2. Normativas del español estándar Mayúsculas, puntuación y ortografía (pp. 100–103).

12. C Repaso 4. Escribir argumentos para apoyar planteamientos (pp. 105–108); Repaso 6. Producir una escritura clara y coherente (pp. 110–111).

13. B Repaso 4. Escribir argumentos para apoyar planteamientos (pp. 105–108); Repaso 6. Producir una escritura clara y coherente (pp. 110–111).

14. B Repaso 4. Escribir argumentos para apoyar planteamientos (pp. 105–108); Repaso 6. Producir una escritura clara y coherente (pp. 110–111).

15. D Repaso 1. Normativas del español estándar Gramática y uso (pp. 94–99); Repaso 7. Desarrollar y fortalecer la escritura (pp. 112–113).

16. C Repaso 2. Normativas del español estándar Mayúsculas, puntuación y ortografía (pp. 100–103).

17. Wanda siempre ha vivido en la ciudad; por esa razón, ella todavía no tiene una licencia de conducir (pp. 100–103).

18. C Repaso 1. Normativas del español estándar Gramática y uso (pp. 94–99).

19. Respuesta posible: Una mente entrenada en el ejercicio del estudio podrá enfrentar los retos académicos que se avecinan (pp. 110–111).

20. D Repaso 1. Normativas del español estándar Gramática y uso (pp. 94–99).

Ensayo

He aquí una rúbrica de puntaje que los hacedores del examen en CTB han proveído para mostrar cómo evaluar la escritura del ensayo del Examen TASC. Úsela para el puntaje de su propio ensayo del examen de prueba, o pásele su ensayo a un amigo para que se lo evalúe.

Ensayo informativo

PUNTAJE	CRITERIOS PARA EL PUNTAJE
4	La respuesta es un ensayo bien desarrollado que examina un tópico y presenta información relacionada. • Presenta el tópico a ser examinado de forma efectiva • Emplea hechos específicos, detalles, definiciones, ejemplos, y/u otra información para el desarrollo completo del tópico • Emplea una estrategia de organización para presentar información de forma efectiva • Realiza una elección de palabras precisas y con propósito • Emplea palabras, frases y/o cláusulas que se conectan efectivamente y muestran relaciones entre las ideas • Usa y mantiene un tono apropiado • Provee una firme declaración concluyente o sección que se deriva lógicamente de las ideas presentadas • No tiene errores en el uso y normativas que interfieren con el significado
3	La respuesta es un ensayo completo que examina un tópico y presenta información. • Presenta claramente el tópico a ser examinado • Emplea múltiple piezas de relevante información para desarrollar el tópico • Usa una estructura organizacional para agrupar información • Emplea una clara elección de palabras • Emplea palabras y/o frases para conectar las ideas • Mantiene un tono apropiado • Provee una firme declaración concluyente o sección que se deriva lógicamente de las ideas presentadas • Hay pocos, o ningún error en el uso y normativas que interfieren con el significado
2	La respuesta es un ensayo incompleto o muy simplificado que examina un tópico. • Hace el intento de presentar un tópico • Desarrolla el tópico, a veces de forma irregular, con la mayoría de información relevante • Intenta emplear una estructura organizacional • Usa un lenguaje simple, el cual a veces carece de claridad • Provee una declaración o sección concluyente débil • Puede tener errores en el uso y normativas que interfieren con el significado
1	La respuesta provee evidencia de un intento por escribir un ensayo que examina un tópico. • Puede que no presente el tópico, o hay que inferir el tópico • Provee información mínima para desarrollar el tópico • Puede que sea demasiado breve para demostrar una estructura organizacional • Emplea palabras que son inadecuadas, demasiado simples o poco claras • Provee una declaración concluyente mínima o ninguna sección concluyente • Tiene errores en el uso y normativas que interfieren con el significado
0	La respuesta es completamente irrelevante o incorrecta, o no hay respuesta.

Ensayo argumentativo

PUNTAJE	CRITERIOS PARA EL PUNTAJE
4	La respuesta es un ensayo bien estructurado que desarrolla y apoya un argumento. • Presenta un planteamiento de forma efectiva • Emplea razonamientos lógicos y evidencia creíble y relevante para apoyar un planteamiento • Emplea una estrategia organizacional para presentar razones y evidencia relevante • Da muestras de planteamientos contrarios, según sean necesarios • Emplea elección de palabras precisas y con propósito • Emplea palabras, frases y/o cláusulas que se conectan de forma efectiva para mostrar relaciones entre las ideas • Emplea y mantiene un tono apropiado • Provee una declaración final firme o una sección que se deriva lógicamente de las ideas presentadas • No contiene errores en el uso y normas que interfieren con el significado
3	La respuesta es un ensayo completo que desarrolla y apoya un argumento. • Presenta claramente un planteamiento • Emplea múltiples muestras de evidencia para apoyar el planteamiento • Emplea una estrategia organizacional para presentar las razones y la evidencia • Emplea clara elección de palabras • Emplea palabras y frases para conectar las ideas • Emplea un tono apropiado • Provee una declaración final o una sección que se deriva de las ideas presentadas • Contiene pocos, o acaso ningún error en el uso y normas que interfieren con el significado
2	La respuesta es un ensayo incompleto o demasiado simplificado que desarrolla un argumento. • Intenta presentar un planteamiento • Apoya el planteamiento, a veces de forma inconsistente, con bastante evidencia relevante • Intenta emplear una estructura organizacional • Emplea un lenguaje simple, al cual a veces le falta claridad • Provee una sección o declaración final débil • Puede contener errores en el uso y las normas que interfieren con el significado
1	La respuesta provee evidencia de un intento por escribir un ensayo que desarrolla un argumento. • No parece presentar un planteamiento o el planteamiento hay que inferirlo • Provee evidencia mínima para apoyar el planteamiento • Podría ser muy breve para poder demostrar una estructura organizacional • Emplea palabras que son poco apropiadas, demasiado llanas o poco claras • Provee una sección o declaración final mínima • Contiene errores en el uso y en las normas que interfieren con el significado
0	La respuesta es completamente irrelevante o incorrecta, o no hay respuesta alguna.

Repaso 4. Escribir argumentos para apoyar planteamientos (pp. 105–108); Repaso 6. Producir una escritura clara y coherente (pp. 110–111); Repaso 7. Desarrollar y fortalecer la escritura (pp. 112–113); Repaso 8. Sacar conclusiones de los textos (pp. 113–116).

Examen TASC de Artes del lenguaje–Repaso de escritura

Las páginas que siguen repasan brevemente cada uno de los ocho estándares que se listan en la Visión de conjunto. Para saber más sobre la gramática, el uso, la mecánica y la escritura, consulte libros sobre esos tópicos en la biblioteca o busque seminarios Web para el aprendizaje en el Internet.

Normativas del español estándar Gramática y uso

La gramática es el sistema y estructura de un idioma. El uso es la manera en que se usan las partes del lenguaje–cómo se organizan las oraciones, cómo concuerdan las palabras entre sí, y así por el estilo.

TÉRMINOS CLAVE: antecedente, cláusula, compuesto, concordancia, estructura paralela, frase, modificador fuera de lugar, partes de la oración, plural, singular, sujeto, tiempo, verbo, voz activa, voz pasiva

Partes de la oración

Cada palabra en una oración juega un papel particular. Hay nueve partes de la oración.

Partes de la oración

PARTE DE LA ORACIÓN	FUNCIÓN	EJEMPLOS
Nombre	Nombra a personas, lugares, cosas o ideas	niño, casa, árbol, carro, miedo
Pronombre	Toma el lugar del nombre	ella, ellos, mío, alguien
Verbo	Expresa acción o estado de ánimo	gritar, brincar, son, parecía
Adjetivo	Modifica a un nombre a un pronombre	inmenso, primero, varios, feo
Artículo	Determina al nombre u otras palabras nominalizadas	el, la, los, las
Adverbio	Modifica al verbo, al adjetivo o a otro adverbio	ahí, pronto, astutamente, lejos, bien
Preposición	Muestra relación entre palabras	con, por, sin, de, para, hasta
Conjunción	Une palabras o grupos de palabras	y, pero, o, ni…ni
Interjección	Expres emoción	oh, ¡bravo!, uf, ay

Sujetos y verbos

Una oración se compone de por lo menos un sujeto y un verbo conjugado. El **sujeto** es la parte de quien se habla en la oración. El **verbo** expresa lo que es o hace el sujeto.

El pequeño <u>insecto</u> <u>zumba</u> velozmente sobre la planta florecida.

Insecto es el sujeto acerca del cual se dice algo. *Zumba* es el verbo que dice lo que hace el insecto.

Los sujetos y los verbos pueden ser simples, como se muestra, o **compuestos**, como se muestra aquí:

El pequeño <u>colibrí</u> y su <u>compañera</u> <u>volaban</u> y <u>zumbaban</u> velozmente sobre la planta florecida.

Esta oración tiene dos sujetos y dos verbos. Nótese que los verbos cambian de forma para concordar con el sujeto compuesto.

Frases

Una **frase** es un grupo de palabras relacionadas que se usan como una sola parte de la oración. Las frases no contienen el sujeto y el verbo de una oración.

Tipos de Frases

TIPO DE FRASE	DESCRIPCIÓN	EJEMPLOS
Preposicional	Comienza con una preposición y termina con un nombre o pronombre; puede actuar como un adjetivo o adverbio	en el bosque, después de un largo invierno, con ellos, para sus estudiantes
Participio	Contiene las formas -ado, -ido, -to, -cho; funciona como un adjetivo	hecho el anuncio, cerradas las puertas, preparado el café, traído el postre
Gerundio	Contiene las formas -ando, -iendo, -yendo; funciona como un adverbio	escuchando música, dando pasos torpes, saliendo del cine, diciendo palabrotas
Infinitivo	Contiene las formas -ar, -er, -ir; actúa como un nombre, un adjetivo, etc.	necesita dormir, fácil de leer, un día para recordar
Apositiva	Contiene un nombre o pronombre y cualquier determinante; explica o aclara otro nombre o pronombre	Nuestro jefe, bastante culto, es un hombre muy humilde. Nos reuniremos el viernes, el último día del mes.

Cláusulas

Una **cláusula** es un grupo de palabras que contiene un sujeto y un verbo y se usa como parte o toda la oración. Una cláusula independiente expresa una idea completa y puede tener independencia sintáctica como una oración.

Los cuentos de hadas se conocen mundialmente.

Los cuentos de hadas se conocen mundialmente; muchos de ellos tienen historias y personajes semejantes.

La primera oración está compuesta de una sola cláusula independiente. La segunda es una oración compuesta hecha de dos cláusulas independientes separadas por un punto y coma.

Una **cláusula dependiente (subordinada)** no expresa una idea completa y no tiene independencia sintáctica como oración. Las cláusulas dependientes pueden tener la función de adjetivos o adverbios.

Tipos de cláusulas independientes

Adjetival	Dejemos al estudiante que termine primero recoger los exámenes. El único sabor que me gustó fue la mezcla de mango y coco.
Adverbial	Antes de irte recuérdame darte ese libro. José me va a prestar el dinero si se lo devuelvo pronto.

Las cláusulas adjetivas típicamente comienzan con un pronombre relativo *quien(es), a quien(es), de quien(es), el cual/los cuales, que.* Las cláusulas adverbiales comienzan con conjunciones subordinantes tales como *después, aunque, como si, porque, antes, si, ya que, para que, a menos que, hasta (que), cuando, donde, mientras (que)*.

Concordancia entre sujeto y predicado

Los nombres y los pronombres pueden ser **singular**, los que se refieren a una persona, lugar, cosa o idea. Pueden ser **plural**, si se refieren a más de uno. En el español estándar los verbos concuerdan con los sujetos en número. Los sujetos en singular requieren verbos en singular, y los sujetos en plural requieren verbos en plural.

El banjo es un instrumento musical de cuerdas. (singular)
Los banjos son instrumentos musicales de cuerdas. (plural)

Michele toca varios instrumentos en una banda de cántaros. (singular)
Michele y su hermana tocan varios instrumentos en una banda de cántaros. (plural)

La comunidad espera con entusiasmo asistir a su concierto. (singular)
Nosotros esperamos con entusiasmo asistir a su concierto. (plural)

Concordancia ente pronombre y antecedente

Los pronombres toman el lugar de los nombres. El nombre al cual se refiere el pronombre es su **antecedente**. Un pronombre debe concordar con su antecedente tanto en género como en número.

Las bibliotecas de Danville usualmente abren sus puertas a las diez.

Antes de que los usuarios puedan sacar un libro, necesitan un carné.

Cada usuario debe identificarse antes de recibir su carné.

Los antecedentes en singular unidos por *o* o *ni* deben referirse como un pronombre singular. Los antecedentes en singular unidos por *y* deben referirse como un pronombre plural.

Ni Jazmín ni Elena llevaron su carné.

Ambos, Carlos y yo, nos ofrecimos a compartir nuestros libros con las chicas.

Consistencia de los tiempos verbales

El tiempo verbal dice cuándo la acción tiene lugar.

Tiempos verbales

TIEMPO	EJEMPLOS
Presente	es, va, practica, lleva
Pretérito	fue, fue, practicó, llevó
Imperfecto	era, iba, practicaba, llevaba
Futuro	será, irá, practicará, llevará
Condicional	sería, iría, practicaría, llevaría
Pretérito perfecto	ha sido, ha ido, ha practicado, ha llevado
Futuro perfecto	habrá sido, habrá ido, habrá practicado, habrá llevado
Condicional perfecto	habría sido, habría ido, habría practicado, habría llevado
Pluscuamperfecto	había sido, había ido, había practicado, había llevado

Las oraciones y los párrafos no deben alternar de un tiempo verbal a otro.

INCONSISTENTE: Escribir es mi pasatiempo, y se convirtió en mi profesión también.

Escribir es mi pasatiempo, y se habrá convertido en mi profesión también.

CONSISTENTE: Escribir es mi pasatiempo, y se ha convertido en mi profesión también.

Escribir es mi pasatiempo, y se está convirtiendo en mi profesión también.

Los llamados tiempos perfectos expresan una acción terminada. Se pueden emplear tiempos perfectos para mostrar la relación entre las acciones.

Escribí acerca de muchas personas que yo había conocido.

Escribiré acerca de muchas personas que yo he conocido.

En estos ejemplos, conocer a las personas es una acción que está terminada. El uso del tiempo perfecto muestra que la acción terminada precede la acción de escribir.

Voz activa y pasiva

Cuando un sujeto ejecuta una acción, la oración está en **voz activa**. Cuando una acción recae sobre un sujeto, la oración está en **voz pasiva**. Se prefiere la voz activa, especialmente en la escritura formal.

VOZ PASIVA: Las pesadas puertas fueron abiertas por Héctor de un empujón.

VOZ ACTIVA: Héctor, de un empujón, abrió las puertas pesadas.

VOZ PASIVA: Una intensa alarma fue escuchada.

VOZ ACTIVA: Oímos una intensa alarma.

Uso del pronombre

Los pronombres personales son de tres casos. Pueden ser sujetos, objetos, o posesivos. Además, el pronombre *quien* es un pronombre sujeto. El pronombre *a quien* es un pronombre objeto.

Los casos de pronombres

SUJETO	OBJETO	POSESIVO
yo	me	mi/s, mío/a, míos, mías
tú	te	tu/s, tuyo/a, tuyos, tuyas
él, ella, usted	le, lo, la	su/s, suyo/a, suyos, suyas
nosotros(a)s	nos	nuestro/a, nuestros, nuestras
vosotros(a)s	os	vuestro/a, vuestros, vuestras
ellos, ellas, ustedes	les, los, las	su/s, suyo/a, suyos, suyas
quien	a quien	cuyo

Los pronombres personales se usan como sujetos de oración o después de un verbo copulativo.

Yo disfruté el nuevo restaurante.

Él y yo pedimos costillas.

La invitada más cortés fue ella.

¿Quién es el jefe aquí?

Use los pronombres de objetos como objetos directos, objetos indirectos u objetos de preposiciones.

El dueño lo invitó. (complemto directo)

Por favor pásanos las servilletas. (complemento indirecto)

Ellos siguen hablando de ti. (complemento de preposición)

Modificadores fuera de lugar

Las frases y las cláusulas que modifican otras palabras en la oración deben aparecer tan cerca como sea posible de las palabras que modifican.

FUERA DE LUGAR:	A la edad de 12 años, el Señor Purdue empezó a darme clases.
CORRECTA:	A la edad de 12 años, yo empecé las clases con el Señor Purdue.
FUERA DE LUGAR:	El violín le pertenece a María que tiene un tono armonioso.
CORRECTA:	El violín que tiene un tono armonioso le pertenece a María.

Estructuras paralelas

Emplee el mismo patrón de palabras para mostrar que las ideas tienen un nivel similar de importancia.

NO PARALELAS:	A Yvonne le gusta tejer, hacer croché y la pintura.
PARALELAS:	A Yvonne le gusta tejer, hacer croché y pintar.
NO PARALELA:	Mi instructor me dijo que yo debía comprar la mejor lana posible, que yo debía tomarme mi tiempo, y que los errores han de esperarse al principio.
PARALELAS:	Mi instructor me dijo que yo debía comprar la mejor lana posible, tomarme mi tiempo y esperar hacer errores al principio.

RETO   Normativas de la gramática y el uso del español estándar

Elija la palabra o frase que haga correcta la oración.

1. Después que Martha haya completado su curso de español ella (**se graduó/se graduará**) en mayo.

2. Sus padres invitaron a mis amigos y (**yo/a mí**) a la fiesta de graduación de Martha.

3. Aunque yo no (**hayas/haya**) visto mucho a Martha recientemente, ella fue una vez mi mejor amiga.

4. Le voy a comprar un regalo, traeré flores y/e (*iré a su fiesta/asistiré a su fiesta*).

5. Al recordar nuestra amistad, (**mi corazón se reboza/tengo el corazón rebozado**).

RESPUESTAS AL RETO

Normativas de la gramática y el uso del español estándar

1. **se graduará:** Martha todavía no ha completado el curso pero cuando lo complete, ella se graduará. La graduación es en el futuro, no en el pasado.

2. **a mí:** El pronombre se está usando como objeto, entonces *a mí* es la forma correcta.

3. **haya:** Esta es la forma verbal que corresponde al sujeto yo.

4. **asistiré a su fiesta:** Para lograr una estructura paralela en la oración, las tres partes deben iniciar con un verbo y terminar con un objeto.

5. **tengo el corazón rebozado:** Soy yo el que está recordando, no mi corazón. La frase que modifica debe estar cerca del sujeto.

Normativas del español estándar
Mayúsculas, puntuación y ortografía

Nos referimos a menudo al uso de las mayúsculas, la puntuación y la ortografía como la *mecánica* de la escritura. Estos son los detalles prácticos que hacen que nuestro lenguaje fluya libremente. En esta breve discusión vamos a repasar solamente las reglas con las que probablemente usted se va a encontrar en el Examen TASC.

TÉRMINOS CLAVE: citas, cláusula independiente, dos puntos, nombres propios, punto y coma, serie

Mayúsculas

Se escriben con mayúscula la primera palabra de una oración y los **nombres propios**. Los nombres propios nombran a personas, lugares o cosas.

¿Alguna vez has visitado **Madrid** o **London**, ciudades importantes de **Europa**?

En el título de un texto solo se escribe con mayúscula la primera palabra y algún nombre propio, si existe.

El reino de este mundo

Cien años de soledad

"Isabel viendo llover en Macondo"

No se escriben con mayúsculas los nombres de las estaciones del año, los días de la semana, los meses del año, las religiones, los idiomas, las materias escolares, ni las ideas, a menos que se estén empleando como ejemplos de personificación.

En la primavera siempre visito el Museo Metropolitano.

Los meses más calurosos son julio y agosto.

Me interesa mucho estudiar la filosofía hindú y el panteísmo.

Comas

Se usa la coma para separar palabras o frases en una **serie**, para separar una palabra o **frase en aposición** o para separar una **cláusula independiente** cuando se emplean conjunciones.

Me he ofrecido <u>como voluntario en la Junta de vecinos</u>, <u>como guardián en el parque infantil local</u>, <u>como maestro en el programa de alfabetización</u> y <u>como instructor de ESL</u>. (una serie)

A pesar de que apenas puede caminar, Silvia se ha ido al cine esta tarde. (cláusula independiente)

La capital de Puerto Rico, San Juan, tiene una zona colonial hermosísima. (frase en aposición)

En ese restaurante mexicano, donde sirven excelentes margaritas, conocí a mi bella esposa. (frase en aposición)

También se emplean comas después de una frase adjetival o adverbial, frases preposicionales largas o una serie de frases preposicionales.

Rendido por el cansancio, Mario se durmió en el sofá. (frase adjetival)

Bien armados con arcos y flechas, los indígenas avanzaron valientemente. (frase adverbial)

Con los ojos cerrados, en pijamas, sin medias, el niño fue a la cocina en busca de su desayuno. (serie de frases preposicionales)

Use comas entre una ciudad y un estado o entre una ciudad y un país. Se pone una coma después de la ciudad y el estado en una oración.

La familia se mudó recientemente de Hartford, Connecticut, a Pittsburg, Pennsylvania.

Punto y coma

Se usa el **punto y coma** para separar cláusulas independientes que no están unidas por conjunciones o cláusulas independientes que están unidas por palabras de transición tales como *por ejemplo* o *por eso*. Use el punto y coma para separar cláusulas independientes que están unidas por conjunciones cuando las comas aparecen dentro de las cláusulas independientes.

El juego de anoche fue desalentador; nuestro equipo perdió vergonzosamente.

Era el final de la temporada; no obstante, nos sentíamos contentos.

Las jugadas de Larry, Dwayne y Joe nos impresionaron; y Leon jugó mejor que nunca.

Use el punto y coma entre elementos de una serie cuando los elementos ya contienen comas.

El avión va a hacer escala en Omaha, Nebraska; Atlanta, Georgia; y luego en Miami, Florida.

Dos puntos

Use **dos puntos** para introducir una lista de elementos o antes de una cita larga o formal.

Mis novelistas latinoamericanos favoritos incluyen los siguientes: Mario Vargas Llosa, Carlos Fuentes, Gabriel García Márquez y Julia Álvarez.

En *Cien años de soledad*, probablemente su mejor novela, García Márquez escribió: "Muchos años después, frente al pelotón de fusilamiento, el coronel Aureliano Buendía había de recordar aquella tarde remota en que su padre lo llevó a conocer el hielo".

Ortografía

Existe un sinnúmero de palabras que representan un reto para escribirlas. Muchas de estas palabras podrían aparecer en el Examen TASC. Estas son palabras que no siguen ninguna regla particular o que son la excepción de una regla dada. A veces es mejor simplemente memorizar dichas palabras. Véase la siguiente lista.

abstracto	accesible	acento	aceptable	adolescente	adquirir
adverbio	ahuyentar	alboroto	ansioso	artefacto	aspecto
aullido	ausencia	balance	belleza	beneficio	brillante
bullicio	categorizar	celestial	cementerio	cielo	colegio
concebir	conciencia	consciente	coraje	criticismo	cuello
decisión	decisivo	descifrar	desesperado	disciplina	divorcio
elegir	exagerar	excéntrico	exhalar	exigente	existencia
éxtasis	feroz	filántropo	generoso	genuino	gigante
gozar	hambre	harina	hermoso	hipócrita	iniciar
inmaculado	inmigrante	irrelevante	juez	kilogramo	laboratorio
liberal	licencia	locuaz	maniobra	mencionar	mezcla
misceláneo	montaje	murmullo	necesario	noticia	obediencia
ocurrencia	omisión	original	paralizar	percibir	placentero
placer	preceder	precisión	prejuicio	prejuicioso	prestigio
prevalente	privilegio	prodigio	profesión	puntualizar	quizás
recibir	referencia	renombrado	repetición	ritmo	sabio
sabor	sacrificio	salario	salvar	sargento	savia
semejanza	semilla	senilidad	separación	situación	sobrehumano
sobresaliente	sublime	sutil	sutileza	tacto	técnico
tragedia	transparente	trozo	ubicar	vacío	venganza
villano	visible	xilófono	yate	yermo	zanja

RETO

Normativas del español estándar
Mayúsculas, puntuación y ortografía

Edite cada oración para reparar dos errores de mayúsculas, puntuación y/u ortografía.

1. Los países de américa central se extienden desde Guatemala hasta conectar con Colombia.

2. En estos países viven tribus que hablan Náhuatl y otros idiomas, adoran a varios dioses y conservan sus costumbres originales.

3. El pájaro sagrado de Guatemala es el Quetzal y la moneda de este país también se llama así.

4. En 1992 se celebró el Quinto Centenario del "descubrimiento" del nuevo Mundo ; muchas organizaciones indígenas se opusieron a tal celebración.

5. Ciertos sectores de la comunidad indígena protestaron diciendo "Celebrar la llegada de Colón significa aplaudir la desaparición de muchas culturas oriundas de mesoamérica".

RESPUESTAS AL RETO

Normativas del español estándar Mayúsculas, puntuación y ortografía

1. Los países de América Central se extienden desde Guatemala hasta conectar con Colombia.

   América Central es el nombre propio de esa área del continente y, por lo tanto, se escribe con mayúscula.

2. En estos países viven tribus que hablan náhuatl y otros idiomas, adoran a varios dioses y conservan sus costumbres originales.

   Uno de los idiomas indígenas se llama náhuatl. Los idiomas no se escriben con mayúsculas. Además, hace falta una coma después de náhuatl.

3. El pájaro sagrado de Guatemala es el quetzal y la moneda de este país también se llama así.

   Los nombres de los pájaros y animales se escriben con minúsculas.

4. En 1992 se celebró el Quinto Centenario del "descubrimiento" del Nuevo Mundo; muchas organizaciones indígenas se opusieron a tal celebración.

   Aquí aparecen dos cláusulas independientes que deben separarse con un punto y coma. Nuevo Mundo debería ir con mayúsculas.

5. Ciertos sectores de la comunidad indígena protestaron diciendo: "Celebrar la llegada de Colón significa aplaudir la desaparición de muchas culturas oriundas de Mesoamérica".

   Se trata aquí de una cita directa. Los dos puntos se aplican aquí para dar inicio a la cita, la cual debe ir entre comillas.

Aplicar el conocimiento del lenguaje

En la escuela secundaria esta destreza de los Estándares Comunes tiene que ver con la elección efectiva de palabras en busca de significado o estilo. A usted se le puede pedir que elija la palabra más indicada para un propósito dado o reorganizar una oración para conseguir un efecto dado.

TÉRMINOS CLAVE: matiz de significado, sintaxis

Elección de palabra

Seleccionar una palabra con un **matiz particular de significado** puede cambiar la naturaleza de una oración, como se muestra en los siguientes ejemplos.

Alfredo se resistió a las sugerencias de su padre.

Alfredo desafió las sugerencias de su padre.

Alfredo atacó las sugerencias de su padre.

Sintaxis

La **sintaxis** se refiere al orden de las palabras y las frases en una oración. Distintos órdenes pueden poner énfasis en distintas partes de la oración y así afectar el significado.

En las siguientes oraciones, cambiar una palabra cambia el significado.

Javier insiste en que solo él conoce la contraseña de entrada. (Javier es el único que la sabe)

Javier solo insiste en que él conoce la contraseña de entrada. (Javier solo insiste en una sola cosa)

Javier insiste en que él conoce solo la contraseña de entrada. (Javier solo sabe una cosa)

En las siguientes oraciones, cambiar la sintaxis cambia el enfoque de la oración.

Aunque reconocemos su experiencia, Rosa no es confiable.

Rosa puede ser poco confiable, aunque reconocemos su experiencia.

La primera oración es más positiva que la segunda porque pone énfasis en nuestra confianza en Rosa y no en sus cualidades poco confiables.

RETO	Aplicar el conocimiento del lenguaje

Elija la palabra o grupo de palabras que hagan cada oración más negativa.

1. Después de la fiesta los cuatro amigos (**comentaron/dudaron**) sobre su éxito.

2. Emilia se divirtió a pesar de la mala música./A pesar de la mala música, Emilia se divirtió.

3. Carlos se preguntaba si el DJ era simplemente (**ignorante/inexperto**).

4. Los amigos habían claramente (**pedido/exigido**) que alternara con música bailable vieja y nueva.

5. En vez de eso, el DJ había tocado una (**mezcolanza/mezcla**) de música *country* y *hip-hop*.

RESPUESTAS AL RETO
Aplicar el conocimiento del lenguaje

1. **dudaron:** La palabra *dudaron* implica un tipo de desacuerdo.

2. **A pesar de la mala música, Emilia se divirtió.:** Mencionar la mala música al inicio le pone énfasis al aspecto negativo de la fiesta.

3. **ignorante:** Ser ignorante es peor que ser inexperto.

4. **exigido:** *Exigido* es una palabra que implica presión.

5. **mezcolanza:** Una mezcolanza es una mezcla desorganizada; una mezcla es más balanceada.

 ## Escribir argumentos para apoyar planteamientos

Un argumento es un llamado lógico a un lector u oyente. En un argumento se presentan las ideas y se apoyan. El propósito es ser convincente y claro.

TÉRMINOS CLAVE: argumento, conclusión, estilo, evidencia, planteamiento, planteamiento contrario, tono, transiciones

Planteamientos

La primera parte de un argumento es el **planteamiento**. En la escritura de argumentos, su planteamiento puede declarar que algo es verdadero o falso. Puede declarar que algo es bueno o no. Puede declarar que un determinado curso de acción es mejor o peor que otro. Un planteamiento debe ser discutible o debatible. En otras palabras, no todos deben estar de acuerdo de forma instantánea.

DISCUTIBLE:	En Norteamérica los inviernos y los veranos se van sintiendo cada vez más calientes.
NO DISCUTIBLE:	En Norteamérica los inviernos tienden a ser más fríos que los veranos.

Planteamientos contrarios

Los mejores argumentos anticipan planteamientos contrarios. Un **planteamiento contrario** es lo que alguien puede decir para oponerse a un planteamiento.

PLANTEAMIENTO:	En Norteamérica los inviernos y los veranos son cada vez más calientes.
PLANTEAMIENTO CONTRARIO:	Norteamérica pasa por ciclos de años calientes y frescos.

Evidencia

Ningún planteamiento o planteamiento contrario tiene validez a menos que incluya evidencia para apoyarlo. En la **evidencia** se incluyen los hechos, los ejemplos y datos que conducen de forma lógica al planteamiento. Es posible que tenga que nombrar la fuente de la evidencia.

PLANTEAMIENTO:	En Norteamérica los inviernos y los veranos se hacen cada vez más calientes.
EVIDENCIA:	Todo Estados Unidos se ha calentado por 1.3°F en 100 años. (*Climate Central*)
	Los 9 años más calientes en 132 años han ocurrido desde el 2000. (NASA)
	Las temperaturas frías extremas son menos frecuentes en el noroeste. (*Climate Change*)

Transiciones

Un buen argumento incluye **transiciones** claras que conectan una parte del argumento con la próxima. He aquí algunas palabras y frases de transición para que las use mientras escriba.

Palabras y frases de transición

expansión	además, además de, es más, por otra parte
contraste	contrariamente, al contrario, sin embargo, a pesar de, no obstante, por el contrario, mientras (que)
comparación	también, del mismo modo, asimismo, igualmente, de forma similar, similarmente
detalles	especialmente, incluyendo, específicamente
ejemplos	por ejemplo, en otras palabras, para ilustrar
resultado	como resultado, consecuentemente, por esta razón, por eso, debido a
resumen	finalmente, en conclusión, así

Estilo y tono

El **estilo** de su escritura debe ser formal y el **tono** debe ser objetivo. En otras palabras, usted debe emplear un español estándar que responda a las reglas de escritura de una carrera universitaria. Usted no debe insertar sus propias predisposiciones en el argumento sino debe mantener un tono bastante neutral. Su meta es transmitir hechos y evidencia, no creencias y sentimientos.

INFORMAL:	Es un locura lo rápido que han aumentado las temperaturas en el desierto.
FORMAL:	Las temperaturas en el desierto han aumentado particularmente rápido.
SUBJETIVO:	La gente que continúa discutiendo sobre el cambio climático no sabe de lo que hablan.
OBJETIVO:	Ocasionalmente, la gente todavía discute sobre las fuentes del cambio climático.

Conclusión

Como ocurre con cualquier escritura formal, su argumento debe incluir una declaración final o una sección que apoye el argumento que la precede. Una **conclusión** sólida vuelve a conectarse con el planteamiento original.

Así, si los inviernos parecen menos fríos y los veranos más calientes que nunca, esas impresiones deben ser acertadas. Los datos parecen apoyar un aumento general en las temperaturas a todo lo largo y ancho del hemisferio norte.

RETO — Escribir argumentos para apoyar planteamientos

Subraye el planteamiento en este párrafo. Circule cada trozo de evidencia que apoye el planteamiento. Subraye con dos líneas el planteamiento contrario.

Una mejor distribución de las zonas en Middleburg hará que nuestro pueblo sea más limpio y acogedor. El pueblo de Redding experimentó un mejoramiento significativo en cuanto al orgullo cívico cuando crearon leyes que restringían el número de vehículos por yarda que se permite. La restricción de zona impidió que los desechos industriales contaminaran el pueblo vecino de Tripptown. Algunos dirán que las nuevas leyes solo limitan nuestra libertad. Sin embargo, si la libertad significa contaminación y basura, tal vez se necesita alguna limitación.

RESPUESTAS AL RETO

Escribir argumentos para apoyar planteamientos

<u>Una mejor distribución de las zonas en Middleburg hará que nuestro pueblo sea más limpio y acogedor.</u> El pueblo de Redding experimentó un mejoramiento significativo en cuanto al orgullo cívico cuando crearon leyes que restringían el número de vehículos por yarda que se permite. La restricción de zona impidió que los desechos industriales contaminaran el pueblo vecino de Tripptown. <u>Algunos dirán que las nuevas leyes solo limitan nuestra libertad.</u> Sin embargo, si la libertad significa contaminación y basura, tal vez se necesita alguna limitación.

5 Escribir textos explicativos e informativos

La escritura informativa y explicativa es una escritura de no ficción que provee información acerca de un tópico o explica un proceso o evento. Su meta en la escritura informativa o explicativa es explicar material complejo de una forma sencilla y organizada.

TÉRMINOS CLAVE: analogía, relevante, tema

Tema

El **tema**, o foco central, aparecerá dado en el Examen TASC de Escritura. A medida que usted escriba, asegúrese de que el tema sea central y que sea obvio para el lector. Usted puede lograr esto con una oración temática para iniciar el ensayo. Su oración temática puede emplear algunas de las palabras que aparecen en las instrucciones del Examen TASC.

Un buen ejemplo de actividad comunal con potencial de aprendizaje es la Lectura Comunal anual de nuestro pueblo.

Su escritura debe estar organizada de modo que cree un todo uniforme. Presente el tema primero; luego emplee palabras y frases de transición para añadir información que se vaya fortaleciendo de un elemento a otro.

Existen muchas posibles estructuras de organización para un ensayo informativo o explicativo.

» Descripción
» Causa/efecto
» Problema/solución
» Definición/ejemplo
» Clasificación
» Orden temporal
» Comparación y contraste

Desarrollar el tema

Usted puede desarrollar su ensayo usando hechos, definiciones, detalles, citas y/o ejemplos. Elija detalles que sean **relevantes**–que se apliquen directamente al tema y que no se aparten y confundan al lector.

RELEVANTE:	El año pasado la comunidad entera leyó o releyó *To Kill a Mockingbird*. Este ganador del Premio Pulitzer de 1961 trata de asuntos serios de desigualdad y moralidad que son universales y de actualidad cincuenta años después.
IRRELEVANTE:	El autor de *To Kill a Mockingbird* nunca escribió otra novela. Uno de sus mejores amigos fue el autor de *In Cold Blood*.

Lenguaje y vocabulario

Cuando uno escribe sobre ciencia, matemáticas, historia o literatura, uno usa vocabulario que es adecuado para esas materias. Una técnica de comparación tal como la **analogía** le puede ayudar a relacionar ideas.

Hacer que padres e hijos, maestros y estudiantes, jefes y empleados lean todos el mismo texto es crear un lenguaje común para la comunidad entera.

Leer *To Kill a Mockingbird* puede sentirse como hacer un viaje al pasado a un Estados Unidos joven, donde los niños rondaban libremente desde la mañana hasta la noche.

Conclusión

La **conclusión** de una escritura explicativa o informativa debe decir por qué el tema es importante y de interés. Puede sugerir efectos del tema.

Una Lectura Comunal puede ser una gran experiencia de aprendizaje para todos los miembros de una comunidad y una forma de unir muchas facciones en una actividad que promueve la comprensión y el bien común.

RETO Escribir textos informativos y explicativos

En este párrafo tache un detalle irrelevante. Subraye la analogía que emplea el escritor. Luego circule el tipo de organización que emplea el autor.

Si su motor está petardeando, probablemente tenga mucho oxígeno en

el sistema de escape. Es como un eructo de las entrañas del carro.

Comience por identificar escapes en el sistema de eliminación de gases e inspeccionar el tubo de escape, el catalizador y los tubos. Los catalizadores convierten gases peligrosos en emisiones más limpias. Examine con cuidado las juntas. Es posible que tenga que desconectar el sistema de aire por inyección para ver si está operando debidamente. Si todo esto no da resultado, lleve el carro a su mecánico.

Causa/efecto   Problema/solución   Comparación/contraste

RESPUESTAS AL RETO
Escribir textos informativos y explicativos

Si su motor está petardeando, probablemente tenga mucho oxígeno en el sistema de escape. Es como un eructo de las entrañas del carro. Comience por identificar escapes en el sistema de eliminación de gases e inspeccionar el tubo de escape, el catalizador y los tubos. ~~Los catalizadores convierten gases peligrosos en emisiones más limpias.~~ Examine con cuidado las juntas. Es posible que tenga que desconectar el sistema de aire por inyección para ver si está operando debidamente. Si todo esto no da resultado, lleve el carro a su mecánico.

Causa/efecto   (Problema/solución)   Comparación/contraste

 ## 6 Producir una escritura clara y coherente

Cuando usted escriba para el Examen TASC se espera que usted produzca una escritura clara y coherente (lógica y consistente) que responda a lo que se pide y que sea adecuada para su propósito y audiencia.

TÉRMINOS CLAVE: audiencia, propósito

Responder a las instrucciones
Cuando usted responda a las instrucciones, use RAFT como estrategia:

R = Rol. ¿Qué rol se le ha pedido que adopte como escritor? ¿Escribe como usted mismo o como un experto en la materia?

A = Audiencia. ¿Para quién escribe usted? ¿Se lo indican en las instrucciones?

F = Formato. ¿Qué tipo de respuesta se le pide que dé? ¿Va usted a escribir un argumento? ¿Va usted a escribir una explicación? ¿Cómo lo puede saber?

T = Tarea. Use los verbos que aparecen en las instrucciones para decidir lo que usted debe hacer. Identifique las acciones específicas que se le ha pedido que tome.
Emplee palabras clave que sean consecuentes y que estén en las instrucciones para comenzar su respuesta.

Establecer un propósito

Su **propósito** para la escritura es la razón por la que usted escribe. Usted puede escribir una historia para entretener a un amigo o un ensayo para explicar un concepto. Puede escribir un poema para describir un lugar o un argumento para expresar una opinión. Mientras escribe para el Examen TASC, mantenga su propósito claro en la mente.

Audiencia

La **audiencia**, o sus lectores, es importante para su escritura por varias razones. Cuando usted escribe para niños escribe de forma distinta que cuando usted escribe para adultos. La elección de palabras que se hace es diferente, las oraciones son más cortas, e incluso las ideas que incluya son más sencillas. Cuando uno escribe para alguien que uno no conoce, uno escribe distinto que cuando escribe a un amigo. Puede emplear un lenguaje formal y debe evitar la jerga popular.

Cuando escriba para el Examen TASC, asuma que usted escribe para personas que no conoce. Mantenga un estilo formal y un tono serio.

RETO Producir una escritura clara y coherente

Lea las instrucciones. Luego responda las preguntas.

Relea las dos cartas al editor sobre la construcción de un cruce elevado peatonal. Imagine que usted es un legislador del pueblo en que habitan los que escribieron las cartas. ¿Cuál de las cartas ofrece un argumento mejor razonado? ¿Qué otras preguntas querría usted hacer antes de tomar una decisión?

Escriba una respuesta a sus electores desde el punto de vista de un legislador. Sugiera de qué lado se inclina usted mientras decide cómo proceder en proyecto de ley para el cruce elevado peatonal. Explique qué en cada carta ha causado que usted se incline en esa dirección. Concluya sugiriendo algunos otros datos que a usted le gustaría ver antes de votar.

1. ¿Qué papel se le ha pedido a usted que adopte como escritor?

2. ¿Quién es su audiencia?

3. ¿Cuál es su tarea?

RESPUESTAS AL RETO

Producir una escritura clara y coherente

1. el papel de un legislador del pueblo donde habitan los que las cartas (Véase oración 2.)

2. los votantes en ese pueblo (Véase párrafo 2.)

3. Mi tarea es explicar de qué lado me inclino en cuanto al proyecto de ley para el cruce elevado peatonal, basado en la información de las cartas que yo encuentre más lógica. Debo también incluir ideas para otra información que necesitaría para decidirme. (Véase párrafo 2.)

Desarrollar y fortalecer la escritura

Aunque usted tiene un tiempo limitado para escribir su ensayo TASC, se espera que usted lo edite donde haga falta para crear la mejor obra de escritura que se pueda. Cuando uno desarrolla y fortalece la escritura, uno usa un plan para comenzar la escritura y emplea destrezas para editarlo y mejorar el trabajo.

TÉRMINOS CLAVE: editar, revisar

El proceso de la escritura

Incluso para un ensayo corto, con límite de tiempo, usted puede usar un proceso como el que se muestra para desarrollar y fortalecer su trabajo.

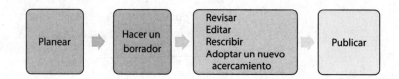

Planear

Cuando usted planea su escritura, usted puede usar cualquiera de estas estrategias.

» Liste su propósito y objetivo
» Tome notas
» Haga un esbozo
» Haga un dibujo
» Haga un ejercicio de escritura libre o proponga ideas
» Agrupe las ideas

Revisar y editar

Revisar puede incluir cambiar de lugar palabras, oraciones y párrafos para mejorar la organización. Puede también incluir agregar información o suprimir información que no sea relevante. **Editar** incluye corregir su escritura para arreglar problemas de gramática, uso, mecánica, elección de palabras y sintaxis. Véase Repasos 1–3 en las páginas 94–105 para ver los tipos de errores del lenguaje que usted podría buscar en el proceso de edición.

Rescribir o adoptar un nuevo acercamiento

A veces uno encuentra que "uno mismo se acorrala en la escritura" –que no importa cuánto uno revise, nunca llegará adonde uno quiere llegar. En esos momentos, es posible que tenga que tachar todo lo que haya escrito y comenzar de nuevo. Usted incluso podría adoptar un nuevo acercamiento a las instrucciones; por ejemplo, ponerse del lado contrario de un argumento del que usted inicialmente adoptó. Rescribir lleva tiempo, por supuesto, así que use la prudencia. Si usted ya ha trabajado durante media hora en un ensayo de una hora, intente revisar lo que tiene en vez de comenzar de nuevo desde cero.

RETO **Desarrollar y fortalecer la escritura**

Elija uno de los tópicos siguientes. Luego use una de las dos gráficas para planear un ensayo corto.

TÓPICOS
Cómo estudiar para un examen
Cómo vestirse para una entrevista
Cómo balancear una chequera
Cómo impresionar a un empleador

I. _____

   A. _____

   B. _____

II. _____

   A. _____

   B. _____

III. _____

   A. _____

   B. _____

RESPUESTAS AL RETO

Desarrollar y fortalecer la escritura

Las respuestas van a variar. Si usted elije la primera gráfica, su idea central o palabra clave debe estar en el centro, con ideas relacionadas en los ovales que la rodean. Si usted elije la segunda gráfica, sus ideas centrales deben aparecer en I, II, y III, con ideas relacionadas en A y B debajo de cada número romano.

8 **Obtener evidencia de los textos**

Una de las destrezas más importantes que usted va a usar mientras escribe para el Examen TASC es poder obtener evidencia de los textos para apoyar su escritura. Esto es una combinación de habilidades en lectura y escritura y es una estrategia que usted empleará, ya sea que de aquí usted vaya a la universidad o a una carrera.

TÉRMINOS CLAVE: citar, evidencia, parafrasear

Evidencia de textos informativos

A usted se le puede pedir que analice una pieza de escritura para el ensayo del Examen TASC. Use **evidencia** –hechos, ejemplos y datos– para apoyar su análisis. Usted puede lograr esto citando –citando o refiriéndose– a referencias específicas del texto que trata de lo que usted está diciendo. He aquí algunos ejemplos.

REPLANTEAR Y CITAR: Aquí el autor declara el argumento de Paine en sus propias palabras y continúa con una cita directa tomada del texto.

> Thomas Paine sostiene que uno debería formar un nuevo gobierno cuidadosamente y de manera juiciosa, diciendo: "Es infinitamente más sabio y seguro formar una constitución propia de una manera sosegada y deliberada, mientras estamos en el poder, en vez de confiarle tan interesante evento al tiempo y al azar".

PARAFRASEAR: Cuando se **parafrasea** uno repite la información en sus propias palabras.

> Thoreau aclara para sus lectores que él se mudó a la simple vida en el bosque no para sustraerse de la realidad sino para alejarse de todo aquello que era innecesario.

DIRIGIR LA ATENCIÓN DEL LECTOR HACIA UN ASPECTO DEL TEXTO: Es posible que usted no quiera citar directamente sino simplemente mostrarle al lector dónde se puede hallar una cita.

> Jefferson no declaró la independencia sin causa. A partir del párrafo 2 de su Declaración de independencia, él enumeró las muchas fechorías del Rey de Gran Bretaña que llevaron a los patriotas a tal declaración.

Evidencia de textos literarios

La evidencia que uno obtiene de un texto literario puede estar relacionada con el estilo del autor o con el uso de elementos literarios, así como con su argumento o el tema del texto.

REPLANTEAR Y CITAR: Aquí el autor emplea una cita tomada de *The Great Gatsby* para ilustrar un asunto sobre el tema.

> Fitzgerald se centra en los excesos de la clase alta a expensas de la clase baja con imágenes sencillas como ésta: "Había una máquina en la cocina que podía extraer el jugo de doscientas naranjas en media hora si un pequeño botón era presionado doscientas veces por el pulgar del mayordomo".

PARAFRASEAR: Este escritor parafrasea un pasaje de *A Raisin in the Sun* para apoyar una declaración sobre caracterización.

> Mamá demuestra el centro moral de la obra con su sermón a Beneatha en el Acto III, declarando que el tiempo de amar al máximo a alguien es cuando esa persona atraviesa su peor momento.

DIRIGIR LA ATENCIÓN DEL LECTOR HACIA UN ASPECTO DEL TEXTO: Aquí el escritor hace referencia a versos de "Ode on a Grecian Urn" para señalar una característica particular de estilo.

La puntuación es un aspecto esencial del poema que afecta tanto el significado como el metro. Keats aplica apóstrofes a palabras en los versos 1 y 5 de la primera estrofa y a otras palabras a lo largo del poema para mostrar cómo esas palabras deben pronunciarse para lograr el ritmo deseado.

RETO   **Obtener evidencia de los textos**

Instrucciones: Lea la selección de un discurso presentado por una famosa promotora del voto femenino, después siga las pautas.

Selección de "La crisis"

Carrie Chapman Catt

7 de septiembre de 1916

Midamos nuestras fuerzas. Nuestra causa ha ganado el apoyo de todos los partidos políticos. Cada candidato a la presidencia es sufragista. Ha ganado el apoyo de la mayor parte de las iglesias; ha ganado la aprobación calurosa de todas las principales organizaciones de mujeres. Ha ganado el apoyo de todos los movimientos de reforma; ha ganado a los progresistas de todo tipo. La mayoría de la prensa en casi todos los estados está con nosotras. Grandes hombres en todos los partidos políticos, en las iglesias y otros movimientos están con nosotras. Los nombres de los hombres y mujeres más sobresalientes en las artes, las ciencias, la literatura y la filosofía están en nuestras listas. No hemos ganado a los reaccionarios de ningún partido, iglesia ni sociedad, y jamás los ganaremos. Desde el inicio de todo, ha habido "antis". Los "antis" echaron a Moisés de Egipto; crucificaron a Cristo, quien dijo "Ama a tu prójimo como a ti mismo"; han perseguido a los judíos en todas partes del mundo; envenenaron a Sócrates, el gran filósofo; persiguieron cruelmente a Copérnico y a Galileo, los primeros grandes científicos; quemaron a Giordano Bruno en la hoguera porque creía que el mundo era redondo; quemaron a Savonarola, quien luchó contra la corrupción en la iglesia; quemaron a Eufame McIlyane porque usó anestesia; quemaron a Juana de Arco por hereje; han enviado a grandes hombres y mujeres a Siberia para que muriesen en total aislamiento; quemaron una efigie de William Lloyd Garrison; les tiraron huevos a Abbie Kelley y Lucy Stone y asaltaron a Susan B. Anthony. Sin embargo, en proporción al entendimiento de sus edades respectivas, estos "antis" eran personas inteligentes y con propósitos honrados. Solo que estaban sordos frente a la llamada del progreso y estaban furiosos porque el mundo insistía en dar un paso adelante. Los "antis", tanto masculinos como femeninos, aún siguen y seguirán así por siempre. Dediquémosles una plegaria de perdón porque no saben lo que hacen y preparémonos para marchar de frente.

1. Subraye la oración en el discurso que apoya esta afirmación: "La causa del sufragio femenino se ha extendido a las campañas presidenciales."

2. Trace dos líneas bajo la oración en el discurso que apoya esta afirmación: "Los que laboran contra nuestra causa actúan con ira y falta de sensibilidad."

RESPUESTAS AL RETO

Buscar evidencia en los textos

1. "Cada candidato a la presidencia es sufragista."

   Entonces queda claro que la causa se extiende a las campañas presidenciales.

2. "Solo que estaban sordos frente a la llamada del progreso y estaban furiosos porque el mundo insistía en dar un paso adelante."

   Catt quiere decir que los "antis" de cualquier edad se muestran furiosos e insensibles más que estúpidos y deshonestos.

Examen TASC de Artes del lenguaje– Examen de prueba en Escritura

50 preguntas, 55 minutos

El siguiente examen está diseñado para simular un examen real de la sección de escritura del Examen TASC de Artes del lenguaje en cuanto al formato, número y grado de dificultad. Para tener una buena idea de cómo le irá en el examen real, tome este examen bajo las condiciones reales del examen. Complete el examen en una sesión y mantenga el límite de tiempo dado. Las respuestas y las explicaciones comienzan en la página 134.

Parte 1: Lenguaje

1. ¿Cuál de las siguientes oraciones aparece correctamente puntuada?

(A) Leonardo rellenó la solicitud para el préstamo; lo cual requería información sobre sus finanzas.

(B) Habiendo copiado los datos de sus últimos tres años de las planillas de impuestos, Leonardo se sintió confiado de sus posibilidades.

(C) Su trabajo era estable y su ingreso iba en constante aumento; convirtiéndose en un potencial candidato para el préstamo.

(D) Leonardo firmó la solicitud; le puso la fecha; y finalmente la colocó en un sobre sellado, proveído por el banco.

2. Lea el siguiente párrafo.

De las miles de peticiones cada año, la Corte Suprema usualmente pide argumentos orales en menos de 100. De octubre a abril la Corte oye argumentos por dos semanas cada mes. Los defensores de la oposición tienen no más de media hora para cada uno para presentar su caso.

¿Cuál oración <u>mejor</u> concluye este párrafo?

(A) Cada juez de la Corte Suprema tiene escribanos para investigar los casos y componer un borrador de las opiniones.

(B) Los jueces son elegidos por el presidente y confirmados por el Senado.

(C) En ese momento, el caso se somete para una decisión, la cual se alcanza por mayoría de votos.

(D) Para alegatos ante la Corte Suprema, los abogados deben ser admitidos a la sala de justicia de la Corte.

3. ¿Cuál de estas oraciones incluye una palabra mal escrita?

(A) Aunque los estudiantes no pueden manejar en campus, son elegibles para permisos de estacionamiento.

(B) Adquirir un lugar de estacionamiento permanente es útil si uno quiere manejar los fines de semana.

(C) Olivia va a tomar el examen para su lisencia antes de irse a la universidad este otoño.

(D) Sus únicas dudas son sobre la porción del examen que tiene que ver con el estacionamiento en paralelo.

4. Lea la siguiente oración.

Después de completar el rompecabezas, Mario sintiéndose bastante orgulloso.

¿Cuál de estas es la más exacta y efectiva revisión de la oración?

(A) Después de completar el rompecabezas, Mario se sintió bastante orgulloso.

(B) Después de habiendo completado el rompecabezas, Mario se ha sentido bastante orgulloso.

(C) Después completó el rompecabezas, Mario se sintió bastante orgulloso.

(D) Después que complete el rompecabezas, Mario se sintiéndose bastante orgulloso.

5. Lea la siguiente oración.

Admiramos la vista de los viñedos y rosas hermosas desde nuestro balcón.

¿Cuál revisión de la oración mejor expresa la idea correcta y precisamente?

(A) Desde nuestro balcón admiramos la vista de los viñedos y rosas hermosas.

(B) Admiramos la vista de los viñedos desde nuestro balcón y rosas hermosas.

(C) Admiramos la vista desde nuestro balcón de los viñedos y rosas hermosas.

(D) Admiramos la vista de los viñedos y rosas hermosas, desde nuestro balcón.

6. ¿Cuál de estas oraciones aparece correctamente puntuada?

(A) Este despliegue al aire libre de los años de 1700 está bien cuidado.

(B) Las balas de cañón son de la época pre-revolucionaria.

(C) El cañón mismo fue usado mil-setecientos-setenta-y-seis.

(D) Ha sido restaurado para lucir impecablemente limpio.

7. Lea el siguiente párrafo.

Se habla como la lengua principal en partes de Suiza, Bélgica y Canadá; Mónaco; y por supuesto Francia. Es un idioma importante en Gabón, Algeria, Senegal y varios otros países de África Occidental. Se mantiene como idioma oficial de las agencias de las Naciones Unidas y de las Olimpiadas.

¿Cuál oración abriría mejor el párrafo para introducir el tópico?

(A) Louisiana y Maine son dos estados con una cantidad substancial de ciudadanos de habla francesa.

(B) El francés usa el mismo alfabeto que el inglés, aunque algunas vocales pueden incluir tilde diacrítica.

(C) Aunque ha perdido algún terreno frente al inglés, el francés todavía es un idioma importante internacionalmente.

(D) El francés, el italiano, el portugués y el español son las principales lenguas que se derivaron del latín del Imperio Romano.

Lea el siguiente extracto del borrador de un ensayo. Luego conteste las preguntas 8 y 9.

[1]La Carrrera Fórmula Uno comenzó como la carrera de motor Grand Prix en Francia. [2]Ya para la década de 1890, los carros corrían en carreteras de un pueblo a otro.

[3]Hoy, por supuesto, los carros de Fórmula Uno van mucho más rápido, algunos alcanzando las velocidades de 220 millas por hora. [4]Las carreras son también mucho más largas. [5]La mayoría de ellas tiene lugar en una pista en vez de una carretera abierta. [6]Correr se ha convertido en un gran negocio. [7]Cada equipo se gasta millones de dólares mejorando los carros, especialmente en el desarrollo de los motores.

---

8. ¿Cuál oración sería la más efectiva para añadirla al final del primer párrafo?

(A) La primera carrera fue auspiciada por un periódico parisiense.

(B) En aquellos días, los conductores raramente alcanzaban una velocidad de 15 millas por hora.

(C) Tanto los conductores como los espectadores salían frecuentemente lastimados o muertos.

(D) Un mecánico a menudo acompañaba al conductor en el carro de carrera.

9. ¿Cuál revisión combina <u>más efectivamente</u> las ideas de las oraciones 4 y 5 en una sola oración?

Ⓐ Las carreras, al ser más largas, deben tener lugar en una pista en vez de una carretera abierta.

Ⓑ Aunque las carreras son más largas, deben tener lugar en una pista en vez de una carretera abierta.

Ⓒ Las carreras son más largas; de hecho, la mayoría tiene lugar en una pista en vez de una carretera abierta.

Ⓓ Las carreras son también más largas y la mayoría de ellas tiene lugar en una pista en vez de una carretera abierta.

10. ¿Cuál de las siguientes oraciones contiene un error o errores en el uso de mayúsculas?

Ⓐ Cada Otoño los residentes de Plattesville organizan una limpieza de calle.

Ⓑ Comienzan en la calle Maine y continúan hacia el norte, sur, este y oeste.

Ⓒ Un grupo limpia a lo largo de la Ruta 225 hasta llegar al límite del pueblo.

Ⓓ Otro grupo trabaja en dirección este hasta la frontera con el condado Clark.

11. Lea las siguientes oraciones.

> Los corredores con experiencia beben agua regularmente por varios días antes del evento y paran cerca de una hora o dos antes de comenzar. Este proceso de hidratación es _____ para una carrera saludable.

¿Qué palabra, cuando se añade en el espacio en blanco, <u>mejor</u> enfatiza la importancia de la hidratación?

Ⓐ útil

Ⓑ vital

Ⓒ efectivo

Ⓓ práctico

12. Lea la siguiente oración.

> Después de desempacar todas las cajas de productos agrícolas, el jefe de Randall le dio un pequeño receso.

¿Cuál de las siguientes es <u>la más</u> correcta y concisa revisión de la oración?

Ⓐ Habiendo desempacado todas las cajas de productos agrícolas, el jefe de Randall le dio a Randall un pequeño receso.

Ⓑ Después que Randall desempacó todas las cajas de productos agrícolas, su jefe le dio un pequeño receso.

Ⓒ Una vez hubo desempacado todas las cajas de productos agrícolas, el jefe de Randall le dio un pequeño receso.

Ⓓ El jefe de Randall, una vez que Randall desempacó todas las cajas de productos agrícolas, le había dado un pequeño receso.

13. ¿Cuál de las siguientes oraciones contiene una palabra mal escrita?

(A) Justin se tranfirio de su universidad comunitaria a una universidad de cuatro años.

(B) Aunque él disfrutaba los cursos de literatura, esperaba concentrarse en finanzas.

(C) En su opinión, el éxito en el curso de comercio lo haría elegible para un buen trabajo.

(D) Justin esperaba adquirir independencia económica poco después de graduarse.

14. Lea la siguiente oración.

A Serena le encantaba la ciudad, su -s ritmo precipitado, y las muchas personas que conoció allí.

¿Qué cambio se debe hacer para corregir la puntuación de esta oración?

(A) Cambiar la primera coma por un punto y coma.

(B) Cambiar la segunda coma por un punto y coma.

(C) Eliminar la -s final del posesivo *sus*.

(D) Eliminar ambas comas.

15. ¿Cuál de las siguientes oraciones contiene un error gramatical?

(A) Marta o Gregory está a cargo del viaje.

(B) Gregory, Marta y yo nos encargamos de los boletos.

(C) Si usted ve a Marta o a él, llámeme.

(D) Ni él ni ella tienen el mapa que necesitamos.

16. Lea la siguiente oración.

Un maravilloso nuevo diseño de sitio Web se presentó a la junta por nuestra compañía.

¿Cuál de las siguientes es la revisión más precisa y efectiva de la oración?

(A) A la junta se le presentó un maravilloso nuevo diseño de sitio Web por la compañía.

(B) Nuestra compañía a la junta presentó un maravilloso nuevo diseño de sitio Web.

(C) Un maravilloso nuevo diseño de sitio Web por nuestra compañía se presentó a la junta.

(D) Nuestra compañía presentó un maravilloso nuevo diseño de sitio Web a la junta.

17. Lea el siguiente párrafo.

El concejo municipal se reunió para discutir el problema de la sobrepoblación de venados. Varios accidentes recientes de carro-venado han causado lesiones y daños a la propiedad. Además, los venados están destruyendo muchas de las nuevas siembras en los alrededores del ayuntamiento y en el campo de golf.

Escriba una oración como conclusión que se derive lógicamente de la información dada en este párrafo.

Lea el siguiente extracto de un borrador de un informe. Luego conteste las preguntas 18–20.

[1]El evento Tunguska tuvo lugar en Rusia central en 1908. [2]Fue una explosión gigantesca que derribó árboles, quebró ventanas, y tumbó personas. [3]_____ existen muchas teorías de la explosión, la más probable es que un cometa o un pequeño asteroide explotó en la atmósfera sobre Rusia.

[4]Por ejemplo, algunas personas describieron haber visto una bola de fuego en el cielo. [5]Otros hablaron de una columna de luz azul. [6]Algunos mencionaron un sonido como de disparo. [7]Porque la explosión fue tan destructiva, es una dicha que ocurriera en una área remota. [8]Una explosión similar sobre una ciudad podría costar miles de vidas.

18. Arrastre la palabra correcta al espacio en blanco en la oración 3 para aclarar la transición entre las ideas.

A Mientras
B Sin embargo
C Ya que
D Tal vez

19. ¿Cuál oración sería la más efectiva para añadirla al inicio del segundo párrafo?

(A) Las explosiones pueden ser extraordinariamente destructivas, aun en un área cubierta de bosques.

(B) Los científicos han usado los informes de testigos para reconstruir lo que podría haber ocurrido.

(C) Los asteroides son pequeños cuerpos rocosos que giran alrededor del sol, cuyo tamaño varía desde diminutos hasta gigantescos.

(D) Cráteres del impacto de previos asteroides aparecen en los desiertos de México y Arizona.

20. ¿Dónde podría el autor iniciar un párrafo nuevo para organizar mejor el texto?

(A) entre las oraciones 4 y 5

(B) entre las oraciones 5 y 6

(C) entre las oraciones 6 y 7

(D) entre las oraciones 7 y 8

21. Lea la siguiente oración.

Yo esperaría que Jasmine realiza un trabajo admirable en ese examen.

¿Cuál de las siguientes es la revisión más exacta y efectiva de la oración?

(A) Espero que Jasmine realizando un trabajo admirable en ese examen.

(B) Esperaría que Jasmine había realizado un trabajo admirable en ese examen.

(C) Esperaría que Jasmine realizara un trabajo admirable en ese examen.

(D) Esperaría que Jasmine realizando un trabajo admirable en ese examen.

22. ¿Cuáles de las siguientes oraciones contienen una palabra mal escrita?

(A) La fiesta de retiro de Ed reconoció sus años de total entrega al servicio.

(B) Su jefe ofresió un cómico recuento de todos los éxitos alcanzados por Ed.

(C) Ed recibió elogios de muchos de sus previos compañeros de trabajo.

(D) Él estaba visiblemente conmovido por el regalo del jefe de personal.

(E) Ed era ampliamente percibibo como un alministrador duro pero justo.

(F) Su mayor fortaleza era su considerado trabajo de comité.

23. ¿Cuál de las siguientes oraciones aparece puntuada correctamente?

Ⓐ La Lista Roja, es un inventario de especies en peligro y amenazadas de extinción.

Ⓑ Las especies amenazadas incluyen tres categorías: críticamente en peligro, en peligro y vulnerables.

Ⓒ Más de 10,000 especies de plantas y animales aparecen enumeradas como "vulnerables".

Ⓓ Para ser etiquetadas "vulnerables" las especies deben estar en un alto riesgo de peligro en estado salvaje.

24. ¿Cuál de las siguientes oraciones contiene un error o errores en el uso de mayúsculas?

Ⓐ Jason se inscribió en Literatura Comparada I este semestre.

Ⓑ Su clase está actualmente leyendo *Apuntes Del Subsuelo*.

Ⓒ Esta obra clásica de Dostoyevsky tiene lugar en Saint Petersburg.

Ⓓ Está demás decir que la clase está leyendo la traducción al inglés.

25. Las oraciones en este párrafo no aparecen en orden lógico.

> A Hershey, Pennsylvania, se le llama a veces "Ciudadchocolate".

> Los edificios y las carreteras alrededor de Hershey son prueba de la influencia de la compañía.

> Hogar de la Compañía Hershey, es el epítome de una compañía de pueblo.

> Entre estas están el Centro Médico Hilton Hershey y la Avenida Chocolate.

A Hershey, Pennsylvania, se le llama a veces "Ciudadchocolate". Hogar de la Compañía Hershey, es el epítome de una compañía de pueblo. La Compañía Hershey es la principal empleadora y una variedad de edificios y carreteras alrededor de Hershey son prueba de la influencia de la compañía.

Arrastre y suelte las oraciones para colocarlas en un orden lógico del 1 al 4.

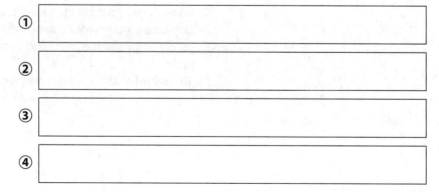

①

②

③

④

Lea el siguiente extracto del borrador de un ensayo. Luego conteste las preguntas 26 y 27.

[1]El hockey sobre hielo, como lo conocemos hoy, deriva de un juego que se jugaba en Canadá en los 1800. [2]Ya sea una adaptación de un juego oriundo de América o una extensión de un juego islandés, o alguna combinación de ambos, es difícil de determinar. [3]Montreal fue la anfitriona del primer equipo organizado de hockey. [4]Los estudiantes de la Universidad de McGill fundaron el primer club de hockey. [5]También establecieron un conjunto de reglas. [6]Las reglas son similares a las que se usan hoy.

26. ¿Cómo pueden ser <u>mejor</u> combinadas las oraciones 4 a 6?

(A) Los estudiantes de la Universidad de McGill fundaron el primer club de hockey y establecieron un conjunto de reglas similares a las que se usan hoy.

(B) Los estudiantes de la Universidad de McGill fundaron el primer club de hockey; y establecieron un conjunto de reglas, reglas que son similares a las que se usan hoy.

(C) Los estudiantes de la Universidad de McGill fundaron el primer club de hockey, luego establecieron un conjunto de reglas, y finalmente las reglas son similares a las que se usan hoy.

(D) Un conjunto de reglas similares a las que se usan hoy fue creado por los estudiantes de la Universidad de McGill, quienes fundaron el primer club de hockey.

27. ¿Cuál sería la oración <u>más</u> efectiva para añadirla al final del primer párrafo?

(A) El hockey se juega a paso acelerado, es difícil de dominar y frecuentemente peligroso.

(B) Finlandia, Rusia, Suecia y la República Checa, todos cuentan con buenos equipos de hockey.

(C) Cualquiera que sea su origen, el hockey se convirtió en el primer juego de invierno de Canadá.

(D) El juego islandés es un poco como un cruce entre hockey y lacrosse.

28. Lea la siguiente oración.

> El partido de softbol se extendió a entradas adicionales, por esa razón decidimos cancelar nuestros planes para la cena.

¿Cuál de las siguientes oraciones expresa mejor la idea de forma más precisa y concisa?

(A) Habiéndose extendido el partido de softbol a entradas adicionales nos llevó a decidir de nuestra parte cancelar nuestros planes para la cena.

(B) El partido de softbol se extendió a entradas adicionales; después de eso decidimos cancelar nuestros planes para la cena.

(C) Siendo que el partido de softbol se extendió a entradas adicionales resultó en la cancelación de nuestros planes para la cena.

(D) Ya que el partido de softbol se extendió a entradas adicionales, decidimos cancelar nuestros planes para la cena.

29. Lea el siguiente párrafo.

> Las que ahora llamamos *Cook Islands* fueron una vez llamadas Gente Hermosa, por los españoles que desembarcaron allí a inicios de 1600. Cuando el explorador británico James Cook arribó en la década de 1790, él las nombró *Hervey Islands*. No fue hasta la década de 1820 cuando fueron denominadas en nombre del capitán Cook.

¿Qué oración abriría mejor el párrafo para introducir el tópico?

(A) Las *Cook Islands* han sido objetas de varios cambios de nombres.

(B) Las *Cook Islands* fueron primero colonizadas por marineros de Tahití.

(C) Las *Cook Islands* yacen en el Pacífico, al nordeste de Nueva Zelandia.

(D) Las *Cook Islands* están compuestas de 15 islas volcánicas y dos arrecifes.

30. ¿Cuál de las siguientes oraciones contiene un error o errores ortográficos?

(A) Su bien intensionado discurso resultó un fracazo.

(B) Los trescientos miembros de la audiencia estaban sorprendidos.

(C) Por lo menos la mitad de ellos asumió que habían escuchado mal.

(D) Él se fue rápidamente, evitando el fuego cruzado de los reporteros.

31. Lea la siguiente oración.

> Un chalé de dos plantas al estilo antiguo de California, la casa está justo en la playa.

¿Cuál de las siguientes oraciones es la más exacta y efectiva revisión de la oración para enfatizar la localización de la casa?

(A) Un chalé de dos plantas justo en la playa, la casa es al estilo antiguo de California.

(B) La casa, un chalé de dos plantas al estilo antiguo de California, está justo en la playa.

(C) La casa de la playa es un chalé de dos plantas al estilo antiguo de California.

(D) Localizada justo en la playa, la casa es un chalé de dos plantas al estilo antiguo de California.

32. ¿Cuál de las siguientes oraciones contiene una palabra mal escrita?

Ⓐ La fábrica conserva algunas de las maquinarias originales.

Ⓑ Un río corre paralelo al ala este del edificio.

Ⓒ Aparentemente una vez había una rueda idraulica al lado de esa pared.

Ⓓ Con la llegada de la electricidad moderna, la rueda volvió innecesaria.

Lea el siguiente extracto del borrador de un ensayo. Luego conteste las preguntas 33–35.

[1]Los fuegos forestales pueden ocurrir en áreas de praderas, bosques o maleza. [2]El tamaño de un fuego forestal depende de varios factores; _____ son el combustible disponible y las condiciones climáticas.

[3]Los rayos son una causa común de los fuegos forestales. [4]En áreas volcánicas, el flujo de lava puede causar un fuego forestal. [5]Incluso las rocas en descenso pueden generar chispas que pueden iniciar un fuego. [6]Una cantidad significativa de fuegos forestales son obra humana. [7]Incendio provocado, cola de cigarrillos y equipos defectuosos pueden causar tales fuegos. [8]En algunos años, el número de fuegos forestales causados por humanos en los Estados Unidos ha realmente sobrepasado el número de fuegos naturales.

---

33. ¿Qué palabra o palabras encajaría(n) <u>mejor</u> en el espacio en blanco de la oración 2 para aclarar la transición entre las ideas?

Ⓐ tales como

Ⓑ por ejemplo

Ⓒ incluyendo

Ⓓ entre estos

34. ¿Cuál de las siguientes oraciones sería <u>la mejor</u> y más efectiva para añadirla al inicio del segundo párrafo?

Ⓐ Los fuegos naturales tienen una variedad de causas posibles.

Ⓑ El alto grado de humedad puede impedir la propagación del fuego forestal.

Ⓒ El fuego forestal puede llevar a pérdidas financieras significativas.

Ⓓ Se sabe que las fogatas descuidadas pueden iniciar incendios.

35. ¿Dónde podría el autor iniciar un párrafo nuevo para organizar mejor el texto?

(A) entre las oraciones 4 y 5

(B) entre las oraciones 5 y 6

(C) entre las oraciones 6 y 7

(D) entre las oraciones 7 y 8

36. ¿Cuál de las siguientes oraciones es gramaticalmente correcta?

(A) La fiesta está teniendo lugar en tres semanas, así que estamos enviando las invitaciones.

(B) Un grupo en la lista de invitados vienen del otro extremo del país.

(C) Una vez le pongamos las estampillas a ese paquete de sobres, habremos terminado nuestra tarea.

(D) El retiro del Dr. Pliss está siendo un gran acontecimiento en esta comunidad.

37. Lea esta oración.

El café es un popular punto de encuentro para esquiadores y alpinistas en la falda de la montaña para reunirse.

¿Cuál de las siguientes es la <u>más</u> correcta y concisa revisión de la oración?

(A) En la falda de la montaña, los esquiadores se reúnen con los alpinistas en el popular café.

(B) El popular punto de encuentro al pie de la montaña es un café para esquiadores y alpinistas encontrarse.

(C) El café al pie de la montaña es un popular punto de encuentro para esquiadores y alpinistas.

(D) El café es un popular punto de encuentro al pie de la montaña para reunir a esquiadores y alpinistas.

38. Lea la siguiente oración.

Un cachorrito pequeñito que llevaba un collar azul fue encontrado en el jardín por mi hermana y yo.

¿Cuál revisión de la oración es <u>la más</u> correcta y concisa?

(A) Llevando un collar azul, mi hermana y yo encontramos un cachorrito pequeñito en el jardín.

(B) Un cachorrito pequeñito que llevaba un collar azul fue encontrado por mi hermana y yo en el jardín.

(C) En el jardín, yo encontré un cachorrito pequeñito que llevaba un collar azul con mi hermana.

(D) En el jardín, mi hermana y yo encontramos un cachorrito pequeñito que llevaba un collar azul.

39. Lea la siguiente oración.

Pietro es un atleta fuerte ☐ bien entrenado ☐ él ha ganado el triatlón local dos veces ☐

Arrastre signo de puntuación hasta su posición correcta en la oración.

.

,

;

40. Lea el siguiente párrafo.

En 2010 el promedio de salario anual de un obrero joven sin diploma de escuela secundaria era $21.000. Con un diploma de secundaria o el equivalente, subió a $29.000. Un título de una universidad de dos años elevó esa cantidad aún más, a $37.000.

Escriba una oración de conclusión que se derive lógicamente de la información dada en este párrafo.

```



```

41. Lea la siguiente oración.

Habiendo rellenado la solicitud, John Robert ahora esperando una entrevista.

¿Cuál de estas es la <u>más</u> exacta y efectiva revisión de la oración?

(A) Habiendo rellenado la solicitud, John Robert ahora debe esperar una entrevista.

(B) Después de rellenar la solicitud, John Robert ahora está esperando una entrevista.

(C) Habiendo rellenado la solicitud, John Robert esperar una entrevista.

(D) Después de habiendo rellenado la solicitud, John Robert espera por una entrevista.

42. ¿Cuál de las siguientes oraciones contiene un error o errores en el uso de mayúsculas?

(A) Sara trabaja después de la escuela en la tienda de Jason.

(B) La tienda es la única bodega en College Avenue.

(C) ¿Se venden allí productos de la granja Blue Heron?

(D) Sí, ellos ofrecen sus vegetales orgánicos y manzanas Rome.

43. Lea el siguiente párrafo.

> Los caballos noruegos fiordos fueron domesticados por los vikingos hace miles de años. Estos fornidos, fuertes caballos todavía se usan en la agricultura, especialmente al oeste de Noruega. Son suficientemente robustos para tirar un arado o arrastrar maderos.

¿Cuál oración mejor concluye este párrafo?

(A) Cerca de nueve de diez caballos fiordos son de un color pardo amarilloso pálido.

(B) Un fiordo, por supuesto, es un golfo estrecho y profundo entre montañas abruptas, de los que se encuentran en la costa noruega.

(C) Al igual que lo hicieron sus ancestros, los agricultores noruegos modernos reconocen el valor de estos poderosos caballos.

(D) Clydesdale y Percherón son razas mejor conocidas de caballos de tiro.

44. ¿Cuál de las siguientes oraciones contiene una palabra mal escrita?

(A) Fue un honor y un privilegio asistir a su ordenación.

(B) Rafael había estudiado para el sacerdocio durante varios años.

(C) Su meta había sido interrumpida por varias crisis familiares.

(D) Hoy es la culmanación del sueño de una vida de Rafael.

45. Lea la siguiente oración.

> El plan de Dulce es quitarse los zapatos; acomodarse con un libro, y relajarse.

¿Qué cambios deben realizarse para corregir la puntuación de esta oración?

(A) Cambiar el punto y coma por una coma.

(B) Cambiar la segunda coma por un punto y coma.

(C) Eliminar el punto y poner puntos suspensivos.

(D) Eliminar el punto y coma.

46. ¿Cuáles dos de estas oraciones aparecen correctamente puntuadas?

(A) Sin despertar al bebé, de su siesta, las mujeres charlaron en voz baja en la cocina.

(B) Ellas compararon notas de sus hijos, sus finanzas y sus trabajos de tiempo parcial.

(C) Trabajar desde casa, parecía ser más difícil de lo que había pensado Hilda.

(D) Rosa le aseguraba que "era más fácil una vez que Max comenzara el preescolar".

(E) "¡Si llego hasta allí", dijo Hilda, "será un milagro!"

(F) "No, realmente, insistió Rosa. Mi vida finalmente ha retomado su rumbo".

47. Lea el siguiente párrafo.

El teléfono móvil, por años una señal de gente de negocios a nivel mundial, se ha vuelto el más importante de todos los aparatos. No resulta del todo _____ sugerir que dentro de algunos años no vamos a necesitar laptops ni tabletas. Simplemente llevaremos nuestros teléfonos y los enchufaremos en un cargador a medida que avance el día.

Arrastre al espacio en blanco la palabra que ponga más énfasis en la razonabilidad de la sugerencia.

(A) desafiante

(B) descabellado

(C) racional

(D) perjudicial

Lea el siguiente extracto del borrador de un ensayo. Luego conteste las preguntas 48–50.

[1]Resulta difícil creer hoy pero durante su vida Emily Dickinson fue escasamente conocida. [2]Ella escribió cientos de poemas; _____, publicó muy pocos.

[3]Sus poemas eran cortos. [4]Tenían una puntuación poco común. [5]A menudo trataban de temas oscuros.

[6]Hoy podríamos diagnosticar a Dickinson como deprimida. [7]Ella fue severamente afectada por las muertes a destiempo de sus primos y amigos. [8]Muchos de sus poemas mejor conocidos son reflexiones sobre la muerte.

48. ¿Qué palabra o frase encajaría <u>mejor</u> en el espacio en blanco de la oración 2 para aclarar la transición entre las ideas?

Ⓐ a pesar de

Ⓑ en vez de

Ⓒ subsecuentemente

Ⓓ sin embargo

49. ¿Cuál de las siguientes sería la más efectiva oración para añadirla al inicio del segundo párrafo?

Ⓐ Los poemas de Dickinson diferían de la poesía típica de aquella época.

Ⓑ Dickinson vivió en Nueva Inglaterra y estudió en Mount Holyoke.

Ⓒ Pocos saben que Dickinson estudió la botánica y era una ávida jardinera.

Ⓓ La hermana de Dickinson descubrió los poemas de Emily después de su muerte en 1886.

50. Escriba una oración que combine las oraciones 3 a 5 sin cambiar sus significados. Escriba su respuesta en la caja.

Parte 2: Escritura

Escriba un ensayo que evalúe la utilidad de una investigación mencionada por un autor. Fundamente sus ideas en dos textos que usted ha leído: "A la deriva con estática" (en la página 56) y "El alimento del futuro" (en la página 73)

El primer artículo concluye con una descripción de 10 boyas receptivas, parte de un estudio investigativo de la Universidad de Cornell. El segundo pide más pruebas sobre alimentos genéticamente modificados. Si usted supiera de la existencia de fondos limitados, ¿cuál de estos dos estudios apoyaría usted y por qué?

Antes de comenzar a planear y a escribir, lea los textos.

Mientras lea el texto, piense en los hechos presentados que a usted le gustaría usar en su ensayo. ¿Qué le gustaría a usted saber sobre el tópico? Puede tomar notas o sombrear los detalles mientras lee.

Después de leer, diseñe un plan para el ensayo. Elija cualquier cita o información del artículo que podría estar a favor o en contra del argumento. Piense en cómo usted va a introducir el tópico y cuál será el tópico central para cada párrafo. Usted tendrá 50 minutos para escribir el ensayo.

Ahora escriba el ensayo. Asegúrese de:

>> Usar información del texto para que su artículo incluya detalles importantes. Introduzca el tópico claramente, provea un enfoque y organice la información de manera que tenga sentido.
>> Desarrollar el tópico con hechos, definiciones, detalles, citas u otra información y ejemplos que se relacionen con el tópico.
>> Emplear transiciones apropiadas y variadas para crear cohesión.
>> Aclarar la relación entre ideas y conceptos.
>> Usar un lenguaje y un vocabulario claros para informar acerca del tópico.
>> Proveer una conclusión que tome en cuenta la información presentada.

Este es el fin del examen de práctica de Escritura del Examen TASC de Artes del lenguaje.

Examen TASC de Artes del lenguaje–
Escritura Respuestas explicativas
del examen de práctica

1. **B** En esta oración la coma sigue correctamente a una cláusula introductoria. Las demás oraciones incluyen un punto y coma que no separa cláusulas independientes.

2. **C** El párrafo aparece en orden temporal, describiendo el proceso por el cual la Corte Suprema escucha argumentos y toma decisiones. Solamente la selección C ofrece un próximo paso en la secuencia.

3. **C** La forma correcta de escribir esta palabra es *l-i-c-e-n-c-i-a*.

4. **A** La acción de completar el rompecabezas ha concluido, entonces el otro verbo debe estar en tiempo pasado.

5. **A** La oración original hace parecer como si las rosas fueran del balcón. La selección C no es del todo torpe, pero la selección A es más clara.

6. **B** La raya justo después del prefijo "pre" ayuda a enfatizar el sentido de "antes" de la revolución. Así que la selección B muestra la forma correcta.

7. **C** La oración de apertura debe presentar el tópico y conducirlo naturalmente hacia las demás oraciones. Solo la selección C hace esto.

8. **B** El párrafo 2 se inicia abruptamente con una declaración acerca de que los carros de hoy corren "mucho más rápido". El primer párrafo necesita una oración con la que se pueda medir esa velocidad, y la selección B es un buen ejemplo.

9. **D** Las dos oraciones no se oponen la una a la otra, como lo sugiere la selección B. La segunda oración solo añade más información, haciendo el uso de *y* la manera más simple de combinar las dos.

10. **A** Los nombres de las estaciones no se escriben con mayúsculas. Los nombres de direcciones (como se usa en B) tampoco se escriben con mayúsculas.

11. **B** Las demás selecciones implican que beber agua es útil. La palabra *vital* implica que es definitivamente necesaria.

12. **B** ¿Quién desempacó las cajas? Se presume que lo hizo Randall, pero las oraciones A y C hacen parecer como si su jefe hubiera hecho el trabajo.

13. **A** El verbo "transferir" debe llevar una *s* en la sílaba "trans-". La forma correcta del pasado de este verbo debe aparecer como "transfirió".

14. **C** Debe haber concordancia entre nombres y adjetivos. Aquí "sus ritmo" viola esta regla. Si se elimina la –s final del adjetivo posesivo (selección C) se resuelve el problema.

15. **D** En sujetos compuestos unidos por *ni…ni* el verbo se debe emplear en forma singular. Ni ella tiene, ni ella tiene. La selección D contiene la forma plural del verbo.

16. **D** De la forma en que está escrita, la oración original está en voz pasiva. En la selección D se corrige eso haciendo la oración activa.

17. **Respuesta posible: El concejo municipal espera crear un plan para minimizar los daños cauzados por los venados.**

18. **Mientras.** La relación entre la primera parte de la oración ("existen muchas teorías acerca de la explosión") y la segunda parte ("la más probable es que") es de contraste. Existen muchas teorías pero una es la más probable. La palabra clave que muestra este contraste es mientras.

19. **B** Como aparece, la primera oración del párrafo 2 describe lo que vieron y oyeron los testigos. Estas descripciones deben estar presentadas con una explicación que muestre que son descripciones de los testigos.

20. **C** Las oraciones 4 a 6 van juntas, pero la oración 7 da inicio a una idea nueva. Iniciar un párrafo nuevo entre las oraciones 6 y 7 aclararía ese cambio.

21. **C** Se le pide que elija la forma correcta del verbo; en este caso "realizara" es la forma correcta ya que hace falta el subjuntivo.

22. **B y E** La forma correcta es "ofreció", con *c* porque se trata del verbo *ofrecer*. La segunda palabra debe llevar el prefijo "ad", no "al"; es decir, *administrador*.

23. **B** En la selección B se emplean correctamente los dos puntos para iniciar una serie.

24. **B** En el título de un libro solo se escribe con mayúscula la primera palabra. El título correcto debería ser *Apuntes del subsuelo*.

25. **1. Hershey, Pennsylvania, se le llama a veces "Ciudadchocolate". 2. Hogar de la Compañía Hershey, es el epítome de una compañía de pueblo. 3. Los edificios y las carreteras alrededor de Hershey son prueba de la influencia de la compañía. 4. Entre estas están el Centro Médico Hilton Hershey y la Avenida Chocolate.**

26. **A** La selección A conecta correctamente las tres oraciones de la forma más sencilla y activa. Leer las selecciones en voz alta puede ayudar a encontrar la mejor solución.

27. **C** Las oraciones que la preceden discuten el posible origen del hockey, así la selección C es la que mejor fluye de las demás.

28. **D** La selección A es torpe, la B sugiere una secuencia de tiempo que no aparece indicada por la oración original, y la selección C es gramaticalmente incorrecta.

29. **A** El párrafo trata de Cook Islands, particularmente sobre sus antiguos nombres, haciendo lógica la selección A.

30. **A** Aquí aparecen dos palabras escritas incorrectamente: *intensionado* y *fracazo*. Ambas palabras deben escribirse "intencionado" y "fracaso".

31. **D** Se le pide poner énfasis en la localidad, que es "en la playa". La selección D logra eso, quitándole énfasis a los demás detalles.

32. **C** La palabra escrita incorrectamente es *idraulica*. Esta palabra se escribe con *h* y lleva tilde: hidráulica.

33. **D** Aunque las selecciones son semejantes en significado, solamente la selección D encaja en la sintaxis de la oración.

34. **A** Las oraciones de apertura de ese párrafo todas tienen que ver con causas naturales de fuegos forestales, haciendo de la selección A la mejor introducción.

35. **B** Considerando que las oraciones 3 a 5 discuten causas naturales, las oraciones 6 a 8 discuten las causas humanas de los fuegos forestales. Iniciar un párrafo entre las oraciones 5 y 6 aclararía esta división.

36. **C** La oración C muestra un uso correcto de los verbos. La selección A emplea un modismo incorrectamente; la selección B contiene un error en la concordancia entre sujeto y verbo ya que el verbo debe estar en singular; la selección D es simplemente gramaticalmente torpe.

37. **C** El café está al pie de la montaña y es un lugar popular de encuentro para esquiadores y alpinistas. Únicamente la selección C hace clara la relación entre ideas.

38. **D** La oración original está en voz pasiva, como también lo está la selección B. Las selecciones A y C colocan fuera de lugar frases modificadoras. La mejor corrección es D.

39. **Pietro es un atleta fuerte, bien entrenado; él ha ganado el triatlón local dos veces.**

40. **Respuesta posible: Está claro que las ganancias incrementan con los años de escolaridad. Todas las oraciones del párrafo llevan a la conclusión de que las ganancias son mayores a medida que la escolaridad aumenta.**

41. **A** A la oración original le hace falta un verbo auxiliar que acompañe e*sperando*. Las selecciones B, C y D son todas gramaticalmente pobres. Solo en la selección A se usan el tiempo y la forma verbal correctos.

42. **C** El nombre completo es Granja Blue Heron, así como el nombre completo de la tienda en A es Jason's Grocery.

43. **C** El párrafo en su totalidad es acerca de la utilidad de los caballos tanto en el pasado como en el presente, así que esta adición es muy apropiada como conclusión.

44. **D** *Culminación*, que significa "conclusión" o "cumplimiento", se escribe con *i*, no con *a*.

45. A La oración contiene tres frases en una serie. Separar las tres con comas es correcto.

46. B y E La selección B contiene comas en una serie usadas correctamente. La selección A no necesita la primera coma, C no necesita coma y las comillas en la selección D son innecesarias ya que no se trata de una cita directa. E también está correctamente puntuada puesto que las comillas encierran las palabras exactas que dijo Hilda. F también contiene comillas pero se incluyen palabras que no son de Rosa.

47. descabellado Se le pide que encuentre una palabra que enfatice lo razonable o lógico de la sugerencia. Ya que la frase comienza, "no es del todo _____", la palabra tiene que oponerse al significado de *razonable*. Un buen antónimo es "descabellado", que significa "poco convincente" o "poco probable".

48. D Intente sustituir las selecciones en el espacio en blanco. Tanto la selección A como D implican contradicción, pero solamente *sin embargo* encaja en la estructura de la oración.

49. A La otra oración en el segundo párrafo describe la poesía de Dickinson, nombrando características específicas de su poesía. Aunque la selección D también tiene que ver con poesía, A sirve mejor como transición.

50. Respuesta posible: Sus poemas eran cortos, contenían una puntuación inusual y a menudo trataban de temas de temas oscuros. Ya que el sujeto de las oraciones es el mismo, los predicados se pueden combinar fácilmente.

Ensayo

Use la rúbrica de puntaje en la página 92 para evaluar su propia escritura. Aquí aparecen presentados dos ejemplos de ensayos, cualesquiera de los dos podría obtener un puntaje de 4. El primer ensayo estima que la investigación es beneficiosa. El segundo ensayo pone en duda los beneficios de la investigación. Ambos ensayos reciben puntajes altos porque los escritores apoyan sus argumentos con detalles y hechos sólidos del texto. Compare estos ejemplos con su propia escritura para tener una idea de dónde podría usted mejorar su trabajo.

Ensayo 1: A favor

La investigación que tiene lugar en la bahía de Massachusetts parece ser verdaderamente útil y efectiva. El plan original era colectar grabaciones de sonidos debajo del agua en la bahía. Ahora las boyas se están usando también para localizar ballenas y ayudarlas a salir de la ruta de los buques cisterna.

El estudio de Cornell se enfoca en una especie de ballena en peligro. Desafortunadamente, esas ballenas comparten el océano con naves enormes, lo cual produce un ruido que oscila en los 200 decibeles. El ruido entorpece la habilidad de las ballenas para comunicarse entre ellas. Como resultado, las ballenas se dispersan y pueden desorientarse.

Ya que hay pocas posibilidades de que las naves evadan la bahía, y de hecho, el tráfico allí va en aumento, encontrar formas de ayudar a las ballenas parece ser un plan sensible. Tiene sentido encontrar una manera que les permita a las ballenas y a las naves compartir los canales. Transmitir datos sobre la localización de las ballenas a los capitanes de las naves ayuda a que las naves esquiven las ballenas y tal vez las salven. Esto es suficiente para darle méritos al estudio.

Ensayo 2: En contra

El proyecto de Cornell, el cual consiste en la colocación de grabadoras en el suelo marino y boyas receptoras en la bahía de Massachusetts no ha logrado mucho para proteger las ballenas en peligro de la costa norte. Aunque las boyas confirmaron lo que los científicos ya sospechaban, saber que el ruido pone en peligro las ballenas no es suficiente para protegerlas.

Las ballenas viven y cazan en rutas congestionadas de tránsito marítimo. Se comunican entre ellas por medio de sonidos que son similares en frecuencia a los sonidos producidos por naves enormes. Por consiguiente, cuando hay muchas naves en el área, las ballenas se pueden confundir. Sus llamados entre ellas no pueden ser sino "distorsionados" al pasar de las grandes naves.

Entender esto es interesante para los humanos, pero no es de mucha utilidad para las ballenas. ¿Está pidiendo el estudio de Cornell cambios en las rutas de las naves? ¿Está buscando maneras de reducir el consumo de hidrocarburos, lo cual acidifica el océano e intensifica los sonidos debajo el agua?

Las metas de los estudios sobre alimentos modificados son mucho más claras. Los científicos quieren encontrar sus efectos en humanos, animales y en el ambiente. Las metas son también más importantes porque tratan de asuntos críticos del hambre mundial y la salud del planeta.

En la actualidad, existen serios problemas que tienen que ver con alimentos genéticamente modificados, desde alérgenos hasta la polinización cruzada. Si los científicos pudieran resolver esos problemas y garantizar la seguridad de los alimentos modificados, los efectos sobre la salud y la disponibilidad de alimento, valdría la pena la inversión.

Examen TASC de Matemáticas

» Lea la Visión de conjunto para enterarse de lo que cubre el Examen TASC de Matemáticas.

» Tome el Examen TASC de prueba de Matemáticas para evaluar sus conocimientos y destrezas.

» Estudie el Repaso del Examen TASC de Matemáticas para refrescar sus conocimientos de las destrezas en matemáticas del Examen TASC.

» Tome el Examen de práctica del Examen TASC de Matemáticas para agudizar sus destrezas y prepararse para el día del examen.

Visión de conjunto

En parte del Examen TASC de Matemáticas se le permite el uso de una calculadora. Por el resto de esa sección las calculadoras no son permitidas.

El Examen TASC de Matemáticas está basado en los Estándares Comunes Estatales para Matemáticas. Usted puede ver estos estándares en www.corestandards.org/Math. El Examen TASC no examina los más avanzados de esos estándares, los cuales aparecen marcados con el signo de más (+). Los estándares básicos que cubre el Examen TASC incluyen los siguientes:

Número y Cantidad

1. **CCSS.Math.Content.HSN-RN.A.1–2, B.3** El sistema de números reales
2. **CCSS.Math.Content.HSN-Q.A.1–3** Cantidades
3. **CCSS.Math.Content.HSN-CN.A.1–2, C.7** El sistema de números complejos

Algebra

4. **CCSS.Math.Content.HSA-SSE.A.2** Distinguir estructuras en expresiones
5. **CCSS.Math.Content.HSA-APR.A.1, B.2–3, C.4, D.6** Aritmética con polinomios y expresiones racionales
6. **CCSS.Math.Content.HSA-CED.A.1–4** Crear ecuaciones
7. **CCSS.Math.Content.HSA-REI.A.1–2, B.3–4, C.5–7, D.10–12** Razonar con ecuaciones y desigualdades

Funciones

8. **CCSS.Math.Content.HSF-IF.A.1–3, B.4–6, C.7–9** Interpretar funciones
9. **CCSS.Math.Content.HSF-BF.A.1–2, B.3–4** Construir funciones
10. **CCSS.Math.Content.HSF-LE.A.1–4, B.5** Modelos lineales, cuadráticos y exponenciales
11. **CCSS.Math.Content.HSF-TF.A.1–2, B.5, C.8** Funciones trigonométricas

Geometría

12. **CCSS.Math.Content.HSG-CO.A.1–5, B.6–8, C.9–11, D.12–13** Congruencia
13. **CCSS.Math.Content.HSG-SRT.A.1–3, B.4–5, C.6–8** Similitud, triángulos rectos y trigonometría
14. **CCSS.Math.Content.HSG-C.A.1–3, B.5** Círculos
15. **CCSS.Math.Content.HSG-GPE.A.1–2, B.4–7** Expresar propiedades geométricas con ecuaciones
16. **CCSS.Math.Content.HSG-GMD.A.1, 3, B.4** Medidas y dimensiones geométricas
17. **CCSS.Math.Content.HSG-MG.A.1–3** Modelos geométricos

Estadísticas y probabilidad

18. **CCSS.Math.Content.HSS-ID.A.1–4, B.5–6, C.7–9** Interpretar datos categóricos y cuantitativos
19. **CCSS.Math.Content.HSS-IC.A.1–2, B.3–6** Hacer inferencias y justificar conclusiones
20. **CCSS.Math.Content.HSS-CP.A.1–5, B.6–7** Probabilidad condicional y las reglas de la probabilidad

Los Estándares Comunes Estatales también presentan los Estándares para Prácticas Matemáticas, las cuales no se examinan directamente en el Examen TASC sino que aparecen a lo largo del examen como un punto de partida y fundación para el tipo de preguntas que se hacen. Esos estándares son los siguientes:

1. Encontrar el sentido de los problemas y perseverar en solucionarlos.
2. Razonar de forma abstracta y cuantitativa.
3. Desarrollar argumentos viables y criticar el razonamiento de otros.
4. Hacer modelos matemáticos.
5. Usar las herramientas apropiadas estratégicamente.
6. Estar atento a la precisión.
7. Buscar e implementar estructuras.
8. Buscar y expresar regularidad en razonamientos repetidos.

Examen TASC de Matemáticas– Examen de prueba

Use las siguientes preguntas para evaluar sus conocimientos sobre las matemáticas a nivel de escuela secundaria. Las respuestas aparecen en la página 150.

Parte 1: Se permite calculadora

1. Un juego común de barajas de 52 piezas consta de 4 barajas desde el dos hasta las ases, en cuatro conjuntos, todas de igual tamaño –corazones, diamantes, bastos y espadas. Si usted elige al azar una baraja, ¿qué probabilidad hay de elegir un as o un corazón? Arrastre y suelte dos numerales que representen la proporción correcta.

| 1 | 4 | 5 | 13 | 17 | 52 |

2. ¿Cuál representa una versión simplificada de $((2^{-4})(3^{-3}))^{-2}$?

   Ⓐ $(2^{-8})(3^{-6})$
   Ⓑ $(2^{2})(3)$
   Ⓒ $(2^{-6})(3^{-5})$
   Ⓓ $(2^{8})(3^{6})$

3. La Compañía de Mudanzas Zolar manejó un camión de Dryden, New York, a Morgantown, West Virginia, a una velocidad promedio de 55 millas por hora. Si el viaje es 396 millas, por cuánto tiempo estuvo el camión en la carretera?

   (Velocidad $= \dfrac{distancia}{tiempo}$)

   Ⓐ 6 horas 3 minutos
   Ⓑ 6 horas 20 minutos
   Ⓒ 7 horas 12 minutos
   Ⓓ 7 horas 20 minutos

4. Busque el valor de x: $\log_2 64 = x$.

   Ⓐ 3
   Ⓑ 4
   Ⓒ 5
   Ⓓ 6

5. Densidad $= \dfrac{\text{masa}}{\text{volumen}}$. El oro tiene una densidad de 19.3 gramos por centímetro cúbico. ¿Cuál es la masa en kilogramos de una barra de oro que mide 10 centímetros por 4 centímetros por 5 centímetros?

Ⓐ 3.67 kg

Ⓑ 3.86 kg

Ⓒ 10.36 kg

Ⓓ 386 kg

6. Julius midió al azar la estatura de un grupo de chicos en la clase del último año de secundaria. He aquí los resultados.

DARYL	HUGO	JASPER	PETE	NICO	ANDREW	TAYLOR	DYLAN
5.3 pies	5.5 pies	5.8 pies	6.0 pies	5.8 pies	6.4 pies	5.5 pies	5.5 pies

¿Cuál es el estimado más razonable de la estatura promedio de todos los chicos en el último año de secundaria de la clase de Julius?

Ⓐ 5.3 pies

Ⓑ 5.5 pies

Ⓒ 5.7 pies

Ⓓ 5.9 pies

7. Un equipo de ingenieros está perforando un túnel que atraviesa una montaña, como se muestra aquí.

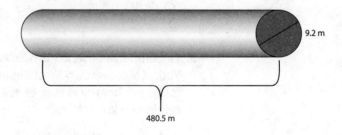

9.2 m

480.5 m

Al metro cúbico más cercano, ¿cuánta tierra y roca se deberá extraer para crear el túnel? Use 3.14 como pi.

Ⓐ 4,421 m³

Ⓑ 13,881 m³

Ⓒ 31,926 m³

Ⓓ 127,702 m³

8. En 1871 la mayor parte de Chicago fue destruida por un incendio. Esta gráfica muestra la población de 1880 a 1910.

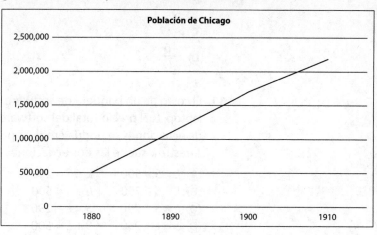

¿Cuál es el mejor estimado del ritmo de cambio en la población?

Ⓐ 25,000/año

Ⓑ 50,000/año

Ⓒ 100,000/año

Ⓓ 400,000/año

9. El diagrama muestra una unidad circular, un círculo con un radio de 1.

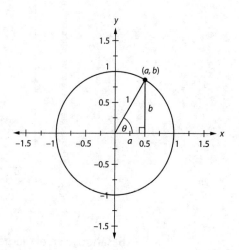

Si el coseno de θ en esta unidad circular es *a*, ¿qué sería verdadero del coseno de θ en un círculo con un radio de 2?

Ⓐ El coseno sería $\frac{a}{2}$.

Ⓑ El coseno sería 2*a*.

Ⓒ El coseno sería *b*.

Ⓓ El coseno sería *a*.

10. ¿Cuál es la solución para la ecuación $4(x + 12) = -3x + 6$?

Ⓐ -6

Ⓑ 6

Ⓒ -7.7

Ⓓ $\dfrac{-6}{7}$

11. El costo de un paquete de software, S, es \$290 menos que el costo de una laptop, L. El precio total del software y de la laptop es \$500. ¿Cuál sistema de ecuaciones se podría emplear para calcular el precio de cada artículo? Arrastre y suelte las dos ecuaciones que lleven a la solución.

Ⓐ $L = S - 500$ $L - S = 290$

Ⓑ $L = S - 290$ $L + S = 500$

Ⓒ $L = S + 290$ $S = L - 290$

Ⓓ $S = L - 290$ $S + L = 500$

12. Este diagrama de dispersión muestra el tiempo entre erupciones y la duración de cada erupción del géiser Old Faithful en el Parque Yellowstone.

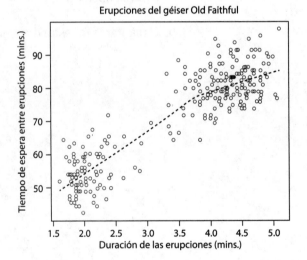

Basándose en el diagrama de dispersión, ¿qué tipos de erupciones son las más comunes?

Ⓐ erupciones de espera corta y duración larga; y erupciones de espera larga y duración larga

Ⓑ erupciones de espera corta y duración corta; y erupciones de espera larga y duración larga

Ⓒ erupciones de espera corta y duración corta; y erupciones de espera larga y duración corta

Ⓓ erupciones de espera corta y duración larga; y erupciones de espera larga y duración corta

13. ¿Cuál de las siguientes afirmaciones NO es verdadera?

(A) El producto de dos números irracionales es siempre racional.

(B) La suma de un número racional y un número irracional es siempre irracional.

(C) El producto de dos números racionales es siempre racional.

(D) El producto de un número racional (aparte de cero) y un número irracional es siempre irracional.

14. ¿Cuál expresión es equivalente a $\dfrac{x^2}{y^2}$?

(A) $2(xy)$

(B) $\dfrac{(x^2)^2}{y}$

(C) $\dfrac{x^8}{y^8}$

(D) $\left(\dfrac{x}{y}\right)^2$

15. ¿Cuál es la suma de estos polinomios?

$$(3x^2y + 6x - 5) + (2x^2y + 4x^2 - 6x)$$

(A) $9x^2y - 5$

(B) $5x^2y + 4x^2 - 5$

(C) $5x^2y + 10x^2 - 6x - 5$

(D) $6x^2y + 4x^2 - 36x - 5$

Parte 2: No se permite calculadora

16. Si el triángulo isósceles *ABC* es similar al triángulo *DEF*, ¿cuál debe ser el valor de *x*?

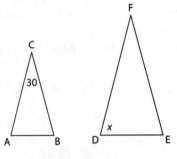

Marque su respuesta rellenando la burbuja en la hoja de respuestas.

17. ¿Cuál es el número entero mayor que cuando se suma a este conjunto de datos resulta en un conjunto de datos que se inclina hacia la izquierda?

4   7   7   8   9

Marque su respuesta rellenando la burbuja en la hoja de respuestas.

18. Encuentre el valor de $f(-4)$ para la función $f(x) = \frac{1}{2}x + 5$.

A) 3
B) 4
C) 5
D) 7

Marque su respuesta rellenando la burbuja en la hoja de respuestas.

19. La siguiente gráfica muestra la función $f(x)$. Encuentre $f(-3)$.

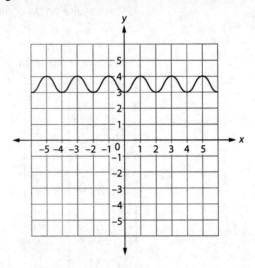

Marque su respuesta rellenando la burbuja en la hoja de respuestas.

20. El punto *O* representa el centro de esta unidad circular. ¿Cuál es la medida de ∠*A*?

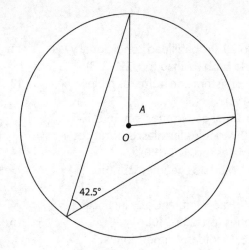

Marque su respuesta rellenando la burbuja en la hoja de respuestas.

Este es el fin del examen de prueba del Examen TASC de Matemáticas.

Respuestas al examen de prueba de Matemáticas

1. **4/13** Repaso 20. Probabilidad condicional y las reglas de la probabilidad (pp. 211–213).

2. **D** Repaso 1. El sistema de números reales (pp. 151–153).

3. **C** Repaso 6. Crear ecuaciones (pp. 160–166).

4. **D** Repaso 10. Modelos lineales, cuadráticos y exponenciales (pp. 178–180).

5. **B** Repaso 17. Modelos geométricos (pp. 202–203).

6. **C** Repaso 19. Hacer inferencias y justificar conclusiones (pp. 208–210).

7. **C** Repaso 16. Medidas y dimensiones geométricas (pp. 199–201).

8. **B** Repaso 8. Interpretar funciones (pp. 172–175).

9. **D** Repaso 11. Funciones trigonométricas (pp. 181–183).

10. **A** Repaso 7. Razonar con ecuaciones y desigualdades (pp. 167–171).

11. $S = L - 290; S + L = 500$ Repaso 6. Crear ecuaciones (pp. 160–166).

12. **B** Repaso 18. Interpretar datos categóricos y cuantitativos (pp. 203–207).

13. **A y E** Repaso 1. El sistema de números reales (pp. 151–153).

14. **D** Repaso 4. Distinguir estructuras en expresiones (pp. 158–160).

15. **B** Repaso 5. Aritmética con polinomios y expresiones racionales (pp. 161–163).

16. **75** Repaso 13. Similitud, triángulos rectos y trigonometría (pp. 189–191).

17. **6** Repaso 18. Interpretar datos categóricos y cuantitativos (pp. 203–207).

18. **3** Repaso 8. Interpretar funciones (pp. 172–175).

19. **4** Repaso 8. Interpretar funciones (pp. 172–175).

20. **85** Repaso 14. Círculos (pp. 192–194).

Repaso del Examen TASC de Matemáticas

Las páginas que siguen repasan brevemente cada una de los veinte estándares que aparecen listados en la Visión de conjunto. Para saber más acerca de números y cantidades, álgebra, funciones, geometría y estadísticas y probabilidad, busque libros en la biblioteca sobre esos tópicos o busque seminarios Web por el Internet. Una fuente excelente y gratuita para repasar conceptos y destrezas en matemáticas está disponible en www.khanacademy.org.

1 El sistema de números reales

Los números reales son todos esos números que se pueden concebir como puntos a lo largo de una línea numerada. Hay una cantidad infinita de números reales.

TÉRMINOS CLAVE: entero, exponente, irracional, racional, radical, raíz

Los números enteros

El conjunto de números **enteros** consiste de todos los números (1, 2, 3 . . .), todos los números negativos (–1, –2, –3 . . .) y cero.

Los números racionales

Un **número racional** se puede expresar como a/b, donde ambos a y b son enteros, y $b \neq 0$. La suma o producto de dos números racionales es siempre racional.

Los números irracionales

Un **número irracional** es un número real que no se puede expresar como a/b, donde ambos a y b son enteros y $b \neq 0$. Un decimal que se repite es racional, pero un decimal que no se repite es irracional. Ejemplos de tales números incluyen π y $\sqrt{2}$.

La suma de un número racional y un número irracional es irracional. El producto de un número racional, distinto de cero, y un número irracional es también irracional.

Exponentes de números enteros

Para cualquier número a donde n es un número entero positivo, a con un exponente de n, o a^n, es igual a

$$\underbrace{a \times a \times a \ldots}_{n \text{ veces}}$$

Por ejemplo, $5^4 = 5 \times 5 \times 5 \times 5 = 625$

$$(-2)^3 = -2 \times -2 \times -2 = -8$$

Para cualquier número a donde n es cero, a^n es igual a 1.

Por ejemplo, $5^0 = 1$

$(-2)^0 = 1$

Para cualquier número a donde n es un número entero positivo, $a^{-n} = \dfrac{1}{a^n}$.

Por ejemplo, $5^{-4} = \dfrac{1}{625}$

$(-2)^{-3} = \dfrac{1}{-8}$

Raíces y radicales

El signo para **radical** ($\sqrt{\ }$) se usa para indicar la raíz cuadrada o raíz n-ésima. Una **raíz cuadrada** es un número que cuando se multiplica por sí mismo resulta en un número real, no negativo, un cuadrado.

Por ejemplo, $\sqrt{9} = 3$, porque $3 \times 3 = 9$

Usted puede indicar otros tipos de raíces además de la raíz cuadrada con un número en el signo radical.

Por ejemplo, $\sqrt[4]{b}$ significa el número que cuando se multiplica por sí mismo cuatro veces es igual a b.

$\sqrt[3]{125} = 5$, porque $5 \times 5 \times 5 = 125$

Exponentes fraccionales

Los exponentes pueden ser números enteros o pueden ser otros números racionales, incluyendo fracciones. Los exponentes fraccionales son iguales a las raíces.

Por ejemplo, $4^2 = 16$

$4^1 = 4$

$4^0 = 1$

$4^{\frac{1}{2}} = \sqrt{4} = 2$

$4^{\frac{1}{3}} = \sqrt[3]{4}$

$4^{\frac{1}{4}} = \sqrt[4]{4}$

Las leyes de los exponentes

Existen unos cuantos trucos útiles para entender cuando hay que lidiar con exponentes. Algunos ya se mostraron anteriormente. He aquí algunos más.

Leyes de los exponentes

LEY	EJEMPLO
$x^a x^b = x^{a+b}$	$2^3 2^4 = 2^{3+4} = 2^7$
$\dfrac{x^a}{y^b} = x^{a-b}$	$\dfrac{5^4}{5^2} = 5^{4-2} = 5^2$
$(x^a)^b = x^{ab}$	$(3^2)^3 = 3^{2 \times 3} = 3^6$
$(xy)^a = x^a y^a$	$(4 \times 1)^2 = 4^2 \times 1^2$
$\left(\dfrac{x}{y}\right)^a = \dfrac{x^a}{y^a}$	$\left(\dfrac{6}{3}\right)^2 = \dfrac{6^2}{3^2}$
$x^{-a} = \dfrac{1}{x^a}$	$2^{-4} = \dfrac{1}{2^4}$
$x^{\frac{a}{b}} = \sqrt[b]{x^a}$	$3^{\frac{1}{2}} = \sqrt[2]{3^1}$

RETO   El sistema de números reales

Resuelva cada uno.

1. $\sqrt[3]{343}$

2. $5^2 + 5^3 + 5^0$

3. 30^{-2}

4. $8^{\frac{1}{3}}$

5. $\left(\dfrac{3}{5}\right)^3$

RESPUESTAS AL RETO

El sistema de números reales

1. 7 $7 \times 7 \times 7 = 343$

2. 151   Resuelva cada uno y luego súmelos.

3. $\dfrac{1}{900}$ 30^{-2} es lo mismo que $\dfrac{1}{30}^2$.

4. 2 $8^{\frac{1}{3}}$ es lo mismo que la raíz cúbica de 8, la cual es 2.

5. $\dfrac{27}{125}$ Eleve al cubo el numerador. Luego eleve al cubo el denominador.

2 Cantidades

Las destrezas que los Estándares Comunes Estatales llaman "Cantidades" son destrezas de modelización. A nivel de escuela secundaria conllevan el uso de unidades para guiar la solución de problemas. Usted debe elegir correctamente las unidades en fórmulas y despliegues de datos y debe también entender los niveles de exactitud.

TÉRMINOS CLAVE: convertir, exactitud, precisión, unidad

Exactitud y precisión

La **exactitud** de una medida se refiere al grado de cercanía de esa medida al valor real de una cantidad. La **precisión** de una medida es el grado al cual las repetidas medidas arrojan los mismos resultados. He aquí un ejemplo común que muestra la diferencia. Imagínese que usted está apuntando al blanco. Si su puntería es exacta, usted acertará en la misma área del centro cada vez que dispara. Si su puntería es precisa, sus disparos se agrupan en la misma área, sin importar cuántas veces usted dispare.

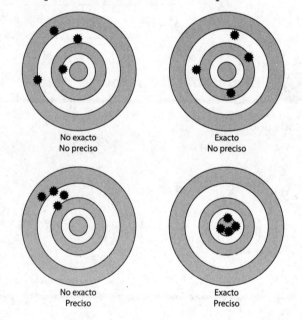

No exacto
No preciso

Exacto
No preciso

No exacto
Preciso

Exacto
Preciso

Si usted está pesando una bolsa de papas que se sabe que pesa 5 libras, y su balanza indica 3 libras, la balanza no le dará una medida exacta. Usted puede obtener un peso de 3 libras cada vez que lo intente. Eso significa que la medida es precisa pero aún no es exacta. Es probable que haya que ajustar la balanza.

Conversión de unidades

Se usa una variedad de **unidades** para medir objetos y sustancias. Para medir longitud o distancia, es posible que necesite metros, pulgadas, millas y demás. Para medir la temperatura puede que necesite grados Celsius o grados Fahrenheit. Para medir la capacidad, puede que necesite tazas, mililitros, galones y demás.

A medida que usted responda a los problemas escritos, asegúrese de entender qué unidades se están usando. A veces, estos problemas podrían requerir que usted haga una **conversión** de una unidad a otra.

Jack se tomó una pinta de leche en el almuerzo y otra pinta en la cena. ¿Cuántos litros de leche se tomó Jack?

La valla cuadrada mide 6 yardas de cada lado. ¿Cuántos pies de valla se requieren?

En el primer ejemplo usted necesita convertir pintas en litros —de una unidad menor a una más grande. Si usted sabe que 2 pintas = 1 litro, esto debe resultar fácil. En el segundo ejemplo, usted debe convertir yardas en pies —de una unidad mayor a una menor. Al multiplicar el número de yardas (24) por 3 pies por cada yarda, usted encontrará que el número de pies de la valla será 24 × 3, o sea, 72 pies.

Para convertir de una unidad menor a una unidad mayor, se divide. Para convertir de una unidad mayor a una unidad menor, se multiplica.

RETO Cantidades

Identifique las unidades que se requieren para cada problema. Luego decida si cada situación representa medidas exactas, medidas precisas, ninguna o ambas.

1. Pete está estudiando ratas noruegas en un área de un acre alrededor de un museo de la ciudad de Nueva York. El quiere comparar su longitud con la de las ratas del campo. Él mide cada rata que captura desde la nariz hasta la cola y registra las medidas en centímetros. Ya que él no está sedando las ratas para medirlas, típicamente mide de vista guiándose por un cuadriculado de metal en la trampa. Pete registra las medidas, señala la rata con una gota de tinte de manera que no vaya a contarla accidentalmente dos veces y luego suelta la rata. El promedio que mide la rata noruega es 20 centímetros con una cola de 20 centímetros. Las medidas de Pete oscilan entre 10 y 50 centímetros.

2. Kyra está colocando un cobertizo en su propiedad. La ley de urbanismo es muy específica; allí se declara que el cobertizo no puede estar a menos de 5 pies del límite de la propiedad. Para asegurarse de que ella no está quebrantando la ley, Kyra usa una cinta métrica de metal para delimitar con estacas el contorno del cobertizo. Ella mide cinco veces y encuentra cada vez que el sitio que ha escogido está a 65.5 pulgadas del límite de la propiedad. Ella contrasta su herramienta de medida midiendo ella misma con la cinta métrica y encuentra que ella mide exactamente 5 pies 5 pulgadas de estatura, tal y como se lo dijera su doctor en su más reciente examen físico. Satisfecha, Kyra señala los contornos con estacas.

RESPUESTAS AL RETO
Cantidades

1. **Centímetros, ni precisos ni exactos** La unidad importante aquí es centímetros. Las medidas que realiza Pete no son ni altamente exactas ni altamente precisas porque las ratas probablemente se mueven mientras él las mide de vista, y las mide solamente una vez cada una. La gama de sus observaciones pasa muy por encima de y muy por debajo del tamaño

promedio de una rata y esto hace que la falta de exactitud se convierta en un problema.

2. **Pies, precisos y exactos**   La unidad importante aquí es pies porque Kyra debe comparar sus medidas con la regla de los 5 pies. Las medidas de Kyra son probablemente tan precisas como exactas. Ella mide cinco veces y obtiene las mismas medidas cada vez y compara los resultados de su herramienta de medida con la que ella sabe que es exacta.

③ El sistema de números complejos

Más allá de los números reales están los **números imaginarios**, números tales como la raíz cuadrada de −4. Ya que no hay un número real que cuando se multiplica por sí mismo dé un número negativo, la raíz cuadrada de −4 no es un número real, pero puede que exista como un concepto. Los matemáticos usan números imaginarios para crear todo un nuevo sistema de números, el **sistema de números complejos**. Esto permite encontrarse una solución a ciertos problemas que no tienen una solución real, lo cual es de mucha utilidad en ingeniería, economía y las ciencias.

TÉRMINOS CLAVE: complejo, imaginario

Números imaginarios

La **unidad imaginaria** se representa con i en esta ecuación: $i^2 = -1$. Un **número imaginario** es cualquier número que se puede escribir como un número real multiplicado por la unidad imaginaria.

Por ejemplo, $8i$ es un número imaginario cuya raíz cuadrada es −64.

$10i$ es un número imaginario cuya raíz cuadrada es −100.

Número complejos

Un **número complejo** es un número que se puede expresar en la forma $a + bi$, donde i representa la unidad imaginaria. De esta forma, a es la parte real del número complejo, y bi es la parte imaginaria del número complejo. El número puede incluso representarse de forma gráfica en un plano de coordenadas donde el eje-x representa números reales y el eje-y representa números imaginarios.

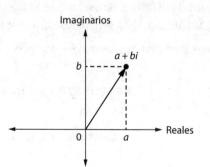

Calcular con números complejos

Los números complejos siguen las mismas reglas que los números reales cuando se los suma, resta y multiplica. No se puede sumar un número real a un número imaginario, así que se manejan las dos partes de un número complejo como si estuvieran totalmente separadas.

Sume los números complejos $2 + 3i$ y $4 + 5i$.

$$2 + 3i + 4 + 5i =$$

$$(2 + 4) + (3i + 5i) =$$

$$6 + 8i$$

Reste los números complejos $2 + 3i$ de $4 + 5i$.

$$(4 + 5i) - (2 + 3i) =$$

$$(4 - 2) + 5i - 3i) =$$

$$2 + 2i$$

Multiplique los números complejos $2 + 3i$ por $4 + 5i$.

$$(2 + 3i)\,(4 + 5i)$$

$$= 2(4 + 5i) + 3i(4 + 5i) \text{ usando la propiedad distributiva} \ldots$$

$$= 8 + 10i + 12i + 15(i^2)$$

$$= 8 + 22i + 15(-1) \text{ ya que } i^2 \text{ es igual a } -1 \ldots$$

$$= -7 + 22i$$

RETO   **El sistema de números complejos**

Resuelva.

1. ¿Cuál es el cuadrado de $6i$?

2. $(4 + 2i) + (3 + 2i)$

3. $(1 + 3i) + (8i)$

4. $5i \times 2i$

5. $(3 + 2i)(2 + 3i)$

RESPUESTAS AL RETO

El sistema de números complejos

1. −36   El cuadrado de cualquier número ni es $-(n^2)$. Ya que $i^2 = -1$, y $6^2 = 36$, $(36)(-1) = -36$.

2. 7 + 4i   Sume las partes reales primero y las partes imaginarias después.

3. 1 + 11i $8i$ es el número complejo $0 + 8i$

4. −10 $5 \times 2 = 10$, y $i^2 = -1$

5. 13i   Use la propiedad distributiva para obtener $3(2 + 3i) + 2i(2 + 3i)$ $= (6 + 9i) + (4i + 6i^2) = (6 - 6) + 13i = 13i$.

4   Distinguir estructuras en expresiones

Una expresión algebraica puede contener varias partes, cada una con su propia función en dicha expresión.

TÉRMINOS CLAVE: coeficiente, cuadrático, expresión, factor, simplificar, términos, trinomio, variable

Variables, términos y expresiones

En álgebra, se usan letras llamadas **variables** para representar números o cantidades desconocidos. Una **expresión** algebraica es un grupo de números, variables, símbolos para agrupar como el paréntesis, y signos de operación. Cuando una expresión algebraica tiene varias partes, a las partes que se suman o se restan se las denominan los **términos** de la expresión.

Por ejemplo, $x^2 + 6$ es una expresión que contiene los términos x^2 y 6.

$2(y + 3) - 4$ es una expresión que contiene los términos $2(y + 3)$ y $- 4$.

$5 - x + 3x$ es una expresión que contiene los términos 5, $-x$, y $3x$.

Coeficientes

La parte numérica de un término es el **coeficiente** del término.

Por ejemplo, en $7x$, el coeficiente es 7.

En $4(x + 2)$, el coeficiente es 4.

En $\dfrac{3x}{5}$, el coeficiente es $\dfrac{3}{5}$.

En $-6x$, el coeficiente es -6.

Términos similares y disímiles

Los **términos similares** tienen las mismas variables con los mismos exponentes.

Por ejemplo, $6x$ y $17x$ son términos similares.

$2x^2$ y x^2 son términos similares.

$5(x + 2)$ y $3(x - 1)$ son términos similares.

Pero $6x$ y x^2 son términos disímiles porque sus exponentes son diferentes.

17 y $2x$ son términos disímiles porque sus variables son diferentes.

$5x$ y $3y$ son términos disímiles porque sus variables son diferentes.

Simplificar expresiones

La propiedad distributiva le permite eliminar los paréntesis de una expresión con el fin de simplificarla o resolverla.

Por ejemplo, $2(x + 4) = 2x + 2(4) = 2x + 8$

$3(x - 2) = 3x + 3(-2) = 3x - 6$

$(x + 2)(x - 1) = x^2 - 1x + 2x - 2 = x^2 + x - 2$

Cuando se **simplifica** una expresión se eliminan los paréntesis y se combinan los términos. Los siguientes pasos le pueden ayudar en la simplificación de una expresión.

» Primero multiplicar el primer término en cada conjunto de paréntesis.
» Luego multiplicar el término fuera de cada conjunto de paréntesis.
» Entonces multiplicar el término de adentro en cada conjunto de paréntesis.
» Finalmente multiplicar el último término en cada conjunto de paréntesis.

Resolver ecuaciones cuadráticas

Una **expresión cuadrática** aparece en la forma $ax^2 + bx + c$, donde a, b, y c son números reales y $a \neq 0$. Tales expresiones también pueden ser llamadas **trinomios**, porque contienen tres términos distintos. Las ecuaciones cuadráticas se pueden resolver de varias maneras.

Factorizar para encontrar los ceros

1. Comience con una ecuación cuadrática, por ejemplo, $x^2 + 4x - 5 = 0$.
2. Para factorizar la expresión, piense en dos números cuya suma es $b(4)$ y cuyo producto es $c(-5)$.
3. Encuentre los dos factores distintos de la expresión: $(x + 5)(x - 1)$.
4. Encuentre los valores de x que hacen la expresión igual a cero: $(-5 + 5)$ o $(1 - 1)$.
5. Las soluciones son -5 y 1.
6. Inserte las soluciones en la expresión para comprobarla: $(-5)^2 + 4(-5) - 5 = 0$; $1^2 + 4(1) - 5 = 0$.

Completar el cuadrado

1. Comience con una ecuación cuadrática, por ejemplo, $x^2 + 6x + 5 = 0$.
2. Traslade el tercer término de modo que los términos con x y los términos cuadrados queden en el lado izquierdo de la ecuación. En este caso se resta 5 de cada lado y así: $x^2 + 6x = -5$.
3. Determine $\frac{1}{2}$ del coeficiente del término con x: $\frac{6}{2} = 3$. Eleve esto al cuadrado. $3^2 = 9$.
4. Sume el cuadrado a ambos lados de la ecuación: $x^2 + 6x + 9 = 4$.
5. Ahora se tiene un trinomio cuadrado perfecto en el lado izquierdo de la ecuación. Exprese lo siguiente como sus factores: $(x + 3)(x + 3)$.
6. Ahora tome la raíz cuadrada de ambos lados de la ecuación: $x + 3 = \pm 2$.
7. Despeje la x: $x = 2 - 3 = -1$; $x = -2 - 3 = -5$.
8. Inserte las soluciones en la expresión para comprobarla $(-1)^2 + 6(-1) + 5 = 0$; $(-5)^2 + 6(-5) + 5 = 0$.

Usar la fórmula cuadrática

1. Comience con una ecuación cuadrática, por ejemplo, $x^2 + 2x - 8 = 0$.
2. Substituya los valores en la ecuación cuadrática:

$$x = \frac{-b \pm \sqrt{b^2 - 4ac}}{2a}$$

3. Resuelva: $x = \dfrac{-2 \pm \sqrt{2^2 - 4(1)(-8)}}{2(1)}$

$$= \frac{-2 \pm \sqrt{4 + 32}}{2}$$

$$= \frac{-2 \pm \sqrt{36}}{2}$$

$$= \frac{-2 \pm 6}{2}$$

$$= \frac{4}{2}, \text{o } 2; \ -\frac{8}{2}, \text{o } -4$$

4. Inserte las soluciones en la expresión para comprobarla $2^2 + 2(2) - 8 = 0$; $(-4)^2 + 2(-4) - 8 = 0$.

RETO   **Distinguir estructuras en expresiones**

Encuentre x.

1. $x + 15 = 2x$

2. $2x = 3 - x$

3. $x^2 + 2x - 3 = 0$

4. $0 = x^2 + 13x + 36$

5. $x^2 - 8x + 15 = 0$

RESPUESTAS AL RETO

Distinguir estructuras en expresiones

1. 15   Reste x de cada lado de la ecuación para resolver.

2. 1   Sume x a cada lado para obtener $3x = 3$.

3. −3, 1 Factorice: $(x + 3)(x − 1)$. Encuentre la x que hace cada factor igual a 0.

4. −9, −4 Factorice: $(x + 9)(x + 4)$.

5. 3, 5   Intente completar el cuadrado: $x^2 − 8x = −15$. $\frac{-8}{2} = −4$; $−4^2 = 16$.

$x^2 − 8x + 16 = 1$; $(x − 4)^2 = 1$; $x − 4 = \pm\sqrt{1}$; $x = 4 + 1$, $x = 4 − 1$.

5 Aritmética con polinomios y expresiones racionales

La aritmética con expresiones es similar a la aritmética con números enteros. Los sistemas forman un conjunto cerrado bajo las operaciones de suma, resta y multiplicación. En otras palabras, así como un número entero más otro número entero da un número entero, de igual manera un polinomio más otro polinomio resulta en un polinomio.

TÉRMINOS CLAVE: expresión racional, identidad, polinomio

Polinomios

Un **polinomio** es una expresión que contiene variables, constantes y exponentes numerales no negativos y enteros.

Por ejemplo, $2x$ es un polinomio, pero $x^{\frac{1}{2}}$ no lo es.

$x^2 + 2x − 1$ es un polinomio, pero $3x^2 − x^{-1} + 4$ no lo es.

Los polinomios se escriben en orden descendiente de las variables, de modo que x^3 precedería a x^2, la cual precedería a x, la cual precedería a cualquier número entero.

Por ejemplo, $2x^2 + 15x − 3$ aparece escrito de forma correcta.

$15x + 2x^2 − 3$ no está escrito de forma correcta.

Suma de polinomios

Para sumar polinomios, sume los términos similares de los polinomios.

$(4x^2 + 6x + 3) + (2x^2 + 5x − 1)$

$= 4x^2 + 2x^2 + 6x + 5x + 3 − 1$

$= 6x^2 + 11x + 2$

Resta de polinomios

Para restar polinomios, comience por eliminar los paréntesis. Note que esto invierte los signos de cada término dentro del paréntesis del polinomio que se resta.

$$(5x^2 - 4x + 5) - (x^2 - 3x + 2)$$
$$= 5x^2 - 4x + 5 - x^2 + 3x - 2$$
$$= 5x^2 - x^2 - 4x + 3x + 5 - 2$$
$$= 4x^2 - x + 3$$

Multiplicación de polinomios

Cuando se multiplican términos con exponentes, se suman los exponentes.

Por ejemplo, $(x^4)(x^3) = x^7$

De la misma forma en que se multiplican números enteros, cuando se multiplican polinomios, hay que asegurarse de multiplicar cada término del primer polinomio por cada término del segundo polinomio. Podría resultar útil colocar los polinomios uno debajo del otro para asegurarse de la multiplicación de todos los términos.

$$(x^2 + 3x + 2)(2x^2 - 3)$$

Colóquelos los polinomios uno debajo del otro:

$$
\begin{array}{r}
x^2 + 3x + 2 \\
2x^2 - 3 \\
\hline
-3x^2 - 9x - 6 \\
2x^4 + 6x^3 + 4x^2 \\
\hline
2x^4 + 6x^3 + x^2 - 9x - 6
\end{array}
$$

Identidades polinomiales

Una expresión polinomial que resulta verdadera para todos los valores de x es una **identidad** polinomial. He aquí algunas identidades útiles para aprender.

$$(a + b)^2 = a^2 + 2ab + b^2$$
$$(a + b)(c + d) = ac + ad + bc + bd$$
$$a^2 - b^2 = (a + b)(a - b)$$
$$x^2 + (a + b)x + ab = (x + a)(x + b)$$

El teorema del residuo

Cuando se divide un polinomio $f(x)$ por $(x - c)$, el residuo r será $f(c)$.

Por ejemplo, $2x^2 - 3x - 2$ dividido por $x - 3$

Calcule $f(3)$ empleando el 3 en $(x - 3)$ en lugar de x en el polinomio.

$2(3)^2 - 3(3) - 2 = 2(9) - 9 - 2 = 7$

El residuo en la división será 7.

Intente resolver otro: $x^2 - 3x - 4$ dividido por $x - 4$

$(4)^2 - 3(4) - 4 = 16 - 12 - 4 = 0$

Aquí, el residuo es 0, así $(x - 4)$ es un factor de $x^2 - 3x - 4$.

Expresiones racionales

Una **expresión racional** es una expresión algebraica en la forma a/b donde a y b son polinomios y $b \neq 0$. Como con cualquier fracción, una expresión racional se reduce a sus términos mínimos cuando el numerador y el denominador no tienen factores comunes aparte de 1.

Por ejemplo, $\dfrac{ab - b^2}{2b}$ se puede reducir factorizando b: $\dfrac{\cancel{b}(a - b)}{2\cancel{b}} = \dfrac{(a - b)}{2}$.

Intente resolver otra: $\dfrac{x^2 - 16}{x - 4} = \dfrac{(x + 4)\,\cancel{(x - 4)}}{\cancel{x - 4}} = x + 4$.

| RETO | **Aritmética con polinomios y expresiones racionales** |

Resuelva.

1. $(2x^2 + 4x) + (5x - 4)$

2. $(6x^2 + 3x) - (2x^2 + 8x)$

3. $(x^2 + 6)(x^2 - 6)$

4. $\dfrac{x^2 + 2x - 3}{x + 3}$

RESPUESTAS AL RETO

Aritmética con polinomios y expresiones racionales

1. $2x^2 + 9x - 4$ Recuerde sumar solamente los términos similares.

2. $4x^2 - 5x$ Reste los términos similares: $6x^2 - 2x^2 = 4x^2$. $3x - 8x = -5x$

3. $x^4 - 36$ Multiplicando cada término del primer polinomio por cada término del segundo da $x^4 + 6x^2 - 6x^2 - 36$.

4. $x - 1$ Factorice el numerador: $(x + 3)(x - 1)$. Luego divida el factor común, $x - 1$.

6 Crear ecuaciones

Se puede usar álgebra para resolver problemas al crear y resolver ecuaciones y desigualdades.

TÉRMINOS CLAVE: desigualdad, fórmula, lineal, viable

Ecuaciones en una variable

Se pueden traducir declaraciones verbales a expresiones algebraicas.

EXPRESIÓN VERBAL	EXPRESIÓN ALGEBRAICA
4 más que un número	$x + 4$
un número menos 8	$x - 8$
un número multiplicado por 2	$2x$
un número dividido por 9	$\frac{x}{9}$
la quinta parte de un número	$\frac{1}{5}x$ o $\frac{x}{5}$
3 más dos veces un número	$2x + 3$
la diferencia entre 4 veces un número y 2	$4x - 2$

Avanzando más allá de esto, se puede también emplear expresiones algebraicas para organizar y resolver problemas verbales.

Por ejemplo, John es 7 años más joven que Mollie. Si Mollie tiene 25 años, ¿qué edad tiene John?

Si x = la edad de John,

$25 - 7 = x$

$x = 18$

John tiene 18 años.

Desigualdades con una variable

Los símbolos < y > se usan para indicar que un número o cantidad es menor o mayor que otro. El símbolo ≤ significa "menor o igual que". El símbolo ≥ significa "mayor o igual que".

Crear y resolver **desigualdades** de este tipo es similar a crear y resolver ecuaciones.

Por ejemplo, John tiene una colección de 198 monedas. La colección de Mollie es menor que la de John.

Si x = la colección de Mollie,

$x < 198$

Esto es todo lo que sabemos. La colección de Mollie puede contener cualquier cantidad desde 0 hasta 197 monedas. La solución de una desigualdad es a menudo un conjunto de números. En este caso, se sabe que la colección de Mollie no es un número negativo, porque ella no puede tener una cantidad negativa de monedas. Reemplazar la x por un número negativo no sería **viable** en este caso —no representaría una respuesta práctica.

Ecuaciones con dos variables

Las ecuaciones con más de una variable proveen una manera de comparar números o mostrar una relación entre dos o más números.

Por ejemplo, John tiene monedas de cinco y diez centavos en su colección que suman $2.00. Si él tiene 25 monedas de cinco y diez centavos, ¿cuántas tiene de cada una?

Use d para representar las monedas de diez centavos y n para las de cinco centavos. Luego organice dos ecuaciones.

$d + n = 25$ $(0.10)d + (0.05)n = \$2.00$, es decir, $10d + 5n = 200$

Coloque las ecuaciones: $d + n = 25$
$$\underline{10d + 5n = 200}$$

Ahora multiplique los términos de la primera ecuación por cualquier cantidad que le permita cancelar una variable:

$$-10d - 10n = -250$$
$$\underline{10d + 5n = 200}$$
$$-5n = -50, \text{ es decir, } 5n = 50$$

Entonces $n = 10$. John tiene 10 monedas de cinco centavos y $(25 - n) = 15$ monedas de 10 centavos.

Representar ecuaciones con dos variables

Una ecuación **lineal** es la que se puede expresar de la forma $ax + by = c$, donde a, b y c son números reales. Ecuaciones de este tipo se representan con líneas rectas sobre el cuadriculado.

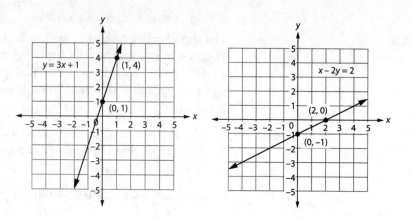

Fórmulas con dos o más variables

Muchas fórmulas científicas y matemáticas se representan con más de una variable. Se puede manipular las fórmulas para destacar la cantidad que es importante para el problema.

Por ejemplo, velocidad $= \dfrac{\text{distancia}}{\text{tiempo}}$, es decir, $v = \dfrac{d}{t}$. Para enfocarse en el tiempo en esta ecuación, se puede reescribir la ecuación como $t = \dfrac{d}{v}$. El volumen de un cilindro es $v = bh$. Para enfocarse en la altura del cilindro, se puede reescribir la ecuación así: $h = \dfrac{v}{b}$.

RETO Crear ecuaciones

Reescriba cada declaración verbal como una expresión algebraica o una ecuación.

1. Un número x es menor o igual a 5.

2. Francine tiene 22 años y su hermano Jake tiene $\frac{1}{2}$ de su edad.

3. El salario de Kelly es $2 más por hora que el salario de Nate. Represente gráficamente la ecuación que usted escribió para pregunta número 3.

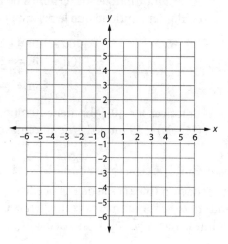

RESPUESTAS AL RETO

Crear ecuaciones

1. $x \leq 5;$ o $5 \geq x$ — Véase "Desigualdades con una variable".

2. $J = \frac{F}{2};$ o $J = \frac{1}{2}F$ — Se puede usar cualquier variable que usted guste para representar las edades de Francine y Jake.

3. $k = n + 2$ — Si $x =$ el salario de Nate y $y =$ el salario de Kelly, su gráfica incluirá los puntos (0,2), (1, 3), (2, 4), y así sucesivamente.

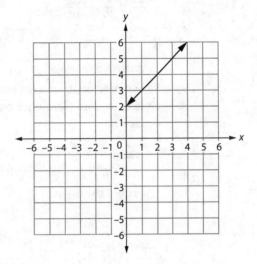

7 Razonar con ecuaciones y desigualdades

Además de resolver ecuaciones de todo tipo, se le podría pedir a usted que explique su razonamiento.

TÉRMINOS CLAVE: parábola, sistema de ecuaciones, soluciones extrañas

Ecuaciones racionales con una variable

Cuando se computa con expresiones racionales $(\frac{a}{b})$, se comienza por factorizar el numerador y el denominador lo más completamente posible y dividir ambos por cualquier factor común.

$$\frac{^1\cancel{6}}{5} \times \frac{-2}{\cancel{9}_{\ 3}} = ?$$

Tanto el numerador como el denominador son divisibles por 3, entonces la respuesta es $\frac{-2}{15}$.

$$\frac{4\cancel{x}}{\cancel{x}} = ?$$

Tanto el numerador como el denominador son divisibles por x, entonces la respuesta es 4.

Cuando se dividen expresiones racionales, se invierte el divisor y se multiplica.

$$\frac{2}{5} \div \frac{4}{5} = ?$$

$$\frac{2}{5} \times \frac{5}{4} = \frac{2}{4} = \frac{1}{2}$$

$$\frac{9x}{2} \div \frac{3x}{4} = ?$$

$$\frac{9x}{2} \times \frac{4}{3x} = \frac{36x}{6x} = 6$$

Ecuaciones radicales con una variable

Se le puede pedir que encuentre el valor de x cuando haya raíces cuadradas en la ecuación. Comience por aislar el término raíz cuadrada a un lado de la ecuación.

$\sqrt{x + 4} = 6$ Eleve cada término al cuadrado.

$(\sqrt{x + 4})^2 = 6^2$

$x + 4 = 36$

$x = 32$

Cada vez que se elevan ambos lados de la ecuación al cuadrado, se corre el riesgo de introducir una raíz extraña y por ende una **solución extraña**. Para asegurarse de que usted no tenga una solución extraña, siempre compruebe su respuesta.

$2x = 4$

Supongamos que se elevan al cuadrado ambos lados de la ecuación: $(2x)^2 = 16$

x puede igualar a 2 o a –2 2 o –2, ¡pero solo el 2 funciona en la ecuación original!

Ecuaciones cuadráticas

Vea las páginas 159–160 para información sobre cómo resolver ecuaciones cuadráticas. Ocasionalmente, la solución de una ecuación cuadrática podría ser un número complejo. Si a y b son números reales, las soluciones complejas de ecuaciones cuadráticas pueden escribirse $a \pm bi$.

Representar ecuaciones cuadráticas

La solución de una ecuación cuadrática forma una figura llamada **parábola** cuando se representa gráficamente. Usted puede fácilmente comprobar su trabajo viendo dónde la parábola cruza los ejes.

Por ejemplo, represente gráficamente la ecuación: $y = x^2 + 4x - 1$.

Es útil comenzar con una tabla de función.

x	y
-2	-5
-1	-4
0	-1
1	4
2	11

Piense: Cuando x es -2, y es -5. Cuando x es 1, y es 4.

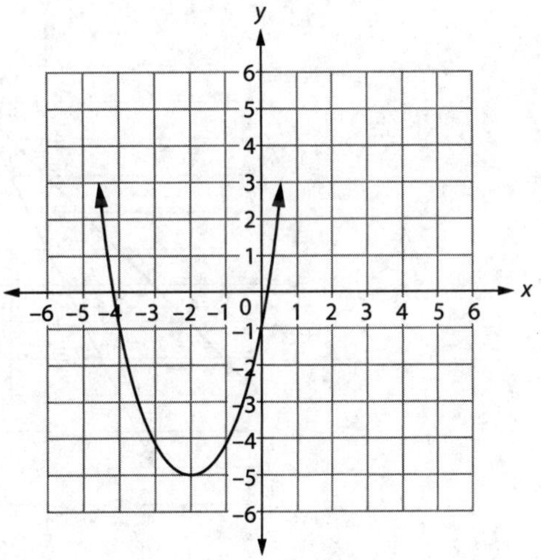

De ahí es fácil localizar las coordenadas.

Resolver sistemas de ecuaciones

Cuando usted debe hallar una solución común a dos o más ecuaciones, las ecuaciones se llaman un **sistema de ecuaciones.** La solución es un par ordenado o pares.

$$y = x + 3$$
$$y = 2x + 1$$

Resuelva por sustitución:

$$x + 3 = 2x + 1$$
$$2 = x$$

Coloque el 2 en la ecuación original en lugar de x: $y = 2 + 3$; $y = 4 + 1$.

Entonces, $y = 5$

Solución: (2, 5)

O resuelva por vía de suma o resta:

$$y = x + 3$$
$$-y = 2x + 1$$
$$\overline{0 = -x + 2}$$

$$x = 2$$

Así, $y = 5$

Solución: (2, 5)

O resuelva gráficamente:

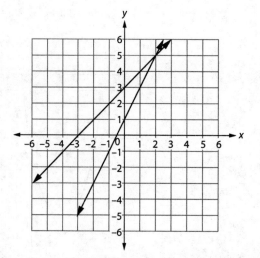

Donde las líneas se interceptan es la solución: (2, 5).

Representar desigualdades gráficamente

La solución de una desigualdad típicamente aparece en una gráfica en forma de medio plano.

$x \geq 2$

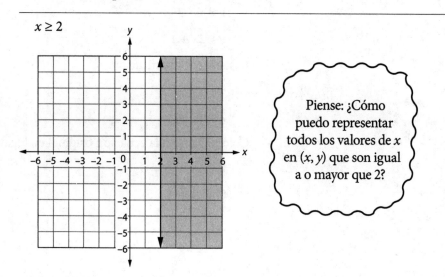

Piense: ¿Cómo puedo representar todos los valores de x en (x, y) que son igual a o mayor que 2?

$$y < x - 4$$

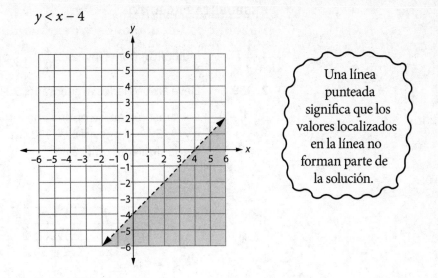

Una línea punteada significa que los valores localizados en la línea no forman parte de la solución.

RETO **Razonar con ecuaciones y desigualdades**

Resuelva.

1. $\dfrac{x}{6} \div \dfrac{2x}{4} = ?$

2. $\sqrt{5 + x} = 12$

3. $y = -5x + 3$
$y + 3 = x$

Represente gráficamente la solución para el número 3.

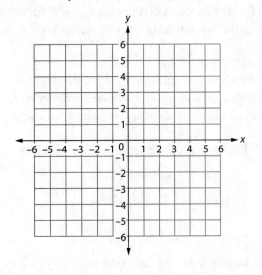

RESPUESTAS AL RETO

Razonar con ecuaciones y desigualdades

1. $\frac{1}{3}$ Multiplicar por el inverso, $\frac{x}{6} \times \frac{4}{2x}$, produce $\frac{4x}{12x}$, o $\frac{1}{3}$.

2. **139**   Eleve ambos lados al cuadrado: $5 + x = 144$, así $x = 139$.

3. **(1, −2)**   Por substitución, se podría encontrar que $y = -5(y + 3) + 3$,
o $y = -5y - 15 + 3$, así $6y = -12$, así $y = -2$ y $x = 1$.
Vea la siguiente gráfica:

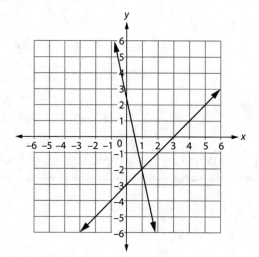

---

⑧ Interpretar funciones

Usted puede usar funciones para explorar relaciones entre números.

TÉRMINOS CLAVE: dominio, función, función exponencial, función logarítmica, intersección, intervalo, máximo, ritmo de cambio

Definir funciones

Para cualquier número x, se puede integrar ese número en una **función** y derivar un valor: $f(x)$. Los pares ordenados forman una función cuando para cada valor de x hay un valor y un solo valor de y.

Por ejemplo, supongamos que $f(x) = x^2 + 2$.

Para $f(2)$, el resultado es 6.

Para $f(\frac{1}{2})$, el resultado es $2\frac{1}{4}$.

Para $f(100)$, el resultado es 10,002.

El **dominio** de una función incluye todos los valores que uno pueda integrar y obtener una respuesta válida. En el ejemplo el dominio es igual al conjunto de números reales. Cualquier número fuera de los números complejos puede ser integrado en $f(x) = x^2 + 2$.

Sin embargo, supongamos que $f(x) = \dfrac{1}{x}$.

En este caso, el dominio puede ser todos los números reales EXCEPTO el cero, porque no hay una manera válida de dividir por cero.

Además, supongamos que $f(x) = \sqrt{x}$.

En este caso, el dominio debe ser mayor que o igual a cero.
No se puede encontrar la raíz cuadrada de un número negativo.

El intervalo de una función comprende todas las salidas que la función pueda producir.

Por ejemplo, si usted le asigna a la función $f(x) = x^2$, los valores $x = \{1, 2, 3, \ldots\}$, el intervalo de la función es los valores $\{1, 4, 9, \ldots\}$.

A veces el dominio y el intervalo son una cuestión de sentido común. Si la función $f(x)$ da el número de horas que se lleva para manejar una cierta distancia x, entonces el dominio debe ser positivo y el intervalo también debe serlo.

Funciones del ritmo de cambio

Muchas funciones conocidas se relacionan con el **ritmo de cambio**. Algunos ejemplos incluyen millas por hora, costo por kilovatio, y revoluciones por minuto. Sobre una gráfica, la pendiente de la línea que conecta los puntos de una función del ritmo de cambio es igual al promedio del ritmo de cambio.
He aquí la fórmula para el promedio de ritmo de cambio:

$$A(x) = \frac{\text{cambio en } y}{\text{cambio en } x} = \frac{f(b) - f(a)}{b - a}$$

donde x = el cambio en la entrada de la función f, y $f(b) - f(a)$ = el cambio en la función f en la medida en que la entrada cambie de a a b.
El ritmo de cambio puede ser positivo, o en ascenso, como cuando la velocidad aumenta. Puede ser negativo, o en descenso, como cuando la temperatura desciende.
Una función lineal tiene un constante ritmo de cambio. En una función lineal, como el valor de x cambia de una manera constante, el valor de y también cambia.

Intersección e intervalo

La **intersección** y de una función es el punto donde la línea cruza el eje y —el punto o los puntos en que $x = 0$. La intersección x de una función es el punto donde la línea cruza el eje x —el punto o los puntos en que $y = 0$.

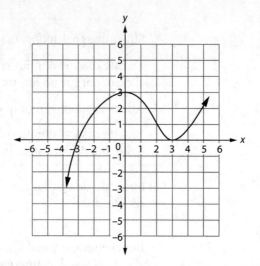

Esta gráfica de $f(x)$ tiene una intersección y de 3 y dos intersecciones x: –3 y 3.

En la gráfica anterior la función va tanto en ascenso como en descenso. Si uno se fija en un **intervalo** dado, un conjunto de valores que usted seleccione, se puede ver un patrón específico a la función. Supongamos que usted escoje el intervalo de $x = 0$ a $x = 3$. La función va en descenso para ese intervalo. El **máximo** (el valor más alto) para ese intervalo es (0, 3). El **mínimo** (el valor más bajo) para ese intervalo es (3, 0).

Funciones exponenciales

Las **funciones exponenciales** cambian por una proporción dada en un intervalo fijo. Un ejemplo podría ser una cultura de bacterias cuya población se triplica cada día. Una gráfica exponencial típica muestra una línea que comienza muy cerca del eje x, pero que nunca alcanza $y = 0$, y luego se eleva dramáticamente hacia arriba.

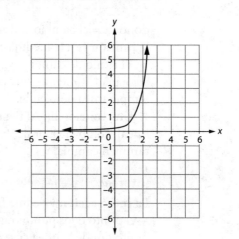

Funciones logarítmicas

Un logaritmo es lo inverso de un número exponencial, entonces la representación de una función logarítmica es la inversa de una representación del exponencial relacionado. En este ejemplo, la línea superior representa $f(x) = 2^x$. La línea inferior representa $f(x) = \log_2(x)$, la inversa.

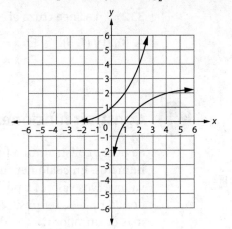

RETO   Interpretar funciones

Examine la gráfica. Luego conteste las preguntas.

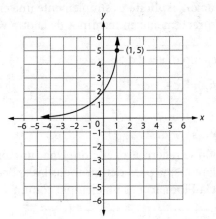

1. ¿Representa esto una función lineal? ¿Cómo se puede determinar?

2. ¿Es el ritmo de cambio positivo o negativo? ¿Cómo se puede determinar?

3. ¿Cuál es la intersección y?

4. ¿Cuál es el mínimo y el máximo para el intervalo de $x = 0$ a $x = 1$?

RESPUESTA AL RETO
Interpretar funciones

1. No. No es una línea recta; el ritmo de cambio en x comparado con y no es constante. Una función lineal puede ser siempre representada como una línea recta. Es muy posible que esta gráfica muestre una función exponencial.

2. El ritmo de cambio es positivo porque la pendiente de la línea va en ascenso. Si el ritmo fuera negativo, la línea se inclinaría hacia abajo.

3. 2   La línea cruza el eje y en (0, 2)

4. (0,2) y (1, 5)   En $x = 0$, el punto más bajo del intervalo, $y = 2$.
En $x = 1$, el punto más alto del intervalo, $y = 5$.

⑨ Construir funciones

Se puede construir una función para mostrar relaciones entre conjuntos de números. En cualquier función cada valor x puede generar no más de un valor y. Dos valores x pueden producir el mismo valor y, como en $f(x) = x^2$, donde x puede ser positivo o negativo —pero ningún valor x puede producir más de un valor y.

TÉRMINOS CLAVE: diferencia común, función explícita, función inversa, función recursiva, razón común, secuencia aritmética, secuencia Fibonacci, secuencia geométrica

Funciones explícitas

Una **función explícita** es simplemente una en la que una variable puede ser escrita directamente en términos de la otra variable.

Por ejemplo, $y = 2x^2$

$f(x) = x - 3$

Funciones recursivas

Recursión se refiere a repetición. Una **función recursiva** es una que usa la función misma para definir todas las aplicaciones de la función. La **secuencia Fibonacci** es un ejemplo común.

$\text{Fib}(0) = 0$

$\text{Fib}(1) = 1$

Para todos los demás enteros donde $x > 1$, $\text{Fib}(x) = (\text{Fib}(x - 1) + \text{Fib}(x - 2))$.

La recursión es un concepto especialmente importante en programación de computadores. Si se puede definir una función en términos de sí misma, no se necesita programar un sinfín de ejemplos específicos.

Secuencias aritméticas y geométricas

Las funciones a menudo resultan en secuencias de números. Una **secuencia aritmética** se mueve de un término al próximo sumando un valor constante llamado la **diferencia común**.

Por ejemplo, 1, 3, 5, 7, 9, . . .　　La diferencia común es 2.

5, 0, −5, −10, −15, . . .　　La diferencia común es −5.

Una **función geométrica** se mueve de un término al próximo multiplicando un valor constante llamado **razón común**.

Por ejemplo, 2, 4, 8, 16, 32, . . .　　La razón común es 2.

$1, \dfrac{1}{3}, \dfrac{1}{9}, \dfrac{1}{27}, \dfrac{1}{81}, \ldots$　　La razón común es $\dfrac{1}{3}$.

Del problema a la función

Hay muy pocas situaciones que integran números que no se pueden expresar en términos de funciones. He aquí algunos ejemplos simples de problemas expresados como funciones.

Hay 12 pulgadas en un pie. ¿Cuántas pulgadas hay en x pies?

$$f(x) = 12x$$

Una compañía de teléfonos móviles cobra $50 por un teléfono y $32 por mes. ¿Cuánto costaría el plan en el curso de x meses?

$$f(x) = 32x + 50$$

Una población de bacterias se duplica cada 4 semanas. Si se comienza con 100 bacterias, ¿cuántas bacterias habrá en x semanas?

$$f(x) = 100(2^{\frac{x}{4}})$$

Funciones inversas

Para encontrar una **función inversa**, simplemente invierta el proceso en la función original.

Por ejemplo, comience con $f(x) = 2x + 1$.

El proceso: multiplique por 2, sume 1.

Lo inverso: reste 1, divida por 2.

Así la función inversa es $f^{-1}(x) = \dfrac{(x-1)}{2}$.

RETO　　**Construir funciones**

Empareje cada problema con la función que lo describe. Use cada función solo una vez. Luego indique si cada función representa una secuencia aritmética o una secuencia geométrica.

1. Jerry puede ganar \$3 por cada canasta de manzanas que colecta.

   a. $f(x) = x + 3$

2. Kyra llena el tanque y luego usa 3 galones de gasolina manejando hacia el lago.

   b. $f(x) = 3x$

3. Leo gana consistentemente \$3 más que su hermano en su ruta de periódico.

   c. $f(x) = \dfrac{x}{3}$

4. Malik espera vender cerca de un tercio de su inventario en cualquier mes dado.

   d. $f(x) = x - 3$

5. ¿Cuáles de las funciones mostradas son inversas?

RESPUESTAS AL RETO

Construir funciones

1. b, geométrica Una función basada en precio por artículo es siempre una que conlleva multiplicación.

2. d, aritmética Si x es el número de galones que Kyra tiene, $x - 3$ es la cantidad después de manejar al lago.

3. a, aritmética Si su hermano gana x, Leo gana $x + 3$

4. c, geométrica Si el inventario de Malik es x, él espera vender $\dfrac{x}{3}$.

5. a y d son inversas; b y c son inversas Una función inversa invierte el proceso de la función original.

10 Modelos lineal, cuadrático y exponencial

Se ha visto que las funciones vienen en muchas versiones. Saber cuál es la función más indicada para cada clase de situación es una habilidad muy útil.

TÉRMINOS CLAVE: función cuadrática, función exponencial, función lineal, logaritmo

Tres clases de funciones

La representación gráfica de una **función lineal** es una línea recta. La función aumenta o disminuye a un ritmo constante. La representación gráfica de una **función exponencial** muestra una línea horizontal que se acerca a cero y luego se mueve rápidamente hacia arriba. En esta función, un cambio constante en x conduce a un cambio proporcional en y. La representación gráfica de una **función cuadrática** muestra una parábola con un eje de simetría paralela al eje y. La forma estándar para esta función es $f(x) = ax^2 + bx + c$.

Logaritmos

Un **logaritmo** es lo inverso de un número exponencial. Si $a^n = b$, entonces $\log_a (b) = n$.

Por ejemplo, $2^3 = 8$, así $\log_2 8 = 3$.

$4^2 = 16$, así $\log_4 16 = 2$.

$10^4 = 10,000$, así $\log_{10} 10,000 = 4$.

Distinguir funciones

Supongamos que se le da una tabla de funciones. ¿Cómo se puede distinguir entre una función lineal, exponencial o cuadrática?

Por ejemplo,

x	y
0	0
1	−5
2	−10
3	−15
4	−20

Piense: ¿Es constante el cambio en y? Si no, ¿es proporcional?

Para determinar qué clase de función es esta, primero fíjese en el cambio de *y*, como aparece en la ilustración. Aquí, el cambio en *y* es constante. Por cada aumento en *x*, *y* cambia por −5. La función es lineal.

Ahora intente con esta:

x	y
1	4
2	6
3	6
4	4
5	0

El cambio en *y* no es constante. A medida que *x* aumenta por 1, *y* aumenta por 2, luego 0, luego −2, luego −4. En lugar de buscar el cambio en *y*, fíjese en el *cambio del cambio* en *y*. De 2 a 0 es −2. De 0 a −2 es −2. De −2 a −4 es −2. El cambio en el cambio en *y* es constante, así la función es cuadrática.

Finalmente, intente con esta:

x	y
1	30
2	90
3	270
4	810
5	2,430

El cambio en *y* no es constante. A medida que *x* aumenta por 1, *y* aumenta por 60, luego 180, luego 540, luego 1,620. Sin embargo, el cambio es proporcional. El cambio en *y* se triplica por cada aumento en *x*. Ya que el cambio aparece en proporción, la función es exponencial.

RETO **Modelos lineal, cuadrático y exponencial**

Indique si cada función es lineal, cuadrática o exponencial.

1. $y = 5x$

2. La población de Estados Unidos aumenta en un 1.5 por ciento anualmente.

3.

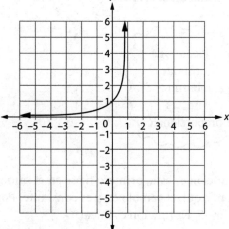

4.

x	y
2	15
3	29
4	43
5	57
6	71

5.

x	y
1	12
2	12
3	14
4	18
5	24

RESPUESTAS AL RETO

Modelos lineal, cuadrático y exponencial

1. lineal   A medida que x aumenta por 1, y aumenta por 5.

2. exponencial   El cambio es proporcional, entonces la función es exponencial.

3. exponencial   La línea roza el eje x antes de aumentar rápidamente.

4. lineal   A medida que x aumenta por 1, y aumenta por 14.

5. cuadrática   El cambio en el cambio en los factores y es constantemente 2.

11 Funciones trigonométricas

Trigonometría es el estudio de seis funciones especiales que incluyen relaciones entre los lados y ángulos de triángulos rectos.

TÉRMINOS CLAVE: amplitud, arco, coseno, fenómenos periódicos, frecuencia, hipotenusa, longitud de onda, medida en radianes, seno, tangente, teorema de Pitágoras, triángulo recto, unidad circular

Ángulos en una unidad circular

Cualquier círculo mide 360 grados (360°). Una revolución completa de un rayo alrededor de un círculo recorre 360°.

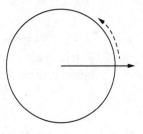

Una **unidad circular** es un círculo con un radio de 1. En el diagrama que se muestra abajo, cuatro cuadrantes se identifican del I al IV. Se miden los ángulos alrededor del círculo en sentido contrario al de las agujas del reloj desde el cuadrante I hasta el IV. La ubicación de un ángulo en un cuadrante dado determina si los puntos que definen ese ángulo poseen valores positivos o negativos.

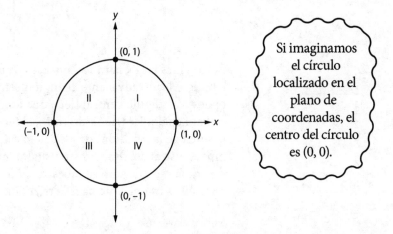

Un **arco** de un círculo es una porción de la circunferencia del círculo. Usualmente llamamos ese arco *s*. La **medida en radianes** (θ) de un ángulo central de un círculo es igual a la razón de la longitud del arco *s* hasta la longitud del radio. En una unidad circular, el radio es 1, así $\frac{s}{r} = s$.

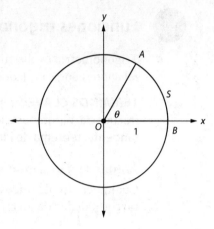

Triángulos rectos

Un **triangulo recto** tiene un ángulo de 90°. He aquí un triángulo recto con ángulo central θ.

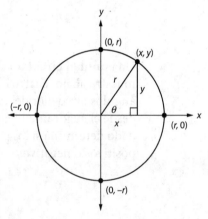

El lado más largo, la **hipotenusa**, tiene una longitud igual al radio del círculo. El lado adyacente al ángulo central tiene una longitud de x, y el lado opuesto al ángulo central tiene una longitud de y.

Para cualquier triángulo recto, el **teorema de Pitágoras** nos dice que la suma de las medidas de los catetos al cuadrado es igual a la longitud de la hipotenusa al cuadrado. Esto usualmente se escribe $a^2 + b^2 = c^2$. En el caso del triángulo que aquí se muestra, podemos decir que $x^2 + y^2 = r^2$. Esta relación es importante para la trigonometría.

Seno, coseno y tangente

Hay seis funciones trigonométricas pero usted es responsable de saber sólo tres de ellas. Todas las funciones trigonométricas son simples razonamientos que se generan de los números x, y y r en un triángulo recto como el anterior.

SENO	COSENO	TANGENTE
$\sin \theta = \dfrac{\text{opuesto}}{\text{hipotenusa}}$	$\cos \theta = \dfrac{\text{adyacente}}{\text{hipotenusa}}$	$\tan \theta = \dfrac{\text{opuesto}}{\text{adyacente}}$

Usando el diagrama que se muestra, entonces $\sin \theta = \dfrac{y}{r}$, $\cos \theta = \dfrac{x}{r}$, y $\tan \theta = \dfrac{y}{x}$.

Usos prácticos de la trigonometría

La trigonometría se usa para computar ángulos y longitudes para uso en la navegación y en problemas de ingeniería. Senos y cosenos se usan a menudo para modelar **fenómenos periódicos** tales como variaciones en la temperatura, ondas de frecuencia, velocidad de sonido y así por el estilo.

La representación gráfica de un seno o coseno tiene un patrón de ondas que se repite. La longitud del intervalo entre las repeticiones se llama **longitud de onda**. La altura de la onda se llama **amplitud**. La **frecuencia** es el número de ascensos y descensos (oscilaciones) que una onda experimenta en un periodo de tiempo dado.

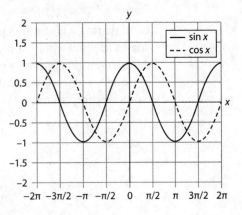

| RETO | Funciones trigonométricas |

Resuelva.

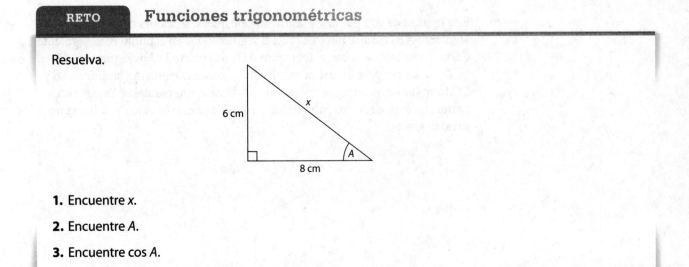

1. Encuentre x.

2. Encuentre A.

3. Encuentre $\cos A$.

RESPUESTAS AL RETO

Funciones trigonométricas

1. 10 cm Use el teorema de Pitágoras: $6^2 + 8^2 = x^2$. $36 + 54 = 100$, entonces $x = 10$.

2. $\dfrac{3}{4}$ Tangente $= \dfrac{\text{opuesto}}{\text{adyacente}} = \dfrac{6}{8} = \dfrac{3}{4}$.

3. $\dfrac{4}{5}$ Coseno $= \dfrac{\text{adyacente}}{\text{hipotenusa}} = \dfrac{8}{10} = \dfrac{4}{5}$.

Congruencia

A los ángulos que tienen medidas, iguales los segmentos de línea de igual longitud y las figuras de tamaños y formas iguales, se los llama **congruentes**. Muchos de los teoremas importantes que definen la geometría integran la congruencia.

TÉRMINOS CLAVE: bisecar, congruente, dilatación, movimiento rígido, paralelo, paralelogramo, perpendicular, reflexión, rotación, transformación, traslación

Puntos, líneas y planos

La mayoría de las figuras geométricas están compuestas por puntos, los cuales se representan con pares ordenados de números; líneas, las cuales se definen por dos puntos y se extienden infinitamente en dos direcciones opuestas; y planos, los cuales representan superficies planas y se extienden en todas direcciones.

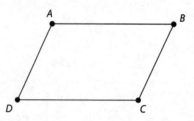

Esta figura está compuesta de segmentos de líneas, secciones de líneas. El segmento *AB* cruza/se interseca con el segmento *BC* en el punto *B*. El segmento *CD* cruza/se interseca con el segmento *AD* en el punto *D*. Los segmentos *AB* y *CD* nunca cruza/se interseca con. De hecho, si se extendieran las líneas *AB* y *CD* infinitamente, nunca se cruzarían. Tales líneas son **paralelas**. Ya que esta forma se compone de dos pares de segmentos de líneas paralelas, se le llama un **paralelogramo**.

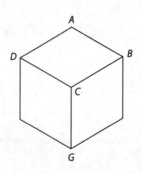

Un paralelogramo existe en un plano. La forma mostrada un cubo, existe en más de un plano. Cada una de sus caras está en un plano diferente. Los planos cruza/se interseca con en los segmentos *AB*, *CD*, *CG* y así sucesivamente.

Cada una de las caras de un cubo es un cuadrado. Cada cuadrado está hecho de cuatro segmentos de líneas. Los segmentos *AD* y *BC* son paralelos, pero los segmentos *AB* y *BC* se cruzan para formar un ángulo recto. Tales segmentos se llaman **perpendiculares**.

Congruencia

Cuando dos figuras geométricas comparten las mismas medidas de ángulos y longitud de los lados, son **congruentes**. Esto se lo puede distinguir mirando el paralelogramo que se muestra arriba, cuyos lados opuestos son congruentes y sus ángulos opuestos son congruentes también.

Las medidas de los ángulos interiores de cualquier triángulo suman 180°. Esto no significa que todos los triángulos sean congruentes.

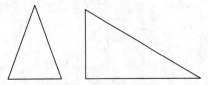

Solo basta echar un vistazo para confirmar que estos triángulos no son congruentes. Uno tiene un ángulo recto, y el otro no. Uno tiene una hipotenusa que es más larga que cualquier lado del otro triángulo.

Para que los triángulos sean congruentes, deben poseer las mismas medidas de los ángulos y las mismas medidas de los lados.

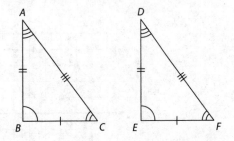

Aquí, el triángulo *ABC* es congruente al triángulo *DEF*. El ángulo *A* es congruente al ángulo *D*, ángulo *C* es congruente al ángulo *F*, y ángulo *B* es congruente al ángulo *E*. El lado *BC* es congruente al lado *EF*, y así sucesivamente.

Hay tres reglas sencillas para los triángulos congruentes.

1. **LAL (Lado-Ángulo-Lado):** Si dos lados y el ángulo entre ellos en un triángulo son congruentes a los lados correspondientes y ángulo de otro triángulo, los triángulos son congruentes.
2. **LLL (Lado-Lado-Lado):** Si tres lados de un triángulo son congruentes a los tres lados correspondientes de otro triángulo, los triángulos son congruentes.
3. **ALA (Ángulo-Lado-Ángulo):** Si dos ángulos y el lado entre ellos en un triángulo son congruentes a los ángulos y el lado correspondientes del otro triángulo, los triángulos son congruentes.

Transformaciones

En un plano coordinado, cualquier figura se puede mover de una posición a otra. Tal movimiento se llama **transformación**. Cuando una transformación mantiene la congruencia de la figura, se llama **movimiento rígido**. Nada en el movimiento de la figura cambió sus medidas de ángulo o longitud de los lados.

Las siguientes gráficas muestran tres clases de transformaciones que comprenden movimiento rígido.

Traslación

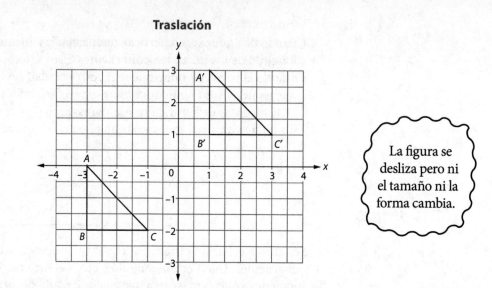

La figura se desliza pero ni el tamaño ni la forma cambia.

Rotación

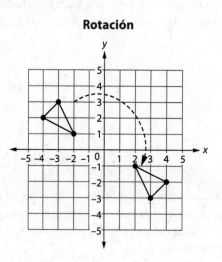

La figura gira pero ni el tamaño ni la forma cambia.

Reflexión

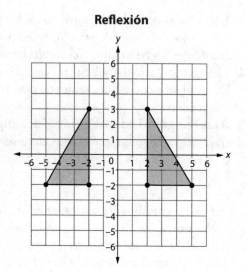

La figura da vuelta sobre un eje pero ni el tamaño ni la forma cambia.

La cuarta clase de transformación no mantiene movimiento rígido. En una **dilatación**, un estiramiento o encogimiento, los ángulos pueden permanecer inalterados, pero no los lados. El resultado no es una figura congruente.

Dilatación

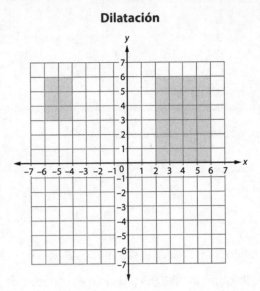

Aspectos importantes de la congruencia

Hay muchas reglas importantes de geometría que implica la congruencia. He aquí solo algunas de ellas.

» La base de los ángulos de un triángulo isósceles son congruentes.

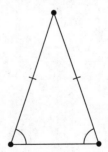

» Cuando dos líneas paralelas se intersecan con otra línea, los ángulos alternos interiores son congruentes, los ángulos correspondientes son congruentes, y los ángulos alternos exteriores son congruentes.

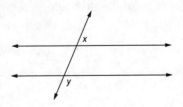

» Las diagonales de cualquier paralelogramo se **bisecan** una a otra (se cortan en su punto medio). Los rectángulos son paralelogramos con diagonales congruentes.

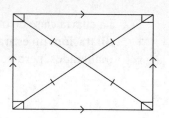

RETO   **Congruencia**

Para cada figura, complete cada oración.

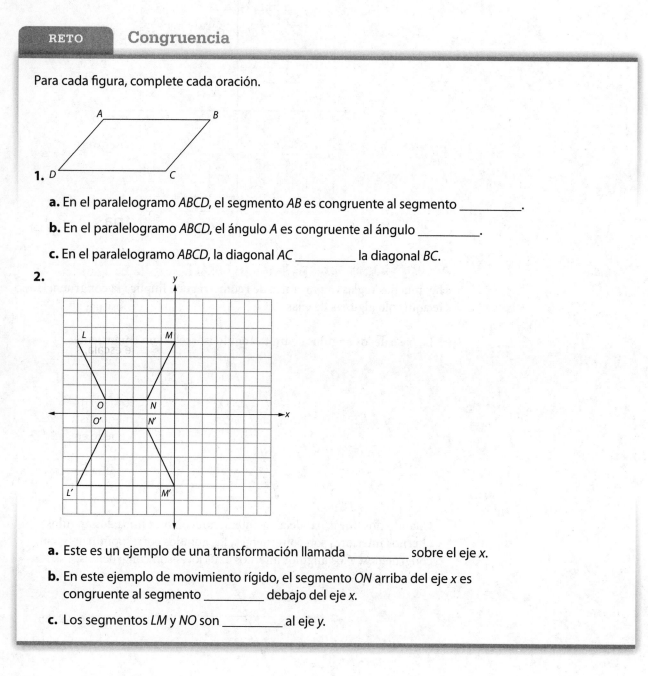

1.

a. En el paralelogramo *ABCD*, el segmento *AB* es congruente al segmento _____.

b. En el paralelogramo *ABCD*, el ángulo *A* es congruente al ángulo _____.

c. En el paralelogramo *ABCD*, la diagonal *AC* _____ la diagonal *BC*.

2.

a. Este es un ejemplo de una transformación llamada _____ sobre el eje *x*.

b. En este ejemplo de movimiento rígido, el segmento *ON* arriba del eje *x* es congruente al segmento _____ debajo del eje *x*.

c. Los segmentos *LM* y *NO* son _____ al eje *y*.

RESPUESTAS AL RETO

Congruencia

1. a. *CD*   Los segmentos paralelos son congruentes en un paralelogramo.

   b. *C*   Ángulos opuestos son congruentes en un paralelogramo.

   c. biseca   Las diagonales de cualquier paralelogramo se bisecan una a otra.

2. a. reflexión   La clave es "sobre el eje *x*": el segundo trapezoide es un reflejo del primero.

   b. *O'N'*   Los segmentos tienen la misma longitud.

   c. perpendicular   Si los segmentos de líneas continuaran, formarían ángulos rectos con el eje *y*.

13 Similitud, triángulos rectos y la trigonometría

En las dos secciones precedentes de este repaso se ve cómo las relaciones entre los lados y los ángulos de los triángulos nos conducen a muchas conclusiones acerca de las figuras en el espacio. Usted observó situaciones en las que los lados y los ángulos son idénticos. Ahora verá situaciones en las que los ángulos son idénticos, pero los lados no lo son.

TÉRMINOS CLAVE: complementario, dilatación, factor de escala, similar

Dilatación

Como se ve en secciones previas, una **dilatación** es una transformación que produce una figura que tiene la misma forma pero un tamaño distinto del original. Una dilatación puede estirar la figura original o puede encoger la figura original.

   Los siguientes aspectos permanecen inalterables cuando una figura se dilata:

» Las medidas de los ángulos
» Segmentos paralelos
» El punto medio
» La orientación

Las figuras son similares —pero no congruentes.

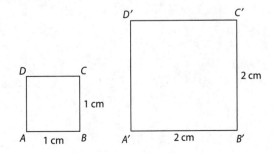

Los factores de escala de una dilatación es la razón entre el tamaño de las figuras. En la figura que se muestra el factor de escala es 2. Cada segmento en la figura *A'B'C'D'* es dos veces la longitud de los segmentos en la figura *ABCD*.

Si el factor de escala < 1, la dilatación es una reducción, o encogimiento. Si el factor de escala > 1, la dilatación es una ampliación o estiramiento. Si el factor de escala = 1, la dilatación crea figuras congruentes.

En la página 191 usted aprendió tres reglas de congruencia en triángulos: LAL, LLL y ALA. Hay una cuarta regla para similitud: AA. Si dos ángulos cualesquiera de un triángulo son iguales en medida a dos ángulos cualesquiera en un segundo triángulo, los triángulos son similares.

Ángulos complementarios

Dos ángulos son **complementarios** si la suma de sus medidas es 90°. En un triángulo recto, entonces, los dos ángulos que no son ángulos rectos son complementarios.

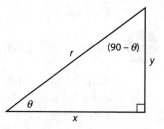

Así, seno y coseno se pueden definir en términos de ángulos complementarios.

$$\cos \theta = \frac{x}{r} = \operatorname{sen} (90 - \theta)$$

$$\operatorname{sen} \theta = \frac{y}{r} = \cos (90 - \theta)$$

Además, ya que los lados de triángulos similares son proporcionales y los ángulos son idénticos, las relaciones trigonométricas —seno, coseno y tangente —de triángulos similares son los mismos. Para cualquier triángulo recto con ángulo agudo, el valor de sen θ será el mismo, y también los valores de cos θ y tan θ.

Esto se puede observar fácilmente con un triángulo recto 3-4-5.

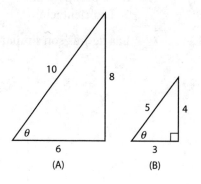

Para triángulo A, sen $\theta = \frac{8}{10}$, y cos $\theta = \frac{6}{10}$.

Para triangulo B, sen $\theta = \frac{4}{5}$, y cos $\theta = \frac{3}{5}$.

Ya que $\frac{8}{10} = \frac{4}{5}$ y $\frac{6}{10} = \frac{3}{5}$, las relaciones son las mismas.

RETO **Similitud, triángulos rectos y trigonometría**

Examine la figura y luego conteste las preguntas.

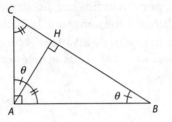

1. Nombre los tres triángulos similares en la figura.

2. Supongamos que el factor de escala entre el triángulo más grande y el más pequeño es 0.75. Si el lado *CH* mide *x* cm, ¿cuánto mide el lado *AC*?

3. Complete esta ecuación: $\cos \theta = \frac{BH}{AB} = \frac{\square}{AC}$.

RESPUESTAS AL RETO
Similitud, triángulos rectos y trigonometría

1. ***ABC, HAC, HBA***   Es útil nombrar los puntos en un orden lógico. En este caso, comience con el ángulo recto y luego vaya al más pequeño y luego al más grande de los dos ángulos agudos.

2. $\frac{x}{0.75}$ El lado *CH* es el lado más corto del triángulo más pequeño, y el lado *AC* es el lado más corto del triángulo más grande. Si el factor de escala es 0.75, cada lado del triángulo *HAC* es 0.75 veces la longitud de un lado del triángulo *ABC*.

3. ***AH***   Cos = adyacente/hipotenusa. *AB* es la hipotenusa de *ABC*, y *BH* es el cateto adyacente de θ. En el triángulo similar *HAC*, *AC* es la hipotenusa, y *AH* es el cateto adyacente de θ.

Círculos

Los círculos tienen muchas propiedades interesantes. Entre ellas está el hecho de que todos los círculos son similares.

TÉRMINOS CLAVE: ángulo central, ángulo circunscrito, ángulo inscrito, arco intersecado, cuerda, medida en radianes, radio, sector, suplementario, tangente, vértice

Relaciones en un círculo

Un segmento de línea que se extiende desde el centro de un círculo hacia cualquier punto en un círculo es un **radio**. Un **ángulo central** es cualquier ángulo formado por dos radios que se intersecan. El **vértice** de un ángulo es el centro de un círculo. Recuerde que la medida en grados de un círculo es 360°. La medida en grados de un ángulo central es igual a la medida en grados de su **arco intersecado**, el arco que se muestra aquí que se extiende de A a B.

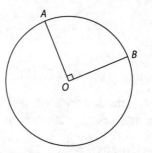

Así, si la medida de ángulo AOB es 90°, la medida del arco AB es 90° también. Una **cuerda** es un segmento de línea que une dos puntos cualesquiera en un círculo. Una cuerda que atraviesa el centro del círculo es un **diámetro**. Un **ángulo inscrito** es cualquier ángulo formado por cuerdas que se intersecan con su vértice en el círculo. La medida de un ángulo inscrito es $\frac{1}{2}$ de la medida de su arco intersecado.

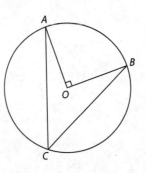

Así, si la medida del arco AB es 90°, la media del ángulo ACB es 45°.

Los ángulos inscritos en un diámetro son siempre ángulos rectos.

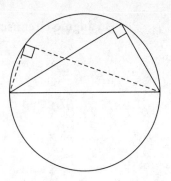

Una línea que interseca un punto en un círculo se llama **tangente**. Cualquier radio que interseca el círculo en ese mismo punto interseca la tangente en ángulos rectos.

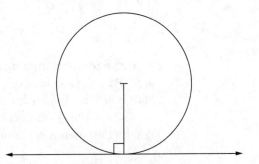

Cualquier cuadrilátero inscrito en un círculo tiene ángulos opuestos que son **suplementarios** (sus medidas suman 180°). Al igual que el círculo, los ángulos de un cuadrilátero suman 360°.

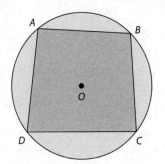

Así, en la figura que se muestra, los ángulos *ABC* y *CDA* son suplementarios, y los ángulos *BCD* y *DAB* son suplementarios.

Un **ángulo circunscrito** es uno que tiene rayos tangentes al círculo.

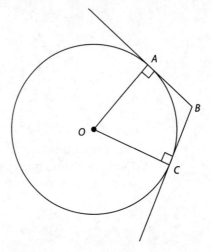

En esta figura, un ángulo circunscrito y un ángulo central comparten un arco. Porque ya se sabe que la suma de los ángulos de un cuadrilátero = 360°, y se sabe que los ángulos formados por una tangente son ángulos rectos (90° + 90°), entonces se sabe que la medida del ángulo *ABC* debe ser igual a 180° menos la medida del ángulo central.

Área de un sector

Un **sector** de un círculo es la parte del interior intersecado por un ángulo central.

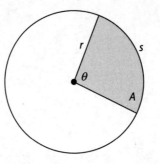

En la Sección 11, Funciones trigonométricas, usted aprendió que la **medida en radianes** de un ángulo central es igual a la relación de la longitud del arco intersecado y la longitud del radio. Esto nos lleva a varias fórmulas:

» La longitud de un arco *s* intersecado en un círculo con radio *r* por un ángulo central de θ radianes puede ser expresado como $s = r\theta$.

» El área de un sector *A* de un círculo con un radio *r* y ángulo central de θ radianes puede ser expresado como $A = \frac{1}{2}r^2\theta$.

Círculos

Elija la respuesta correcta. Dibuje una figura si le resulta útil.

1. Dado un ángulo central intersecado con el arco *XY* y un ángulo inscrito intersecado con el arco *XY*, la medida del ángulo central será **(la mitad/dos veces)** la medida del ángulo inscrito.

2. Dada una tangente *AB* que interseca un círculo en *C*, el radio *OC* será **(paralelo/ perpendicular)** a *AB*.

3. Dado un círculo con diámetro *PQ*, las cuerdas *PR* y *RQ* formarán un ángulo de **(90°/180°).**

4. Dado un círculo con un ángulo central *O* de 50° que interseca las tangentes *AB* y *BC* en puntos *A* y *C*, el ángulo *ABC* medirá **(40°/130°).**

RESPUESTAS AL RETO

Círculos

1. **dos veces**   Un ángulo inscrito tiene una medida de $\frac{1}{2}$ de su arco o $\frac{1}{2}$ de la medida de su ángulo central con ese mismo arco.

2. **perpendicular**   Una tangente interseca el radio en ángulos rectos.

3. **90°**   Los ángulos inscritos en un diámetro son ángulos rectos.

4. **130°**   La figura formada es un cuadrilátero con ángulos que miden 50° (el ángulo central), 90° (la primera intersección de la tangente), 90° (la segunda intersección de la tangente), y *x*. Ya que el cuadrilátero tiene ángulos que hasta 360°, la respuesta debe ser 130°.

15   **Expresar propiedades geométricas con ecuaciones**

Uno puede usar lo que sabe acerca de figuras geométricas para derivar ecuaciones que permitirán encontrar medidas y probar teoremas.

TÉRMINOS CLAVE: directriz, foco, fórmula de distancia, parábola

Ecuación de un círculo

La ecuación de un círculo con centro (h, k) y radio r es $(x - h)^2 + (y - k)^2 = r^2$. Esto se puede ver más claramente comenzando con una unidad circular y pensando en el teorema de Pitágoras.

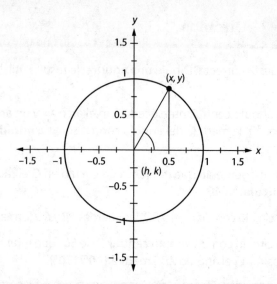

El teorema de Pitágoras nos dice que en cualquier triángulo con lados a, b, y c, $a^2 + b^2 = c^2$. En el triángulo que se muestra, el lado c (la hipotenusa) es el radio del círculo, r. El lado b corre paralelo al eje y desde h a x, así su longitud es igual a $(x - h)$. El lado c corre a lo largo del eje x desde k a y, así su longitud es igual a $(y - k)$. Insertar estas nuevas longitudes en la fórmula del teorema de Pitágoras nos da:

$$a^2 + b^2 = c^2$$

$$(x - h)^2 + (y - k)^2 = r^2$$

Fórmula de distancia

Se puede usar el teorema de Pitágoras para encontrar la distancia de cualquier segmento en el plano de coordenadas. Cuando se usa el teorema de esta manera, el proceso se llama la **fórmula de distancia**.

Por ejemplo, encuentre la distancia de $(0, 2)$ a $(3, 6)$.

Comience dibujando las líneas para hacer un triángulo recto, como se indica con la línea de puntos en la figura.

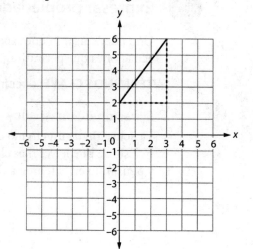

Se obtiene un triángulo con vértices en (0, 2), (3, 6) y (3, 2).

Aunque la fórmula de distancia usualmente se escribe

$$d = \sqrt{(x_2 - x_1)^2 + (y_2 - y_1)^2}$$

puede resultar más fácil pensarla como

$$d^2 = (\text{cambio en } x)^2 + (\text{cambio en } y)^2$$

En el ejemplo que se muestra, el cambio en x es $3 - 0 = 3$. El cambio en y es $6 - 2 = 4$.

$$d^2 = (3)^2 + (4)^2$$

$$d^2 = 9 + 16$$

$$d^2 = 25$$

$$d = 5$$

Así la distancia de (0, 2) a (3, 6) es 5.

Se puede usar esta fórmula de distancia para calcular el perímetro de cualquier polígono así como el área de cualquier triángulo o rectángulo en un plano de coordenadas.

Ecuación de una parábola

Imaginemos una línea paralela al eje x. Llamemos esa línea **directriz**. Luego dibujemos un punto en algún lugar pero no sobre esa línea. Llamemos ese punto el **foco**. Una **parábola** es el conjunto de puntos en ese plano que están a la misma distancia tanto de la directriz como del foco. Aunque las parábolas pueden orientarse en cualquier dirección, usted encontrará principalmente parábolas que apuntan hacia arriba o hacia abajo.

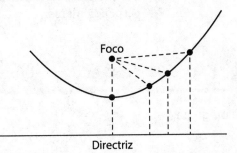

Llamemos el foco (a, b) y la directriz $y = c$. Luego elija un punto en la parábola y llámelo (x, y). Ya que la distancia desde el foco hasta (x, y) debe ser la misma desde la directriz hasta (x, y), se puede usar la fórmula de distancia para igualar las distancias y encontrar y.

$$\sqrt{(x - a)^2 + (y - b)^2} = |y - c|$$

Eleve ambos lados al cuadrado.

$$(x - a)^2 + (y - b)^2 = (y - c)^2$$

Después de expandir y simplificar nos quedamos con esta ecuación, la cual resulta verdadera para todas las parábolas:

$$(x - a)^2 + b^2 - c^2 = 2(b - c)y$$

Ecuaciones de líneas paralelas y perpendiculares

Las pendientes de líneas <u>paralelas</u> son idénticas.

Por ejemplo, $y = 3x + 4$

$y = 3x - 1$

$y = 3x + 20$

Las pendientes (coeficientes de x) son todas 3, entonces las líneas son paralelas. Las pendientes de líneas perpendiculares son recíprocas opuestas.

Por ejemplo, $y = \frac{1}{2}x$

$y = -2x$

Las pendientes son recíprocas: $\frac{1}{2}$ y $\frac{2}{1}$. Son también opuestas: positiva y negativa. Las líneas tienen que ser perpendiculares.

Intente otro ejemplo: $y = 5x + 3$

$y = -\frac{1}{5}x - 2$

De nuevo, las pendientes son recíprocas negativas, así las líneas deben ser perpendiculares.

RETO Expresar propiedades geométricas con ecuaciones

Conteste cada pregunta.

1. ¿Cuál es la ecuación de un círculo con centro (0, 0) y radio de 3?

2. ¿Es esta ecuación de una parábola o de un círculo: $8x^2 + 8y^2 = 200$?

3. ¿Cuál es la distancia en el plano de coordenadas de un segmento que va de (1, 2) a (5, 4)?

4. ¿Son estas líneas perpendiculares, paralelas o ninguna de las dos: $\frac{1}{3}x, y = 3x + 4$?

RESPUESTAS AL RETO

Expresar propiedades geométricas con ecuaciones

1. $x^2 + y^2 = 9$ La ecuación de un círculo es $(x - h)^2 + (y - k)^2 + r^2$. Si h y k son ambos iguales a cero, esto se puede simplificar a $x^2 + y^2 = r^2$.

2. un círculo   Dividir ambos lados en 8 nos da $x^2 + y^2 = 25$. La ecuación es de un círculo con un radio de 5.

3. $2\sqrt{5}$ La fórmula de distancia declara que $d = \sqrt{(x_2 - x_1)^2 + (y_2 - y_1)^2}$. El cambio en x es 4, y el cambio en y es 2. Elevar ambos al cuadrado y sumarlos nos da $16 + 4$, es decir 20. Si $d^2 = 20$, $d = \sqrt{20}$, es decir $2\sqrt{5}$.

4. ninguna   Las pendientes no son idénticas ni tampoco son recíprocas opuestas. Son recíprocas ($\frac{1}{3}$ y 3), pero para ser opuestas, una de ellas tendría que ser negativa.

16 Medidas y dimensiones geométricas

Uno puede explorar las relaciones entre figuras bidimensionales y tridimensionales usando medidas o la visualización.

TÉRMINOS CLAVE: área, circunferencia, disección, principio de Cavalieri, volumen

Conectar dos o tres dimensiones

Usted debería ser capaz de visualizar las figuras formadas cuando se hace un corte a través de una figura tridimensional. Por ejemplo, si se corta este cilindro horizontalmente, la figura bidimensional que resulta es un círculo. Si se lo corta verticalmente, la figura bidimensional que resulta es un rectángulo.

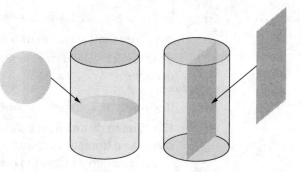

Usted también debería ser capaz de visualizar la forma tridimensional que se crea cuando se gira una figura bidimensional dada. Por ejemplo, el siguiente triángulo tridimensional gira alrededor del eje x nos da un cono con el eje x como su eje de simetría.

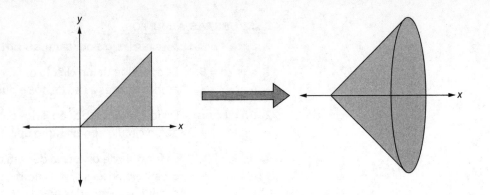

Circunferencia y área de un círculo

La **circunferencia** es la distancia alrededor de un círculo. El **área** es el espacio interior de cualquier figura bidimensional, medido en unidades al cuadrado.

» La circunferencia de un círculo = $2\pi r$
» El área de un círculo = πr^2

Dada una unidad circular con radio 1, $C = 2\pi$ y $A = \pi$.

Una forma común de comprobar el área de un círculo es a través de la **disección,** desmontando una figura para crear otra diferente pero conocida. Se puede llevar a cabo la disección de cualquier figura plana.

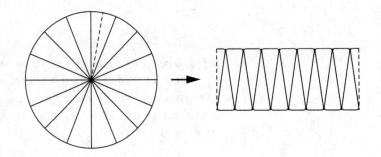

Si se reorganizan las partes de un círculo para formar un paralelogramo cuya base sea $\frac{1}{2}$ de la circunferencia de un círculo (o πr) y cuyo lado sea r, debe resultar fácil darse cuenta que el área del paralelogramo sería $\pi r \times r$, es decir, πr^2.

Volumen de una figura sólida

El **volumen** de una figura sólida es la cantidad de espacio dentro de ella, medida en unidades cúbicas.

El **principio de Cavalieri** establece que dadas dos regiones en el espacio entre planos paralelos, si cada plano paralelo a esos dos planos interseca las dos regiones en cortes transversales de áreas iguales, entonces las dos regiones tienen el mismo volumen. Si pensamos en un cilindro como un sinfín de círculos, todos con la misma área, se podría fácilmente derivar la fórmula para hallar el volumen de un cilindro.

» El volumen de un cilindro = base × altura = $\pi r^2 h$

En otras palabras, cuando se halla el volumen de un cilindro, se está multiplicando el área del círculo que forma la base del cilindro por la altura del cilindro.

El principio de Cavalieri y la disección se pueden emplear también para hallar el volumen de otras figuras tridimensionales:

>> El volumen de un cono = $\frac{1}{3}$(base × altura) = $\frac{1}{3}\pi r^2 h$

>> El volumen de una esfera = $\frac{4}{3}\pi r^3$

>> El volumen de una pirámide = $\frac{1}{4}$(base × altura)

Una pirámide puede tener una base rectangular o triangular. De cualquier forma, la fórmula es la misma. En esencia, el volumen de una pirámide es $\frac{1}{3}$ del volumen de un prisma con la misma base y altura.

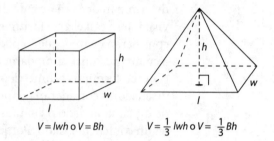

$V = lwh$ o $V = Bh$ $V = \frac{1}{3}lwh$ o $V = \frac{1}{3}Bh$

RETO   Medidas y dimensiones geométricas

Resuelva. Use 3.14 como pi.

1. El círculo *O* tiene un radio de 5 centímetros. El círculo *P* tiene un radio de 10 centímetros. ¿Es la circunferencia del círculo *P* dos veces la del círculo *O*?

2. Al centímetro cuadrado más cercano, ¿cuál es el área de un círculo con un diámetro de 6 centímetros?

3. ¿Cuál tiene un volumen más grande: un cono con un radio de 8 centímetros y una altura de 12 centímetros o una esfera con un radio de 8 centímetros?

RESPUESTAS AL RETO

Medidas y dimensiones geométricas

1. si   La circunferencia del círculo *O* es 10π, y la del círculo *P* es 20π.

2. 28 cm²   Si el diámetro es 6 cm, el radio es 3 cm. $\pi 3^2 = 9\pi = 28.26$.

3. la esfera   El volumen del cono es $\frac{1}{3}(\pi 8^2)12$, y el volumen de la esfera es $\frac{4}{3}(\pi 8^3)$. Simplificado, el volumen del cono es aproximadamente 804 cm³, y el de la esfera es alrededor de 2,144 cm³.

Modelos geométricos

Las figuras geométricas y sus medidas pueden ayudarnos a resolver problemas de la vida real.

TÉRMINO CLAVE: densidad

Emparejar formas con objetos

Supongamos que se nos pide que calculemos el volumen de un bebé. Es una tarea extraña pero es posible calcularlo si se piensa en el bebé en términos de figuras geométricas. A lo mejor la cabeza del bebé es una esfera. El torso, los brazos y las piernas podrían ser una serie de cilindros. Pensar en objetos de la vida real en términos geométricos puede resultar de utilidad cuando se trata de resolver problemas de diseño. Los arquitectos lo hacen cuando determinan qué tan grande debe ser un salón en un museo para que los visitantes vean el arte fácilmente. Los ingenieros lo hacen cuando consideran cuán pequeño puede ser un carro compacto y aun poder sentar a cuatro personas cómodamente. !Y esos son solo ejemplos de pensar en *la gente* en términos geométricos! Para una tienda de comestibles, los diseñadores consideran cuántas cajas (prismas) pueden caber en un estante de un tamaño dado o cuántas naranjas (esferas) se pueden mostrar a la vez en un contenedor dado. Porque los Estándares Comunes Estatales intentan proveer aplicaciones de la vida real de las destrezas y conceptos que usted está aprendiendo, se puede esperar ver aplicaciones de la vida real en el Examen TASC.

Conceptos de la densidad

La **densidad** de cualquier material es su masa por unidad de volumen. La proporción de masa a volumen se puede expresar como

$$\text{densidad} = \frac{\text{masa}}{\text{volumen}}.$$

Por ejemplo, la densidad del agua a nivel del mar a una temperatura de 4°C (39.2°F) es $= \frac{1 \text{ gramo}}{\text{cm}^3}$.

En algunos casos, se puede emplear el área en lugar del volumen para determinar la densidad, ya que el material (una hoja de papel, un acre de terreno) es esencialmente bidimensional. En el caso de la densidad de población, por ejemplo, la proporción puede expresarse como densidad de

$$\text{población} = \frac{\text{población}}{\text{área de unidad}}.$$

Por ejemplo, Hong Kong tiene 7 millones de habitantes en un área cerca de 1,100 kilómetros cuadrados.

La densidad de población de Hong Kong es entonces $\frac{7,000,000}{1,100}$, es decir, alrededor de 6,364 personas por kilómetro cuadrado.

Modelos geométricos

Resuelva. Use 3.14 como pi.

1. Héctor quiere saber el volumen de su cabeza. Asumiendo que su cabeza es básicamente esférica, él mide la circunferencia alrededor de la parte más ancha de su cabeza y obtiene 22 pulgadas. A la decena más cercana, ¿cuál es el volumen de su cabeza en pulgadas cúbicas?

2. ¿Cuál ciudad tiene la mayor densidad de población?

CIUDAD	ÁREA EN KM²	POBLACIÓN (2010)
Miami	2,891	4,919,000
Denver	1,292	1,985,000
New Orleans	512	1,009,000
Las Vegas	741	1,314,000

RESPUESTAS AL RETO
Modelos geométricos

1. 179.6 pulg³ Comience con encontrar el radio de la cabeza de Héctor, en dirección posterior desde la circunferencia? $C = 2\pi r$, así el radio de la cabeza de Héctor $= \frac{C}{2\pi}$, o cerca de 3.5.

Ahora use ese radio para determinar el volumen: $V = \frac{4}{3}(\pi r^3) \approx \frac{4}{3}(134.7) \approx 179.6$ pulg³.

2. New Orleans Divida la población por el área para hallar la densidad. La densidad de Miami es alrededor de 1,701 personas por km². La de Denver es cerca de 1,536; la de New Orleans es cerca de 1,971; y la de Las Vegas es alrededor de 1,773.

 18 **Interpretar datos categóricos y cuantitativos**

La estadística se usa para colectar y analizar datos. El uso de la estadística nos permite agrupar, comparar y contrastar, y reportar información. A menudo, esa información se reporta a través de una gráfica.

TÉRMINOS CLAVE: correlación, cuartil, desviación estándar/típica, diagrama de caja, diagrama de dispersión, diagrama de puntos, distribución normal, frecuencia relativa, frecuencia relativa acumulada, frecuencia relativa condicional, frecuencia relativa marginal, histograma, media, mediana, rango, valor extremo

Representar datos

Un **diagrama de puntos** es una tabla que ayuda a mostrar a simple vista la distribución de los datos. Un **histograma** es más elaborado y a menudo muestra la frecuencia de las observaciones a través del tiempo. Un **diagrama de caja** muestra grupos de datos a través de sus cuartiles, dividiendo cada conjunto de datos en cuatro grupos iguales.

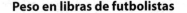

Peso en libras de futbolistas

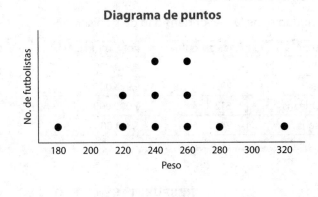

Diagrama de puntos

Histograma

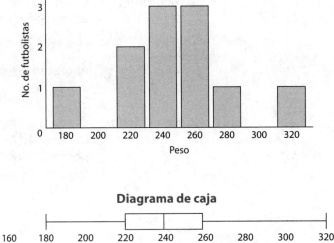

Diagrama de caja

Mediana, rango, media y desviación estándar

El diagrama de caja que se muestra está basado en medianas. La **mediana** de un conjunto de datos es el número del medio, o sea, el número que separa los valores de los datos más altos de los valores más bajos.

Para encontrar la mediana comience por agrupar los datos en orden numérico.

Por ejemplo, 180, 220, 220, 240, 240, 240, 260, 260, 260, 280, 320.

Ya que hay 11 valores, la mediana es el sexto valor.

$Q_2 = 240$

Para completar un diagrama de caja se necesitan también las medianas de la mitad de los valores altos y la mitad de los valores bajos, dejando fuera Q_2.

Por ejemplo, 180, 220, 220, 220, 240, 240 representa la mitad inferior.

La mediana $Q_1 = 220$.

260, 260, 260, 280, 320 representa la mitad superior.

La mediana $Q_3 = 260$.

Como se ve en el diagrama de caja, las secciones de cajas van de Q_1 a Q_3. Luego los llamados brazos son llevados al mínimo y máximo valores en el conjunto de datos.

Los valores mínimo y máximo del conjunto que se muestra son 180 y 320. El **rango** de valores es el máximo valor menos el mínimo; en este caso, 320 − 180, o sea 140.

La **media** o promedio, de un conjunto de datos es la suma de los valores en el conjunto de datos dividido por el número de elementos en el conjunto de datos.

Por ejemplo, $\dfrac{180 + 220 + 220 + 240 + 240 + 240 + 260 + 260 + 260 + 280 + 320}{11} \approx$ 247.27

La **desviación estándar** de un conjunto de datos muestra cuánta variación hay a partir del promedio de los datos. Se calcula la desviación estándar encontrando el promedio, restando ese promedio de cada valor, y elevando el resultado al cuadrado. Luego se promedian las diferencias y se toma la raíz cuadrada de esa cantidad.

Por ejemplo, digamos que la media es 247.

$$(180 - 247)^2 = (-67)^2 = 4,489$$

$$(220 - 247)^2 = (-27)^2 = 729$$

$$(220 - 247)^2 = (-27)^2 = 729$$

$$(240 - 247)^2 = (-7)^2 = 49$$

$$(240 - 247)^2 = (-7)^2 = 49$$

$$(240 - 247)^2 = (-7)^2 = 49$$

$$(260 - 247)^2 = (13)^2 = 169$$

$$(260 - 247)^2 = (13)^2 = 169$$

$$(260 - 247)^2 = (13)^2 = 169$$

$$(280 - 247)^2 = (33)^2 = 1,089$$

$$(320 - 247)^2 = (73)^2 = 5,329$$

Ahora promedie esos valores y tome la raíz cuadrada.

$$\sqrt{\tfrac{13,019}{11}} \approx \sqrt{1,184} \approx 34.4$$

En esta población de futbolistas, la mayoría de ellos tiene un peso dentro de 34.4 libras de la media. Si un jugador se desviara del promedio por dos o tres veces la desviación estándar (68.8 libras o más), ese jugador se podría considerar un **valor extremo**, fuera de la **distribución normal** de datos.

El valor extremo puede afectar la forma de los datos. Si la media y la mediana de un conjunto de datos son idénticas, los datos, cuando se representan gráficamente, son simétricos. Si la media es menor que la mediana los datos se tuercen hacia la izquierda. Si la mediana es menor que la media los datos se tuercen a la derecha.

Tablas de frecuencia acumulada

Se pueden construir tablas en un formato de matriz para mostrar la distribución de frecuencia de dos variables. Dichas tablas muestran los totales en dos lugares además de la cantidad total en la esquina inferior derecha.

Supongamos que usted quería comparar ciertas cualidades de los 11 miembros del equipo de fútbol.

	DE TEXAS	NO DE TEXAS	TOTAL
Jugó en secundaria	6	3	9
No jugó en secundaria	1	1	2
Total	7	4	11

Esta tabla puede mostrar **frecuencia relativa**, la proporción del valor de un subtotal al valor del total. Para hallar la frecuencia relativa, divida cada valor por la cantidad total, 11.

	DE TEXAS	NO DE TEXAS	TOTAL
Jugó en secundaria	0.55	0.27	0.82
No jugó en secundaria	0.09	0.09	0.18
Total	0.64	0.36	1

La **frecuencia relativa conjunta** de un jugador que es de Texas y que ha jugado en escuela secundaria es $\frac{6}{11}$, o alrededor de 0.55. La frecuencia relativa conjunta de un jugador que no es de Texas y que no ha jugado en escuela secundaria es mucho menor —$\frac{1}{11}$, o alrededor de 0.09.

La **frecuencia relativa marginal** de un jugador que es de Texas se halla en la fila del Total abajo —$\frac{7}{11}$, o alrededor de 0.64. La frecuencia relativa marginal de un jugador que no hay jugado en escuela secundaria se halla en la columna del Total, a la derecha —$\frac{2}{11}$, o alrededor de 0.18.

Para hallar la **frecuencia relativa condicional**, divida la frecuencia relativa acumulada por la frecuencia relativa marginal. Se puede emplear la frecuencia relativa condicional para encontrar la probabilidad condicional.

Por ejemplo, encuentre la probabilidad de que un jugador de Texas no jugara fútbol en escuela secundaria.

Comience con el total de los jugadores que son de Texas. La frecuencia relativa marginal es 0.64. De esos jugadores, solo 0.09 (9%) no jugó en secundaria. La frecuencia relativa condicional entonces es $\frac{0.09}{0.64} \approx 0.14$. De los jugadores en este equipo que son de Texas, hay una probabilidad de 14% de que ellos no jugaron fútbol en escuela secundaria.

Diagrama de puntos

Se pueden representar dos variables en un tipo de gráfica llamado diagrama de dispersión. Volviendo a los datos sobre el peso de los futbolistas, se puede crear un diagrama de dispersión que compare a los jugadores por el peso en libras y por la estatura en pulgadas.

Diagrama de puntos

Aunque no es perfectamente consistente, se puede ver que existe una correlación (relación) entre las estaturas y los pesos de los jugadores. En general, mientras más alto el jugador, más pesa. Si se trazara una línea para mostrar la tendencia, o dirección, de los datos, se movería hacia arriba diagonalmente de izquierda a derecha. Se pueden sacar conclusiones de la pendiente de la línea acerca de cuán cercana es la correlación entre estatura y peso.

Correlación y causalidad

Sólo porque dos conjuntos de datos estén correlacionados no significa que uno cause el otro. Por ejemplo, tener mucho peso no hace que uno sea alto. La estatura es el producto de un sinnúmero de factores que incluyen la genética y la salud en general. Tenga cuidado con no asumir que el conjunto de datos *A* causa el conjunto de datos *B* meramente porque usted ve una tendencia en los datos.

Interpretar datos categóricos y cuantitativos

Use la lista de calificaciones y la tabla para contestar las preguntas.

Calificaciones: 92, 84, 96, 86, 84

	ESTUDIANTES ESPECIALIZADOS EN INGLÉS	ESTUDIANTES NO ESPECIALIZADOS EN INGLÉS	TOTAL
Promedio de A	5	1	6
Promedio no de A	12	14	26
Total	17	15	32

1. La lista de calificaciones muestra las calificaciones de Ana en cinco tareas en su clase de inglés. ¿Cuál es la calificación mediana de Ana? ¿Cuál es su calificación promedio?

2. La tabla bidireccional muestra estadísticas de los 32 estudiantes del primer año en la clase de inglés de Ana. ¿Cuál es la frecuencia relativa acumulada para un estudiante especializado en inglés que tiene un promedio de A? ¿Cuál es la probabilidad **(frecuencia relativa condicional)** de que un estudiante que no se especializa en inglés tenga un promedio de A?

RESPUESTAS AL RETO

Interpretar datos categóricos y cuantitativos

1. 86, 88.4   La mediana es el valor central, y el promedio es los valores sumados y divididos por 5.

2. $\frac{5}{32}$, o sea, 0.16; 6%   Encuentre la frecuencia relativa acumulada dividiendo el número de estudiantes que se especializan en inglés con un promedio de A (5) por el número total de estudiantes (32). Encuentre la frecuencia relativa condicional dividiendo la frecuencia relativa acumulada de un estudiante que no se especializa en inglés que tiene un promedio de A ($\frac{1}{32}$, o sea, 0.03) por la frecuencia relativa marginal de estudiantes que no se especializan en inglés ($\frac{5}{32}$, o sea, 0.47).

 Hacer inferencias y justificar conclusiones

Las estadísticas se usan para hacer predicciones o inferencias sobre poblaciones. Es importante contar con suficientes datos y determinar si las diferencias en datos son significativas.

TÉRMINOS CLAVE: margen de error, modelo/representación, muestreo aleatorio, nivel de confianza, significativo

Muestreo aleatorio

Si se quisiera hallar la estatura promedio de estudiantes en una escuela secundaria, se podría medir a todos los estudiantes, sumar todas las medidas y dividir por el número total de estudiantes. Si se quisiera hallar la estatura promedio de los estudiantes de escuela secundaria del estado de Vermont, ese método no sería muy eficaz. En vez de hacer esto, se podría tomar un **muestreo aleatorio** de estudiantes y hacer una predicción basada en lo que se encontró.

Por ejemplo, cada elemento o persona en ese muestreo debe tener igual oportunidad de ser seleccionado. En el ejemplo que se muestra, seleccionar cada estudiante con apellido *Smith* podría parecer al azar pero dejaría fuera a estudiantes con diferentes herencias étnicas. Se podría obtener mejores resultados al seleccionar estudiantes por su número de identidad, fecha de nacimiento o algún otro atributo que no esté relacionado con sus antecedentes.

Modelos y simulaciones

Se puede iniciar un experimento con un **modelo** en mente. Por ejemplo, en un experimento que implique lanzar al aire una moneda, el modelo le da el conjunto de los posibles resultados (cara o cruz) y la probabilidad de cada respuesta (0.5, o sea, 50%). Si se estudia la estatura de los estudiantes, se podría comenzar con datos de investigaciones previas y hacer una predicción acerca de cómo las estaturas pueden haber cambiado con una nutrición mejorada.

Luego se puede llevar a cabo una **simulación** y comparar los resultados con las predicciones. La simulación con la moneda podría implicar lanzar una moneda al aire 10 veces. La simulación de medir la estatura podría implicar el análisis de un muestreo aleatorio. Hoy las grandes simulaciones se pueden realizar por computadora o a través de calculadoras gráficas sin necesidad de lanzar una moneda al aire o medir la estatura de un estudiante.

Margen de error

Cuando se emplea un muestreo aleatorio, se está usando un subconjunto para sacar conclusiones acerca de una población mucho más grande. Ya que el muestreo no es completo, los datos recibidos pueden diferirse de los datos esperados. ¿Cuánta variación está bien? Eso depende de qué tan cerca uno quiere estar. Eso depende de cuán cerca se quiera estar.

El **margen de error** en un experimento o encuesta es el rango de valores entre los cuales resulta la medida precisa de lo que se supone que ellas midan. Los siguientes factores afectan el margen de error:

>> Nivel de confianza
>> Tamaño del muestreo
>> Proporción en el muestreo

El **nivel de confianza** es algo que se decide. A menudo, los que realizan los experimentos eligen un nivel de confianza de 95%. Eso significa que de 100 intentos o medidas o encuestas, ellos esperan que 95 arrojarán resultados precisos. El tamaño del muestreo tiene importancia. Se podría lanzar al aire una moneda 10 veces y obtener cara 8 veces. Eso no significa que la probabilidad de obtener cara sea 80%. Significa que el tamaño de su muestreo es demasiado pequeño. Se necesitaría lanzar una moneda 100 veces para poder compensar en 50%.

La proporción en un muestreo tiene un impacto en el margen de error también. Cuando se lanza una moneda, se espera encontrar $\frac{50}{100}$ caras en 100 lanzadas. En el experimento de la estatura del estudiante, se podría predecir que $\frac{1}{100}$ estudiantes tendrá más de 6 pies de estatura. Un estimado de $\frac{50}{100}$ está sujeto a más variabilidad de un estimado de $\frac{1}{100}$.

Se puede encontrar el margen de error empleando una fórmula, usando una tabla establecida/preexistente o usando una calculadora en Internet.

Significativo

Si un resultado es **significativo**, es probable que haya sido causado por algo más que por pura casualidad. Se mide la significancia usando valores-p, los cuales representan la probabilidad de que la pura casualidad no pueda explicar el resultado. Usualmente, un valor-p de 0.05 (5%) o menos se considera estadísticamente significativo.

RETO — Hacer inferencias y justificar conclusiones

Elija la palabra o frase correcta que aparece en paréntesis.

1. En un experimento que implica echar un dado, el modelo probablemente indicaría que las posibilidades de que salga el dos fuera ($\frac{1}{6}$ / $\frac{2}{6}$).

2. Si se echara un dado 10 veces y se obtuvieran tres 5, dos 2, cuatro 6, y un 1, uno querría ajustar el **(margen de error/tamaño del muestreo)**.

3. Los resultados de un valor-p de $p < 0.01$ probablemente se considerarían **(significativos/insignificantes)**.

RESPUESTAS AL RETO

Hacer inferencias y justificar conclusiones

1. $\frac{1}{6}$ — Si el dado no está alterado, cada resultado tiene 1 en 6 probabilidades en cada echada.

2. **Tamaño del muestreo** — Resultados tan alejados de los valores que se esperan podrían resultar de un tamaño de muestreo demasiado pequeño.

3. **Significativos** — Un valor-p de 5% o menos usualmente se considera significativo.

Probabilidad condicional y las reglas de la probabilidad

A veces se examina más de un evento a la vez, como se hizo en las tablas bidireccionales de frecuencia en la Sección 18. La **probabilidad condicional** es la probabilidad de que, dado el evento B, el evento A ocurrirá, o viceversa.

TÉRMINOS CLAVE: complemento, espacio muestral, evento, independiente, intersección, probabilidad condicional, reglas de suma, subconjunto, unión

Espacio muestral y subconjuntos

En un experimento al azar, **el espacio muestral** es el conjunto S que incluye todos los resultados posibles.

Por ejemplo, lanzar un dado produce el espacio muestral
$S = \{1, 2, 3, 4, 5, 6\}$

Lanzar una moneda produce el espacio muestral $S = \{H, T\}$.

Dentro de un espacio muestral dado hay **subconjuntos** conocidos como *eventos*. Un **evento** es un conjunto de resultados de un experimento. En dos eventos dados, A y B, hay una variedad de relaciones posibles.

» La **unión** de eventos A y B es el evento que tiene lugar solamente si A ocurre *o* B ocurre.

» La **intersección** de eventos A y B es el evento que tiene lugar solamente si A ocurre *y* B ocurre.

» El **complemento** de evento A es todos los resultados que **no** son el evento. El evento más su complemento es igual a todos los resultados posibles.

Por ejemplo, lance un dado. El espacio muestral es $S = \{1, 2, 3, 4, 5, 6\}$

Supongamos que A es el evento "un número impar" y B es el evento "divisible por 3".

$A = \{1, 3, 5\}$ y $B \{3, 6\}$.

La unión de A y $B = \{1, 3, 5, 6\}$.

La intersección de A y $B = \{3\}$.

El complemento de $A = \{2, 4, 6\}$ y el complemento de $B = \{1, 2, 4, 5\}$.

Eventos independientes

Un evento **independiente** no es afectado por eventos previos. Lanzar un dado y obtener un 4 no significa que la próxima vez que lo tire va a obtener un 1, o un 2 o cualquier otro número específico. Los eventos no están relacionados. Cada vez que uno eche a rodar el dado uno tiene 1 en 6 oportunidades de obtener un 4.

Para calcular la probabilidad de dos o más eventos independientes, multiplique las probabilidades de cada uno.

Por ejemplo, al rodar un dado, ¿cuál es la probabilidad de obtener tres 4 de forma consecutiva?

$$\frac{1}{6} \times \frac{1}{6} \times \frac{1}{6} = \frac{1}{216}$$

Al tirar una moneda al aire, ¿cuál es la probabilidad de obtener cara cinco veces consecutivas?

$$0.5 \times 0.5 \times 0.5 \times 0.5 \times 0.5 = 0.03125$$

La probabilidad de lograr una serie de eventos independientes disminuye rápidamente a medida que la serie aumenta.

Una buena forma de pensar en eventos independientes es considerar la probabilidad condicional de A y B de esta manera: La probabilidad condicional de A dado B es la misma probabilidad de A. La probabilidad condicional de B dado A es la misma probabilidad de B.

Reglas de suma

A veces dos eventos son mutuamente exclusivos. Si uno ocurre, el otro no puede ocurrir. En este caso, para encontrar la probabilidad de evento A o B, se suman las probabilidades de cada evento:

$$P(A \text{ o } B) = P(A) + P(B)$$

Por ejemplo, al rodar un dado, ¿cuál es la probabilidad de obtener un 2 *o* un 4?

$$P(2) = \frac{1}{6}$$

$$P(4) = \frac{1}{6}$$

$$P(2 \text{ o } 4) = \frac{1}{6} + \frac{1}{6} = \frac{2}{6} = \frac{1}{3}$$

Hay 1 en 3 oportunidades de obtener un 2 o un 4.

A veces dos eventos no son mutuamente exclusivos. Es posible tener dos eventos que ocurran al mismo tiempo. Se pueden representar estos eventos en una tabla bidireccional (Véase pp. 206). Cuando dos eventos no son mutuamente exclusivos, encuentre la probabilidad de eventos A o B restando la coincidencia de los dos eventos de la suma de la probabilidad de cada evento:

$$P(A \text{ o } B) = P(A) + P(B) - P(A \text{ y } B)$$

Por ejemplo, regresemos a la tabla de los futbolistas en la página 206. Hay un total de 11 jugadores. Por supuesto, 7 son de Texas y 4 no lo son. Además, 9 de ellos jugaron en la escuela secundaria y 2, incluyendo a un tejano, no jugaron en la escuela secundaria. Si uno escoge al azar a un jugador, ¿cuál es la probabilidad de escoger a alguien de Texas **o** a alguien que jugó en la escuela secundaria?

P(Texas o Escuela Sec) = P(Texas) + P(Escuela Sec) − P(Texas y Escuela Sec)

$$= \frac{7}{11} + \frac{9}{11} - \left(\frac{6}{11}\right)$$

$$= \frac{16}{11} - \frac{6}{11} = \frac{10}{11}$$

RETO — Probabilidad condicional y las reglas de la probabilidad

Lea el problema. Luego conteste la pregunta.

Hay 52 cartas en una baraja de cartas estándar distribuidas en cuatro grupos iguales del 2 hasta Jota, Reina, Rey, y As. Estos grupos son pica, corazón, diamante y trébol.

1. Si A = picas y B = 10, ¿cuál es la intersección de A y B?

2. Si usted reinserta la carta y las vuelve a barajar cada vez que extrae una, ¿qué probabilidades hay de extraer el 2 tres veces consecutivas?

3. Usted selecciona al azar una carta de la baraja. ¿Qué probabilidades hay de que la carta sea un corazón o una pica?

4. Usted selecciona al azar una carta de la baraja. ¿Qué probabilidades hay de que la carta sea la Jota o un diamante?

RESPUESTAS AL RETO
Probabilidad condicional y las reglas de la probabilidad

1. (10 de picas) En la intersección tanto A (picas) *como* B (10) deben ocurrir.

2. $\dfrac{1}{2,197}$ Las posibilidades de extraer un 2 son $\dfrac{4}{52}$, porque hay cuatro 2 en la baraja. En términos simplificados, esto es $\dfrac{1}{13}$. Ya que los eventos son independientes cuando usted reinserta la carta en la baraja y las vuelve a barajar, se puede multiplicar para hallar la probabilidad: $\dfrac{1}{13} \times \dfrac{1}{13} \times \dfrac{1}{13} = \dfrac{1}{2,197}$.

3. $\dfrac{1}{2}$ Estos son eventos mutuamente exclusivos —una carta no puede ser corazón y trébol a la vez. Por eso, use la primera regla de suma.

P(corazón) + P(trébol) $= \dfrac{13}{52} + \dfrac{13}{52} = \dfrac{26}{52} + \dfrac{1}{2}$.

4. $\dfrac{4}{13}$ Estos no son eventos mutuamente exclusivos porque una carta es tanto una Jota como un diamante. Use la segunda regla de suma.

P(Jota) + P(diamante) − P(Jota y diamante) $= \dfrac{4}{52} + \dfrac{13}{52} - \dfrac{1}{52} = \dfrac{16}{52} = \dfrac{4}{13}$.

Examen TASC de Matemáticas
Examen de práctica

52 preguntas, 105 minutos

El siguiente examen está diseñado para simular un examen TASC real de la sección de matemáticas en cuanto al formato de las preguntas, número y grado de dificultad. Para tener una buena idea de cómo le irá en el examen real, tome esta prueba bajo las mismas condiciones del examen. Complete el examen en una sola sesión y en el límite de tiempo indicado. Las respuestas y explicaciones comienzan en la página 232.

Parte 1: Se permite calculadora

1. Voltaje = corriente × resistencia. El voltaje se mide en voltios, la corriente se mide en amperios, y la resistencia se mide en ohmios. ¿Cuál es la resistencia en ohmios si el voltaje es 3 voltios y la corriente es 1.5 amperios?

   (A) 4.5 ohmio
   (B) 3 ohmio
   (C) 2 ohmio
   (D) 1.5 ohmio

2. Resuelva x: $\log_2 64 = x$.

   (A) 3
   (B) 4
   (C) 5
   (D) 6

3. Hay 52 cartas en una baraja de cartas estándar distribuidas en cuatro grupos iguales del 2 hasta Jota, Reina, Rey, y As. Los grupos son pica, trébol, corazón y diamante. Si usted selecciona al azar una carta, la regresa a la baraja y vuelve a barajar cada vez que se extrae una carta, ¿qué probabilidad hay de extraer cuatro ases de forma consecutiva?

   (A) $\frac{1}{52}$

   (B) $\frac{1}{2,197}$

   (C) $\frac{1}{2,704}$

   (D) $\frac{1}{28,561}$

4. ¿Qué número es equivalente a $216^{\frac{1}{3}}$?

Ⓐ 6

Ⓑ 36

Ⓒ 72

Ⓓ 612

5. Arrastre y suelte para colocar las ciudades en orden de mayor a menor densidad de población.

CUIDAD	ÁREA EN KM²	POBLACIÓN (2010)
Yakarta, Indonesia	1,360	14,250,000
Beijing, China	748	8,614,000
Delhi, India	1,295	14,300,000
Ho Chi Minh City, Vietnam	518	4,900,000

Jakarta

Beijing

Delhi

Ho Chi Minh City

①

②

③

④

6. ¿Qué número es equivalente a $\sqrt[4]{81}$?

Ⓐ 3

Ⓑ 9

Ⓒ 20.25

Ⓓ 36

7. Greta corrió 5 kilómetros en la carrera de 5 kilómetros en el festival de Dryden Lake. ¿Cuántos metros corrió Greta?

Ⓐ 5

Ⓑ 50

Ⓒ 500

Ⓓ 5,000

8. Use la fórmula de la distancia para hallar el perímetro de *ABC*.

Piense en: $d^2 = (\text{cambio en } x)^2 + (\text{cambio en } y)^2$

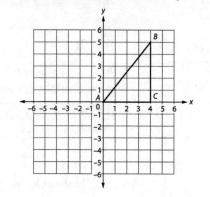

Ⓐ 15

Ⓑ $\sqrt{41}$

Ⓒ $9 + \sqrt{41}$

Ⓓ 50

9. Densidad $= \dfrac{\text{masa}}{\text{volumen}}$. La gasolina tiene una densidad de alrededor de 0.66 gramos por centímetro cúbico. Al kilogramo más cercano, ¿cuál es la masa de un contenedor de gasolina que mide 30 centímetros por 30 centímetros por 30 centímetros de profundidad?

Ⓐ 136

Ⓑ 59

Ⓒ 40

Ⓓ 18

10. Resuelva: $4^2 + 4^3 + 4^0$

Ⓐ 1,024

Ⓑ 84

Ⓒ 81

Ⓓ 0

11. ¿Cuál es el factor de escala de esta dilatación?

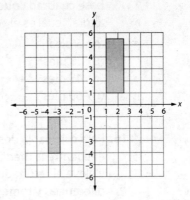

Ⓐ 1.5
Ⓑ 2
Ⓒ 3
Ⓓ 4.5

12. ¿Cuál es otra manera de expresar $x^4 + y^4$?

Ⓐ $(x + y)^2 + (x + y)^2$
Ⓑ $x^5 + y^3$
Ⓒ $(x + y)^4$
Ⓓ $(x^2)^2 + (y^2)^2$

13. ¿Cuál de las siguientes opciones nombra la función para esta secuencia aritmética?

$$2, -13, -28, -43, \ldots$$

Ⓐ $f(x) = x - 5$
Ⓑ $f(x) = x + 11$
Ⓒ $f(x) = x - 11$
Ⓓ $f(x) = x - 15$

14. En este dibujo, la medida de ángulo $\theta = 55°$. ¿Cuál es la medida del arco S?

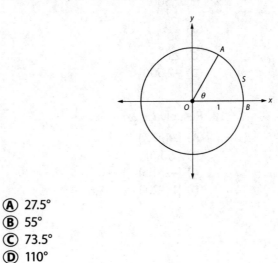

Ⓐ 27.5°
Ⓑ 55°
Ⓒ 73.5°
Ⓓ 110°

15. Para un arreglo de comestibles Matt construyó una pirámide con una base cuadrada que mide 3 pies cada lado. Si la pirámide tiene 5 pies de altura, ¿cuál es el volumen de la pirámide de Matt?

Ⓐ 5 pies³
Ⓑ 15 pies³
Ⓒ 45 pies³
Ⓓ 60 pies³

16. Para calcular la desviación estándar de un conjunto de valores, primero encuentre la media de los valores. Luego, reste ese número de cada valor y eleve el resultado al cuadrado. Luego calcule el promedio de esas diferencias y tome la raíz cuadrada de esa cantidad.

Jasmine midió cinco plantas de semillero y obtuvo los resultados siguientes. Encuentre la desviación estándar para los valores en la tabla.

PLANTA 1	PLANTA 2	PLANTA 3	PLANTA 4	PLANTA 5
18 cm	12 cm	15 cm	15 cm	20 cm

Ⓐ 16
Ⓑ 8
Ⓒ $\sqrt{7.6}$
Ⓓ 6

17. El cuadrilátero *ABCD* está inscrito en círculo *O*. Si el ángulo *ABC* mide 90°, ¿Cuál es la medida del ángulo *BCD*?

Ⓐ 45°
Ⓑ 90°
Ⓒ 135°
Ⓓ No se puede hallar la respuesta con la información dada.

18. ¿Cuál es otra manera de expresar 50^{-2}?

Ⓐ $\dfrac{1}{2{,}500}$

Ⓑ $\dfrac{2}{50}$

Ⓒ 25
Ⓓ −2,500

19. Resuelva *x*: $2x^2 - 3x = 5$

Ⓐ (−1, 2.5)
Ⓑ (2, 1.5)
Ⓒ (−2, 1.5)
Ⓓ (1, −2.5)

20. Ellen cortó en rebanadas un cilindro de masa refrigerada para hacer galletitas. En el paquete la masa medía 12 pulgadas de largo por 2 pulgadas de diámetro. Cuando se hornean, las galletitas se expanden alrededor de 10 por ciento. ¿A qué distancia mínima puede Ellen colocar las galletitas en la bandeja para evitar que hagan contacto unas con otras?

Ⓐ $\frac{1}{4}$ pulgada

Ⓑ $\frac{1}{2}$ pulgada

Ⓒ 1 pulgada

Ⓓ 2 pulgadas

21. La gráfica muestra la función $f(x)$. Encuentre $f(-2)$.

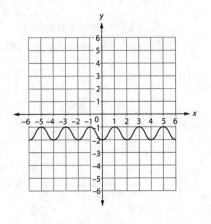

Ⓐ −5

Ⓑ −2

Ⓒ 2

Ⓓ 4

22. Encuentre una expresión equivalentea: $(5x^2 + x) - (2x^2 + x)$

Ⓐ $7x^2 + 2x$

Ⓑ $10x^4 - x^2$

Ⓒ $3x^2 + 2x$

Ⓓ $3x^2$

23. Flora descubrió que este año ella tiene $\frac{1}{2}$ de la edad de su madre menos $\frac{1}{2}$ de su propia edad. ¿Cómo puede Flora expresar esto algebraicamente?

Ⓐ $F = \frac{M}{2} - \frac{F}{2}$

Ⓑ $F = \frac{M + F}{2}$

Ⓒ $\frac{F}{2} = \frac{M - F}{2}$

Ⓓ $F = \frac{M}{2} - 2F$

24. Si $f(x) = 3x + 4$, ¿cuál es la función inversa?

(A) $f^{-1}(x) = 4x + 3$

(B) $f^{-1}(x) = 3x - 4$

(C) $f^{-1}(x) = (\frac{1}{3}x) - 4$

(D) $f^{-1}(x) = \frac{(x - 4)}{3}$

25. ¿Cuál es la raíz cuadrada de $4i$?

(A) $4i^2$

(B) -4

(C) -16

(D) $-2i$

26. Este diagrama de caja muestra la venta de calentadores de agua *Hefty Water & Heating* por un año.

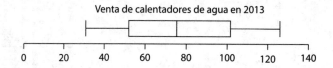

Venta de calentadores de agua en 2013

¿Cuál es la mediana de las ventas de calentadores de agua vendidos en 2013?

(A) 50

(B) 75

(C) 100

(D) 125

27. La función $m(g)$ representa el número de millas que se condujo u sando g galones de gasolina. ¿Cuál es un dominio razonable para esa función?

(A) solamente enteros positivos

(B) todos los números reales

(C) números reales excepto el cero

(D) todos los números racionales

28. Arrastre y suelte dos numerales para crear un número equivalente a $\left(\frac{2}{3}\right)^3$

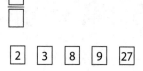

29. Nathan escribió las letras de su primer nombre y apellido en cartones separados:

NATHAN GOLD

Luego colocó los cartones boca abajo en dos pilas, una para su nombre y otra para su apellido. Si Nathan elige un cartón al azar de cada una de las pilas, ¿qué probabilidades hay de que elija una N y una G?

Ⓐ $\frac{1}{3}$

Ⓑ $\frac{1}{4}$

Ⓒ $\frac{1}{10}$

Ⓓ $\frac{1}{12}$

30. ¿Cuál sistema de ecuaciones corresponde a esta gráfica?

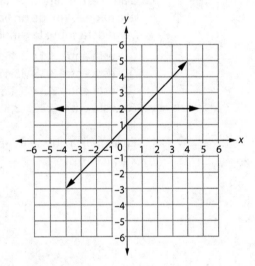

Ⓐ $y = x + 2; y = x + 1$
Ⓑ $x = 2; y = x - 1$
Ⓒ $y = 2x; y = x + 2$
Ⓓ $y = 2; y = x + 1$

31. El siguiente diagrama muestra un arco del círculo O con un ángulo central θ.

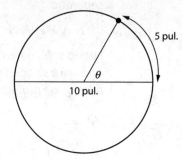

¿Cuál es la medida de θ?

(A) 1 radián

(B) 2 radianes

(C) π radianes

(D) 5 radianes

32. Dahlia está usando un aparato de medición con divisiones de 0.1 ml. Si ella mide 3.4 ml de un líquido, ¿cuál de las siguientes opciones es verdadera sobre la cantidad del líquido?

(A) está entre 3.4 y 3.45 ml.

(B) está entre 3.35 y 3.45 ml.

(C) está entre 3.3 y 3.4 ml.

(D) está entre 3.25 y 3.35 ml.

33. En la gráfica que se muestra, ¿cuál es el máximo para el intervalo $x = 1$ a $x = 2$?

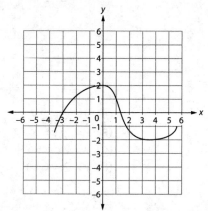

(A) (0, 1)

(B) (1, 1)

(C) (0, 2)

(D) (2, 0)

34. ¿Cuál línea sería perpendicular a la línea cuya ecuación es $y = 2x - 3$?

(A) $y = \dfrac{-1}{2}x + 7$

(B) $y = 2x + 3$

(C) $-y = 2x - 3$

(D) $y = \dfrac{x - 3}{2}$

35. ¿Cuál de las siguientes opciones describe dos eventos independientes?

(A) Joan escoge dos cartas consecutivamente de la mano de un mago.
(B) Joan lanza dos dados, uno en cada mano.
(C) Joan escoge dos monedas, una después de la otra, de una pila de monedas.
(D) Joan saca dos medias de su cajón.
(E) $y = -2x + 5$
(F) $y = -\dfrac{1}{2x} + 6$

36. Imagínese que este cuadrado gira 360° alrededor del eje y. ¿Qué figura tridimensional formará?

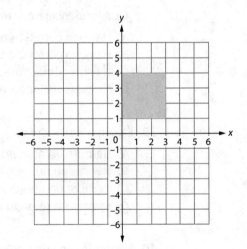

(A) pirámide
(B) prisma
(C) esfera
(D) cilindro

37. Arrastre y suelte la expresión equivalente a: $(3 + 4i) + (7 + i) =$ ⬚

$28i + 3i$

$15i$

$10 + 4i$

$10 + 5i$

38. El departamento de recursos humanos en Widgets, Inc. preparó este diagrama de puntos para mostrar los salarios relativo a años de experiencia en el trabajo.

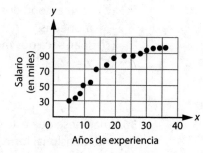

¿Qué tendencia muestran estos datos?

Ⓐ Hay una correlación positiva entre experiencia y pago.
Ⓑ Hay una correlación negativa entre experiencia y pago.
Ⓒ Hay un número inesperado de valores extremos en los datos.
Ⓓ No hay suficientes datos para llegar a una conclusión.

39. La suma de $\frac{3}{16}$ y pi es ___.

Ⓐ siempre un número racional.
Ⓑ a veces un número racional.
Ⓒ siempre un número irracional.
Ⓓ a veces un número irracional.

40. Encuentre una expresión equivalente a: $(x^2 + 2x)(x^2 - 2x)$

Ⓐ x^4
Ⓑ $2x^2 - 4x$
Ⓒ $x^4 - 4x^2$
Ⓓ $x^4 + 2x^3 - 2x^2$

Parte 2: No se permite el uso de calculadora

41. Resuelva x: $\sqrt{6+x} = 14$

Marque su respuesta en la hoja de respuestas.

42. Si la circunferencia de la luna es 6,784 millas, ¿cuál es su radio? Use 3.14 como pi y redondee a la milla más cercana.

Marque su respuesta en la hoja de respuestas.

43. Encuentre el próximo valor de y en esta función exponencial.

x	y
−1	0.25
0	1
1	4
2	16
3	64
4	¿?

Marque su respuesta en la hoja de respuestas.

44. Si $f(x) = x^2 - 1$, ¿qué es $f(x)$ cuando $x = 12$?

Marque su respuesta en la hoja de respuestas.

45. Encuentre el valor <u>positivo</u> de x que resuelva esta ecuación cuadrática.

$$8x^2 + 2x - 3 = 0$$

Marque su respuesta en la hoja de respuestas.

46. Dos líneas paralelas son cruzadas por una transversal. ¿Cuál es la medida de los ángulos $x + y$?

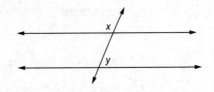

Marque su respuesta en la hoja de respuestas.

47. Steve tiene 10 monedas de Estados Unidos en su bolsillo. La mitad de las monedas son de diez centavos y el valor total de las monedas es $0.95. ¿Cuántas monedas de cinco centavos tiene Steve?

Marque su respuesta en la hoja de respuestas.

```
        ⊘  ⊘  ⊘
   ⊙  ⊙  ⊙  ⊙  ⊙
   ⓪  ⓪  ⓪  ⓪  ⓪
   ①  ①  ①  ①  ①
   ②  ②  ②  ②  ②
   ③  ③  ③  ③  ③
   ④  ④  ④  ④  ④
   ⑤  ⑤  ⑤  ⑤  ⑤
   ⑥  ⑥  ⑥  ⑥  ⑥
   ⑦  ⑦  ⑦  ⑦  ⑦
   ⑧  ⑧  ⑧  ⑧  ⑧
   ⑨  ⑨  ⑨  ⑨  ⑨
```

48. ¿Cuál es el número entero entre 2 y 9 que cuando se suma a este conjunto de datos resulta en un conjunto de datos perfectamente simétrico?

2	5	6	6	8	8	9

Marque su respuesta en la hoja de respuestas.

```
        ⊘  ⊘  ⊘
   ⊙  ⊙  ⊙  ⊙  ⊙
   ⓪  ⓪  ⓪  ⓪  ⓪
   ①  ①  ①  ①  ①
   ②  ②  ②  ②  ②
   ③  ③  ③  ③  ③
   ④  ④  ④  ④  ④
   ⑤  ⑤  ⑤  ⑤  ⑤
   ⑥  ⑥  ⑥  ⑥  ⑥
   ⑦  ⑦  ⑦  ⑦  ⑦
   ⑧  ⑧  ⑧  ⑧  ⑧
   ⑨  ⑨  ⑨  ⑨  ⑨
```

49. *AB* es un diámetro de un círculo *O*. Si el ángulo *x* mide 52°, ¿cuál es la medida del ángulo *y*?

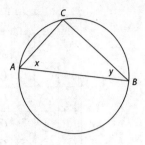

Marque su respuesta en la hoja de respuestas.

50. ¿Qué fracción es equivalente a 4^{-3}?

Marque su respuesta en la hoja de respuestas.

51. En términos fraccionarios, ¿qué probabilidades hay de lanzar al aire una moneda de cinco centavos, una de diez y una de veinticinco y que salga cara en las tres?

Marque su respuesta en la hoja de respuestas.

52. Una secuencia geométrica se mueve de un término a otro multiplicando un valor constante llamado la razón común. Si la razón común en una secuencia es $\frac{1}{2}$, ¿qué número sigue a 75 en esa secuencia?

Marque su respuesta en la hoja de respuestas.

Este es el fin del examen de práctica de Matemáticas del Examen TASC.

Examen TASC de Matemáticas Respuestas explicativas del examen de práctica

1. **C** Si el voltaje = corriente × resistencia, resistencia = voltaje ÷ corriente. $3 \div 1.5 = 2$.

2. **D** $\log_2 64 = x$ significa que 2 es elevado a alguna potencia para obtener 64. $2^6 = 64$, entonces la respuesta es 6.

3. **D** La probabilidad de estos eventos independientes es el producto de sus probabilidades. La probabilidad de elegir 1 As es $\frac{4}{52}$, así que la probabilidad de obtener 4 ases, asumiendo que usted ponga de vuelta las cartas cada vez es $\frac{4}{52} \times \frac{4}{52} \times \frac{4}{52} \times \frac{4}{52} = \frac{256}{7,311,616}$, o sea $\frac{1}{28,561}$. Otra forma de pensar lo es que la probabilidad de elegir cada As de los 4 grupos es $\frac{1}{13}$, y $\frac{1}{13}$ por cuatro es $\frac{1}{28,561}$.

4. **A** Un exponente de $\frac{1}{3}$ es lo mismo que la raiz cúbica. La raíz cúbica de 216 es 6.

5. **1. Beijing, 2. Delhi, 3. Jakarta, 4. Ciudad de Ho Chi Minh** La densidad de la población se determina dividiendo la población por el área. En este caso, la mayor densidad es la de Beijing, con alrededor de 11,516 personas por kilómetro cuadrado, seguida de Delhi con alrededor de 11,042, Jakarta con alrededor de 10,478 y Ciudad de Ho Chi Minh con alrededor de 9,459.

6. **A** ¿Qué número multiplicado por sí mismo cuatro veces da 81? La respuesta es 3.

7. **D** Un kilometro es igual a 1,000 metros.

8. **C** El perímetro es la distancia alrededor de la figura. Usted ya sabe las medidas de dos de sus lados: el segmento BC tiene 5 unidades de largo y el segmento A tiene 4 unidades de largo. Para encontrar la longitud de AB use la fórmula de la distancia. El cambio en x es de 4 a 0, es decir, 4 unidades. El cambio en y es de 5 a 0, es decir, 5 unidades. $4^2 + 5^2 = d^2$, así $16 + 25 = d^2$, lo cual hace que d sea igual a $\sqrt{41}$. El perímetro entero es entonces $5 + 4 + \sqrt{41}$, o sea, la selección C.

9. **D** Calcule el volumen: $30 \times 30 \times 30 = 27,000$ cm³ Si densidad $= \frac{\text{masa}}{\text{volumen}}$, entonces masa = (densidad)(volumen). $27,000 \times 0.66 = 17,820$ gramos, o alrededor de 18 kilogramos.

10. **C** Calcule cada uno y luego sume: $16 + 64 + 1 = 81$.

11. **A** El rectángulo pequeño mide 1 por 3 unidades. El rectángulo grande mide 1.5 por 4.5 unidades. El factor de escala es 1.5—cada longitud en el rectangulo pequeno se multiplica por 1.5 para formar el rectángulo grande.

12. **D** Si es necesario, inserte números reales por x y y para comprobar que sólo la selección D expresa el mismo número que $x^4 + y^4$.

13. **D** Para comprobar, examine la función en la secuencia: $2 - 15 = -13$, $-13 - 15 = -28$, $-28 - 15 = -43$.

14. **B** El arco contenido en un ángulo central tiene la misma medida que el ángulo central.

15. **B** La base es 3×3, es decir 9 pies. La altura es 5 pies. La fórmula para el volumen de una pirámide es $\frac{1}{3}ba$. En este caso, $\frac{1}{3}(9 \times 5) = 15$.

16. **C** Siga estos pasos: Encuentre la media: $(18 + 12 + 15 + 15 + 20) \div 5 = 16$. Reste la media de cada valor: $18 - 16 = 2$. $12 - 16 = -4$. $15 - 16 = -1$. $15 - 16 = -1$. $20 - 16 = 4$. Eleve los resultados al cuadrado: 4, 16, 1, 1, 16. Ahora calcule el promedio de esos valores: $4 + 16 + 1 + 1 + 16 = 38$. Divida 38 por $5 = 7.6$ finalmente, tome la raíz cuadrada de ese valor: $\sqrt{7.6}$.

17. **B** Dibuje una figura, si esto le ayuda. Usted debería ser capaz de deducir que si un ángulo de un cuadrilátero es igual a 90°, y que el ángulo opuesto debe también tener 90° porque el cuadrilátero está inscrito en un círculo, todos los ángulos tienen que ser igual a 90°.

18. **A** Cualquier número n^{-2} es equivalente a $\frac{1}{n^2}$.

19. **C y F** Coloque la ecuación de modo que el lado derecho sea 0: $2x^2 - 3x - 5 = 0$. Factorice:

$(2x - 5)(x + 1) = 0$. Encuentre los numeros que hacen esa ecuación verdadera: $2x - 5 = 0$, así $x = 2.5$ $x + 1 = 0$, entonces $x = -1$.

20. A La forma del cilindro es irrelevante, excepto para ayudarle a reconocer que las galletas serán circulares. Si el diámetro de las galletas es 2 pulgadas y se expanden en 10 por ciento, cada galleta puede adquirir un diámetro de 2.2 pulgadas. Dos galletas se expandirán una hacia la otra en 0.2 pulgadas cada una, o sea, 0.4 pulgadas en total. Sería prudente decir que las galletas están a 0.5 pulgadas unas de otras.

21. B En el punto de la gráfica donde $x = -2$, $y = -2$.

22. D Reste los términos similares.
$5x^2 - 2x^2 = 3x^2$, y $x - x = 0$.

23. A Supongamos que F representa la edad de Flora y M representa la edad de su madre. La edad de Flora es la mitad de la edad de su madre $\left(\dfrac{M}{2}\right)$ menos la mitad de su propia edad $\left(\dfrac{F}{2}\right)$. Solamente la selección A muestra esa relación. Por ejemplo, Flora pudiera tener 18 años y su madre pudiera tener 54. Insertar esos números en las otras ecuaciones debería mostrarle que son selecciones incorrectas.

24. D Para encontrar la función inversa, imagine y como sustituta de $f(x)$ y luego cambie x y y:
$y = 3x + 4$
$x = 3y + 4$
Entonces resuelva y:
$\dfrac{x}{3} = y + 4$
$\dfrac{(x - 4)}{3} = y$, así $y = \dfrac{(x - 4)}{3}$
Finalmente, reemplace y con la notación inversa: $f^{-1}(x)$.

25. C El cuadrado de cualquier número n i es $-(n^2)$.

26. B La mediana aparece como la línea central en la caja de un diagrama de cajas. Aquí es igual a 75.

27. A Uno no puede manejar millas negativas usando negativos galones de gasolina. Entonces tiene sentido que el dominio deben ser todos enteros positivos.

28. C Eleve al cubo el numerador y luego el denominador. El resultado es $\dfrac{8}{27}$.

29. D Estos son eventos independientes. El primero puede resultar en 2N, 2A, T, o H. El segundo puede resultar en G, O, L, o D. Las probabilidades de elegir una N son $\dfrac{2}{6}$, o sea, $\dfrac{1}{3}$. Las probabilidades de elegir una G son $\dfrac{1}{4}$. Multiplicar esas probabilidades nos da $\dfrac{1}{12}$.

30. D Se debería notar a primera vista que $y = 2$ para la linea horizontal, así solamente la selección D es posible. Para comprobar la segunda ecuación, elija cualquier punto sobre esa línea y vea si $y = x + 1$. Resulta cierto para (0, 1), (2, 3) y así sucesivamente.

31. A La definición de un radián es el ángulo que se forma al tomar el radio de un círculo, en este caso 5 pulgadas, y extenderlo alrededor de la circunferencia del círculo. En cualquier círculo en que el radio sea igual a la medida del arco formado por un ángulo central, ese ángulo central mide 1 radián.

32. B Para un instrumento de medición calibrado a intervalos de 0.1 ml, el nivel de error esperado sería de ± 0.05 ml.

33. B Localice el punto más alto en ese intervalo. El intervalo fluctúa de (0, 1) a (0, 0).

34. A Para que las lineas sean perpendiculares, los coeficientes x deben ser recíprocos inversos. El recíproco inverso de 2 es $-\dfrac{1}{2}$.

35. B En las selecciones A, C y D sacar un objeto significa que la segunda elección depende de la primera, porque la primera ha eliminado oportunidades de la segunda. Unicamente la selección B ofrece acciones verdaderamente independientes, porque el resultado de la primera tirada no tiene nada que ver con el resultado de la segunda.

36. D Imagine que usted grapa el lado izquierdo de un papel cuadrado a lo largo del eje y y lo hace girar libremente en la dirección contraria alrededor de ese eje. Hacerlo girar con toda libertad alrededor formaría un cilindro con la altura del cuadrado con un radio del ancho del cuadrado.

37. 10 + 5i   Sume los elementos similares primero: $3 + 7 = 10$, y $4i + (1)i = 5i$.

38. A   Hay una correlación positiva: Si se trazara una linea a través de los datos de modo que el mismo número de puntos quedara por encima y por debajo de la línea, la línea recorrería hacia arriba, mostrando que más experiencia se correlaciona con mejor pago. Hay muy pocos valores extremos en la gráfica (selección C), y los datos de puntos aquí parecen indicar una clara conclusión (selección D).

39. C   Un número racional más un número irracional es siempre un número irracional. Pi es un ejemplo de un número irracional porque no puede escribirse como una simple fracción.

40. C   Piense en los cuatro valores separados como a, b, c, y d. Multiplique ac, ad, bc, y bd, y sume los cuatro productos, como se indica aqui: $(x^2 + 2x)(x^2 - 2x) = (x^2)(x^2) - 2x^3 + 2x^3 - 4x^2$, o sea $x^4 - 4x^2$.

41. 190   Eliminemos el signo de raíz cuadrada elevando al cuadrado cada lado. $6 + x = 196$, así $x = 190$.

42. 1080   Si usted sabe la circunferencia de la luna, usted puede trabajar hacia atrás para encontrar su radio empleando la fórmula para la circunferencia: $C = 2\pi r$. $6{,}784 = 6.28r$, así $r = 6{,}784 \div 6.28 = 1{,}080.2547$, o $1{,}080$ millas a la milla más cercana.

43. 256   Busquemos el patrón. Por cada incremento por 1 en los valores de x, los valores y se multiplican por 4. Por eso, el valor que falta debe ser 64×4, o sea, 256.

44. 143   Substituya 12 por x: $12^2 - 1 = 144 - 1 = 143$.

45. $\frac{1}{2}$ o 0.5   Factorizar esa ecuación no da $(4x + 3)(2x - 1) = 0$. Haga cada una de las operciones en paréntesis igual a cero: $(4x + 3) = 0$, así $4x = -3$, entonces $x = -0.75$. $(2x - 1) = 0$, así $2x = 1$, es decir, $x = \frac{1}{2}$ o sea 0.5.

46. 180   La transversal cruza ambas líneas paralelas para formar los ángulos x y y en cada una. Ya que los ángulos con complementarios, deben sumar hasta 180°.

47. 4   Se puede adivinar-y-comprobar o se puede emplear álgebra. Entonces usted sabe que la mitad de las monedas, 5 monedas, son de diez centavos, usted puede restar ese $0.50 y pensar en el total como $0.45, no $0.95. Debería estar claro que ninguna de las monedas restantes pueden ser de un centavo o de medio dólar, entonces escriba una ecuación que incluya monedas de veinticinco y de cinco centavos: $Q + N = 5$ monedas en total; $25Q + 5N = 45$. Quizá no necesite continuar y sustituir, pero si lo desea hacer así, reescriba la segunda ecuación como $25(5 - N) + 5N = 45$. Factorice el 5: $5(5 - N) + N = 9$. $25 - 4N = 9$. $4N = 16$. $N = 4$. Compruebe con el problema original: 5 monedas de diez + 4 de cinco + 1 de veinticinco = 10 monedas. $5(0.10) + 4(0.05) + 1(0.25) = 0.95$.

48. 4   Para que el conjunto de datos sea exactamente simétrico la media debe ser igual a la mediana. En el conjunto de datos dados, la media es 6 y la mediana es alrededor de 6.286. Sumar 4 al conjunto de datos nos da una mediana de 6 y una media de 6.

49. 38   Porque un ángulo se forma por dos cuerdas que terminan sobre el diámetro, ese ángulo debe medir 90°. La suma de los ángulos en un triángulo es 180°. Por eso, $180 - (52 + 90) =$ la medida del ángulo y. El ángulo y mide 38°.

50. $\frac{1}{64}$ Cualquier número n^{-3} es equivalente a $\frac{1}{n^{-3}}$

51. $\frac{1}{8}$ La probabilidad que salga cara en la moneda de diez es $\frac{1}{2}$, cara en la moneda de veinticinco es $\frac{1}{2}$. Para encontrar las probabilidades de las tres, multiplique esas probabilidades.

52. 37.5   La secuencia es geométrica, y cada valor tiene la mitad del valor anterior. Si $x = 75$, el próximo número en la secuencia es la mitad de eso, o sea, 37.5.

Examen TASC de Estudios Sociales

5

CÓMO USAR ESTE CAPÍTULO

» Lea la Visión de Conjunto para saber lo que se incluye en el Examen TASC de Estudios Sociales.

» Tome el Examen TASC de prueba de Estudios Sociales para tener una idea de su conocimiento y habilidades en el área de Estudios Sociales.

» Estudie el Repaso del Examen TASC de Estudios Sociales para refrescar su conocimiento de los temas incluidos en esta área.

» Tome el Examen TASC de práctica en Estudios Sociales para mejorar sus habilidades y prepararse para el día del examen.

Visión de conjunto

El Examen TASC, al contrario a los exámenes equivalentes de la escuela secundaria, requiere algún conocimiento básico del contenido de Estudios Sociales. No se trata solamente de un examen de lectura, aunque se le pedirá a usted que lea pasajes relacionados con la historia, el gobierno y la economía.

El Examen TASC de Estudios Sociales se basa en varios grupos de estándares de esta área, los cuales usted podrá revisar en el Internet:

» Estándares nacionales sobre la historia de Estados Unidos e Historia mundial
http://www.nchs.ucla.edu/Standards/us-history-content-standards
http://www.hchs.ucla.edu/Standards/world-history-standards

» Estándares nacionales para estudios de Cívica y Gobierno
http://new.civiced.org/resources/publications/resource-materials
/nacional-standards-for-civics-and-government

235

» Estándares nacionales no obligatorios de contenido en Economía
www.councilforeconed.org/resource/voluntary-national-content
-standards-in-economics/

» Estándares nacionales de Geografía
http://education.nationalgeographic.com/education/standards/national
-geography-standards/?ar_a=1

Las ideas centrales para estudios sociales en la escuela secundaria son las
siguientes:

HISTORIA DE ESTADOS UNIDOS

1. Explicar los conflictos políticos que condujeron a la Revolución
estadounidense.
2. Describir las causas, los efectos y el curso de la expansión hacia el oeste
y los asuntos políticos más relevantes de principios del siglo XIX.
3. Describir las causas, los eventos principales y el resultado de la Guerra
Civil. Explicar las causas, el curso y los efectos de la Reconstrucción en
la antigua Confederación.
4. Explicar cómo los Estados Unidos se convirtieron en una gran nación
industrial a fines del siglo XIX.
5. Analizar y explicar cómo los Estados Unidos se convirtieron en un
poder mundial a principios del siglo XX.
6. Explicar las causas y los efectos de la Gran Depresión. Comentar sobre
el papel de Estados Unidos en la Segunda Guerra Mundial.
7. Comentar sobre los asuntos sociales, económicos y culturales que se
presentaban ante el pueblo estadounidense después de la Segunda Guerra
Mundial. Discutir el papel de los Estados Unidos durante la Guerra Fría.
8. Entender y comentar sobre los principales asuntos políticos, sociales y
culturales que enfrentan los Estados Unidos al comienzo del siglo XXI.

HISTORIA MUNDIAL

9. Definir *civilización* y describir y localizar las primeras civilizaciones
humanas.
10. Analizar y describir la Grecia y la Roma clásicas, las civilizaciones
de China y la India en sus comienzos y las principales religiones del
mundo antiguo.
11. Describir los primeros patrones migratorios, los asentamientos en la
Europa occidental durante la Temprana Edad Media, el establecimiento
de estados-naciones e imperios europeos y la fundación del Islam en el
Oriente Medio.
12. Analizar y describir las causas y los efectos del Renacimiento, la
Reforma y la Revolución Científica, identificando a las personas, ideas y
logros principales.
13. Identificar las causas y los patrones de la colonización europea en Asia,
las Américas y África; explicar también los efectos de la colonización en
los dos lados.
14. Discutir la Edad de la Revolución en Europa, comenzando con la
Revolución Gloriosa y terminando con la Revolución Bolchevique.
Analizar la influencia de la Ilustración en la Edad de la Revolución.

15. Discutir y describir las principales crisis a nivel mundial y los logros que se alcanzaron entre 1900 y 1945 en Europa, China, India y el mundo árabe. Analizar y describir las dos guerras mundiales.

16. Analizar las cambiantes relaciones entre las naciones desde el fin de la Segunda Guerra Mundial hasta el presente, incluyendo las causas y los efectos de la Guerra Fría y el aumento del terrorismo global.

CÍVICA Y GOBIERNO

17. Definir *política, vida cívica* y *gobierno.*

18. Explicar las bases del sistema político estadounidense.

19. Conectar la forma del gobierno de Estados Unidos con las propuestas y principios de la democracia estadounidense.

20. Explicar y analizar el papel de Estados Unidos en asuntos internacionales.

21. Describir el papel que juega el ciudadano estadounidense dentro de la democracia estadounidense.

ECONOMÍA

22. Explicar y aplicar los principios económicos básicos tales como la ley de oferta y demanda.

23. Explicar y aplicar los conceptos de la microeconomía (las decisiones que toman los individuos en cuanto a la economía).

24. Explicar y aplicar los conceptos de la macroeconomía (el funcionamiento de la economía en conjunto).

25. Describir el papel que desempeña el gobierno en la economía nacional.

26. Analizar la conexión entre el comercio internacional y la política extranjera.

GEOGRAFÍA

27. Describir las características físicas y humanas de los lugares.

28. Explicar cómo los seres humanos modifican el ambiente físico y cómo los sistemas físicos afectan los sistemas humanos.

29. Entender las migraciones humanas y las características de los enclaves humanos.

30. Leer e interpretar mapas.

31. Definir *ecosistema* y explicar cómo los elementos de un ecosistema funcionan juntos.

Habrá preguntas de todas estas áreas en el Examen TASC. Los nuevos estándares para estudios sociales se enfocan en preguntas que requieren un análisis crítico de la historia, además de los asuntos políticos, cívicos y económicos del mundo real del presente, tomando en consideración cómo estas áreas se relacionan entre sí. Por ejemplo:

1. Analizar relaciones de causa y efecto en los eventos históricos en los Estados Unidos y el mundo.

2. Leer e interpretar documentos históricos, tomando en consideración al autor de esa fuente.

3. Comparar y contrastar diversas perspectivas sobre un evento.

4. Analizar e interpretar datos económicos, geográficos e históricos.
5. Usar análisis matemático y de computación.
6. Construir argumentos y explicaciones basándose en evidencias.
7. Obtener, evaluar y comunicar información.

Estas prácticas de pensamiento crítico se aplican a todas las áreas de estudios sociales. Están basadas en los Estándares nacionales para la historia: Estándares de análisis histórico en www.nchs.ucla.edu/Standards -historical-thinking-standards-1/overview.

Para tener éxito en el Examen TASC, usted debe reconocer la conexión que existe entre los estudios sociales y la "vida real". Se debe entender cómo los historiadores y economistas piensan y trabajan para resolver problemas. Entre las preguntas posibles están: leer documentos históricos o un fragmento interpretar fotografías y caricaturas políticas y aplicar su análisis de eventos históricos a los asuntos que el pueblo enfrenta hoy en día.

Examen TASC de Estudios Sociales– Examen de prueba

Use las siguientes preguntas para evaluar su nivel de conocimiento actual de los conceptos y habilidades de Estudios Sociales.
Las respuestas aparecen en la página 246.

Lea el siguiente extracto. Luego conteste las preguntas 1–3.

Hace ochenta y siete años nuestros padres crearon en este continente una nueva nación, concebida bajo el signo de la libertad y consagrada a la premisa de que todos los hombres nacen iguales.

Hoy nos hallamos embarcados en una vasta guerra civil que pone a prueba la capacidad de esta nación, o de cualquier otra así concebida y así dedicada, para subsistir por largo tiempo. Nos hemos reunido en el escenario donde se libró una de las grandes batallas de esta guerra. Vinimos a consagrar parte de este campo de batalla al reposo final de quienes han entregado su vida por la nación. Es plenamente adecuado y justo que así lo hagamos.

Sin embargo, en un sentido más amplio, no podemos dedicar, no podemos consagrar, no podemos glorificar este suelo. Los valientes hombres que aquí combatieron, vivos y muertos, lo han consagrado muy por encima de nuestro escaso poder de sumar o restar méritos. El mundo apenas advertirá, y no recordará por mucho tiempo lo que aquí se diga, más no olvidará jamás lo que ellos han hecho. Nos corresponde a los que estamos vivos, en cambio, completar la obra inconclusa que tan noblemente han adelantado aquellos que aquí combatieron. Nos corresponde ocuparnos de la gran tarea que nos aguarda: inspirarnos en estos venerados muertos para aumentar nuestra devoción por la causa a la cual ellos ofrendaron todo su fervor; declarar aquí solemnemente que quienes han perecido no lo han hecho en vano; que esta nación, bajo la guía de Dios, vea renacer la libertad, y que el gobierno del pueblo, por el pueblo y para el pueblo no desaparezca de la faz de la tierra.

—*Abraham Lincoln, 1863*

1. En la primera oración del discurso el presidente Lincoln cita de

(A) la Declaración de la Independencia
(B) la Constitución de los Estados Unidos
(C) los Documentos Federalistas
(D) la Proclamación de la Emancipación

2. El presidente Lincoln pronunció este discurso después de la Batalla de Gettysburg, la cual tuvo lugar en julio de 1863. ¿Por qué se consideró que la Batalla de Gettysburg fue el evento decisivo de la Guerra Civil?

(A) Terminó los intentos de los Confederados de invadir el Norte.

(B) Fue una victoria importante para el ejército de la Unión.

(C) Llevó a los Confederados directamente a rendirse en Vicksburg.

(D) Le dio a la Unión el control del río Mississippi.

3. ¿Qué tipo de gobierno describe el presidente Lincoln en el párrafo final del discurso?

(A) una democracia

(B) una oligarquía

(C) una monarquía

(D) una dictadura

4. Los estadounidenses se refirieron a la región de las Grandes Llanuras como el "Gran Desierto Americano" hasta que se dieron cuenta de que el clima era ideal para cosechar el trigo. ¿Por qué era apropiado ese nombre?

(A) porque era la región menos poblada de Estados Unidos

(B) por sus temperaturas extremadamente altas

(C) por la escasa lluvia y ausencia de árboles

(D) porque los animales salvajes no vivirían en la región

Observe el siguiente cuadro. Luego conteste las preguntas 5–8.

Este cuadro muestra el equilibrio de poderes en los tres poderes federales del gobierno diseñado por los fundadores de los Estados Unidos.

Frenos y contrapesos del gobierno federal de los Estados Unidos

	PODER LEGISLATIVO	PODER EJECUTIVO	PODER JUDICIAL
El poder legislativo limita el...		Puede impugnar al presidente Puede invalidar el veto de legislación Puede negar el permiso para declarar la guerra Debe aprobar tratados internacionales	Confirma o rechaza los candidatos nombrados por el presidente para la corte suprema de justicia Puede impugnar jueces federales
El poder ejecutivo limita el...	Puede vetar legislación Puede convocar sesiones especiales		Nomina jueces para la corte suprema
El poder judicial limita el...	Puede declarar la inconstitucionalidad de las leyes	Puede declarar la inconstitucionalidad de las leyes Preside los procedimientos de impugnación	

5. ¿Cuál de las siguientes es la fuente de este diseño para un gobierno basado en la separación de poderes?

Ⓐ la Ilustración Francesa

Ⓑ la Carta Magna

Ⓒ la República Romana

Ⓓ la Revolución Inglesa

6. ¿Por qué los fundadores de los Estados Unidos se sentían indecisos para crear un jefe ejecutivo fuerte?

Ⓐ Querían que el poder judicial tuviera la mayor parte del poder federal.

Ⓑ Temían que un solo líder con todo el poder no fuera compatible con un gobierno democrático.

Ⓒ Sentían que los Estados Unidos era una nación demasiado grande para ser gobernada de forma efectiva por un solo individuo.

Ⓓ Pensaban que los estados nunca llegarían a ponerse de acuerdo sobre quien debía ser el jefe ejecutivo.

7. En 1972 un comité del senado que investigaba una actividad criminal en la Casa Blanca le pidió al presidente Nixon que entregara como evidencia conversaciones grabadas de la. Oficina Oval. El presidente Nixon se negó alegando privilegios ejecutivos y apeló su caso a la Corte Suprema. La Corte decidió que Nixon debía entregar las cintas. Este es un ejemplo del Este es un ejemplo de _____ sobre el _____.

[poder ejecutivo]   [poder legislativo]   [poder judicial]

8. El cuadro que se mostró anteriormente se llama "Frenos y contrapesos del gobierno federal de los Estados Unidos". ¿Cuál de los siguientes define mejor un gobierno *federal*?

Ⓐ uno en que hay tres poderes de poder y responsabilidad

Ⓑ uno en que el poder es compartido entre la nación y los estados miembros

Ⓒ uno en que la gente elige a los lideres y representantes para hablar por ellos

Ⓓ uno en que la gente tiene influencia en la forma en que son gobernados

Lea el siguiente extracto. Luego conteste las preguntas 9–12.

De la *Constitución de los Estados Unidos*

Enmienda XVIII: Al cabo de un año de la ratificación de este artículo, por la presente queda prohibida la fabricación, venta o transporte de bebidas embriagantes dentro de Estados Unidos y en todos los territorios sujetos a su jurisdicción, así como su importación a, o su exportación desde los mismos. (26 de agosto, 1920)

Enmienda XXI: Por la presente, el decimoctavo artículo de enmienda a la Constitución de Estados Unidos queda derogado. (6 de febrero, 1933)

9. La Decimoctavo Enmienda, conocida como Prohibición, fue rechazada después de una fuerte presión política de parte de la industria de restaurantes, grupos feministas y otros. ¿Cuál es el principio de la democracia estadounidense que aparece ilustrado en el rechazo de la Prohibición?

   Ⓐ libertad de prensa
   Ⓑ libertad de elección individual
   Ⓒ derecho a presentar peticiones al gobierno
   Ⓓ igualdad universal bajo la ley

10. El rechazo de la Prohibición significó que las bebidas alcohólicas podrían comprarse y venderse legalmente de nuevo. ¿Cuál fue la <u>principal</u> razón económica por la cual el gobierno federal favoreció el rechazo?

   Ⓐ El gobierno recibiría ingresos mediante impuestos sobre las bebidas alcohólicas.
   Ⓑ El gobierno dejaría de gastar fondos en la investigación del contrabando de alcohol.
   Ⓒ El gobierno reduciría el número de policías en todas las grandes ciudades.
   Ⓓ El gobierno produciría puestos de trabajo en las industrias de embotellamiento y restaurantes.

11. ¿Cuáles de los siguientes fueron resultados significativos de la Prohibición? Elija todos los que apliquen.

   Ⓐ la formación de grupos de ciudadanos para ejercer presión política para la derogación de la enmienda
   Ⓑ un aumento del poder del crimen organizado en las principales ciudades
   Ⓒ una disposición por parte del pueblo estadounidense para romper la ley como un acto rutinario
   Ⓓ la crisis del mercado de valores a fines del decenio de 1920
   Ⓔ el nacimiento del Socialismo Nacional en Europa
   Ⓕ aumentaron los gastos de los bienes de consumo

12. La Prohibición fue rechazada durante la Gran Depresión. ¿Cuáles aspectos definen una crisis económica?

Ⓐ Los salarios, los precios y el desempleo aumentan.

Ⓑ Los salarios, los precios y el desempleo disminuyen.

Ⓒ Los salarios y el desempleo disminuyen mientras que los precios aumentan.

Ⓓ Los salarios y los precios disminuyen mientras que el desempleo aumenta.

13. ¿Qué ventaja tenía la Confederación sobre la Unión al principio de la Guerra Civil?

Ⓐ Era geográficamente mayor y tenía también una población mayor.

Ⓑ Tenía más industria pesada, más fábricas y más vías ferroviarias.

Ⓒ Tenía jefes militares más hábiles y con más experiencia.

Ⓓ Tenía lazos económicos y políticos más fuertes con el oeste estadounidense.

14. En el decenio de 1970, el cartel de países productores de petróleo llamado OPEC aumentó considerablemente el precio del petróleo crudo. ¿Por qué las naciones del mundo continuaron comprándolo a ese precio mayor?

Ⓐ porque pensaron que los precios más altos eran razonables

Ⓑ porque no podían producir gasolina por sí mismas

Ⓒ porque estaban políticamente aliadas con las naciones del OPEC

Ⓓ porque planeaban empezar a usar más poder nuclear

15. Cuando los países miembros de la OPEC cortaron la exportación de petróleo crudo en el decenio de 1970, muchos estadounidenses tuvieron que hacer colas largas en las estaciones gasolineras. Este comportamiento es un ejemplo de

Ⓐ inflación

Ⓑ competencia

Ⓒ la ley de oferta y demanda

Ⓓ una comparación entre los costes y los beneficios

16. ¿Cuál fue el principal propósito económico de los programas federales del Nuevo Trato (*New Deal*) como el Cuerpo de Conservación Civil, la Administración de Trabajos Civiles y la Administración del Progreso de Trabajos?

Ⓐ para reducir los precios

Ⓑ para reducir el desempleo

Ⓒ para aumentar los salarios

Ⓓ para aumentar los ingresos

Examine los mapas. Luego conteste las preguntas 17–20.

Berlín, 1945

Europa, 1945

17. Hasta el comienzo de la Segunda Guerra Mundial, Alemania (antes Prusia) había sido el mayor poder militar en Europa por casi 300 años. ¿Cuál es el factor geográfico <u>principalmente</u> responsable por este por este énfasis alemán en el poder militar? Escriba su respuesta en la caja. Puesto de tan larga duración?

Ⓐ Alemania casi no tiene acceso directo al mar
Ⓑ Varios ríos importantes cruzan Alemania
Ⓒ Alemania puede ser atacada desde varias direcciones
Ⓓ Alemania tiene muchos recursos naturales importantes

18. ¿Por qué la defensa del Berlín Occidental presentaba un reto especial a los Estados Unidos y sus aliados durante la Guerra Fría?

Ⓐ Berlín estaba localizado dentro de la Alemania Oriental.
Ⓑ Berlín no está en la costa.
Ⓒ Berlín no tiene grandes ríos.
Ⓓ Berlín está en la Europa del norte.

19. ¿Qué representa la línea negra gruesa de norte a sur en el mapa de Europa?

Ⓐ el Frente Occidental
Ⓑ el Mercado Común Europeo
Ⓒ el Imperio Británico
Ⓓ la Cortina de Hierro

20. En 1961 la Alemania Oriental comenzó la construcción del Muro de Berlín, el cual rodeaba el Berlín Occidental y limitaba estrictamente la libertad de movimiento entre las dos mitades de la ciudad dividida. ¿Cuál fue el propósito <u>principal</u> del Muro de Berlín?

Ⓐ asegurarse que los alemanes del oeste estuvieran fuera de la Alemania Oriental

Ⓑ asegurarse que los alemanes del este no desertaran hacia el oeste

Ⓒ prevenir que los habitantes del Berlín del este viajaran en la Alemania Occidental

Ⓓ establecer gobiernos separados en Berlín Oriental y Berlín Occidental

Este es el fin del examen de prueba del Examen TASC de Estudios Sociales.

Examen TASC de Estudios Sociales
Respuestas al examen de prueba

1. **A** Repaso 3. Describir las causas, eventos principales y resultados de la Guerra Civil y explicar las causas, el curso y los efectos de la Reconstrucción en la antigua Confederación (pp. 251–253).

2. **A** Repaso 3. Describir las causas, eventos principales y resultados de la Guerra Civil y explicar las causas, el curso y los efectos de la Reconstrucción en la antigua Confederación (pp. 251–253).

3. **A** Repaso 17. Definir *vida cívica, política y gobierno* (pp. 279–280).

4. **C** Repaso 27. Describir las características físicas y humanas de lugares (pp. 297–298).

5. **A.** Repaso 18. Explicar los fundamentos del sistema político estadounidense (pp. 281–282).

6. **B** Repaso 18. Explicar los fundamentos del sistema político estadounidense (pp. 281–282).

7. **C** Repaso 18. Explicar los fundamentos del sistema político estadounidense (pp. 281–282).

8. **B** Repaso 18. Explicar los fundamentos del sistema político estadounidense (pp. 281–282).

9. **C** Repaso 19. Conectar la forma del gobierno de Estados Unidos con los propósitos y principios de la democracia estadounidense (pp. 282–286).

10. **A** Repaso 19. Conectar la forma del gobierno de Estados Unidos con los propósitos y principios de la democracia estadounidense (pp. 282–286).

11. **D** Repaso 6. Explicar las causas y los efectos de la Gran Depresión, y discutir el papel de Estados Unidos en la Segunda Guerra Mundial (pp. 256–257).

12. **B** Repaso 22. Explicar y aplicar los principios básicos de la economía tales como la ley de oferta y demanda (pp. 290–291).

13. **C** Repaso 3. Describir las causas, eventos principales y resultados de la Guerra Civil y explicar las causas, el curso y los efectos de la Reconstrucción en la antigua Confederación (pp. 261–263).

14. **B** Repaso 24. Explicar y aplicar los conceptos básicos de la macroeconomía –el funcionamiento de la economía en conjunto (pp. 292–294).

15. **C** Repaso 22. Explicar y aplicar los principios básicos de la economía tales como la ley de oferta y demanda (pp. 290–291).

16. **B** Repaso 6. Explicar las causas y los efectos de la Gran Depresión, y discutir el papel de Estados Unidos en la Segunda Guerra Mundial (pp. 256–257).

17. **C** Repaso 28. Explicar cómo los humanos modifican el ambiente físico y cómo los sistemas físicos afectan los sistemas humanos (pp. 299–300).

18. **A** Repaso 16. Analizar las cambiantes relaciones entre las naciones desde el fin de la Segunda Guerra Mundial hasta el presente, incluyendo las causas y los efectos de la Guerra Fría y el aumento del terrorismo global (pp. 276–279).

19. **D** Repaso 16. Analizar las cambiantes relaciones entre las naciones desde el fin de la Segunda Guerra Mundial hasta el presente, incluyendo las causas y los efectos de la Guerra Fría y el aumento del terrorismo global (pp. 276–279).

20. **B** Repaso 16. Analizar las cambiantes relaciones entre las naciones desde el fin de la Segunda Guerra Mundial hasta el presente, incluyendo las causas y los efectos de la Guerra Fría y el aumento del terrorismo global (pp. 276–279).

Repaso de Estudios Sociales del Examen TASC

Las páginas que siguen repasan brevemente las cinco áreas principales de estudios sociales. Para aprender más acerca de cada área, busque las fuentes apropiadas en el Internet o en la biblioteca. Nótese que en estudios sociales las cinco áreas principales se interrelacionan. Para entender la historia usted debe tener presente la geografía, la economía y el gobierno. Tanto la geografía como la política del gobierno afectan las opciones económicas. Para entender por qué los gobiernos funcionan de la forma en que lo hacen, le ayudará entender sus orígenes en la historia. A medida que usted trabaje en la sección de Repaso de este libro, usted va a encontrar que todas estas cinco áreas principales se entrelazan entre sí.

Historia de Estados Unidos

 Explicar el conflicto político que condujo a la Revolución de las Trece Colonias

TÉRMINOS CLAVE: colonias, Parlamento, representación, revolución

Los Estados Unidos comenzó a existir el 4 de julio de 1776, cuando se adoptó oficialmente la Declaración de la Independencia. Hubo dos causas principales que impulsaron a las colonias para separarse de Gran Bretaña. Primero, la expansión colonial hacia el oeste había llevado a una guerra entre Francia e India (1756–1763). Segundo, Gran Bretaña tomó una serie de decisiones apresuradas después de la guerra que negaban a los estadounidenses sus derechos completos como sujetos británicos.

El establecimiento de las Colonias Británicas

Gran Bretaña reclamó trece **colonias** a lo largo de la costa atlántica de América del Norte or Norteamérica entre 1584 y 1732. Para mediados de 1700, los colonos representaban una variedad de culturas –británica, irlandesa, holandesa, galesa, sueca y alemana, además de los africanos traídos el comercio de esclavos, así como los nativos americanos. Los primeros inmigrantes tenían muchos motivos diferentes: escapar de la represión política o religiosa, buscar oportunidades económicas, escaparse de alguna deuda o de algún otro problema personal y buscar aventuras.

Debido a la distancia geográfica, el **Parlamento** Británico delegó la supervisión de la administración ordinaria y otros asuntos de las colonias a cada uno de los gobernadores coloniales y sus legislaturas. Algunos de los gobernadores eran británicos, nombrados por el rey; otros eran estadounidenses, elegidos localmente. Este sistema acostumbró a los estadounidenses a tener un alto grado de participación en su propio gobierno.

La Guerra franco-india

La población de las colonias pronto superó la de los asentamientos originales; la expansión hacia el oeste era la solución obvia. Sin embargo, la tierra del oeste no estaba allí solo para que los colonos británicos la tomaran; tanto los franceses como los nativos americanos ya la habían reclamado.

En 1576 las disputas entre los franceses y los británicos por el Valle del rio Ohio originaron una guerra a gran escala. Ya que las colonias no contaban con ejércitos propios, tanto Gran Bretaña como Francia enviaron tropas a través del Atlántico. Colonos voluntarios y los nativos americanos suplementaron estas fuerzas entrenadas en ambos lados; George Washington, en ese entonces en sus veintes, estaba entre los oficiales estadounidenses. La lucha en tierra de las colonias terminó con la victoria de Gran Bretaña en 1761. El Tratado de París de 1763 concedía a los británicos la posesión de Canadá y todas las colonias francesas al este del río Mississippi (excepto New Orleans).

Durante y después de la guerra, se desarrolló un distanciamiento entre Gran Bretaña y sus colonias. Hubo varias razones para esto. Primero, las tropas británicas experimentadas desdeñaban a las tropas poco entrenadas de los voluntarios estadounidenses, quienes naturalmente se ofendían con esa actitud arrogante de los británicos. Segundo, Gran Bretaña sentía que, ya que la guerra había sido librada parcialmente para el beneficio de los estadounidenses las colonias debían ayudar a pagar las deudas de la guerra. Tercero, los colonos habían luchado valientemente y bien, adquiriendo así orgullo y confianza en sí mismos. Cuarto, luchar lado a lado contra un enemigo común establecía nuevos lazos entre hombres de diferentes colonias y ayudaba a forjar una identidad estadounidenses común.

Camino a la Revolución

El asunto principal en juego entre Gran Bretaña y las colonias era **representación** en el gobierno –tener cierto grado de participación en las leyes bajo las cuales uno tenía que sujetarse. Este principio del sistema político británico se remontaba hacia la misma Carta Magna, firmada por el Rey John en 1215.

Para resolver el problema de la deuda de la guerra, el Parlamento comenzó a imponer regulaciones en el comercio colonial, las cuales no se habían aplicado desde hacía décadas. Esto afectó económicamente a los estadounidenses pero también los enojó porque no había ningún estadounidense miembro del Parlamento Británico. Los estadounidense sostenían que mientras no estuvieran representados en el Parlamento, no tenían que obedecer sus leyes. El parlamento mantenía a su vez que los colonos, como todo individuo en lugares distantes del imperio británico, estaban "virtualmente representados" y así tenían que obedecer.

La Ley del Timbre de 1765 resultó ser la gota que rebasó la copa. Este era un nuevo impuesto en todo papel y estampillas en todas las colonias –un impuesto verdadero, no una regulación de comercio. Los colonos sostenían que como sujetos británicos, no se les podía cobrar un impuesto sin su propio consentimiento. Todas las colonias respondieron violentamente a la Ley del Timbre y fue pronto revocada. Luego siguió el boicot de muchas importaciones. El boicot contra el té británico condujo al Motín del té en Boston–esta destrucción a gran escala de propiedad valiosa llevó al Parlamento a pasar las llamadas Leyes Intolerables, principalmente dirigidas a Massachusetts pero que, en principio, afectaban a todas las colonias. Esto llevó a la formación del Primer Congreso Continental y a una serie de protestas formales e informales en contra de Gran Bretaña y el Parlamento. En 1775, soldados británicos y la milicia colonial intercambiaron disparos en Concord y Lexington. La Guerra de Independencia había comenzado. El Segundo Congreso Continental formalmente declaró su independencia de Gran Bretaña en 1776 y, después de siete años de lucha, las tropas británicas se rindieron en Yorktown en 1783.

Para una discusión sobre el gobierno estadounidense sus principios fundacionales y su Constitución, véase la sección de Cívica y Gobierno de este Repaso.

2 Describir las causas, los efectos y el curso de la expansión hacia el oeste y los principales asuntos políticos de inicios del siglo XIX

TÉRMINOS CLAVE: abolición, buscador de oro (*forty-niner*), destino manifiesto, reservación, sobriedad, tren de vagones

A medida que crecía la población de Estados Unidos la gente se dirigía al oeste, se asentaba en nuevos territorios, formaba gobiernos locales y solicitaba la categoría de estado. En 1845, el editor de revistas John O'Sullivan escribió que las colonias tenían "el **destino manifiesto** de expandirse y poseer el continente entero lo cual nos ha dado la Providencia para el desarrollo del gran experimento de la libertad".

La Ordenanza Noroeste (1787) crearon el Territorio Noroeste en la región de las Grandes Llanuras. En 1803 la Compra de Luisiana duplicó el tamaño de Estados Unidos. El gobierno comenzó a ofrecer cesiones de terreno a los estadounidenses que quisieran establecerse en el oeste; entre 1815 y 1819, la primera "Gran Migración" vio la construcción de las principales carreteras y un elevado número de personas trasladarse hacia el oeste.

Complicaciones

La expansión hacia el oeste era complicada por dos asuntos: el reclamo territorial de varias tribus de nativos americanos, y la posesión de esclavos africanos. El gobierno de Estados Unidos trató a los nativos americanos como una población extranjera hostil, continuamente haciendo tratados con los nativos americanos para luego romperlos según se lo dictaban los mejores intereses de Estados Unidos del momento. El inicio del siglo XIX fue testigo de muchas guerras sin cuartel entre nativos americanos y las tropas de Estados Unidos. Aunque varias tribus de nativos americanos ganaron algunas victorias clave, el ejército de Estados Unidos tenía una ventaja demasiado grande tanto en número de tropas como en armas. Al final, los nativos americanos se vieron todos forzados a las **reservaciones** en tierras donde los colonos no querían establecerse, tales como las tierras estériles del Territorio de Oklahoma.

Los oficiales estadounidenses se pusieron de acuerdo en cuanto a la cuestión de los nativos americanos pero discutieron ferozmente acerca de la expansión de la esclavitud. La Ordenanza Noroeste de 1787 había prohibido la esclavitud en nuevos territorios, pero los estados que poseían esclavos querían que se expandiera para que su bloque de votación en el Congreso incrementara. Los estados libres se opusieron a la expansión de la esclavitud porque ellos no querían que los estados esclavos los superaran en votos en cada cuestión política. La división era regional, con todos los estados esclavistas en el sur y todos los estados libres en el norte y el oeste.

El sur esclavista mantuvo la ventaja durante una serie de negociaciones políticas. El Compromiso de Missouri de 1820 permitía la expansión de la esclavitud en el nuevo estado de Missouri y en áreas al sur de ese territorio. El Compromiso de 1850 permitía que California formara parte de Estados Unidos como un estado libre pero solo a cambio de pasar una nueva, extremadamente dura Ley de Esclavos Fugitivos.

La colonización del oeste

Entre 1830 y 1850, los Estados Unidos tomó control del Territorio de Oregón y ganó el territorio del suroeste en una exitosa guerra contra México. La gente fluyó hacia el oeste en una corriente constante para poblar el nuevo territorio. Cuando se descubrió el oro en el aserradero de John Sutter, California, miles de gente joven, llamados los **Forty-Niners** (buscadores de oro) por el año de 1849, se dirigieron al oeste en busca de su fortuna –de ahí el incremento en la población de California que llevó a su solicitud de estadidad. Además de los buscadores de oro y los mineros, los empresarios también fueron al oeste e hicieron fortunas. Levi Strauss, el fabricante de pantalones duraderos para el trabajo duro, llamados "blue jeans", es un solo ejemplo.

Los pioneros tenían que ser resistentes y persistentes para poblar el oeste de los Estados Unidos. **Trenes de vagones** salían de Independence, Missouri, en mayo y viajaban lo más rápidamente posible para cruzar las montañas antes de que cayeran las fuertes nevadas que iniciaban en octubre. Los caravanas ofrecían poca protección contra el sofocante calor del verano y los aguaceros. Las enfermedades eran frecuentes y se propagaban rápidamente. Las mujeres embarazadas tenían que dar a luz a la intemperie ya que no había hospitales a lo largo del camino; muchas mujeres morían de complicaciones por el parto. Aparte de abastecer las reservas con agua fresca y la caza de animales para cocinar y comer, no era posible almacenar provisiones durante el viaje.

Agitación por los derechos de la mujer

Durante esta era, la mujer estadounidense tenía muy pocos derechos civiles o políticos. Las mujeres casadas, sus pertenencias personales y cualquier salario que ganaban pertenecían legalmente a sus maridos. La mujer no podía votar, no tenía acceso a una educación universitaria, no podía trabajar en la mayoría de las profesiones o incluso asistir a la mayoría de eventos públicos sin estar acompañada de un varón. Las mujeres se rebelaron contra esta situación, congregándose a favor de tres causas políticas: la **sobriedad**, la **abolición** de la esclavitud y la igualdad. En la década de 1820, el movimiento antialcohólico–una cruzada contra la venta y consumo de bebidas alcohólicas- le ofrecía por primera vez a un gran número de mujeres papeles de liderazgo en organizaciones públicas. La sociedad aceptaba la participación activa de la mujer en el movimiento antialcohólico porque la embriaguez afectaba el bienestar familiar y de esta manera era claramente un asunto de la mujer. Las mujeres también hablaban públicamente sobre la cuestión de la abolición de la esclavitud (de nuevo, esta era una cuestión moral y por esa razón se consideraba un tema apropiado para las mujeres).

En 1848, una reunión de los activistas por los derechos de las mujeres en Seneca Falls, Nueva York, produjo una Declaración de Sentimientos que defendió enérgicamente la igualdad de la mujer. Sus autores hacían eco del lenguaje de la Declaración de Independencia, señalando que las mujeres estadounidenses no tenían representación en su propio gobierno, en la misma medida en que los colonos habían estado sin representación antes de la Guerra de Independencia. Cuando la Guerra Civil, muchos estados habían pasado leyes que concedían a las mujeres ciertos derechos civiles y legales importantes.

3 Describir las causas, eventos principales y resultados de la Guerra Civil y explicar las causas, el curso y los efectos de la Reconstrucción en la antigua Confederación

TÉRMINOS CLAVE: abolición, Códigos Negros, Compromiso de los tres quintos, Confederación, hombres libres, Proclamación de Emancipación, Reconstrucción, sectarismo, separarse

Antecedentes y causas

La Guerra Civil (1861–1865) fue un conflicto a muchos niveles—entre sistemas económicos y sociales, regiones geográficas, partidos políticos y puntos de vista. Las semillas de la guerra fueron sembradas en 1776, cuando los delegados sureños del Segundo Congreso Continental insistían en suprimir una referencia a la esclavitud como una "guerra cruel contra la naturaleza humana" de la Declaración de Independencia. Los delegados del norte cedieron en la cuestión porque la independencia de Gran Bretaña fue el principal objetivo; ellos pensaban que el asunto de la esclavitud podía resolverse más adelante.

Los sureños justificaban la esclavitud con fundamentos económicos y racistas. Ellos sostenían que los cultivos del algodón del sur eran cruciales para la economía nacional y que pagarle salarios a una fuerza laboral enorme costaba demasiado dinero. Ellos se convencieron y continuaron enseñándole a cada generación de sus descendientes que los africanos eran una raza inferior hecha solo para la esclavitud. Los abolicionistas respondieron que la posesión de esclavos era injusta porque la libertad era un derecho humano básico. También podían señalar que de hecho muchos esclavos eran de la misma raza que sus dueños, porque los hombres blancos del sur procreaban miles de niños con mujeres esclavas africanas. Además, los abolicionistas señalaban que los dueños de esclavos no tenían derecho para echarles la culpa a los esclavos por ser pobres e ignorantes cuando los dueños eran los que les negaban un salario y una educación.

En 1787, el Congreso hizo ilegal la expansión de la esclavitud a más territorios. Sin embargo, la prohibición no se llevó a la práctica; tanto Missouri como Texas entraron a formar parte de la Unión como estados esclavistas. En la Constitución de los Estados Unidos de 1787, las medidas para contar la población y determinar cuántos representantes podía enviar un estado al Congreso estaban basadas en el **Compromiso de los tres quintos**: todas las personas libres eran contadas, así como tres quintos de "todas las demás personas" (p. ej., esclavos a quienes no se les permitía jugar ningún papel en el proceso político). Esto creó una situación ilógica en la cual los sureños blancos terminaron con más representantes de los que debían tener. La Ley de esclavos fugitivos de 1850 marcó el inicio de una era de **sectarismo** violento en la cual la Región Sur se iba mostrando cada vez más dividida del Norte y del Oeste.

Al principio, los sureños parecían llevar la delantera en el debate. La Ley Kansas-Nebraska (1854) permitía que los residentes de Kansas y Nebraska decidieran por ellos mismos si se convertían en estados esclavistas o estados libres. En 1855, los "Rufianes de la frontera" de Missouri, irrumpieron en el territorio de Kansas e ilegalmente votaron para que se aprobara una legislatura a favor de la esclavitud. En 1857, el caso *Dred Scott v. Sandford* de la Corte Suprema de Estados Unidos declaró que el gobierno de los Estados Unidos no tenía el derecho de proteger a los esclavos fugitivos ni de prohibir la esclavitud.

La decisión *Dred Scott* y la dura Ley de esclavos fugitivos comenzaron a cambiar el curso de la opinión pública a favor de la **abolición**. En 1852, la novela de Harriet Beecher Stowe, *La cabaña del tío Tom,* les abrió los ojos a muchos norteños de las realidades de la esclavitud, y superó la venta de todos los libros, excepto la Biblia, en los años que precedieron a la guerra. El abolicionista John Brown y sus simpatizantes intentaron sin éxito comenzar un levantamiento de esclavos armados en Harpers Ferry, Virginia. Asimismo en Illinois, un abogado autodidacta con el nombre de Abraham Lincoln decidió postularse para la presidencia nacional.

Las elecciones de 1860

Lincoln era el candidato del Partido Republicano, formado varios años antes por hombres comprometidos a terminar con la propagación de la esclavitud. Los votos estaban divididos a lo largo de las líneas regionales; Lincoln resultó ganador con una reñida victoria. Los estados sureños, seguros de que Lincoln insistiría en la abolición de la esclavitud, respondieron a su elección separándose de los Estados Unidos y formando un nuevo país llamado los Estados Confederados de América, o la **Confederación**.

La Guerra Civil

Los sureños fueron a la guerra a defender su sistema económico y social; sentían que el gobierno federal no tenía derecho de regir el Sur. Los motivos de los norteños para la guerra eran restaurar la Unión y acabar con la propagación de la esclavitud.

La Unión tenía la ventaja de su tamaño geográfico, población, riqueza y las fábricas e industria pesada que podían suministrar a las tropas. La Confederación sólo tenía una ventaja—comandantes militares muy superiores quienes ganaron una serie inicial de victorias que hicieron al sur sentirse con demasiada confianza. El punto de inflexión de la guerra llegó cuando los Confederados perdieron la Batalla de Gettysburg en Pennsylvania en 1863 y, el mismo día, se rindieron a las fuerzas de la Unión que rodeaban Vicksburg, Mississippi. La guerra se extendió dos años más, terminando finalmente en la primavera de 1865.

Una generación completa pereció en el campo de batalla por heridas, enfermedad o hambre. Muchos pueblos y ciudades sureños quedaron en ruinas. Las vías ferroviarias tuvieron que ser reconstruidas y el servicio de correos restablecido. Los esclavos libertos por la **Proclamación de Emancipación** pronto se vieron desempleados y sin hogar. Los derrotados blancos sureños abrigaban un odio amargo hacia el Norte—una emoción que encontró expresión inmediata en el trágico asesinato del presidente Lincoln a manos de John Wilkes Booth, un sureño simpatizante emocionalmente inestable. Tal vez lo más abrumador de todo, el Sur tendría que reconstruir la sociedad completa para funcionar y prosperar sin la mano de obra esclava.

Reconstrucción

Después de la victoria de la Unión, la mayoría republicana en el Congreso estaba deseosa de reformar la vieja Confederación en consonancia con el Norte, donde todos los hombres adultos tenían el derecho al voto y ninguno tenía a otra persona como propiedad. Sin embargo, había dos obstáculos en el camino: el presidente Andrew Johnson y la vieja guardia de la Confederación.

El Congreso inició la era de la **Reconstrucción** concediéndole rápidamente a los afroamericanos una cantidad de derechos básicos civiles y políticos. No obstante, no pudo erradicar los enraizados prejuicios, la amargura de la derrota y el racismo. Johnson había apoyado a la Unión durante la guerra, pero bloqueó los intentos del Congreso por extender los derechos de los afroamericanos. Por su parte, los sureños blancos se vieron forzados a aceptar la Decimotercera Enmienda, la cual hacía ilegal la esclavitud, pero se negaron a aceptar la idea de que los afroamericanos eran iguales que los blancos. Usaron tácticas terroristas para intimidar a los **libertos**, rechazando las reformas de la Reconstrucción a nivel estatal y remplazándolas con los infames **Códigos Negros** que volvieron a crear el clima de segregación racial que había existido antes de la guerra. Tendría que pasar un siglo para que entraran en vigor las tres Enmiendas a los Derechos Civiles que se habían aprobado entre 1865 y 1870.

Discutir cómo los Estados Unidos se convirtió en una importante nación industrial hacia finales del siglo XIX

TÉRMINOS CLAVE: desmotadora de algodón, ferrocarril transcontinental, Partido Progresista, proceso Bessemer, sindicato laboral

Primera revolución industrial

Estados Unidos experimentó dos revoluciones industriales. La primera comenzó en 1793, con la invención de la **desmotadora de algodón**. Esta máquina podía hacer el trabajo de mil esclavos en un día; los cosecheros sureños encontraron que sus ganancias eran diez veces mayor. La invención del buque de vapor, el cual podía navegar río arriba contracorriente, hizo posible trasladar grandes cargas de algodón hacia el Norte; esto hizo posible una próspera industria textil en Nueva Inglaterra.

La primera etapa del sistema de transporte de Estados Unidos incluía canales, carreteras pavimentadas y el ferrocarril transcontinental, terminado en 1869. El objetivo de un sistema nacional de transporte era de vincular las regiones agropecuarias con las industriales para que ambas pudieran beneficiarse a medida que los vendedores se expandían a los nuevos territorios y fundaban nuevos mercados para sus productos. Por ejemplo, el auge del ferrocarril hizo posible que el ganado vacuno se desarrollara en la década de 1870. Las reses eran llevadas al Norte por ferrocarril a los mataderos de Chicago. A medida que crecían las ganancias, también crecía el tamaño de los pueblos y el traslado de los colonos.

No había seguridad ni regulaciones de salario que protegieran a los obreros hasta después de la Guerra Civil. Los dueños establecían los salarios tan bajos como podían, exigían de 60 a 85 horas de trabajo por semana, y se encogían de hombros ante las condiciones inseguras de trabajo porque el flujo constante de nuevos inmigrantes significaba que los trabajadores lesionados o insatisfechos podrían ser fácilmente remplazados. Las fábricas exponían a los obreros a altos niveles de contaminación industrial. La maquinaria era casi siempre de operación peligrosa—más aún cuando los trabajadores estaban exhaustos de largas horas de labor. Los **sindicatos laborales** y las regulaciones federales para la protección de los trabajadores finalmente llegaron con la Segunda Revolución Industrial.

Segunda revolución industrial

Esta segunda revolución tuvo lugar durante la era de posguerra civil. La comunicación instantánea a larga distancia (telégrafo, teléfono), una máquina que podía producir cartas perfectamente escritas (la máquina de escribir), y luz artificial constante y barata con solo hacer girar un *switch* (la bombilla eléctrica) lograron grandes cambios en la forma en que la gente vivía y trabajaba. Antes de la electricidad, la mayoría de la gente se levantaba e iba a la cama con el sol; cuando se perfeccionó la electricidad, la gente podía trabajar o divertirse en habitaciones bien iluminadas durante toda la noche si lo querían.

El **proceso Bessemer**, el cual hizo posible la conversión fácil y barata de mineral de hierro en acero, llevó a un aumento en la producción de acero y se convirtió en el factor más importante del éxito de la Segunda Revolución Industrial. Hombres al frente de las industrias pesadas y de compañías de construcción a gran escala hicieron fortunas, y las ciudades estadounidenses se llenaron de rascacielos, puentes colgantes y vías de trenes elevadas. Con el surgimiento del Partido Progresista de orientación reformista y la creación de sindicatos laborales, los trabajadores estaban en posición de disfrutar algunos de los beneficios de su trabajo.

⑤ Analizar y explicar cómo los Estados Unidos se convirtió en una potencia mundial a inicios del siglo XX

TÉRMINOS CLAVE: Conferencia de Paz, gran potencia, Liga de Naciones, protectorado

A inicios del siglo veinte, los Estados Unidos era una nación fuerte y rica, pero no era una potencia mundial. Ocupados con asuntos internos tales como la Guerra Civil, la Reconstrucción, la industrialización y la expansión hacia el Oeste, Estados Unidos había mostrado poco interés activo en asuntos exteriores. En 1900, Europa Occidental dominaba las políticas mundiales y la economía mundial. Gran Bretaña, Francia, Austria-Hungría, Rusia y la reciente unificada Alemania eran las **grandes potencias** del mundo.

Colonización

Los Estados Unidos tenía varios motivos para adquirir colonias. El primero era obtener socios de comercio bajo términos favorables—socios que pudieran suministrar los recursos naturales que los Estados Unidos no tenía, tales como azúcar, caucho y café. El segundo motivo era establecer bases navales. El tercero era simplemente demostrarle al mundo que los Estados Unidos era una gran potencia—una fuerza con la que los demás países habrían de vérselas. Entre 1898 y 1903, los Estados Unidos anexó a Hawái, Guam, Puerto Rico y las Filipinas; hizo de Cuba un **protectorado**; y tomó control de la construcción del Canal de Panamá. Los Estados Unidos mantendría control de esta importante ruta de comercio durante la mayor parte del siglo XX.

Primera Guerra Mundial

La Primera Guerra Mundial—llamada entonces la "Gran Guerra"—marcó la primera entrada importante de Estados Unidos en asuntos mundiales. La guerra comenzó en 1914 como un conflicto territorial entre las naciones europeas, con las Potencias Centrales (Austria y Alemania) de un lado y las Potencias Entente, o los Aliados (Gran Bretaña, Rusia y Francia) del otro. Para 1916, los Estados Unidos estaba suministrando dinero y armas a las Potencias Aliadas; las tropas estadounidenses se unieron a la lucha a finales de 1917, y las Potencias Centrales se rindieron en noviembre de 1918.

A pesar de la entrada tardía a la guerra, los Estados Unidos fue tratado como socio igual en la **Conferencia de Paz**, marcando la primera vez en la historia que una nación no europea había jugado un papel importante en los acuerdos de paz de una guerra europea. Los Estados Unidos había jugado un papel pequeño pero crucial en el campo de batalla y terminó la guerra en una posición militar y económica mucho más fuerte que las naciones europeas, las cuales habían sufrido muchas pérdidas. Irónicamente, el sueño del presidente Woodrow Wilson de la Liga de Naciones—una organización internacional para limar las diferencias en la mesa de negociaciones, recurriendo a las armas como último recurso—fue realizada sin la participación estadounidense.

Para más detalles sobre la Primera Guerra Mundial, véase la sección de Historia Mundial en este Repaso.

6 Explicar las causas y los efectos de la Gran Depresión y discutir el papel de Estados Unidos en la Segunda Guerra Mundial

TÉRMINOS CLAVE: bolsa de valores, caída financiera, cuenca de polvo (*Dust Bowl*), depresión, Hooversville, margen de compra, Nuevo Trato, Okie, sequía, tormenta de polvo,

La Gran Depresión

La Gran Depresión comenzó con la **caída financiera** de la **bolsa de valores** en octubre de 1929. Aunque los Estados Unidos había soportado varios pánicos financieros desde la década de 1790, esta depresión fue llamada "gran" porque fue la peor, más larga y duradera crisis financiera en los Estados Unidos.

La simple causa de la caída de la bolsa de valores fue la práctica del **margen de compra**, la cual se había vuelto común durante la década de 1920. Los especuladores tomaban dinero prestado y compraban acciones y luego vigilaban su valor y las vendían tan pronto como su valor subiera. La gran cantidad de especuladores significaba que el precio de las partes estaba constantemente fluctuando, usualmente hacia arriba. Esto significaba un mercado creciente construido sobre una base poco sólida de deuda no pagada. Cuando los compradores perdían la confianza en el mercado y comenzaban a vender sus acciones, los precios bajaban y las deudas quedaban pendientes. Los bancos fracasaron porque la gente no podía reembolsar sus préstamos. Cuando un banco se iba a bancarrota, las personas que tenían una cuenta con ese banco perdían todo su dinero; no había ningún mecanismo en función que protegiera de la pérdida a los dueños de la cuenta. En toda la nación, los negocios cerraban y los trabajadores quedaban sin trabajo. Los caseros desalojaban a los inquilinos que no podían pagar el alquiler. Había millones de personas que no podían hacer los pagos de sus hipotecas y por eso perdieron sus casas. Todas las clases sociales y económicas se vieron afectadas.

El fracaso de los negocios y los bancos coincidió con muchos meses de **sequía** en las Grandes Llanuras, convirtiendo este granero de 50 millones de acres en un *Dust Bowl* (cuenca de polvo). La capa superior del suelo en esta región era una muy delgada sobre tierra seca. Sin lluvia que la mantuviera húmeda y estable, la delgada capa que la cubría se dispersaba durante las **tormentas de polvo**, y los cultivos se echaban a perder. Miles de pequeños granjeros perdieron todo lo que tenían. Estos **Okies** (sobrenombre que viene del estado de Oklahoma, aunque eran de varios estados vecinos también) migraron al oeste, esperando poder realizar un nuevo comienzo en el clima favorable de California. Lo único que hallaron allí fue la hostilidad, el prejuicio y salarios para morirse de hambre.

Muchos estadounidenses culparon al presidente Herbert Hoover por la Depresión; éste había fallado en predecirla y se mostraba no solamente incapaz sino reticente a resolverla. Las personas que habían perdido sus casas construyeron barriadas llamadas **Hoovervilles** como tributo irónico al presidente. En las elecciones presidenciales de 1932, Hoover perdió ante la victoria aplastante de Franklin Delano Roosevelt.

Roosevelt inmediatamente se puso en acción para enfrentarse a la crisis financiera. Sus programas del **Nuevo Trato** crearon millones de trabajos y restauraron los bancos de la nación con una base financiera sólida. Durante el primer término del presidente, el desempleo se redujo cerca de un 8 por ciento. Como había de esperarse, fue reelegido en 1936 con la victoria más aplastante en cien años.

Segunda Guerra Mundial

Fue la Segunda Guerra Mundial que llevó los Estados Unidos a salir de la Depresión y volver a la prosperidad. El reclutamiento militar y el cambio a una economía de producción bélica se combinaron para poner a millones de estadounidenses de vuelta a trabajar. Estados Unidos entró a la guerra oficialmente en diciembre de 1941, luego de que Japón atacara la base naval en Pearl Harbor, Hawái. Los Estados Unidos se enfrentaba a dos frentes de guerra: se unió a la lucha de Gran Bretaña contra la Alemania nazi en Europa occidental, y envió tropas al Pacífico a luchar contra los japoneses. Estados Unidos era un formidable aliado contra Alemania por su casi ilimitada fuerza de trabajo y su habilidad de producir un flujo constante de suministros y armas militares.

La guerra en Europa terminó en la primavera de 1945; Japón siguió resistiendo hasta que Estados Unidos dejó caer bombas atómicas en Hiroshima y Nagasaki a finales de agosto de 1945. En la conferencia de paz en Postdam, Alemania, quedó claro que Estados Unidos y la Unión Soviética eran las únicas grandes potencias que quedaban en el mundo. La industria de municiones había robustecido completamente la economía estadounidense las bajas estadounidenses habían sido menores comparadas con las pérdidas europeas, y los Estados Unidos mismos estaban lejos de las zonas de combate y físicamente sin daño alguno. Gran Bretaña, Francia y las demás naciones europeas se recuperaron pero no serían más que potencias de calidad inferior.

Para detalles adicionales sobre la Segunda Guerra Mundial, véase la sección sobre Historia Mundial de este Repaso.

Comentar sobre los asuntos sociales, económicos y culturales que enfrentaba el puebo estadounidense después de la Segunda Guerra Mundial, y discutir el papel de los Estados Unidos durante la Guerra Fría

TÉRMINOS CLAVE: demostraciones sentadas, Guerra Fría, movimiento de la mujer, Movimiento de los derechos civiles, protesta pacífica, segregación, suburbios, superpotencia

La Guerra Fría

A finales de la década de 1940 se marcó una nueva era de **Guerra Fría** entre las dos superpotencias: Estados Unidos y la Unión Soviética. Con sus sistemas políticos y políticas económicas en oposición, estos aliados de la Segunda Guerra Mundial pronto se volvieron enemigos; a lo largo de la Guerra Fría, cada uno intentó contener la esfera de influencia del otro. La guerra fue llamada "fría" porque los dos enemigos realmente no se dispararon ni un tiro—pero desde el punto de vista asiático, el término *guerra fría* es un nombre poco apropiado. Cuando las guerras civiles estallaron en Corea y Vietnam, los soviéticos se pusieron de un lado y los Estados Unidos del otro. La Guerra de Corea terminó en un punto muerto, y la Guerra de Vietnam en una victoria comunista. Aparte de estas dos "guerras calientes", la Guerra Fría fue principalmente un alejamiento entre las dos potencias, interrumpido por levantamientos frecuentes en las naciones de Europa del Este que trataban de sacudirse el control soviético. En 1989, Estados Unidos proclamó la victoria de la Guerra Fría cuando el comunismo cayó por sí solo, habiéndose demostrado incapaz de subsistir económicamente.

Para más detalles sobre la Guerra Fría véase la sección sobre Historia Mundial en este Repaso.

El movimiento de derechos civiles

En cuanto a los asuntos internos, el **Movimiento de derechos civiles** echó raíces después de la Seguna Guerra Mundial. Los estadounidenses deseosos de reclamar el liderazgo del "mundo libre" contra los enemigos comunistas comenzaron a darse cuenta de que la **segregación** legal de los afroamericanos en el Sur seriamente debilitaba ese reclamo. Además, los afroamericanos que habían luchado por la libertad fuera del país no estaban dispuestos a aceptar más las restricciones legales cuando retornaban a casa. Los estudiantes negros en todo el Sur llevaron a cabo una serie de **demostraciones sentadas** que pusieron fin a la segregación en muchos lugares públicos. El presidente Harry S. Truman ordenó la integración del ejército de los Estados Unidos. Martin Luther King, Jr., un clérigo de Georgia, organizó y lideró **protestas pacíficas** por todo el Sur, en las cuales los manifestantes ejercían los derechos de la Primera Enmienda de la "congregación pacífica" y así lograron poner la opinión pública de su lado contra los oficiales de policía blancos sureños, quienes respondieron con violencia. Para 1964 se había aprobado la Ley de derechos civiles la cual terminó la segregación tanto legal como en la realidad.

Los Estados Unidos de posguerra

Los estadounidenses disfrutaban una era de prosperidad y abundancia después de los tiempos difíciles de la Gran Depresión. La Carta de Derechos de los Veteranos daba a los veteranos la oportunidad de adquirir una educación universitaria, comprar una casa o una granja, asistir a escuelas vocacionales para una profesión en particular, o comenzar un negocio. Esto permitió que muchos se casaran, formaran familias y se mudaran a los recién construidos **suburbios**. La gente compraba carros, televisores y otros bienes de consumo.

Movimiento de la mujer

Durante la Segunda Guerra Mundial muchas mujeres habían ocupado puestos tradicionalmente reservados para el hombre (incluyendo el servicio militar) y demostraron ser muy capaces. La victoria de la guerra había traído a casa a los hombres y había enviado a muchas mujeres trabajadoras de vuelta a sus casas. Esta situación no duró, sin embargo, porque las mujeres no se contentaban con la vieja suposición de que ellas no debían tener mayor ambición que casarse y tener hijos. Para la década de 1960, más y más mujeres estaban adquiriendo una educación universitaria y competían por trabajos para profesionales preparados. Una enmienda a la Constitución propuesta para la Igualdad de Derechos no fue aprobada, pero las mujeres estadounidenses dieron grandes pasos hacia la igualdad social y legal durante las últimas décadas del siglo XX.

8 Entender y discutir los principales asuntos políticos y sociales que enfrentaba Estados Unidos a inicios del siglo XXI

TÉRMINOS CLAVE: Internet, piratería, terroristas

Tecnología

A inicios del siglo XXI, una revolución tecnológica pronto cambió la manera en que los estadounidenses se comunican. La llegada del correo electrónico, teléfono móvil, computadoras personales, las redes sociales y acceso portátil al Internet ejercieron cambios asombrosos en la sociedad, tanto en la casa como en el trabajo. La seguridad financiera y la privacidad personal se convirtieron en importantes preocupaciones sociales y legales debido al aumento en la **piratería**, la práctica de asaltar ilegalmente los sistemas de datos electrónicos.

Inmigración

Una gran ola migratoria desde Latinoamérica a los Estados Unidos se inició a finales del siglo XX y continuó hasta el siglo XXI. Por primera vez, la cultura estadounidense comenzó a cambiar para responder a las necesidades de los inmigrantes en vez de esperar que los inmigrantes se integraran. Uno de los resultados fue un contragolpe nativista entre algunos grupos de estadounidenses no-hispanos. La inmigración tuvo un impacto tremendo en la economía de los Estados Unidos a medida que muchos inmigrantes (no solo de América Latina) ingresaron en el país de forma ilegal y trabajaron sin la debida documentación.

Religión

A inicios del siglo XXI, la fe religiosa se convirtió en un asunto de división política cada vez más creciente, con los republicanos que abogaban por una sociedad más cristiana y muchos demócratas que abogaban por una sociedad secular, es decir, que tratara a todas las creencias con igualdad. Los cristianos señalaron la frase de la Primera Enmienda que dice: "El Congreso no creará ley… que prohíba el libre ejercicio [de la religión]". Los no-cristianos señalaron la frase que dice: "El Congreso no creará ley respecto al establecimiento de la religión". Muchos estadounidenses se mostraron poco dispuestos a hacer concesiones en este asunto. Las controversias sobre los derechos al aborto y el derecho al matrimonio entre personas del mismo sexo estaban íntimamente vinculadas a los asuntos religiosos.

Asuntos exteriores

Los **terroristas** sauditas atacaron los Estados Unidos en 2001, llevando a una violenta ruptura de las relaciones entre Estados Unidos y las naciones árabes. Las tropas estadunidenses atacaron a un grupo de los fundamentalistas islámicos llamado Al Qaeda y sus aliados locales en Afganistán, y en 2003 las fuerzas estadounidenses invadieron Iraq y derrocaron su gobierno. Después de una ocupación marcada por la violencia, los Estados Unidos se retiró de Iraq en 2011. La lucha continuó contra las fuerzas de Al Qaeda en Afganistán y en otros países árabes.

China, India, Israel, Corea del Norte y Pakistán todos poseen armas nucleares estratégicas. La hostilidad mutua entre India y Pakistán, entre Corea del Sur y Corea del Norte, y entre Israel y sus vecinos árabes es de particular preocupación para los líderes estadounidenses ya que la tensión podría escalar a una guerra nuclear en cualquier momento.

RETO Historia de los Estados Unidos

Explique brevemente la importancia de cada concepto en la historia de los Estados Unidos. Escriba una o dos oraciones.

1. Códigos Negros

_____

_____

_____

2. La Declaración de Sentimientos

_____

_____

_____

3. El *Dust Bowl* (Cuenca de polvo)

_____

_____

_____

4. demostraciones sentadas

_____

_____

_____

5. La Ley del Timbre

_____

_____

_____

RESPUESTAS AL RETO

Historia de los Estados Unidos

Sus respuestas deben ser similares a las siguientes:

1. Los Códigos Negros era una serie de leyes aprobadas en los antiguos estados Confederados después de la Guerra Civil. Estas leyes anularon las reformas republicanas y privaron a los afroamericanos de la mayoría de los derechos civiles que habían adquirido.

2. La Declaración de Sentimientos (1848) usaba el lenguaje de la Declaración de la Independencia para argüir que a las mujeres estadounidenses se les estaba privando de importantes derechos civiles, legales y políticos. La Declaración ayudó a iniciar la aprobación de reformas a la legislación.

3. El *Dust Bowl* (cuenca de polvo) era el sobrenombre dado a las Grandes Llanuras durante la Gran Depresión, cuando el área padeció un período extenso de sequía y severas tormentas de polvo.

4. Las demostraciones sentadas eran protestas pacíficas llevadas a cabo por jóvenes afroamericanos y otros defensores de los derechos civiles a finales de la década de 1950 hasta los finales de la década de 1960.

5. El Parlamento Británico aprobó la Ley del Timbre en 1763. Aplicaba impuestos a los productos de papel por todas las colonias, provocando violentas protestas generalizadas. La Ley del Timbre acrecentó la hostilidad colonial hacia Gran Bretaña contribuyendo así a causar la Revolución de las Trece Colonias.

Historia Mundial

 9 **Definir *civilización* y describir y ubicar las primeras civilizaciones humanas**

TÉRMINOS CLAVE: civilización, Edad de Bronce, templado

Civilización humana

Una **civilización** es más que un grupo de gente; representa el próximo paso hacia la organización social. En una civilización la gente organiza gobiernos y clases sociales, establece sistemas de escritura, construye ciudades, crea obras de arte, estudia las ciencias y matemáticas, e inventa nuevas formas de hacer las cosas.

Para sustentar la vida humana, se requieren dos cosas: un clima **templado** y fuentes accesibles de alimento y agua potable. Bajo las condiciones apropiadas, esto lleva a un excedente de alimentos y así aumenta la salud, la esperanza de vida, y los ingresos. Con recursos adicionales y más tiempo libre, la gente se dedica a las actividades más allá de la caza y la recolección de alimentos—crean civilizaciones. Todas las primeras civilizaciones humanas han dejado registros escritos, descubrimientos científicos, hermosas piezas de arte, y obras de arquitectura que superan con creces los sencillos refugios para protegerse del mal tiempo.

La creciente fértil

Los seres humanos comenzaron a organizarse en civilizaciones alrededor de 3500 a.e.c. (antes de la era común). La creciente fértil (hoy Iraq, Siria y Egipto) fue el hogar de las primeras civilizaciones. Este período de la civilización humana es llamado la **Edad de Bronce** por la aleación de cobre y estaño que la gente descubrió alrededor de 3000 a.e.c. El bronce producía herramientas y armas más fuertes y resistentes que las que se hacían solamente de cobre.

Mesopotamia (hoy Iraq) le dio al mundo su primera lengua escrita, su primera religión organizada, los fundamentos de las matemáticas modernas, la rueda (primeramente utilizada para hacer cerámica, luego para transportación) y la primera épica literaria (*El regreso de Inanna*). Las primeras ciudades-estados fueron creadas al sur de Mesopotamia por un grupo de gente llamado los sumerios. Los arqueólogos han desenterrado muchos objetos lujosos en yacimientos sumerios, incluyendo instrumentos musicales, tableros de juegos y joyería. Estos artefactos apoyan la conclusión de que existió: una clase rica de sumerios solamente los ricos pueden comprar artículos de lujo. La fina calidad de los objetos muestra que los sumerios fueron artesanos habilidosos. El uso del metal en una región donde el metal no existía confirma que los sumerios comerciaban con otras civilizaciones (probablemente en el valle del Indo en lo que es hoy Pakistán).

El Imperio Babilónico surge alrededor de 2000 a.e.c. Los babilonios podían ubicar los astros fijos, seguir el curso del sol, y predecir eclipses lunares. Sus matemáticos fueron los primeros en emplear el número 60 como una base para medir círculos, esferas y el tiempo; nosotros usamos ese sistema hoy. Los códigos legales babilónicos tales como el Código de Hammurabi, muestran que en la antigüedad, la gente valoraba el concepto de justicia abstracta y creía en castigar a los criminales. Al mismo tiempo emergió otra gran civilización en el valle del río Nilo en Egipto. Las Grandes Pirámides de Egipto confirman que los egipcios eran capaces no solo de diseñar edificios monumentales sino también de ejecutar su construcción—una notable hazaña de ingeniería en una era sin tecnología más allá de la rueda y la palanca. No se sabe mucho de la civilización del valle del Indo (Pakistán) porque los historiadores no han podido descifrar todavía sus registros escritos. Sin embargo, esta civilización dejó, en efecto, ciudades planificadas con obras arquitectónicas impresionantes y sistemas de drenaje sofisticados.

10 **Analizar y describir la Grecia y la Roma clásicas, las primeras civilizaciones de China y la India, y las principales religiones del mundo antiguo**

TÉRMINOS CLAVE: aristócrata, budismo, cristianismo, democracia, filosofía, hinduismo, judaísmo, plebeyo, Ruta de la seda

China

China ha existido como una entidad culturalmente unificada desde hace por lo menos 1000 a.e.c. aspectos de la cultura china que pueden remontarse incluso más atrás incluyen la domesticación del gusano de seda, la producción de cerámica y objetos de jade, y el uso de los palillos chinos. El idioma escrito clásico chino, que se originó antes de 1000 a.e.c. sirvió como una fuerza unificadora importante en los reinos chinos antiguos; aunque se hablaban diferentes dialectos en diferentes regiones, el chino escrito era el mismo en todas partes.

Los primeros asentamientos chinos se localizaron a lado de los ríos –las carreteras del mundo antiguo. China estaba aislada del creciente fértil no solo por la distancia sino por obstáculos tales como los desiertos y las cadenas montañosas. No hay evidencia de que la China antigua y el antiguo Cercano Oriente hayan tenido conocimiento el uno del otro.

K'ung-Fu-tzu, conocido en el Occidente como Confucio, tuvo tanta influencia en el pensamiento y cultura chinos como la tendría Jesús más tarde en el Occidente. Nacido en la nobleza menor en el siglo sexto a.e.c. Confucio se convirtió en un maestro y un erudito. Confucio apoyó el orden establecido de la sociedad, en el cual todos tenían un lugar. Si cada persona sabía y mantenía su lugar, se ocupaba de sus responsabilidades y respetaba la tradición, la sociedad funcionaría con fluidez. De la misma forma, la integridad personal garantizaría un uso sabio y justo de la autoridad.

Bajo la dinastía Han (206 a.e.c.–220 e.c.) China logró una economía de libre comercio, la invención del papel, un código legal universal, y una burocracia basada en el mérito. Este periodo también vio el establecimiento del la **Ruta de la Seda**, una ruta de comercio terrestre importante desde Luoyang en el este hasta toda Constantinopla y Alejandría en el oeste. Caballos de Irán, objetos de lujo de Roma, sedas de China, especias y algodón de la India y las historias e ideas de todas las culturas se mercadeaban a lo largo de la Ruta de la Seda.

India

La geografía jugó un papel importante en el aislamiento de la antigua India. La cordillera de Himalaya, la cual incluye algunas de las montañas más altas del mundo, impedía el acceso desde el norte; los otros dos lados de la península triangular bordeaban el océano Índico. Esta ubicación geográfica singular aseguraba que la India solo podía ser invadida desde el noroeste, a través de lo que es hoy Pakistán.

Los indoarios habitantes de Europa del Este quienes invadieron y se asentaron en Persia y el valle del Indo alrededor de 1500 a.e.c. ejercieron una influencia perdurable sobre la cultura india. Los historiadores creen que el **hinduismo** es una mezcla de ideas y creencias indoeuropeas e indias. El hinduismo vincula una creencia religiosa en sacrificio con un sistema de casta basado en el deber para con los demás; estas ideas continúan vigentes en la India del presente.

Siddhartha Gautama, nacido dentro de la nobleza en 563 a.e.c. es conocido en la historia como Buda (el título significa "El Iluminado"). Buda enseñó que ya que todo sufrimiento y conflicto en el mundo vinieron de ambiciones frustradas, pasión, o egoísmo, la eliminación de estas emociones traería alegría y paz espiritual. El **budismo** también se oponía al sistema de casta. Irónicamente, el budismo ejerció su mayor influencia en China, no en India.

Grecia

El comienzo de una cultura griega identificable se remonta hacia el 2000 a.e.c. y la llegada de los aqueos desde lo que es hoy la región balcánica del sureste europeo. La cultura peninsular e isleña de Grecia significó una relación cercana con el mar; el comercio se realizaba por barco y la marina griega se convirtió en la más fuerte y mejor de la era. La idea griega de **filosofía** abstracta –que la gente usa su poder de razonamiento para entender el funcionamiento del universo– es la más importante contribución de Grecia al desarrollo de la cultura occidental. Durante la Época Griega Clásica (alrededor de 750–400 a.e.c.), los griegos crearon los fundamentos del arte, arquitectura, literatura, ciencia, filosofía y gobierno occidentales.

En un tiempo cuando el mundo estaba regido por el principio del derecho divino de los emperadores, algunas de las ciudades-estados griegos mostraban una manera nueva de gobierno llamada la **democracia**. Esta no era democracia de la forma en que se entiende hoy; ni los esclavos ni las mujeres libres tenían muchos derechos legales o libertades, y solo los hombres en posiciones de poder (alrededor del 10 por ciento de la población total) podían votar. Aun así, el gobierno sí les daba participación activa a algunos de sus ciudadanos en las leyes que los regían. Este principio de gobierno por el consentimiento del gobernado continuaría vigente por todo el mundo occidental.

El reino moderno griego de Macedonia se apoderó de la civilización griega bajo Phillip II y su hijo y sucesor Alejandro Magno. Durante el siglo cuatro a.e.c., las guerras de conquista de Alejandro se propagaron desde el río Danubio en el oeste hacia el río Indo en el este.

Roma

El Imperio Romano (500 a.e.c.–476 e.c.) era la más grande y más impresionante hazaña política del mundo antiguo. Con la ayuda de la burocracia y su ejército, Roma unificó toda la civilización occidental en un todo uniforme que permitió que cada cultura individual floreciera. La frase "cultura occidental" se refiere a la herencia greco-romana –la historia, cultura y entendimiento del mundo que era común a todas las naciones del occidente que formaban parte del Imperio Romano o que fueron influenciados por él.

La clave del éxito del Imperio Romano y la larga duración fue la tolerancia. Los gobernantes romanos permitían que la diversidad floreciera, requiriendo solo tres cosas: obediencia al código legal romano, pago de impuestos y lealtad al Estado Romano. La adoración a los dioses romanos era obligatoria, pero la gente también podía adorar a los otros dioses que quisieran.

Los romanos adoptaron elementos de la mitología, religión y cultura de los griegos y los etruscos (gente italiana antigua). Los logros más originales e importantes e de los romanos fueron en derecho, gobierno e ingeniería. El Latín, el idioma de los romanos, era la lengua de todos los occidentales educados por mucho más de 1,000 años después de caer el imperio. Roma comenzó como una monarquía, pero en 509 a.e.c. se estableció una república. Tanto los **patricios** (aristócratas) como **plebeyos** (la gente común) estaban representados en el senado, y los representantes de los plebeyos tenían el poder de veto sobre los patricios. Para el 100 a.e.c. la república se había convertido en una dictadura, pero la institución del senado perduró.

Cristianismo

El **cristianismo** surgió bajo el Imperio Romano como una nueva secta del **judaísmo**, la antigua religión de los hebreos. El judaísmo fue revolucionario por dos cosas: sus seguidores adoraban solamente un dios en vez de muchos, y su código moral (los Diez Mandamientos) aplicaba a todas las personas, desde monarcas hasta esclavos. Esto desafiaba la creencia común antigua de que los monarcas eran divinos y no se les podía cuestionar.

Los cristianos y los judíos adoran al mismo dios, pero los cristianos creen que Jesús de Nazaret era el hijo de Dios, el Mesías o Cristo (ambas palabras significan "el ungido") cuya aparición en la tierra fue anunciada en la Biblia Judía. Después de la ejecución de Jesús, su seguidor más influyente, Pablo, predicó su mensaje universal del amor y la salvación eterna a través de la región este del Imperio Romano. Para hacer el cristianismo atractivo a su audiencia culturalmente griega, Pablo mezcló creencias judías con elementos de la cultura y la religión helenísticas tales como la filosofía abstracta de la Trinidad. El cristianismo se propagó rápidamente por el Imperio Romano y dominaría por toda Europa Occidental hasta el presente.

Para el siglo cuarto e.c. el Imperio Romano se había hecho demasiado grande para gobernar se de forma efectiva desde una ciudad; y se dividió en dos partes. La parte del este eventualmente se separó completamente y formó el Imperio Bizantino, gobernado desde Constantinopla (fundada en 330 e.c.). Desacuerdos sobre el dogma dividieron la religión cristiana; Roma se convirtió en la sede del catolicismo, mientras Constantinopla se convirtió en la sede de la Ortodoxia del Este. Roma era culturalmente latina, mientras que Constantinopla era culturalmente griega –otra razón para la división. Finalmente, el Imperio Romano se había atascado en problemas económicos y enfrentaba serias amenazas de invasión desde el norte.

11 Describir los primeros patrones de migración, el asentamiento de Europa Occidental durante la Temprana Edad Media el establecimiento de los estados-naciones e imperios europeos, y la fundación del Islam en el Oriente Medio

TÉRMINOS CLAVE: bárbaros, Carta Magna, estepas, feudalismo, Islam, medieval, migración, señor, Temprana Edad Media, vasallo

Migración hacia el oeste

Desde el sexto milenio a.e.c. la gente había habitado las **estepas** de Asia Central –praderas desoladas bordeadas por las montañas Urales y el desierto Gobi. Pequeñas tribus de gentes deambulaban el inhóspito terreno siguiendo los rebaños de los cuales dependían para la leche y la carne. Al dominar los caballos y aprender a trabajar con el hierro –fueron las primeras gentes en hacer ruedas con rayos– las tribus de Asia Central se convirtieron en formidables bandas de guerreros. Ellos encabezaron una gran **migración** hacia el oeste que terminó en el asentamiento de Europa.

El asentamiento de Europa

Las gentes de Asia Central migraron al interior de Europa en oleadas. Los godos establecieron un fuerte alrededor de lo que es hoy Polonia y Hungría; los hunos los expulsaron entre 100 e.c. y 300 e.c. Los godos se trasladaron al sur, derrotando al ejército romano en Adrianople (hoy Edirne) y logrando el reconocimiento oficial romano de un estado godo en 382 e.c. Para 550–600 e.c. los eslavos se habían convertido en la cultura dominante de la región del sureste de Europa. En el oeste la tribu germánica de los francos se dividió, con los francos del oeste eventualmente convirtiéndose en franceses y los francos del este convirtiéndose en los alemanes. Los francos del oeste dominaron una cultura mixta que incluía a los romanos galos, bretones, belgas, vikingos y una mezcla de otros; los francos del este absorbieron elementos eslavos en su cultura. Al mismo tiempo, los suevos borgoñones y anglo-sajones se establecieron en lo que es hoy España, Francia y Gran Bretaña.

La cultura de estos migrantes nómadas era primitiva comparada con la civilización clásica de los greco-romanos, lo que explica por qué los romanos se referían a todos las gentes de la región norte como "**bárbaros**". En lugar de destacar los logros artísticos e intelectuales o crear gobiernos sofisticados y códigos legales, las tribus de la región norte se concentraron en el pillaje y el saqueo. **La Temprana Edad Media** fue una era de conflictos, con varias gentes luchando continuamente por la supremacía.

El periodo 750–1054 fue un tiempo de asaltos continuos a Francia, Gran Bretaña y Europa del Este por las tribus vikingos de Escandinavia. En el mismo periodo, los vikingos que viajaban por lo que es hoy Rusia fundaron las ciudades de Kiev y Nóvgorod; el príncipe local moscovita más tarde absorbería estos estados como parte de la expansión del Imperio Ruso. Después de la conversión al cristianismo de Vladimir I en 988, Kiev se hizo más eslava y bizantina culturalmente. Para hacer frente a las amenazas de los invasores vikingos, los eslavos locales comenzaron a reorganizarse entre ellos al estilo de las líneas políticas de los vikingos. Esto condujo a una organización social aun mayor y, por consiguiente, a una verdadera civilización en lugar de una cultura tribal.

Feudalismo

El sistema feudal se desarrolló durante esta temprana era **medieval** –no solamente en Europa sino también en India, China y Japón. El contrato social entre clases estaba basado en un juramento de lealtad, considerado por la gente de esta era como un contrato legal. El monarca proveía a los guerreros con vastas cesiones de terreno y títulos de nobleza a cambio de su servicio militar leal. El guerrero así se convertía en **señor** de una inmensa propiedad –el gobernante de su propio pequeño reino feudal, en el cual alojaba y protegía a sus **vasallos** a cambio de su servicio militar, lealtad y obediencia. El "señor" de la propiedad podía incluso ser una mujer; muy pocas mujeres medievales eran guerreras (hubo raras excepciones incluso a esta regla, como la de Juana de Arco), pero algunas mujeres ocuparon posiciones de gran poder a través del matrimonio o la viudez.

El monarca y el señor resolvieron un incómodo balance de poder. El monarca quería controlar el reino y exigir la obediencia de sus súbditos, pero los señores mantenían tanto poder independiente en sus propiedades que ellos podrían fácilmente desafiar al monarca, aunque ambas partes estaban de acuerdo que el monarca gobernaba por derecho divino. La **Carta Magna** es un ejemplo de lo que podía suceder (o "sucedía") cuando los señores se unían en contra del monarca. El rey John de Inglaterra tenía una historia tan vergonzosa de mala administración y gobierno imprudente que en 1215 sus barones lo obligaron a firmar la Carta Magna, la cual específicamente declaraba que incluso el monarca no estaba por encima de la ley, y puso los cimientos para el sistema parlamentario que Inglaterra al final adoptaría.

El Oriente Medio

El **Islam** la religión que finalmente unificaría a todo el Cercano Oriente, fue fundado a principios del siglo VII en Arabia. Los musulmanes adoran al mismo dios que adoran los judíos y los cristianos; Alá es simplemente el nombre árabe para él. Los musulmanes consideran a Jesús como un gran profeta, pero secundario al fundador del Islam, Mahoma. El Islam está basado sobre los cinco pilares: fe, oración, dádiva, ayuno y peregrinaje a Meca.

Para finales del siglo X, el Islam había echado raíces en una región considerable del mundo. Mahoma no era solo el fundador de una religión mundial; él era también un extraordinario líder político que unificó a todas las tribus de Arabia bajo un gobierno central por primera vez en su historia. Los ejércitos musulmanes conquistaron un imperio que era altamente diverso, acogiendo a turcos, persas, y las tradiciones culturales y artísticas de los norteafricanos. Los musulmanes penetraron Europa hasta el norte de España; permanecerían en el poder en la Península Ibérica por cerca de 800 años.

África

Las principales civilizaciones africanas del primer milenio incluían Nubia, or Aksum y el reino de Gana, además de Egipto. Las invasiones extranjeras, conversión religiosa y el comercio internacional son los temas principales de estas civilizaciones.

 ## Analizar y describir las causas y efectos del Renacimiento, la Reforma y la Revolución Científica, identificando a las personas, ideas y logros principales

TÉRMINOS CLAVE: Ilustración, *philosophe*, protestantismo, Reforma, Renacimiento, Revolución Científica, Revolución Industrial

El Renacimiento

Dos factores importantes crearon el **Renacimiento**, un movimiento cultural que comenzó en Italia alrededor de 1350, un gran punto de inflexión en la historia occidental. Un factor fue el resurgimiento del interés en la filosofía clásica, la literatura y las artes. El segundo fue el cuestionamiento de las doctrinas de la iglesia, lo cual fue alentado por un sostenido aumento en la alfabetización –el efecto del desarrollo de la tipografía móvil y la imprenta. Los coreanos inventaron la tipografía móvil; fue modificad en Alemania y terminó ejerciendo un mayor efecto en el Occidente que en Corea o en China. Con el fácil acceso a los libros, la gente podía leer por su cuenta en lugar de simplemente confiar en lo que las autoridades instruidas les decían.

La Reforma

El movimiento religioso llamado la Reforma se inició en 1517, cuando la fundación de la Iglesia Luterana puso fin a los mil años de supremacía del catolicismo. Para el 1600, miles de europeos –particularmente europeos del norte- rendían cultos en iglesias luteranas, calvinistas y anglicanas. El éxito del **protestantismo** (así llamado porque sus creyentes *protestaban* contra la doctrina católica) se debió a múltiples causas: una opinión creciente entre algunos cristianos de que la iglesia católica no era ni todopoderosa ni moralmente estaba por encima del reproche, un aumento en el poder político secular, y la perfección del proceso de la imprenta. La gente podía leer la Biblia (y todos los demás libros) por su cuenta; ya no tenían que aceptar la interpretación de la iglesia de las Escrituras.

La Revolución Científica

La **Revolución Científica** fue una época de gran progreso en cuanto al entendimiento humano de las leyes del universo. Esta era cambió no sólo *qué* pensaba la gente sino –y más importante- *cómo* pensaba. Los descubrimientos de la Revolución Científica (tales como las lunas de Júpiter y las órbitas de los planetas alrededor del sol) eran el producto de la experimentación práctica más que de la filosofía abstracta –las conclusiones se basaban en lo que los científicos percibían con sus cinco sentidos.

La Ilustración

Los *philosophes* (palabra francesa para *filósofos*) de la **Ilustración** del siglo XVIII aplicaron este proceso científico de pensamiento crítico a los problemas sociales y políticos. Ellos sostenían que todos los seres humanos nacen libres e iguales, y que los individuos deben ser capaces de abrirse camino en el mundo como seres razonables con el derecho a decidir cómo y dónde desean vivir. Sus obras alentaron a la gente a creer que ellos no tenían que aceptar las condiciones existentes y que podían crear nuevas instituciones moldeadas a sus propios gustos. Al final, las enseñanzas de la Ilustración llevaron directamente a importantes revoluciones en la Norteamérica Británica y en Francia.

La Revolución Industrial

En el curso de los siglos XVIII y XIX la Revolución Industrial demostró una tercera manera de usar el proceso de observación y experimentación: se lo aplicó a los desafíos mecánicos de la manufactura y la agricultura. Nuevas maquinarias aparecieron con desconcertante rapidez, alterando permanentemente el paso de la vida humana y cambiando la economía occidental de una base agrícola a una base de producción y consumo masivos. Las personas que habían sido artesanas y obreras rurales migraron a las grandes ciudades para convertirse en trabajadores de fábricas.

El Cercano Oriente

Durante este periodo, mucho del Cercano Oriente estaba controlado por gobernantes otomanos y turcos con base en Constantinopla. Bajo los otomanos, el mundo islámico alcanzó un cenit de logros culturales, literarios y artísticos, pero pronto quedó a la zaga del Occidente, debido en parte a su incapacidad o negativa de acoger los nuevos métodos científicos. Mientras los europeos diseñaban su primera imprenta en 1455, los árabes no adquirieron esta tecnología sino hasta 1727. En una época cuando el reloj de péndulo era un objeto ordinario en los hogares europeos, era una curiosidad y un lujo raro en India. Hacia mediados del 1700, el imperio otomano seguía perdiendo poder e influencia; el mundo islámico no jugaría un papel de poder significativo en la política internacional de nuevo hasta la década de 1970.

 ## Identificar las causas y los patrones de la civilización europea en Asia, las Américas y África, y explicar los efectos de la colonización en los dos lados

TÉRMINOS CLAVE: colonización, recursos naturales

A finales de los 1400, los monarcas europeos comenzaron a auspiciar viajes de exploración más allá del mundo que ellos conocían. Sus propósitos tenían cuatro vertientes: comercio, conquista y expansión, conversión religiosa, y curiosidad.

Comercio

Los **recursos naturales** de las regiones colonizadas –Asia, África y las Américas– incluían artículos no-europeos tales como arroz, café, azúcar, caucho, seda, algodón, oro, diamantes y especias. África occidental era también la fuente de mano de obra esclava por todo el siglo XVIII. La **colonización** significaba que los europeos podían establecer sus propios precios por lo que ellos compraban de las colonias y por lo que ellos les vendían.

Conquista y expansión

Una población más grande significaba mayores ingresos para la corona en impuestos, mayores ingresos para las iglesias en diezmos, y más soldados en el ejército. Por eso, tres de las instituciones más poderosas de la sociedad –la corte, el clero y la milicia– compartían el mismo deseo de explorar los mares y tierras más allá de Europa con la esperanza de establecer colonias, las cuales los harían más ricos y fuertes que sus vecinos.

Conversión religiosa

El tercer motivo, la conversión religiosa, fue un producto de la creencia universal cristiana que era un deber cristiano convertir a los no-cristianos y así salvar sus almas. Cualquier iglesia se vuelve más fuerte con más creyentes; por eso, las iglesias europeas con entusiasmo enviaban misioneros a Asia, África y las Américas.

Curiosidad

El último motivo, y uno muy poderoso, era el sentido universal humano de aventura y curiosidad –el impulso por encontrar cosas que ha caracterizado a los seres humanos desde los inicios de la civilización y el responsable por todo descubrimiento científico y adelanto tecnológico.

El desarrollo del imperio

Las naciones se convierten en imperios de dos maneras–ya sea apoderándose de tierra contigua y expandiendo así sus fronteras, o apoderándose de colonias a cierta distancia. Roma, India, China, Rusia y Estados Unidos son ejemplos del primer tipo de imperio (Estados Unidos iba a adquirir varias colonias al inicio del siglo XX). España, Francia, Prusia (más tarde Alemania) y Gran Bretaña son ejemplos del segundo tipo. Entre ambos, España y Portugal colonizaron toda América Central, América del Sur y México, más cerca de un tercio de lo que es hoy Estados Unidos. Francia colonizó Canadá, la región de los Grandes Lagos, y el territorio de Luisiana, el cual vendió más tarde a Estados Unidos. Francia y Gran Bretaña lucharon por controlar India; en 1850, Gran Bretaña ganó la lucha y gobernaría a la India hasta después de la Segunda Guerra Mundial. Gran Bretaña también envió colonizadores para colonizar Australia y Nueva Zelanda. Las potencias europeas colonizaron el continente africano entero (excepto Etiopía y Liberia), y todos los reinos del sureste asiático, excepto Siam (hoy Tailandia). Estas colonias no podían hacer frente al poder militar de los invasores, así que tenían que aceptar el gobierno extranjero. La era de la colonización terminó con la Segunda Guerra Mundial por dos razones: las potencias europeas ya no podían mantener más las colonias, y la gente que vivía en los países colonizados comenzaron a rebelarse contra el gobierno extranjero.

14 Discutir la Edad de la Revolución en Europa, comenzando con la Revolución Gloriosa y terminando con la Revolución Bolchevique, y analizar la influencia de la Ilustración en la Edad de la Revolución

TÉRMINOS CLAVE: aristocracia, bolchevique, conservadurismo, dictadura, liberalismo, marxismo, monarquía constitucional, nacionalismo, Revolución Francesa, Revolución Gloriosa, socialismo

Revolución

Entre 1689 y 1789, el Occidente vio tres grandes revoluciones políticas –una en Inglaterra, una en los Estados Unidos y la otra en Francia. Estas tres revoluciones demostraron un cambio de curso para el Occidente, marcaron el inicio de una era de progreso consistente hacia gobiernos representativos que continuarían hasta el siglo XIX.

La Revolución Gloriosa

En Gran Bretaña, cincuenta años de conflictos violentos entre el Parlamento y la monarquía absoluta condujo a la **Revolución Gloriosa**. En 1649, después de su derrota en una batalla, Charles I fue capturado por las fuerzas parlamentarias y ejecutado por traición; después de una breve dictadura bajo Oliver Crownell, el hijo de Charles I, Charles II, fue coronado en 1660. Cuando Charles II murió y su impopular hermano católico, James, se convirtió en rey, el Parlamento se rebeló, invitando a la hija protestante de James, María y su esposo Guillermo de Orange (en Holanda) para que gobernaran juntos. James II huyó a Francia y la Revolución Gloriosa fue ganada sin hacer un solo disparo. La Carta de los Derechos Humanos inglesa, aprobada por el Parlamento en 1689, marcó el inicio de una nueva era de derechos individuales y **monarquía constitucional**.

La Revolución Francesa

La **Revolución de las Trece Colonias** de 1776–1783 creó el primer gobierno duradero del mundo cuyo principio fundamental (si no la realidad) era la igualdad de todas las personas. La **Revolución Francesa** de 1789 vio la gente común rebelarse contra un monarca absoluto y una **aristocracia** con demasiados privilegios. Incapaz de concebir un gobierno republicano viable para remplazar la monarquía, Francia se convirtió en una **dictadura** militar bajo Napoleón Bonaparte. Su intento de conquistar toda Europa unió a todas las demás naciones contra Francia y acabó en su derrota y exilio. La monarquía fue restituida, pero con límites constitucionales sobre el poder del monarca.

Muchas nuevas fuerzas políticas surgieron en el siglo XIX el **liberalismo, socialismo, nacionalismo, conservadurismo** y **marxismo**. La siguiente tabla ayuda a explicar lo que significa cada término.

Filosofías políticas del siglo XIX

FILOSOFÍA POLÍTICA	DEFINICIÓN / DESCRIPCIÓN
Conservadurismo—la filosofía de aquellos que miraron hacia el pasado de la era de monarquía absoluta	La monarquía hereditaria es la mejor forma de gobierno.
	Los aristócratas de nacimiento deben ocupar puestos gubernamentales porque ellos son los que saben mejor cómo administrar el país.
	Una monarquía y unos ministros de estado bien nacidos defenderán su parte del contrato social –defenderán los mejores intereses de su gente.
	Los acuerdos políticos y sociales creados por la historia son los mejores; alterarlos sería peligroso.
	La libertad de prensa es peligrosa; el gobierno es el mejor juez de lo que debe publicarse.
Liberalismo—la filosofía de aquellos que miraron hacia adelante a la era de gobierno constitucional, derechos legales y libre empresa	Una monarquía limitada con una asamblea legislativa elegida libremente y una constitución escrita es la mejor forma de gobierno.
	Los derechos al voto deben ser limitados a los dueños de propiedad porque ellos son generalmente mejor educados y tienen una participación mayor en el gobierno.
	Las personas educadas, calificadas personas de mérito, sin importar su nacimiento, deben ocupar los puestos gubernamentales.
	Los ciudadanos deben tener derechos individuales tales como a la propiedad privada y a la libertad de expresión.
Socialismo—la creencia de que el control gubernamental de la economía puede reducir o erradicar la injusticia social	El bien de todas las personas es más importante que los derechos del individuo.
	Lo que beneficia a un ciudadano beneficia a todos los ciudadanos; por eso, todos los ciudadanos deben cooperar para ayudarse entre sí.
	El gobierno debe controlar los negocios y las industrias y regular salarios y precios para promover la justicia social y económica y la igualdad.
Marxismo—la filosofía desarrollada por Karl Marx y Friedrich Engels; declara que la clase obrera debe tomar el poder a través de una revolución internacional	Las clases sociales son inherentemente enemigas, cada una opuesta a los intereses de la otra.
	El obrero es un miembro de la sociedad mucho más valioso que el dueño porque el obrero genera productos y el dueño no produce nada.
	Los obreros, no los dueños ni los gerentes, deben disfrutar la mayor parte de las ganancias de su labor.
	Los obreros deben ser los que administran las industrias en donde trabajan.
Nacionalismo—el orgullo por la propia herencia étnica, cultural y lingüística y apoyo por los intereses de la nación en asuntos mundiales	Una nación debe estar compuesta por personas que compartan la misma herencia étnica, cultural y lingüística.
	Las personas que no comparten esa herencia no pueden considerarse parte de esa nación.
	Generalmente, es una fuerza unificadora en una nación culturalmente homogénea como Francia.
	Generalmente, es una fuerza divisiva, explosiva en un imperio multiétnico como el austro-húngaro.

Ejemplos de gobiernos constitucionales en Gran Bretaña, Francia y los Estados Unidos condujeron al llamado urgente por constituciones escritas en muchas naciones europeas. Una oleada de revoluciones europeas tuvo lugar en 1830 y de nuevo en 1848. En esas revoluciones, las fuerzas del liberalismo, las cuales apoyaban un gobierno representativo, se anotaron algunas victorias—aunque los gobiernos conservadores estaban todavía en el poder en varios países al final del siglo. Uno de los más conservadores fue el Imperio Austro-húngaro, que incluía una diversa mixtura de alemanes, checos, húngaros, croatas e italianos. El nacionalismo –el orgullo por la cultura y el idioma propios– hizo que estos grupos se irritaran por el hecho de vivir en un imperio en lugar de ser independiente. El creciente poderío del nacionalismo fue un factor importante en la unificación de Italia en 1861 y de Alemania en 1871. El nacionalismo en Irlanda hizo a los irlandeses difíciles de controlar bajo el gobierno británico y condujo a algunas reformas en la política irlandesa de Gran Bretaña.

El nacionalismo también contribuyó a que declinara y cayera el Imperio Otomano. En todo el siglo XIX los otomanos consistentemente perdieron territorio e influencia hasta que el imperio fue eliminado por completo después de la Primera Guerra Mundial. Otros factores que contribuyeron incluyen la agresión europea y la incapacidad de hacer frente al progreso militar y tecnológico europeos. Al estallar la Primera Guerra Mundial, Grecia y casi todos los estados balcánicos habían obtenido su independencia del Imperio Otomano. En 1923 el imperio se transformó en Turquía, una república islámica secular. En Rusia, una rebelión en 1905 fracasó en derrocar al zar, pero sí logró echar las bases para la revolución **Bolchevique** de 1917 (véase la siguiente sección).

15 Discutir y describir las principales crisis y logros mundiales de 1900 a 1945 en Europa, China, India y el mundo árabe, y analizar y describir las dos guerras mundiales

TÉRMINOS CLAVE: equilibrio de poder, fascista, la Gran Guerra, Liga de Naciones, reparaciones, Revolución Bolchevique, totalitario

La Gran Guerra

La Primera Guerra Mundial (llamada la **Gran Guerra** en aquel tiempo porque nadie previó la Segunda Guerra Mundial) ocurrió principalmente por dos razones. La primera fue el nacionalismo: la agitación nacionalista entre los serbios y los eslavos en las provincias balcánicas de Austria amenazaba el poder del Imperio Austro-húngaro, y el nacionalismo alemán había llevado a un desarrollo de la milicia alemana durante la década de 1910. La segunda razón para ir a la guerra era mantener el **equilibrio de poder** europeo. La unificación de Alemania había creado un estado-nacíon grande, fuerte y poderoso cuyas ambiciones causaron una grave preocupación para Gran Bretaña, Rusia y especialmente Francia. Esos tres países formaron una alianza defensiva. Alemania a su vez se alió con Austria-Hungría. Cuando un serbio nacionalista asesinó a un archiduque austriaco en Sarajevo en 1914, Austria declaró la guerra a Serbia, Rusia se movilizó para defender a los serbios, y los aliados entraron en acción. Pronto Gran Bretaña, Francia y Rusia (los "aliados") estaban en guerra contra Alemania, Austria y el Imperio Otomano ("las potencias centrales").

La Revolución Bolchevique

La guerra destrozó la economía europea; los agricultores y obreros rusos fueron especialmente afectados. El Zar Nicholas II era incapaz de asumir el control y mejorar las cosas. El resentimiento en contra del zar llevó a un levantamiento popular en 1917, y como resultado Nicholas renunció al trono. Después de una caótica lucha de poder, el control del gobierno pasó al izquierdista Partido Bolchevique (*bolchevique* en ruso significa "mayoría") liderado por V. I. Lenin. Lenin firmó un tratado de paz con Alemania, retiró las tropas rusas de la Primera Guerra Mundial, y comenzó a convertir la reciente renombrada Unión Soviética en una dictadura comunista. Gran Bretaña y Francia, consternados por el abrupto retiro de tan poderoso aliado, se alentaron cuando los Estados Unidos se unió a la guerra. Este incidente cambió el curso de la situación a favor de los aliados, y Alemania acordó a un armisticio el 11 de noviembre de 1918.

En la conferencia de paz, los líderes aliados hicieron tres cosas para restaurar el equilibrio de poder en Europa. Primero, retrazaron parcialmente el mapa de Europa siguiendo las líneas nacionalistas, creando nuevos estados, expandiendo otros y disolviendo el Imperio Austro-húngaro. Segundo, después de hacer que Alemania aceptara la responsabilidad por la guerra, redujeron el poderío alemán con el orden que los alemanes mantuvieran la Renania alemana como una zona desmilitarizada, que pagaran las enormes **reparaciones**, y que redujeran el tamaño del ejército militar y la marina. Tercero, los líderes aliados crearon la **Liga de Naciones** como un foro internacional para resolver conflictos y mantener la paz.

El surgimiento del fascismo

Durante las décadas de 1920 y 1930, los gobiernos **fascistas** surgieron en Italia, Alemania, España y Europa del Este; para 1937 Japón estaba también bajo un estricto régimen militar y las fuerzas comunistas iban en aumento en China. El fascismo fue una doctrina política que promovió el nacionalismo extremo como una forma de lograr la unidad nacional y eliminar las luchas domésticas sociales y económicas. En esto se diferenciaba del comunismo, el cual en teoría ofrecía un nuevo orden social administrado por la clase trabajadora, y los fascistas y comunistas se despreciaban unos a otros. En la práctica del día a día, sin embargo, el fascismo y el comunismo a menudo proponían la misma cosa –una dictadura absoluta de un estado policial, con un solo partido político que no toleraba ninguna oposición. Este sistema de total control del gobierno sobre las vidas del individuo se llamó **totalitarismo**. Las condiciones sociales y políticas del periodo dieron paso a estas dictaduras. La primera fue el surgimiento de partidos políticos masivos. La segunda fue el desacuerdo entre los liberales en el gobierno y en los parlamentos y su incapacidad para responder efectivamente cuando una depresión económica masiva golpeó en la década de 1930. La tercera fue la inmensa clase de veteranos de la Primera Guerra Mundial quienes fueron objetos de una audiencia entusiasta para la retórica nacionalista.

Segunda Guerra Mundial

La Segunda Guerra Mundial fue una guerra de agresión por parte de Alemania –una guerra en la que se luchó en parte para cambiar la derrota de la Primera Guerra Mundial en una victoria y en parte para tomar control de Europa de la forma en que Napoleón había tenido un éxito temporal a inicios del siglo XIX. La Segunda Guerra Mundial se inició a finales de la década de 1930 cuando Alemania absorbió Austria, Checoslovaquia y Polonia, seguido por la conquista alemana de los Países Bajos, Bélgica y Francia y un intento de asalto a Gran Bretaña. Después de fracasar en la conquista de Gran Bretaña, Alemania lanzó una invasión de la Unión Soviética. Alemania y su aliado Italia (las potencias "ejes") mantuvieron el control de la guerra hasta finales de 1942. Su bien planeada invasión tuvo éxito más o menos por sorpresa, las tropas alemanas eran extremadamente efectivas, y Alemania e Italia finalmente controlaron casi toda Europa y una porción considerable de África del Norte.

En el Pacífico, Japón había invadido la región Manchuria de China y procuraba extender las conquistas. Se alió con Alemania e Italia en la Alianza Eje, y cuando Japón atacó a los Estados Unidos en Pearl Harbor en Hawái en 1941, Alemania también le declaró la guerra a Estados Unidos. Gran Bretaña, Estados Unidos y la Unión Soviética entonces unieron fuerzas en una gran alianza para derrotar a Alemania, y su fuerza económica y numérica finalmente cambió el curso de la situación. Además, las distantes fábricas estadounidenses estaban fuera del peligro de ser bombardeadas o capturadas, así que las fuentes aliadas de tanques y municiones nunca se agotaron.

La guerra es llamada correctamente una "guerra mundial" por el alcance de la lucha fuera de Europa. Después de más de tres años de lucha en el Pacífico, Japón finalmente reconoció la derrota después de haber sido atacado con armas nucleares en 1945.

16 Analizar las cambiantes relaciones entre las naciones desde el fin de la Segunda Guerra Mundial hasta el presente incluyendo las causas y los efectos de la Guerra Fría y el aumento de terrorismo global

TÉRMINOS CLAVE: carrera espacial, comunista, cortina de hierro, muro de Berlín, OPEP, primavera árabe, primavera de Praga, Unión Europea

Fin del dominio europeo

Al comienzo del siglo XX, Europa era la región más poderosa del mundo, la cual controlaba muchas partes de Asia y la mayor parte de África. Después de 1945, las antiguas potencias europeas no tenían recursos suficientes para sus imperios coloniales; todas sus energías y recursos habían sido invertidos en la reconstrucción. Por eso la era de posguerra vio una oleada de independencia por todo África. No se obtenía fácilmente ni pacíficamente, tampoco de la noche a la mañana, y en algunas naciones africanas propició una era de duro régimen militar, corrupción y violenta agitación política y social. India también logró finalmente separarse del gobierno británico y fue dividida en dos estados separados: una India hindú y una Pakistán islámica. Millones de indios musulmanes

inmediatamente cruzaron la frontera hacia Pakistán, mientras pakistaníes
hindús huyeron a India.

La Unión Soviética

Para 1945, la Unión Soviética ejercía total influencia política sobre toda
Europa Oriental. Gobiernos **comunistas** marionetas bajo el control de
Moscú existían en todas estas pequeñas naciones eslavas, excepto Yugoslavia,
gobernada por el fieramente independiente Marshall Tito. Alemania estaba
dividida en dos naciones, la democrática Alemania Occidental y la comunista
Alemania Oriental. Una frontera política llamada la "**Cortina de Hierro**"
existiría entre Europa Oriental y Europa Occidental desde finales de la
década de 1940 hasta 1989. En la ciudad dividida de Berlín, la Cortina de
Hierro se convirtió en un muro real de concreto en 1961; el Muro de Berlín
sería el símbolo más poderoso de la Guerra Fría. La Unión Soviética no vaciló
en emplear la fuerza bruta para suprimir los levantamientos populares e
intentos de reforma tales como la **Primavera de Praga** de 1968.

El comunismo soviético se mostró económicamente inviable, a pesar
de las victorias importantes en la "**carrera espacial**" contra los Estados
Unidos. Cada superpotencia trataba de superar a la otra en la exploración
del universo más allá de la Tierra. Después de la muerte del dictador
Joseph Stalin y un extenso periodo de estancamiento económico, una
descongelación gradual en la política soviética finalmente llevó al fin de
la Guerra Fría, exitosos levantamientos políticos, y la llegada del gobierno
democrático a la Europa Oriental. El Muro de Berlín fue derribado en 1989
y la Unión Soviética se separó en repúblicas independientes en 1991.

China hoy

El gobierno de un solo partido comunista se estableció en China en 1949
después de una guerra civil. Después de varias décadas de aislamiento, se
volvió a poner en práctica un poco del mercado de libre empresa, y China
comenzó a surgir ante el mundo con protagonismo y poder. Sin embargo, el
país continúa padeciendo graves problemas sociales. Los ciudadanos chinos
no gozan de acceso ilimitado a fuentes externas de información, la prensa
está censurada, y la disidencia política no se tolera. Decenas de miles de
trabajadores ganan salarios extremadamente bajos en la producción de ropa
barata y de baja calidad, artículos del hogar, pequeños electrodomésticos,
y otros artículos de exportación, los cuales los Estados Unidos y otras
naciones siguen importando por lo bajo que se mantienen los precios.

La Unión Europea

Durante los últimos años de la década de 1950, las naciones de la Europa
Occidental comenzaron a sacar provecho de la experiencia de su alianza
durante la guerra; se dieron cuenta de que eran más fuertes unidas que lo
que eran solas. Se creó una Comunidad Económica Europea y esto llevó
a la formación de la **Unión Europea** en 1991. Las naciones de la UE son
enteramente independientes y con gobiernos autónomos pero comparten
políticas exteriores comunes y de seguridad, y cooperan en asuntos de
política doméstica y de justicia internacional. Las naciones europeas han
tenido una moneda común, el euro, desde 1999.

El mundo árabe

Una masiva demanda de petróleo en la era de la pos Segunda Guerra Mundial llevó a un cambio económico en el Oriente Medio. Como la fuente de la mayor parte del petróleo del mundo, la región saltó a una posición de importancia internacional y gran prosperidad casi de la noche a la mañana. En 1960, cinco de las naciones árabes crearon un cartel llamado **Organización de Países Exportadores de Petróleo** (OPEP) con el propósito de regular los precios del petróleo y controlar el suministro de petróleo al resto del mundo. Hoy la OPEP tiene naciones miembros incluyendo cuatro en África y dos en Sudamérica.

La mayoría de las naciones del Oriente Medio tienen ya sea dictaduras militares o monarquías; la prensa es marcadamente censurada en estos países. En muchos de estos países los líderes islámicos constantemente presionan a sus gobiernos para imponer valores y prácticas islámicos. Las naciones árabes se enfurecieron por la creación del estado de Israel a finales de la década de 1940 y la situación se empeoró cuando Israel dio inicio a una ocupación de largo plazo de territorios con poblaciones árabes durante la "Guerra de los seis días" en 1967. En 2011 una serie de levantamientos populares en los países árabes (luego llamada la "primavera árabe") propició esperanzas para la creación de gobiernos democráticos, pero también abrieron nuevos conflictos entre los liberales pro-Occidentales y los islamistas.

RETO Historia Mundial

Rellene el espacio en blanco con una palabra que haga cada oración verdadera.

1. Las primeras civilizaciones humanas ocurrieron en una región llamada

_____ porque su clima era ideal para cosechar productos.

2. Los romanos se refirieron a las tribus del norte como los godos y los hunos como

_____ porque la cultura de las tribus del norte estaba basada en el

saqueo y el pillaje, no en construir ciudades, escribir códigos legales y crear obras de arte.

3. _____ es un sistema medieval que ataba a las personas de diferentes

clases sociales con juramentos de lealtad y mutuas responsabilidades y obligaciones.

4. _____ —el orgullo en la propia herencia étnica, lingüística y cultural—

era una de las principales fuerzas que manejó el cambio político en Europa en el siglo XIX e

inicios del siglo XX.

5. El partido _____ se apoderó del poder en Rusia durante la Revolución de

1917.

RESPUESTAS AL RETO
Historia Mundial

1. **la creciente fértil**: Esta región era el hogar de las civilizaciones sumeria, babilónica y egipcia.

2. **bárbaros**: En el uso clásico del griego y del latín, la palabra *bárbaro* significaba "extranjero"; los griegos pensaban que las lenguas no-griegas sonaban como "bar-bar" o los sonidos que producen los tartamudos.

3. **Feudalismo**: El feudalismo era una forma antigua de contrato social en el que las personas recibían privilegios y poder a cambio de obligaciones y responsabilidades tales como proveer servicio militar en tiempos de guerra.

4. **Nacionalismo**: El patriotismo es el orgullo que se siente por ser ciudadano de un país propio pero el nacionalismo es el orgullo por la identidad de uno como miembro de un grupo étnico y cultural y por seguir los intereses del grupo. El nacionalismo es una fuerza por la unidad en un país homogéneo como Francia, pero ha sido una fuerza por la rebelión en estados multinacionales como el Imperio Austro-Húngaro.

5. **Bolchevique o comunista:** Durante la Revolución Rusa, los términos *bolchevique* y *comunista* eran equivalentes.

Cívica y gobierno

 ## Definir *vida cívica, política* y *gobierno*

TÉRMINOS CLAVE: vida cívica, gobierno, política

Vida cívica

Las palabras *cívica, civil, civilidad, ciudad, ciudadano* y *civilización* todas vienen de la misma raíz –todas tienen que ver con la obediencia a las reglas por las que se rige una sociedad. Estas reglas son necesarias porque ninguna sociedad humana de cualquier tamaño puede funcionar con fluidez a menos que todos estén de acuerdo en obedecer el mismo código de comportamiento. Es por eso que existen leyes, gobiernos y costumbres sociales. La **vida cívica** de uno es la vida que uno lleva en público, donde el comportamiento propio está regido no solo por las elecciones individuales sino por la obediencia a las reglas.

Por ejemplo, uno debe comparecer en corte cuando recibe un citatorio. Uno debe servir como jurado a menos que la corte le conceda una exoneración. Uno debe obedecer las leyes de tránsito. Uno debe solicitar un pasaporte para viajar al extranjero. Uno debe obedecer las leyes que limitan la libertad de comprar alcohol y productos que contengan tabaco. Uno no puede poner en peligro a la sociedad. Uno no debe cometer difamación ni calumnia. Uno debe comportarse debidamente en lugares públicos, de acuerdo con las costumbres sociales y normas escritas (tales como sentarse en el asiento asignado en el teatro o en el estadio, y observar los anuncios de "No fumar"). Uno debe obedecer ciertas normas en la escuela y en el lugar de trabajo, tales como el código de vestir. La prensa tiene la libertad de publicar solamente opiniones y hechos verdaderos –no es libre de publicar falsedades deliberadas.

Política

Policía, metrópoli y *política* todas vienen de la misma raíz griega. Estas palabras tratan de conceptos de comunidades humanas y las reglas que rigen el comportamiento. La **política** es el proceso de debate, persuasión y votación que la gente usa para decidir dos cosas: quién va a representarlos en el gobierno y cuáles leyes serán aprobadas.

Gobierno

Un **gobierno** es una institución con dos propósitos: servir y proteger a sus ciudadanos, y crear y hacer cumplir las leyes. La siguiente tabla muestra las formas más comunes de gobierno en la historia mundial.

Formas de gobierno

FORMA DE GOBIERNO	DESCRIPCIÓN	TÍTULO DEL GOBERNANTE
dictadura	Un individuo rige; él o ella tiene poder absoluto para hacer ejecutar las leyes. Puede que exista un cuerpo legislativo, pero no tiene poderes. Los dictadores usualmente se apoderan y mantienen el poder por fuerza militar. Hay un solo partido político.	dictador
monarquía hereditaria	La cabeza de la familia real tiene el poder de crear y hacer ejecutar las leyes. • Un monarca absoluto tiene la misma autoridad que un dictador • Un monarca constitucional comparte la autoridad con un cuerpo legislativo electo. Cuando un monarca muere, el poder va al próximo miembro en turno de la familia.	emperador, rey/reina, faraón, zar, káiser
república	Un ejecutivo electo encabeza el gobierno y comparte autoridad con un cuerpo legislativo de representantes electos. Hay múltiples partidos políticos. El ejecutivo electo sirve por un número determinado de años; él o ella es remplazado por otro ejecutivo electo en una pacífica transición de poder.	presidente, líder, primer ministro
democracia	Los ciudadanos sirven como sus propios representantes y juegan un papel en la creación y en hacer cumplir las leyes.	

Explicar los fundamentos del sistema político estadounidense

TÉRMINOS CLAVE: enmienda, presionar, separación de poderes

El sistema político estadounidense está basado en varias fuentes. Estas incluyen la República Romana, la Carta Magna, el sistema parlamentario de Gran Bretaña, y las ideas de la Ilustración europea. La siguiente tabla muestra las fuentes de donde proceden los aspectos del sistema de gobierno estadounidense.

Fuentes del sistema político estadounidense

República Romana	Un cuerpo legislativo llamado Senado, el cual crea las leyes y aconseja al jefe del gobierno Funcionarios electos quienes representaron diferentes segmentos de la población
Carta Magna	El concepto de que todas las personas son iguales bajo las leyes del país, y que a nadie se le niegue justicia El concepto de que el ejecutivo no está por encima de la ley El concepto de que el pueblo tiene derecho a tener participación en la manera en que es gobernado La idea de que los acusados de criminales se presumen inocentes hasta que se demuestren culpables La costumbre de juicio rápido por un jurado formado por iguales
Parlamento Británico	Una legislatura bicameral con una cámara baja y una cámara alta, donde los miembros de la cámara baja son directa y libremente electos por el pueblo
Ilustración	La idea de que todas las personas nacen iguales y libres La idea de que las personas deben ser capaces de superarse en el mundo de acuerdo al mérito, no por nacimiento La noción de **separación de poderes** dentro del gobierno

Las ideas básicas detrás del sistema político estadounidense incluyen las siguientes:

A. La ley aplica igualmente a todos los ciudadanos, desde el presidente de los Estados Unidos hacia abajo. Todos tienen los mismos derechos; nadie goza de privilegios especiales.

Este concepto ya estaba presente desde la fundación del país, pero solo se ha ido haciendo realidad gradualmente; mucha gente arguye que lo ideal todavía no se ha conseguido. Las mujeres, los afroamericanos y los nativos americanos todos tuvieron que luchar por los derechos civiles y políticos ordinarios. Aun hoy, muchos argüirían que hay un sistema de justicia para los ricos y otro para los pobres. La gente rica es usualmente educada y puede saber sus derechos legales y constitucionales; la gente pobre es usualmente poco informada acerca de sus derechos y por eso más vulnerable a la intimidación y el trato injusto por parte de la policía y de las cortes. El sistema de justicia ha intentado establecer un balance con tales resoluciones como *Miranda v. Arizona*, la cual declara que cualquier persona que sea arrestada debe ser informada de sus derechos de mantener silencio y a consultar con un abogado.

B. Los ciudadanos pueden expresar sus preocupaciones libremente y pueden criticar la administración existente sin temor a represalias.

La Declaración de la Independencia declara que todos los gobiernos "derivan sus poderes legítimos del consentimiento de los gobernados". Esto significa que el gobierno debe satisfacer las necesidades del pueblo.

Esto funciona en la práctica porque la Primera Enmienda garantiza a los ciudadanos estadounidenses el derecho a criticar su gobierno y a "solicitar la reparación de agravios" –en otras palabras, tratar de conseguir que el gobierno cambie leyes impopulares. Los ciudadanos pueden escribir o llamar a sus representantes, unirse a asociaciones que **presionan** por cambios, participar en demostraciones y por supuesto votar en contra de candidatos que no están de acuerdo con sus puntos de vista.

En 1787 esta idea era verdaderamente revolucionaria. En ese tiempo en la mayor parte del mundo, criticar al propio gobierno era muy peligroso. Lo mínimo que podía ocurrir era la censura de textos escritos; la gente que se expresaba en pública podría también ser encarcelada, exiliada e incluso ejecutada por lo que se consideraba traición.

C. El sistema político puede ser modificado para ajustarlo al cambio de los tiempos.

La Constitución ha sido enmendada varias veces. Una **enmienda** a la Constitución es un proceso lento por designio para que cualquier cambio a las leyes fundamentales del país pueda solamente ocurrir después que todos se hayan dado suficiente tiempo de reflexionar. La alteración de la Constitución nacional es un asunto serio y es tratado seriamente.

Las enmiendas constitucionales han abordado muchos derechos individuales y libertades. Por ejemplo, las enmiendas han hecho ilegal la esclavitud; extendieron los derechos al voto a importantes segmentos de la población; han garantizado la libertad de expresión, de religión y de prensa, y han logrado ciertos cambios en el proceso electoral.

 Conectar la forma de gobierno de Estados Unidos con los principales propósitos de la democracia estadounidense

TÉRMINOS CLAVES: asociaciones, Carta de derechos, ciudadanos, Congreso, Constitución, derecho al voto, ejecutivo, equilibrar, frenos y contrapesos, igualdad, impugnar, judicial, legislativo, libertad, partidos políticos, Preámbulo, prensa, representantes, república, república federal, Todos los hombres son creados iguales, veto

En 1776 Thomas Jefferson puso en palabras el gran principio central sobre el cual se funda el gobierno estadounidense:

> Sostenemos que estas verdades son evidentes en sí mismas: que **todos los hombres son creados iguales**, que su Creador los ha dotado de ciertos derechos inalienables, que entre ellos se encuentran la vida, la libertad y la búsqueda de la felicidad.

Una confianza en la **libertad** y en la **igualdad** es el aspecto más importante de la identidad estadounidense. Los Estados Unidos es una nación de inmigrantes cuya gente no comparte una herencia cultural común ni una fe religiosa común ni una identidad étnica común. En lugar de eso, la gente tiene la experiencia común de la ciudadanía en una nación fundada sobre los ideales de la igualdad bajo la ley y la libertad para todos.

Por supuesto, estos eran solamente ideales cuando se fundó la nación–como los autores de la Constitución sabían muy bien. En la realidad prácticamente toda la población africana del sur de Pennsylvania estaba esclavizada, sin ningún tipo de derechos civiles. En términos legales, las mujeres libres estaban en una situación igualmente desventajosa; no podían votar, tenían solo unos cuantos derechos legales, y se les negaban muchas libertades de las que gozaban los hombres. Los hombres que no poseían una cierta cantidad de propiedad no podían votar. Los nativos americanos no eran ciudadanos; a ellos se les consideraba extranjeros y enemigos y eran continuamente empujados más y más lejos de sus tierras ancestrales. Es notable que los estadounidenses fueran lo suficientemente leales a los ideales de igualdad y libertad que con el tiempo, protestaron en contra de todas estas iniquidades–finalmente resolviendo la mayoría en gran medida.

Expansión de derecho al voto en los Estados Unidos

1770 1790 1810 1830 1850 1870 1890 1910 1930 1950 1970

1776 Las colonias británicas declaran independencia y los estados individuales comienzan a escribir constituciones. La elegibilidad al voto varía entre estados, pero los hombres libres (incluyendo a los africanos) que poseen una cierta cantidad de propiedad pueden votar. Esto es menos del 40 por ciento de la población adulta.

1809 Maryland enmienda su constitución para hacer el voto un privilegio sólo de los blancos. Otros estados sureños hicieron lo mismo.

inicios de 1800 Las constituciones de los estados comienzan a eliminar el requisito de posesión de propiedad.

1868, 1870 Las décimo cuarta y décimo quinta enmiendas conceden los derechos del voto a los afroamericanos de 21 años en adelante.

1924 A los nativos americanos se les concede plena ciudadanía, incluyendo el derecho al voto.

1920 La décimo novena enmienda concede el derecho al voto a las mujeres de 21 años en adelante. Cuatro de los estados del oeste ya les habían dado este derecho a las mujeres.

1971 La enmienda vigésimo sexta reduce la edad para votar de 21 a 18.

1964 La enmienda vigésimo cuarta hace ilegal el impuesto al sufragio (un cobro ilegal por votar, establecido por todo el Sur por los Códigos Negros de la era de la Reconstrucción). Esta enmienda elimina ese obstáculo para decenas de miles de sureños de ingresos bajos.

En 1787, durante semanas de debate, los autores de la **Constitución** diseñaron un gobierno que sostendría los principios de la libertad y la igualdad por los cuales el Ejército Continental había luchado en la revolución. Cada aspecto de este gobierno está diseñado para **equilibrar** los intereses de todos los grupos que confluyen para formar la nación.

La Constitución comienza con un Preámbulo que declara los propósitos del gobierno estadounidense:

> Nosotros, el pueblo de los Estados Unidos, con el fin de formar una Unión más perfecta, establecer Justicia, asegurar la tranquilidad interna, proveer la defensa común, promover el bienestar general y asegurar para nosotros y para nuestra posteridad los beneficios de la Libertad, ordenamos y establecemos esta Constitución para los Estados Unidos de América.

La Constitución describe una **república** –un gobierno en el cual los ciudadanos eligen a sus **representantes** para crear y hacer cumplir las leyes. Los Estados Unidos es una **república federal** –una en la que el gobierno nacional comparte su autoridad con los gobiernos estatales. Lo que sigue es una breve mirada a la Constitución:

La Constitución de los Estados Unidos

Artículo I	Describe el poder legislativo con dos cámaras, un Senado y una Cámara de representantes. • Los senadores son elegidos por las legislaturas de los estados; hay dos por cada estado. • Los representantes son elegidos por voto popular; hay uno por cada 30,000 personas en un estado (excluyendo a los nativos americanos y contando originalmente cada esclavo como tres quintos de una persona). Provee las reglas por las cuales la legislatura manejará los asuntos y aprobará leyes.
Artículo II	Describe el poder ejecutivo, el cual será presidido por el presidente. En un sistema conocido como el colegio electoral, los votantes elegirán electores quienes a su vez echarán sus votos para el presidente. Describe las responsabilidades y poderes del presidente.
Artículo III	Describe el poder judicial, el cual consistirá de una Corte Suprema con nueve jueces que servirán con permanencia de cargo, mientras observen buena conducta.
Artículo IV	Describe los poderes y los derechos de los estados.
Artículo V	Describe los procesos por los cuales la Constitución puede ser enmendada.
Artículo VI	Declara que la Constitución es la ley suprema del país y que no se administrará ninguna prueba religiosa como cualificación para cargos.
Artículo VII	Declara que la Constitución se convertirá en ley cuando nueve estados la hayan ratificado.

Como lo indica el siguiente cuadro, la Constitución describe un gobierno de tres poderes –**legislativo**, **ejecutivo** y **judicial**.

Poderes del gobierno de Estados Unidos

Poder legislativo	Congreso de Estados Unidos: • Senado • Cámara de representantes	Crea las leyes
Poder ejecutivo	Casa Blanca: • Presidente de los Estados Unidos • Gabinete de departamentos	Ejecuta las leyes
Poder judicial	Corte Suprema	Hace cumplir las leyes Determina cómo se deben aplicar las leyes

Los legisladores de la Constitución basaron su trabajo en los escritos del Barón de Montesquieu, un filósofo francés de la Ilustración quien fue el primero en sugerir tal sistema en su libro *El espíritu de las leyes*. Montesquieu sostenía que cada poder del gobierno debía proveer una vigilancia de los poderes de los otros dos, para prevenir que cualquier poder del gobierno adquiriera demasiado poder. Los legisladores de la Constitución acataron esta visión, creando múltiples **frenos y contrapesos** en el sistema:

>> El presidente puede **vetar** cualquier ley aprobada por el Congreso y tiene el poder exclusivo de nominar jueces para la Corte Suprema.
>> El Congreso puede invalidar el veto del presidente, pero debe hacerlo por una mayoría de dos tercios del voto en ambas cámaras. El Senado debe aprobar los nominados por el presidente para la Corte Suprema. El Congreso puede **impugnar** a un presidente o a los jueces de la Corte Suprema por mala conducta mientras en el cargo.
>> La Corte Suprema puede declarar una ley anticonstitucional. Si un presidente es impugnado, el presidente del tribunal preside el proceso judicial.

Otros importantes frenos y contrapesos han sido instalados en el gobierno estadounidense:

>> La **prensa**, cuya libertad de publicación está garantizada en la Primera Enmienda, informa sobre las actividades de los tres poderes del gobierno, manteniendo así informados a los ciudadanos. La prensa puede también usar su voz para apoyar u oponerse a funcionarios del gobierno y a candidatos para cargos.
>> Los **ciudadanos** tienen el poder de votar por la no reelección de líderes, exigir la revocación de leyes establecidas y presionar para que se aprueben nuevas leyes.
>> Los **partidos políticos** sirven de vigilantes unos a otros para que ningún partido se vuelva demasiado poderoso por mucho tiempo. Cada partido actúa como perro guardián de los demás, informando rápidamente al público de los errores, corrupción o declaraciones desatinadas.
>> Las **asociaciones** proveen voces potentes para ciudadanos que apoyan un asunto particular –por ejemplo, la Asociación Médica Americana (AMA) representa los intereses de la profesión médica, mientras que la Unión Estadounidense por las Libertades Civiles (ACLU, por sus siglas en inglés) se concentra en los derechos constitucionales del individuo.

» El **Congreso** está diseñado para equilibrar varios intereses. Tiene dos cámaras—la Cámara de representantes y un Senado. Cada una vigila el poder de la otra:
- Todos los estados están representados igualmente en el Senado—de modo que ninguna región pueda superar a las otras y los estados grandes no puedan ignorar los intereses de los estados pequeños.
- Los estados están representados en la Cámara de acuerdo al total de la población—de modo que los estados pequeños no puedan ignorar los intereses de los estados más grandes.

» Ambos, Cámara y Senado, deben votar Sí por un proyecto de ley antes de convertirse en ley.

Los gobiernos estatales están diseñados siguiendo el mismo modelo del gobierno federal. Cada estado tiene un gobernador y un asistente de gobernador quienes sirven como los ejecutivos. Cada estado tiene una legislatura y una Corte Suprema del estado. Las ciudades principales tienen un alcalde, un alcalde adjunto y un consejo municipal. Todos los frenos y contrapesos del sistema federal también existen en los gobiernos del estado y de la ciudad. La gran regla del gobierno estadounidense es que, para aprobar leyes, los intereses opuestos deben ser equilibrados—los legisladores deben tratar de representar a tantos ciudadanos como les sea posible.

Aunque la Constitución fue ratificada, muchos líderes políticos expresaron objeciones porque no decía casi nada sobre los derechos individuales de los ciudadanos. En respuesta, el Primer Congreso de los Estados Unidos sometió doce enmiendas constitucionales a los estados. Diez de estas fueron ratificadas en 1791 y son colectivamente conocidas como la **Carta de derechos.**

Carta de derechos

Primera enmienda	Garantiza la libertad de religión, libertad de expresión, libertad de prensa, libertad para la congregación pacífica y el derecho de solicitar al gobierno la reparación de agravios
Segunda enmienda	Declara que el pueblo tiene el derecho a portar armas porque es necesaria una milicia bien regulada para la seguridad del estado
Tercera enmienda	Garantiza que no se les puede obligar a los ciudadanos a alojar soldados en tiempos de paz y solo se les puede exigir que lo hagan en tiempos de guerra del modo que lo prescriba la ley
Cuarta enmienda	Protege al pueblo contra los registros y las incautaciones irrazonables de propiedad privada Requiere causa probable para expedir una orden de registro
Quinta enmienda	Protege a los acusados de criminales de autoinculpación, hace ilegal ser juzgado dos veces por la misma causa, requiere la formulación de cargos de un gran jurado para un juicio, y requiere un juicio justo
Sexta enmienda	Garantiza un juicio rápido por un jurado, requiere que a un acusado criminal se le digan los cargos en su contra y se le confronte con la evidencia y se le garantice el derecho a presentar su propio caso y a representación legal
Séptima enmienda	Requiere un juicio por jurado en dado caso donde el litigio de valores de propiedad exceda $20
Octava enmienda	Prohíbe la fianza excesiva y el castigo cruel e inusual
Novena enmienda	Declara que la enumeración de ciertos derechos en la Constitución no implica que el pueblo no tenga otros derechos
Décima enmienda	Declara que los poderes no delegados en el gobierno nacional están reservados para los estados o para el pueblo

Explicar y analizar el papel de Estados Unidos en los asuntos internacionales

TÉRMINOS CLAVE: aislamiento, asuntos internacionales, recursos naturales, revolución de las comunicaciones

Los Estados Unidos demostró muy poco interés en los **asuntos internacionales** hasta el siglo XX. Esto cambió con la entrada de Estados Unidos a la Primera Guerra Mundial. Desde ese tiempo, los Estados Unidos ha sido una de las principales potencias del mundo. La geografía, la ciencia y la economía han jugado todas un papel en la posición de los Estados Unidos entre las naciones del mundo.

Geografía y los asuntos internacionales

Tres factores geográficos posibilitaron que Estados Unidos se mantuviera independiente de los asuntos internacionales por tanto tiempo y mantenerse fuerte su **aislamiento**, su abundancia de recursos naturales y su vasto tamaño.

Estados Unidos estaba geográficamente lejos de Europa durante los tiempos de los imperios europeos. Una vez se había liberado de Gran Bretaña y establecido su propia fuerza militar, no era geográficamente vulnerable a una invasión. En sus fronteras norte y sur Estados Unidos tiene vecinos amigos, ninguno de los cuales es una potencia militar significativa. Al este y al oeste yacen los océanos Atlántico y Pacífico.

Antes de los días de los ataques aéreos, el vasto tamaño de Estados Unidos lo protegía de cualquier intento convencional de una toma de poder. Ningún ejército ni marina podría ser lo suficente fuerte para atacar por ambas costas al mismo tiempo –y aunque esos ataques hubieran tenido éxito, el interior era tan vasto que no podía ser fácilmente conquistado. América es tan rica en **recursos naturales** que Estados Unidos podía cultivar o fabricar casi todo lo que necesitaba. Esto le dio a la nación la delantera en el comercio exterior.

Ciencia y asuntos internacionales

Estados Unidos dirigía el mundo en la Segunda Revolución Industrial –fue el que produjo el ascensor, la máquina de escribir, el teléfono, y la bombilla eléctrica. Al emerger de la Segunda Guerra Mundial como la nación más rica, Estados Unidos tuvo un gran éxito con los adelantos científicos y tecnológicos y encabezó la **revolución de las comunicaciones** al final del siglo XX. Durante el siglo pasado, el ejército estadounidense ha sido no solo el más grande del mundo sino también el mejor equipado.

Economía y asuntos internacionales

Estados Unidos ha sido un país rico desde sus inicios, con un nivel de vida más alto de los que existen en muchas partes del mundo. Las naciones ricas son aliadas deseables y enemigos malos. Pueden elegir sus batallas y sus socios de comercio.

Para una discusión detallada de la participación de Estados Unidos en asuntos exteriores, véase la sección "Historia de Estados Unidos" en este Repaso.

21 Describir el papel que juega el ciudadano en la democracia estadounidense

TÉRMINO CLAVE: ciudadano

Un **ciudadano** estadounidense puede hacer todo lo siguiente para participar en la democracia estadounidense:

» Votar: En el siglo XX, la participación electoral en las elecciones presidenciales fluctuaban entre 50 y 60 por ciento de la población adulta elegible.

» Postularse para un cargo: Todos los funcionarios gubernamentales son también ciudadanos.

» Seguir las noticias: Mantenerse informado –y mantener a otros informados –por vía oral, la prensa y el Internet.

» Afiliarse a una organización: Presionar el gobierno apoyando o uniéndose a las asociaciones influyentes tales como la Unión Estadounidense por las Libertades Civiles (ACLU).

» Expresarse públicamente: Firmar un petición, llamar o escribir a sus representantes, publicar artículos de periódico o libros, o formar parte de demostraciones pacíficas.

» Servir en un jurado: El sistema legal de Estados Unidos requiere la participación de los ciudadanos. Un panel de jurados representa la comunidad entera; los jurados escuchan la evidencia de ambos lados y dan un veredicto justo e imparcial.

» Ofrecerse como voluntario para una campaña política: La mayoría de las personas que trabajan para candidatos políticos no reciben pago. Algunas personas ofrecen voluntariamente su tiempo porque se identifican fuertemente con las posiciones de un candidato en particular. Otros tienen sus propias ambiciones políticas y quieren tener una idea de cómo podría ser tal carrera. Los voluntarios realizan una gran cantidad de trabajo esencial en las campañas políticas: haciendo o recibiendo llamadas telefónicas, procesando donaciones, dando discursos respondiendo preguntas, proveyendo transportación, realizando sondeos de potenciales votantes, y así por el estilo.

RETO Cívica y gobierno

Responda a las preguntas que siguen. Escriba una o dos oraciones para cada una.

1. ¿Qué determina el número de representantes del Congreso para cada estado?

_____

_____

_____

2. Explique la diferencia entre una dictadura y una monarquía.

_____

_____

_____

3. ¿Cuál es el propósito de la Carta de derechos?

_____

_____

_____

4. ¿Cuál es la responsabilidad del gobierno estadounidense para con sus ciudadanos?

_____

_____

_____

5. ¿Cómo ha posibilitado la geografía de los Estados Unidos para jugar un papel de líder en los asuntos internacionales?

_____

_____

_____

RESPUESTAS AL RETO
Cívica y gobierno

Sus respuestas deben ser similares a las siguientes:

1. La población total del estado determina su número de representantes en la Cámara de representantes. Todos los estados tienen dos representantes en el Senado.

2. Un dictador es una persona que se apodera del poder absoluto y lo mantiene con el apoyo de la milicia. Un monarca es un miembro de una familia gobernante que hereda su título.

3. La Carta de derechos garantiza ciertos derechos individuales y privilegios de ciudadanos que no están contemplados en el cuerpo principal de la Constitución.

4. La responsabilidad del gobierno es de servir y proteger a los ciudadanos, y crear y hacer cumplir las leyes. Debe tratar de equilibrar todos los intereses de forma justa e igual.

5. El aislamiento geográfico y el tamaño enorme han protegido los Estados Unidos de invasión. El clima y la presencia de muchos recursos naturales han llevado a la abundancia y a la riqueza.

Economía

 22 **Explicar y aplicar principios básicos de economía tales como la ley de oferta y demanda**

TÉRMINOS CLAVE: análisis de costo beneficio, comercio, costo, demanda, economía, hipoteca, interés, oferta, trueque

El término **economía** se refiere al continuo intercambio de mercancías, servicios y recursos que se necesita en cualquier sociedad de seres humanos. Hasta en tiempos prehistóricos, los primeros seres humanos en una sociedad desarrollaron el sistema de trueque e intercambio que llegaría a conocerse como economía.

A. Todo lo que se desea adquirir tiene un costo.

El principio más básico de la economía es que no se puede obtener algo por nada; todo tiene un **costo** (precio). Hay que desprenderse de algo para obtener algo. El costo no tiene que ser necesariamente un asunto de dinero o solamente dinero. Se puede calcular como dinero, tiempo, esfuerzo o una combinación de esos factores. Del mismo modo, lo que se desea puede que no se refiera a objetos materiales. Pueden ser intangibles como el éxito académico o sobresalir en un deporte particular.

Por ejemplo, supóngase que alguien está muy empeñado en llegar a ser bailarín de ballet. Las clases, las zapatillas y los atuendos, el transporte para ir y venir a las clases de ballet y el cuidado médico relacionado con lesiones que pueden resultar del aprendizaje de ballet, todo esto cuesta dinero. El baile en sí requiere un tremendo esfuerzo, tanto físico como mental y los bailarines tienen que practicar diariamente. Los bailarines jóvenes deben asegurarse que el entrenamiento se lleve a cabo fuera de las horas que pasan en sus estudios escolares, lo cual significa sacrificar otras actividades como los deportes. Los bailarines también están expuestos a sufrir lesiones graves y la posibilidad de desempleo frecuente. El tiempo, el dinero, el riesgo y el esfuerzo, todos forman parte del costo de una carrera de ballet.

B. Un análisis de costo beneficio puede ayudar a ver si se debe pagar el costo de lo que se desea.

Para llevar a cabo las mejores decisiones económicas, se necesita conducir un **análisis de costo beneficio**. Esto implica sopesar el costo (lo que se tiene que dejar) contra los beneficios (lo que se va a ganar). Si se quiere convertir en bailarín, hay que sopesar el tiempo, el dinero, el esfuerzo, la incomodidad física y el riesgo constante de lesionarse (todo esto como parte del costo) contra la alegría de actuar, recibir el aplauso y el reconocimiento del público y la posibilidad de adquirir fama y fortuna (todo esto como parte de los beneficios).

C. Algo poco común tiene un costo más alto. Algo abundante tiene un costo más bajo.

Este principio también se conoce como la ley de **oferta** y **demanda.** Cuando existe una gran oferta sobre un producto, la oferta puede satisfacer la demanda y el precio se mantiene bajo. Cuando el producto se vuelve escaso, la demanda aumenta con respecto a la oferta existente y el precio aumenta.

Usted probablemente ha experimentado la ley de oferta y demanda al comprar boletos de avión. Si los solicita con antelación, antes que la mayoría de los asientos se haya vendido, el precio será bajo. Si espera hasta el último minuto cuando se hayan vendido casi todos los asientos el precio será mucho más alto. Es posible que usted haya tomado parte en una subasta, sea en vivo o por Internet. Cuando muchas personas quieren un producto en particular, las apuestas hacen subir el precio. Cuando solo unos cuantos quieren ese producto, las apuestas se terminan pronto con un precio bajo.

D. Se puede pedir dinero prestado para comprar algo, pero hay que pagar más de la suma real que se tomó como préstamo.

En caso de una compra muy costosa como una casa, por ejemplo, se puede conseguir dinero prestado de un banco. Éste le paga la suma completa al vendedor en el momento de la compra y usted le paga al banco una cantidad pre-determinada cada mes, en la mayor parte de los casos esto se hace durante treinta años. La suma de dinero que se toma prestada se llama **hipoteca**. Los pagos mensuales de la hipoteca incluyen cargos de **interés** basados en el número total de años que dura el préstamo. El interés representa el costo del préstamo. Si se paga antes del tiempo estipulado, eso significa que se va a pagar menos en total ya que se ahorran los cargos de interés. La fórmula para calcular el interés es $i \times c \times t = I$ (Tasa de interés × capital inicial × tiempo = Interés) × Tiempo = Interés). Otras compras costosas para las que los compradores suelen tomar dinero prestado incluyen los automóviles y una educación universitaria.

**Explicar y aplicar el concepto de la microeconomía—
las decisiones económicas tomadas por individuos**

TÉRMINOS CLAVE: análisis de costo beneficio, bancarrota, boicot, deuda,
microeconomía, presupuesto, presupuesto equilibrado

Microeconomía

La **microeconomía** se refiere a las decisiones económicas que toman
los individuos. Los presupuestos domésticos son un ejemplo de
microeconomía. Se debe presupuestar para los gastos necesarios de cada
mes, el alquiler o el pago de una hipoteca, los comestibles, las facturas de
servicios como la electricidad, la gasolina y el garaje o el pase mensual de
transporte, pago de seguros, etc. Se puede llevar a cabo un **análisis de costo
beneficio** para decidir cuál es la mejor forma de gastar cualquier dinero que
haya sobrado.

Presupuesto equilibrado

Un **Presupuesto equilibrado** implica que las entradas son iguales o
superiores a los gastos. Si se gasta más de lo que se gana, se terminará
endeudado. Como se explicó en la sección anterior, los deudores deben
pagar no solamente la suma principal que deben, sino también cualquier
interés que se haya acumulado con el tiempo. Como la suma total de la
deuda continúa creciendo a medida que pasa el tiempo, muchas personas se
enfrentan a deudas tan grandes que no pueden pagar. En casos extremos de
deudas, los individuos pueden declararse en **bancarrota**.

Boicot

Un **boicot** es el rechazo de comprar ciertos productos. La decisión para
boicotear se hace a nivel individual pero un considerable número de
individuos tienen que participar para que el boicot sea efectivo. Cuando el
público no compra un producto, la ley de oferta y demanda toma efecto y
el vendedor pierde ganancias. El público normalmente boicotea productos
por razones políticas más que por precios elevados. La pérdida en las
ventas presiona al vendedor para que cambie sus tácticas (procedimientos).
Por ejemplo, debido a la preocupación en cuanto a las condiciones de
trabajo y los salarios miserables en Bangladesh y en otros lugares, muchos
estadounidenses han decidido boicotear la ropa hecha en esos países.

 **Explicar y aplicar el concepto de la macroeconomía—la
forma en que una economía funciona en conjunto**

TÉRMINOS CLAVE: beneficio, déficit, depresión (crisis económica),
desempleo, huelga, inflación, macroeconomía, precios, recesión, salarios,
sindicatos

Un sistema económico es uno de los elementos clave en las civilizaciones humanas. Para que una sociedad humana grande funcione fácilmente, el pueblo debe estar de acuerdo con un sistema de gobierno, un código legislativo y un sistema de intercambio.

Los salarios, los precios y el desempleo son parte de la economía nacional. **El salario** se refiere al dinero que ganan los trabajadores. **El precio** se refiere al costo, en dinero, de los bienes de consumo y otros servicios. **El desempleo** se refiere al porcentaje de trabajadores que están buscando empleo pero que no tienen un trabajo fijo.

Cuando los salarios aumentan, las compras también aumentan. Esto se traduce en una mayor demanda de productos, así que los precios aumentan también. En esta situación, el desempleo es bajo generalmente. La economía es fuerte. Cuando los salarios se mantienen estables o bajan, las compras también se reducen. La economía se debilita.

A continuación veamos tres tipos de condiciones económicas adversas con sus definiciones correspondientes:

Condiciones económicas adversas

Depresión: crisis económica	Los salarios, los precios y los empleos se reducen considerable y rápidamente
Recesión: desaceleración económica	Los salarios, los precios y los empleos bajan despacio y gradualmente
Inflación: un aumento en el costo de vida	Los precios aumentan mientras que los salarios y los empleos se mantienen igual o bajan

Los pequeños negocios y las grandes empresas y corporaciones forman la mayor parte de una economía basada en el mercado. Las empresas ganan dinero mediante la venta de sus productos o servicios. Gastan dinero al pagar salarios y comprar suministros y equipo o mercancías para revender. El propósito de estas operaciones es ganar más dinero del que la empresa gasta. El exceso de ganancias se llama **beneficio.** La empresa puede ahorrar los beneficios; distribuirlos entre los dueños, los trabajadores o ambos; o invertirlos de forma que expanda o mejore el negocio. Las empresas también pueden pedir préstamos para inversiones mediante acciones y bonos. Una empresa puede gastar más de lo que gana en beneficios. El exceso de compras se llama pérdida o **déficit.** Si una empresa falla en ganar un beneficio, puede terminar en quiebra y hasta cerrar por completo.

Las negociaciones entre los dueños de negocios y los empleados juegan una parte importante en la economía. Como hay cientos o miles de trabajadores por cada dueño individual, los trabajadores tienen el poder por su número. Esta es la razón por la cual los trabajadores comienzan a formar sindicatos cuyos miembros se ponen de acuerdo para actuar juntos y obtener mejores salarios, condiciones laborales justas, etc. La **huelga** es un arma poderosa para los trabajadores porque cuando abandonan el trabajo, las fábricas cesan de funcionar y el dueño no gana los beneficios. Los dueños han intentado remplazar a los huelguistas, solo para darse cuenta que esta es una táctica muy poco popular entre el público en general y que es difícil remplazar a los trabajadores más expertos. Por lo tanto, generalmente se llevan a cabo negociaciones con los huelguistas hasta que ambas partes llegan a alcanzar una solución. A fines del siglo XIX hubo muchas huelgas considerables en los Estados Unidos y aún continúan.

25 Describir (el papel que desempeña) el gobierno en la economía nacional

TÉRMINOS CLAVE: bono, impuesto sobre la renta, impuesto sobre las ventas, ingresos

Al igual que cualquier organización grande, el gobierno tiene entradas (llamadas **ingresos**) y gastos. Los ingresos provienen principalmente de dos fuentes: el pago de impuestos y la venta de bonos. El **impuesto sobre la renta** es un pequeño porcentaje de los ingresos individuales o de los negocios que se pagan al gobierno. El **impuesto sobre las ventas** es un pequeño porcentaje que se agrega al precio de un objeto o de un servicio.

Un **bono** (también conocido como bono de ahorros o bono de guerra) es, en realidad, un préstamo. Se paga al gobierno el precio del bono –digamos, diez dólares. En cambio, se recibe un pedazo de papel marcado con esa cantidad, así como un año y un número de serie. El bono se puede cobrar en cualquier momento; mientras más tiempo pasa, más valor tendrá ya que el gobierno va a pagar interés basándose en la cantidad de tiempo que se ha conservado el bono sin cobrar. Supongamos que usted recibe como regalo un bono de diez dólares por el nacimiento de su primer hijo. Cuando su hijo se gradúe de la universidad y necesite algún dinero para emplear como depósito de seguridad al alquilar un apartamento, ese bono puede haber alcanzado un valor de más de cien dólares.

El gobierno usa estas fuentes de ingreso para cubrir sus gastos. Estos incluyen el financiamiento de las fuerzas armadas y el pago de los salarios de todos los trabajadores del gobierno hasta el mismo Presidente de los Estados Unidos. El gobierno federal también se ocupa de los fondos para la educación en todos los niveles, se ocupa de programas tales como Medicare, Medicaid y el Seguro Social; regula el comercio y hace cumplir los estándares de seguridad, provee fondos para las artes y la investigación científica, mantiene parques nacionales y reservas naturales y ayuda a fundar y mantener un sistema de transporte nacional. Los impuestos estatales pagan por servicios tales como la fuerza policial estatal y el mantenimiento de puentes y carreteras. Los impuestos locales de una ciudad pagan por servicios tales como las escuelas públicas, la recogida de basura, el sistema de bibliotecas y los parques municipales.

El gobierno de los Estados Unidos maneja la economía nacional mediante las tarifas de impuestos e intereses y, en ocasiones, mediante las leyes. Por ejemplo, cada individuo tiene que pagar una pequeña parte de su salario para el Seguro Social, un programa gubernamental que provee un ingreso para los estadounidenses de más de sesenta y siete años. Efectivamente, el gobierno asegura mediante la ley que todos los trabajadores estadounidenses ahorren dinero para su retiro.

El gobierno estatal también depende de los impuestos para sus ingresos. Cada estado determina los impuestos que se deben pagar. Por ejemplo, en Pennsylvania no se pagan impuestos por la ropa. En Delaware no hay impuestos en las comidas de los restaurantes y Vermont no tiene un impuesto estatal sobre la renta.

En una economía socialista, el gobierno es dueño de todos los negocios y la industria y fija los precios artificialmente. En una economía capitalista, los negocios y la industria están en manos privadas y un mercado libre de competencia fija los salarios y los precios. Una economía mixta es una combinación de esos dos sistemas. Como Alexander Hamilton, el primer secretario del tesoro, creía que el capitalismo era el mejor sistema económico, los Estados Unidos se desarrollaron principalmente como una economía capitalista. Muchas otras naciones del oeste tienen economías mixtas.

El gobierno de Estados Unidos ha tenido que intervenir repetidamente como árbitro en casos de huelgas de trabajo en los negocios y la industria, particularmente en industrias que afectan a toda la nación, como el sistema nacional de transporte. Antes que los progresistas entraran en el poder a principios del siglo XX, la mayor parte de las huelgas se resolvía con términos favorables para los dueños. Comenzando con la presidencia de Theodore Roosevelt, los trabajadores comenzaron a compartir el poder.

 ## 26 Analizar la conexión entre el comercio internacional y la política extranjera

TÉRMINOS CLAVE: colonización, embargo, exportación, importación, recursos naturales, superávit (excedente), comercio

El **comercio** se basa en el intercambio –algo que no se necesita por algo que se quiere. En el comercio internacional el público y los negocios importan (compran de extranjeros) los productos que quieren.

La geografía está cercanamente conectada al comercio internacional. El lugar geográfico de una nación determina su clima y sus **recursos naturales**. Las naciones deben comerciar para obtener los recursos naturales que no pueden proveer por sí mismas. Frecuentemente, una nación tiene **excedentes** de sus recursos naturales con los que puede comerciar. Por ejemplo, el clima de Gran Bretaña es perfecto para la crianza de ovejas, pero no es bueno para plantar té. Las ovejas pueden proporcionar toda la lana que los británicos necesitan para su propia ropa y textiles, y la gran cantidad que sobra se puede intercambiar por el té que ellos no pueden producir.

Es fácil ver la conexión entre el comercio internacional y la política extranjera. La economía puede influir en la política internacional y ésta puede dictar las opciones económicas. La **colonización** es un ejemplo de cómo la economía puede influir en la política extranjera. Cuando un país adquiere una colonia, ese país controla las relaciones comerciales.

La colonia debe comprar lo que el país colonizador quiera y exportar y vender también lo que ese país desee importar y a los precios que estipule. Estos hechos ayudaron a formar la política extranjera de una agresiva colonización europea desde alrededor de 1500 hasta 1945, cuando las colonias de Asia, África y las Américas proveían un número de productos y recursos que los europeos no podían producir por sí mismos, tales como el café, el té, el azúcar, el algodón, las especias, las papas, el cobre, el estaño y muchos más.

Comerciar con otras naciones independientes es distinto del comercio con las colonias porque el poder de negociación entre las dos es más igualitario. Si una nación es enemiga de un país, se puede rechazar el comercio entre ambos o se pueden exigir precios exageradamente altos. Si una nación enemiga es rica en cierto producto y el otro país desea importarlo, este último se encuentra bajo presión económica para mejorar sus relaciones políticas con esa nación. Si ambas pueden volverse aliadas, sería mucho más fácil alcanzar un acuerdo comercial que convenga a los dos lados. Pero en ocasiones, una nación debe decidir la mejor forma para obtener recursos naturales de un país vecino y eso se hace mediante una guerra de conquista.

Una nación que tiene una disputa política con otro país, a veces puede emplear una táctica llamada **embargo** para aplicar presión a su oponente. Cuando un país establece un embargo contra otro, el primero no exporta nada al otro ni importa los productos del enemigo. Esto significa que se deben encontrar alternativas en cuanto a los productos que produzca aquel país. Un ejemplo de esto ocurrió durante la Guerra Civil de Estados Unidos, cuando Gran Bretaña decidió, por razones políticas, romper relaciones comerciales con la Confederación. En vez de importar algodón estadounidense, Gran Bretaña lo importó de la India hasta que se finalizó la guerra y la Confederación se incorporó a la Unión.

Para más comentarios sobre el comercio internacional y la política extranjera en la historia, véanse las secciones sobre Historia Mundial y de los Estados Unidos en este Repaso.

RETO Economía

Elija la palabra o frase correcta en cada oración.

1. Un bono adquiere más valor cada año después que se compra porque acumula **(ingreso/interés)**.

2. Una caída continua en el valor del dólar se llama **(inflación/recesión).**

3. Una nación exporta sus productos **(déficits/excedentes)** a cambio de lo que no puede producir para sí mismo.

4. El riesgo de una grave lesión en la cabeza es parte de los **(beneficios/costos)** de jugar al fútbol.

5. Un artículo será menos caro si la **(demanda/oferta)** es muy alta.

1. interés: El interés es el dinero que le corresponde a un prestamista por razón de un préstamo además de la cantidad capital que se toma prestada.

2. inflación: Cuando los precios suben de forma sostenida, un dólar compra menos de lo que compraba anteriormente.

3. excedentes: Los productos excedentes son productos adicionales que sobrepasan las necesidades de lo que consume la nación.

4. costo: Recordemos: el costo no es necesariamente dinero solamente. El costo incluye tiempo, esfuerzo y riesgo así como también dinero.

5. oferta: Cuando hay grandes cantidades de un artículo disponibles, su valor es menos.

Geografía

 27 **Describir las características físicas y humanas de los lugares**

TÉRMINOS CLAVE: Atlas histórico, lugar, mapa, región

Los términos **lugar** y **región** se refieren a las ubicaciones en la Tierra. Un lugar es una localidad individual—un solo país, pueblo o ciudad. Una región es un grupo de localidades—la identidad colectiva de varios países, estados o provincias adyacentes. Los lugares y las regiones pueden o no estar habitados por seres humanos.

Características físicas

Las características físicas incluyen el clima, tipo de suelo, cultivos que se cosechan, recursos naturales, cantidad y tipo de precipitación, dirección y fuerza de los vientos, presencia o ausencia de grandes cuerpos de agua y especies de plantas silvestres y animales.

Características humanas

Cada región o lugar es único por lo que la gente ha hecho del ambiente físico en el que se asentaron. Las características humanas de un lugar incluyen las respuestas a las siguientes preguntas:

» ¿Cuál es la composición cultural, étnica y lingüística de la población?
» ¿Tiene una población rural o urbana o una combinación de ambas?
» ¿Qué hace la gente para ganarse la vida?

» ¿Qué hace la gente para recreación o relajamiento?

» ¿Es el paisaje principalmente natural o completamente recreado con ciudades y suburbios?

» ¿De qué tipo de transporte depende la gente?

» ¿Qué produce la gente que hace a este lugar famoso (por ejemplo, Nueva York es famosa por sus teatros, Detroit es famosa por sus autos y Nueva Orleans por su música)?

Diferentes tipos de mapas pueden mostrar muchas características físicas y humanas de lugares y regiones. Tome por ejemplo un mapa ordinario de los Estados Unidos:

Este mapa muestra una característica particularmente humana –la manera en que los estadounidenses decidieron dividir su país en estados específicos para propósitos políticos. Se podría tomar el mismo mapa y sombrearlo para mostrar las diferentes regiones: Noreste, Medio Oeste, Sureste, Suroeste y Noroeste. Uno podría sombrear el mapa con diferentes colores para mostrar dónde se cultivan los principales cultivos diferentes –tales como el trigo, maíz, papas y naranjas. Se podría sombrear el mapa para mostrar la temperatura promedio, pluviosidad, o la elevación sobre el nivel del mar. Se podría sombrear el mapa para mostrar la proporción de votantes demócratas y republicanos en cada estado.

Un **atlas histórico** es un libro de una clase especial de mapas que despliega las características físicas y humanas de lugares y regiones en tiempos pasados. Los mapas en un atlas histórico de la Revolución de las Trece Colonias, por ejemplo, podría mostrar las fronteras de las entonces existentes colonias británicas, la ubicación de las principales batallas, el despliegue de las fuerzas militares británicas y estadounidenses, las rutas seguidas por los ejércitos, y así por el estilo.

28 # Explicar cómo los humanos modifican el ambiente físico y cómo los sistemas físicos afectan los sistemas humanos

TÉRMINOS CLAVE: ambiente, calentamiento global, movimiento verde, orgánico

El ambiente físico

El **ambiente** natural de un lugar incluye varios factores: el clima, el tipo de suelo, la temperatura, elevación sobre el nivel del mar, topografía, y demás. Salvo los que viven en muy pequeños grupos en un estilo primitivo, los seres humanos han alterado de forma significativa cada ambiente natural en el que se han asentado.

Cuando la gente encuentra un clima acogedor con una fuente disponible de agua dulce, construyen viviendas para ellos y sus animales. Aran la tierra y siembran cultivos. Pueden talar bosques enteros para sacar en claro el terreno para la agricultura o la construcción. Crean sistemas de irrigación y vertederos de desechos. Construyen muros y vallas para marcar los límites de su propiedad.

Las grandes civilizaciones humanas van más allá de estos pasos. Construyen puentes, carreteras y ciudades. Desde el comienzo de la era de la industria, la gente ha venido construyendo fábricas, minas y vías ferroviarias. Todas estas actividades humanas alteran el ambiente.

Así como la sociedad humana cambia el ambiente, el ambiente afecta las decisiones que toma la gente. El clima en que viven las personas afecta la ropa que se ponen, los cultivos que cosechan, los animales que crían para alimento y la clase de transporte que usan. Por ejemplo, la península italiana es montañosa con terreno seco y rocoso. Junto con la temperatura apacible de la región mediterránea, esto crea el ambiente perfecto para cosechar uvas. Estos factores geográficos han hecho de Italia un productor y exportador importante de vino desde los días de la Roma antigua.

Geografía y comercio

Los factores geográficos fomentan redes de independencia económica. Los ríos, canales y carreteras unen regiones y les permiten comerciar entre ellos. El impresionante sistema de las vías romanas unía a todas las partes del Imperio Romano, fomentando una vida mercantil vibrante. En tiempos medievales, la Ruta de la Seda era una ruta de comercio significativa que unía a Asia con Europa. El río Mississippi unía las regiones Norte y Sur de los Estados Unidos, de modo que el algodón que se cosechaba en el Sur pudiera dar abasto a los molinos textiles en el Norte y beneficiar a ambas regiones.

Geografía y conflicto

La geografía siempre ha sido un factor decisivo en la guerra. Las naciones desarrollan una política internacional basada en parte en qué tan fácil pueden defender sus fronteras. Por ejemplo, Alemania (antiguamente Prusia) está ubicada en el medio de Europa y no tiene fronteras naturales de defensa, tales como cadenas de montañas altas o un océano. Su ubicación central significaba que podía ser invadida desde casi cualquier costado. La vulnerabilidad geográfica hizo que Prusia desarrollara el ejército más fuerte e intimidante en toda Europa.

Los factores geográficos pueden dictar el éxito o el fracaso en la guerra. La distancia es un factor de gran importancia –esto fue especialmente cierto antes de la invención de los aviones. Mientras más lejos marche un ejército de sus fuentes de suministro, más grande es el riesgo de ser derrotado. Esto explica por qué la invasión napoleónica de Rusia de 1812 terminó en una humillante retirada; el ejército francés se había alejado demasiado de sus fuentes de suministro. Otros factores geográficos contribuyeron a la victoria de Rusia. Un ejército invasor normalmente vive de la tierra, procurando alimento mientras marcha, pero los llanos yermos de Rusia les proveían muy poco alimento tanto para los soldados franceses como sus caballos. El invierno ruso era demasiado severo para los franceses, quienes venían de un clima más cálido. Estos factores generaron enfermedades, congelación y hambrunas tan peligrosas para el ejército francés como las mismas armas de los rusos.

El ambiente y la industrialización

La actividad humana no afectó seriamente el ambiente hasta los inicios del siglo XIX, cuando comenzó la industrialización a gran escala y el uso de los combustibles fósiles. La industrialización resultó en la contaminación extendida del aire, la tierra y el agua a escala masiva. El problema solo se ha vuelto peor con el pasar de los años; a medida que se inicia el siglo veintiuno XXI, ha resultado en un **calentamiento global**. Las temperaturas promedio se han elevado por toda la Tierra. Como respuesta a esta seria preocupación, los gobiernos han instituido programas de reciclaje obligatorio, han plantado millones de árboles, y han esforzado para reducir la contaminación y las emisiones de los combustibles. Sin embargo, no todas las naciones participan en estas medidas de protección; algunas temen dañar sus economías si tienen que modificar los métodos de producción y de eliminación de desechos de sus fábricas a otros que sean más limpios y más sanos para el ambiente.

Algunos individuos han respondido al calentamiento global de varias maneras, creando un "**movimiento verde**". La gente recicla los productos usados para reducir la cantidad de basura. Plantan jardines en las ciudades, en lotes vacantes, y en las azoteas. Los agricultores han modificado sus métodos para hacer un mejor uso de la tierra. Algunos agricultores evitan utilizar pesticidas para cosechar cultivos **orgánicos**. Queda por confirmar si el gran daño hecho al clima puede o no ser revertido.

Entender la migración humana y las características de los asentamientos humanos

TÉRMINO CLAVE: migración

Geografía y migración

La **migración** es un movimiento masivo de personas que se cambian de un lugar a otro. La razón básica para la migración humana es para encontrar una situación mejor. En tiempos primitivos, la gente migraba en busca de alimento o temperaturas más cálidas. Cuando comenzó la civilización, nuevos factores entraron en juego: la gente buscaba mejores oportunidades económicas y mayores libertades política y religiosa. La gente también migraba en grandes cantidades siguiendo los pasos de grandes guerras, para escapar la devastación de una batalla y encontrar lugares más seguros y pacíficos.

Grandes ejemplos de migración humana en el mundo y en la historia de los Estados Unidos incluyen los siguientes:

Migraciones humanas

FECHA	QUIÉN FUE A DÓNDE	RAZÓN
c.38,000–14,000 a.e.c.	Los asiáticos cruzaron un puente de tierra de Siberia a Alaska y finalmente poblaron todas las áreas habitables de las Américas.	En busca de alimento y mejor clima
c. 100–500 e.c.	Gentes migrantes de las estepas de Asia Central viajaron al oeste y sur y finalmente poblaron la mayor parte de Europa.	En busca de alimento y saqueo
c. 1700–1800	Los africanos fueron secuestrados y llevados al oeste para trabajar como esclavos en las Américas.	Llevados a la fuerza por razones económicas
Mediados de 1800	Los estadounidenses migraron al oeste para poblar el continente norteamericano entre Canadá y México.	Oportunidad económica
	Los europeos del norte migraron a los Estados Unidos.	Oportunidad económica Escape de la opresión
	Los nativos americanos fueron forzados a dejar sus tierras.	Desalojados a la fuerza por razones políticas y económicas
Aprox. 1900–1940	Los europeos del Sur y del Este migraron a los Estados Unidos.	Oportunidad económica Escape de la opresión y la guerra
desde 1945	Los latinoamericanos migraron al norte hacia los Estados Unidos. Los africanos del norte migraron al norte de Europa. Los europeos del Este migraron hacia el oeste de Europa. Los asiáticos migraron cruzando el Pacífico hacia los Estados Unidos.	Oportunidad económica Escape de la opresión y la guerra

Las civilizaciones más antiguas surgieron en la creciente fértil, donde el agua potable abundante y el clima cálido generaban alimento en exceso. Al pasar de los siglos, los seres humanos migraron de esta área, asentándose finalmente en todas las regiones del mundo que consideraban apropiadas para vivir. Las áreas menos pobladas son donde el clima no provee lo que los humanos necesitan. Grandes regiones del desierto como el Sahara, tundra congelada como mucho del este de Rusia y el norte de Canadá, y los llanos estériles como gran parte del centro de Australia están escasamente habitados.

Geografía y cultura

Las gentes que vivían cerca unas de otras en ambientes similares desarrollaron lenguas y culturas similares. Esto tiene sentido porque la cultura se forma en parte por el ambiente y porque las gentes que vivieron cerca eran usualmente las únicas gentes que se llegaban a conocer; viajar era difícil, arriesgado y lento. Antes del siglo XIX, la mayoría de las gentes vivían sus vidas enteras sin ni siquiera salir a un área pequeña fuera de su propio pueblo o ciudad.

Por esta razón, regiones enteras del mundo tienden a tener características culturales similares. Europa del Este, por ejemplo, es cultural y lingüísticamente eslava. América del Sur es lingüísticamente española y portuguesa y también mantiene elementos de las culturas nativas –inca, maya y azteca.

El intercambio cultural tuvo lugar cuando grandes grupos de gentes viajaron a grandes distancias. Esto sucedió durante las principales migraciones o durante guerras medievales como las Cruzadas, cuando miles de los habitantes de Europa Occidental viajaron al Medio Oriente. Una era de intercambio cultural global se desarrolló con la Era de las Exploraciones, que comenzó a finales de los 1400.

30 Leer e interpretar mapas

TÉRMINOS CLAVE: ecuador, globo, grados, latitud, longitud, mapa, mapa climático, mapa político, mapa topográfico, minutos

Los mapas y los globos se usan para mostrar la organización espacial de las gentes, lugares y ambientes en la superficie de la Tierra. Un **globo** es la más exacta representación porque tiene la misma forma esférica que la Tierra. Sin embargo, hasta el globo más grande aparece tan reducido en cuanto al tamaño real de la Tierra que no puede mostrar muchos detalles. Los mapas planos distorsionan la curvatura real de la tierra, pero un acercamiento a un área pequeña del **mapa** puede ofrecer mucho más detalles que un globo.

Se puedo ubicar cualquier lugar en la Tierra trazando la **latitud** y la **longitud.** Cuando usted mire un globo verá líneas que se entrecruzan en forma cuadriculada de latitud y de longitud. La latitud de una ubicación da su distancia al norte o al sur del **ecuador**. La longitud de la ubicación es una medida angular que da su posición de este-a-oeste de la Tierra. Latitud y longitud se miden en **grados** (°) y **minutos** ('). Por ejemplo, en abril de 1912, el trasatlántico *Titanic* golpeó un iceberg en el Atlántico Norte a 41° N, 50° 14' O. Los operadores de la radio de la embarcación incluyeron la latitud y la longitud en sus llamados de urgencia, facilitando que otras embarcaciones vinieran al rescate y ayudaran a salvar varios cientos de vidas.

Los mapas vienen en muchas variedades. Un **mapa político** muestra los nombres y las fronteras de los países, provincias o estados, ciudades y pueblos. Un **mapa topográfico** muestra la elevación comparativa sobre el nivel del mar. Un **mapa climático** puede mostrar qué áreas reciben la mayor o menor cantidad de lluvia y cuáles tienen las temperaturas más cálidas o más frías.

 ## Definir *ecosistema* y explicar cómo los elementos de un ecosistema funcionan juntos

TÉRMINOS CLAVE: clima, ecosistema, precipitación

Al transcurrir de los milenios, los procesos físicos le han dado forma y han remodelado la superficie de la Tierra. Los continentes de hoy no siempre existieron en sus formas actuales. A través del tiempo, las masas continentales se separan unas de otras o chocan una con otra, formando nuevas masas continentales. Fuerzas en el interior de la Tierra causan que las cadenas de montañas suban, pero con el tiempo el viento y el agua desgastan las rocas. Como resultado, la Tierra termina teniendo un variado paisaje. Diferentes ubicaciones muestran diferentes terrenos y diferentes climas, y son habitados por diferentes grupos de plantas y animales.

El **clima** de una región comprende muchos aspectos: los vientos que prevalecen, las temperaturas, y la cantidad y tipo de **precipitación**, promediado a través del tiempo. El clima aparece afectado por factores geográficos como la proximidad de montañas o grandes cuerpos de agua dulce o salada. El clima puede cambiar cuando cualquiera de estos factores se altera.

El término *ecosistema* se refiere a la continua interacción entre la tierra, el clima y los organismos vivos en una ubicación particular. Todos los factores funcionan juntos de cierta manera para crear un sistema natural que sostenga los organismos que viven ahí. Por ejemplo, en un bosque en una región templada de Norteamérica, los árboles producen nueces y frutas como parte de su ciclo reproductivo. Los animales pequeños y los pájaros sobreviven comiendo las nueces y las frutas. Los lobos y los halcones sobreviven cazando los animales pequeños y pájaros. Otros animales sobreviven comiendo los insectos que viven en la tierra y en los árboles. Los restos de animales muertos y plantas abastecen de nutrientes a la tierra que alimenta las plantas y los árboles. El sistema entero funciona en conjunto para sostener una generación tras otra de seres vivientes.

Los seres humanos son la causa principal de cambio en los ecosistemas. Los seres humanos han talado bosques masivos y selvas tropicales, han convertido diversos ecosistemas en granjas para cosechar un solo cultivo, han construido ambientes artificiales de asfalto y acero tales como grandes urbes, han inyectado o desechado una gran cantidad de venenos en el aire y el agua, y han cazado muchas formas de vida salvaje en extinción o cerca de peligro de extinción. Del lado positivo, los seres humanos son capaces de reconocer los peligros en una sociedad industrial y de trabajar para contrarrestarlos.

RETO Geografía

Defina cada uno de los siguientes términos.

1. clima

_____

_____

2. ecosistema

_____

_____

3. globo

_____

_____

4. latitud

_____

_____

5. migración

_____

_____

RESPUESTAS AL RETO

Geografía

Sus respuestas deben ser muy similares a las siguientes:

1. El clima de un lugar particular es la combinación de temperaturas, vientos y niveles de precipitación de ese lugar, promediado a través del tiempo.

2. Un ecosistema es la interacción de todos los elementos naturales de una ubicación particular: la tierra, organismos vivos y el clima.

3. Un globo es una representación esférica de la Tierra—literalmente, un mapa mundial esférico.

4. Latitud es la medida de qué tan alejado del norte o sur del ecuador de la Tierra está un lugar dado.

5. Migración es el movimiento masivo de humanos que alejan de un lugar en busca de un lugar mejor.

Examen TASC de Estudios Sociales
Examen de práctica

47 preguntas, 70 minutos

El siguiente examen está diseñado para simular el Examen TASC real de la sección de Estudios Sociales en cuanto al formato de las preguntas, número y grado de dificultad. Para tener una buena idea de cómo le irá en el examen real, tome esta prueba bajo las mismas condiciones del examen. Complete el examen en una sesión y observe el límite de tiempo. Las respuestas y las explicaciones comienzan en la página 322.

1. ¿Cuál es la razón principal por la cual Gran Bretaña no ha sido invadida con éxito desde la conquista normanda de 1066?

   Ⓐ Gran Bretaña es una nación isleña.

   Ⓑ Gran Bretaña no tiene una costa extensa.

   Ⓒ La capital de Gran Bretaña no da al océano.

   Ⓓ Gran Bretaña está al noroeste del continente europeo.

2. Durante las décadas de 1960 y 1970 la *United Farm Workers* (Trabajadores de las Granjas Unidos) en repetidas ocasiones solicitó que los estadounidenses boicotearan las uvas, la lechuga y otros productos agrícolas cultivados por las compañías que no trataron a los migrantes con justicia. ¿De qué manera ejerce presión económica un boicot en los dueños de una compañía?

   Ⓐ Los trabajadores se van a la huelga, provocando un paro en las operaciones.

   Ⓑ Los trabajadores acumulan muchas horas extra reduciendo así las ganancias.

   Ⓒ La gente compra productos rápidamente, haciendo que suba el precio.

   Ⓓ La gente se niega a comprar el producto, haciendo que baje el precio.

3. En los Estados Unidos, la gente vota por votación secreta. ¿Cuál es la razón principal para una votación secreta?

   Ⓐ para prevenir fraude de parte de los votantes

   Ⓑ para permitir que los votantes escriban el nombre de otro candidato

   Ⓒ para permitir que los votantes puedan cambiar de opinión

   Ⓓ para proteger a los votantes de la presión política

4. En 1498 el explorador portugués Vasco da Gama se convirtió en el primer europeo en alcanzar la India por mar. Da Gama regresó a Europa con un cargamento de pimienta india, la cual vendió por seis veces el precio que le costó a él. Esto es un ejemplo de

(A) la ley de oferta y demanda

(B) inflación

(C) gasto deficitario

(D) reparto de ganancias

5. ¿Cuál de las siguientes proveía una ruta de envío nueva, mucho más corta entre Asia y Europa cuando abrió en 1869?

(A) el Canal del Mediodía

(B) el Canal de Erie

(C) el Canal de Panamá

(D) el Canal de Suez

Examine esta fotografía. Luego conteste las preguntas 6–9.

Biblioteca LBJ; fotografía por Frank Wolfe

6. ¿De qué manera están participando las personas en la fotografía en el sistema político estadounidense? Escriba su respuesta en la caja.

```

```

7. La vigésimo sexta enmienda a la Constitución, adoptada en 1971, redujo a dieciocho la edad para votar. ¿Cómo cambió esto el papel de la gente joven en la democracia estadounidense?

(A) Les dio voz para seleccionar a los legisladores que los gobernaban.

(B) Requería que ellos lucharan por su país si eran reclutados.

(C) Los hacía responsables de importantes decisiones en la política exterior.

(D) Les permitía evadir la responsabilidad por los errores de su gobierno.

8. En 1964, poco después de que los buques torpederos norte vietnamitas en el golfo de Tonkin intercambiaran fuego con los destructores estadounidenses, el Congreso aprobó la ley *Resolución del golfo de Tonkin*, que le permitía al presidente Lyndon Johnson tomar "todas las medidas necesarias… para prevenir más agresiones". En efecto, el Congreso estaba renunciando su derecho constitucional de

(A) anulación del veto presidencial

(B) representar a los ciudadanos

(C) declarar la guerra

(D) crear leyes

9. El Congreso revocó la *Resolución del golfo de Tonkin* en 1970 después de que los estadounidenses supieron que el presidente Richard Nixon la había usado para justificar el bombardeo de la neutral Camboya.

Esta revocación es un ejemplo del _____ sobre el poder del _____.

| poder ejecutivo | poder legislativo | poder judicial |

10. La Segunda Guerra Mundial terminó en 1945. En 1947, Jackie Robinson se convirtió en el primer jugador afroamericano en la historia moderna de las ligas mayores de béisbol. En 1948, el presidente Harry S Truman ordenó la integración completa de las fuerzas armadas de los Estados Unidos. ¿Qué aspecto de la Segunda Guerra Mundial sirvió de chispa para el Movimiento de los derechos civiles de posguerra?

(A) la fundación de las Naciones Unidas
(B) la aprobación de la Carta de Derechos
(C) la entrada de miles de mujeres a la fuerza laboral
(D) el servicio militar de los soldados afroamericanos

11. A finales del siglo XIX, ¿por qué muchos dueños de fábricas insistieron en el principio de "open shop" (*negocio abierto*) para contratar a los trabajadores?

(A) para ahorrar dinero en los sueldos
(B) para mostrar apoyo a los sindicatos laborales
(C) para prohibir que los afroamericanos solicitaran trabajo
(D) para prohibir que los inmigrantes recién llegados solicitaran trabajo

---

Lea el siguiente extracto. Luego conteste las preguntas 12–15.

De la *Declaración de los derechos del hombre y del ciudadano*

(promulgado por la Asamblea Nacional Francesa durante la Revolución Francesa)

Artículos

1. Los hombres nacen y permanecen libres e iguales en los derechos. Las distinciones sociales se pueden fundar solamente sobre el bien general.
2. El objetivo de toda asociación política es la preservación de los derechos naturales e imprescriptibles del hombre. Estos derechos son la libertad, la propiedad, la seguridad y la resistencia a la opresión.
5. La ley solo puede prohibir tales acciones que sean dañinas a la sociedad. Nada que no esté prohibido por la ley puede prevenirse, y no se puede obligar a nadie a nada que no esté contemplado por la ley.
6. La ley es la expresión de la voluntad general. Todos los ciudadanos tienen derecho a participar en su fundación personalmente o por medio de sus representantes. Debe ser la misma para todos, ya sea que proteja o que sancione.
7. Ningún hombre puede ser acusado, arrestado o detenido, como no sea en los casos determinados por la ley y con arreglo de las formas prescritas por la ley.
10. Nadie debe ser incomodado por sus opiniones, inclusive religiosas, a condición de que su manifestación no perturbe el orden público establecido por la ley.

11. La libre comunicación de pensamientos y de opiniones es uno de los derechos más preciosos del hombre; en consecuencia, todo ciudadano puede hablar, escribir e imprimir libremente, pero debe asumir responsabilidad por el abuso de esta libertad en los casos determinados por la ley.

(26 de agosto, 1789)

12. ¿Cuál fue la principal manera en que las ideas de la Ilustración ayudaron a provocar la Revolución Francesa? Apoye sus ideas en el documento de arriba. Escriba su respuesta en la caja.

13. ¿Cuál documento fundador de los Estados Unidos tuvo la mayor influencia en la *Declaración de los derechos del hombre y del ciudadano*?

Ⓐ los Ensayos Federalistas
Ⓑ la Carta de derechos
Ⓒ los Artículos de la Confederación
Ⓓ la Declaración de la Independencia

14. Antes de la Revolución, Francia tenía un cuerpo legislativo débil llamado Estates-General. Los miembros representaban los tres estados o rangos de ciudadanos franceses. Arrastre cada grupo al lugar correcto de la tabla.

Rango	Primer estado	Segundo estado	Tercer estado
Miembros			

gente común	clero	nobleza hereditaria

15. En la Francia prerrevolucionaria, los miembros del primer y segundo estados estaban exonerados de impuestos. El tercer estado llevaba la carga entera de los impuestos. ¿Por qué muchos miembros del primer estado (el clero) apoyó el pedido de reforma del tercer estado?

Ⓐ Sus convicciones religiosas los forzaron a apoyar la reforma.

Ⓑ Fueron intimidados por la milicia.

Ⓒ Su situación económica no era mejor que la de la gente común.

Ⓓ Sintieron que ellos tenían que votar con la aristocracia.

16. ¿Por qué una huelga es una forma efectiva para que los trabajadores logren mejoramientos en sus sueldos y condiciones de trabajo?

Ⓐ porque una huelga deja a cientos de personas sin trabajo

Ⓑ porque una huelga posibilita que los dueños contraten a nuevos trabajadores

Ⓒ porque una huelga hace que la gente simpatice con los dueños

Ⓓ porque una huelga clausura los negocios y le hace daño financiero al dueño

Examine el mapa. Luego conteste las preguntas 17–20.

17. Durante la Segunda Guerra Mundial, la Marina de los Estados Unidos se dirigió al norte hacia Japón, tomando control de las islas del Pacífico una a la vez. ¿Cómo sacó ventaja los Estados Unidos de la geografía?

  (A) Estados Unidos obtuvo valiosos recursos naturales en las islas.

  (B) Estados Unidos necesitaba las islas para alojar a prisioneros de guerra.

  (C) Estados Unidos usaba las islas pequeñas para suministrar las bases.

  (D) Estados Unidos puso a prueba la bomba atómica en las islas.

18. ¿Qué factor contribuyó a efectuar la derrota de Japón en la guerra?

  (A) la gran distancia de sus aliados

  (B) la falta de recursos naturales de energía

  (C) la repetida pérdida de sus cultivos de arroz

  (D) la vulnerabilidad de invasión desde el mar

19. ¿Por qué decidió el presidente Harry S Truman usar armas atómicas contra Japón en 1945?

  (A) para liberar las Filipinas de la ocupación japonesa

  (B) para prevenir que Japón invadiera Estados Unidos

  (C) para procurar que los japoneses se rindieran de inmediato

  (D) para convencer a los alemanes que se rindieran en Europa

20. Bajo el Tokugawa shogunate, Japón cerró sus fronteras, limitándose al más mínimo contacto con los extranjeros desde inicios de 1600 hasta mediados de 1800. ¿Qué factor mejor explica cómo se hizo esto posible? Escriba su respuesta en la caja.

21. En la temprana Edad Media, Constantinopla era la ciudad capital del Imperio Bizantino y también una de las más grandes ciudades en el mundo. ¿Qué factor ayuda a explicar el inmenso éxito económico de Constantinopla?

  (A) Sus artistas fueron influenciados significativamente por estilos persas.

  (B) Su diversa población representaba una variedad de culturas.

  (C) Estaba localizada en la coyuntura entre Europa y Asia.

  (D) Era el cuartel general de un poderoso ejército.

22. Después de la Segunda Guerra Mundial, los gobiernos nacionales de Europa Occidental se apoderaron y administraron muchas empresas importantes, como bancos, compañías de energía y fabricantes de automóviles. Este tipo de control gubernamental de la industria es usualmente asociado con el sistema político llamado

(A) conservadurismo

(B) liberalismo

(C) socialismo

(D) capitalismo

23. En la "Gran Migración" que comenzó alrededor de 1915 y continuó a través de la década de 1920, cientos de miles de afroamericanos viajaron desde el Sur hacia el Noreste y el Medio oeste. ¿Por qué migraron? Elija dos razones importantes.

(A) en busca de trabajos industriales bien pagados

(B) para asistir a la universidad

(C) para alistarse al ejército

(D) para convertirse en agricultores en las áreas rurales

(E) para eludir las severas leyes de segregación

(F) para reubicarse en estados con impuestos más bajos

Examine el siguiente grabado. Luego conteste las preguntas 24–26.

Grabado por Paul Revere

24. En este grabado de la Masacre de Boston de 1770, ¿de qué manera el artista Paul Revere abusó del principio de libertad de prensa?

(A) Mostró un evento en el cual él no estaba realmente presente.

(B) Inventó un evento que realmente nunca tuvo lugar.

(C) Dibujó un cuadro prejuiciado e inexacto de lo que había realmente sucedido.

(D) Él mismo arregló la escena con el fin de que saliera de cierta manera.

25. Varios soldados británicos ("Casacas Rojas") fueron arrestados después de la Masacre de Boston. El franco patriota John Adams accedió a defenderlos –una decisión que era muy poco popular entre sus compañeros bostonianos. ¿Cuál principio democrático básico estaba presente en la decisión de Adams?

(A) el derecho de los Casacas Rojas a un juicio justo por jurado

(B) el derecho de los Casacas Rojas a ser procesados por una corte militar

(C) el derecho de los Casacas Rojas a ser procesados en su propio país

(D) el derecho de los Casacas Rojas a la inmunidad de la acusación

26. En el tiempo de la Masacre de Boston, los colonos estaban boicoteando muchos productos británicos, como el té, para evitar pagar los impuestos sobre estos productos. ¿Por qué continuó Gran Bretaña aplicando impuestos sobre los productos que exportaba a las colonias?

(A) para reducir el desempleo en el Imperio Británico

(B) para aumentar los ingresos públicos a la tesorería británica

(C) para prevenir un aumento en los precios

(D) para incentivar el gasto del consumidor

Estudie la siguiente caricatura política. Luego conteste las preguntas 27–29.

Caricatura por Alexander Anderson

27. La caricatura política se refiere a la Ley de Embargo de 1807, aprobada por el presidente Thomas Jefferson. ¿Cuál de las siguientes mejor describe un embargo?

(A) un impuesto sobre las importaciones a los Estados Unidos

(B) una prohibición sobre las exportaciones a países específicos

(C) una ley que establece el libre comercio entre los estados

(D) una ley que establece el libre comercio internacional

28. ¿Por qué la Ley de Embargo de 1807 fue tan poco popular?

(A) Reducía las ganancias de los fabricantes y agricultores estadounidenses.

(B) Ponía a los estados en contra de sí mismos en una competencia económica.

(C) Permitía que la trata de esclavos continuara sin ser vigilada.

(D) Animaba a la gente a comprar productos hechos en Estados Unidos.

29. El presidente Jefferson originalmente esperaba que la Ley de Embargo eliminara el contacto entre los Estados Unidos y las embarcaciones británicas en alta mar. Él quería evitar este contacto porque la marina británica practicaba la leva. Leva significa que los británicos

(A) detenían las embarcaciones estadounidenses y robaban sus cargamentos

(B) abrían fuego a las embarcaciones estadunidenses y mataban a la mayoría de la tripulación

(C) secuestraban a los marineros estadounidenses y los forzaban a realizar servicio militar

(D) sobornaban a los capitanes estadounidenses para vender sus cargamentos a un precio más bajo

Del *Discurso de despedida a la nación*

Hasta el último conflicto mundial los Estados Unidos no tenían una industria armamentista. Fabricantes estadounidenses de arados podían, en el momento y caso necesarios, fabricar también espadas. Pero ya no podemos asumir más el riesgo de improvisaciones de emergencia en materia de defensa nacional. Nos hemos visto obligados a crear una industria armamentista permanente de vastas proporciones. Sumado a esto, tres millones y medio de hombres y mujeres están directamente empleados en el sector de la defensa. Anualmente gastamos en seguridad militar por sí sola más que los ingresos netos de todas las corporaciones de los Estados Unidos.

En los consejos de gobierno, debemos protegernos de la adquisición de influencia injustificada, deseada o no, por parte del complejo militar-industrial. El potencial de un desastroso incremento de poder fuera de lugar existe y persistirá. No debemos dejar que el peso de esta combinación ponga en peligro nuestras libertades o procesos democráticos. No debemos tomar nada por sentado. Sólo una ciudadanía alerta y bien informada puede compeler la combinación adecuada de la gigantesca maquinaria de defensa industrial y militar con nuestros métodos y objetivos pacíficos, de modo tal que la seguridad y la libertad puedan prosperar juntas.

—*Presidente Dwight D. Eisenhower, 1961*

30. ¿Cuál fue la razón <u>principal</u> para la "industria de armamentos permanentes" y el "establecimiento de defensa" a los que se refiere el presidente Eisenhower?

Ⓐ la Segunda Guerra Mundial
Ⓑ la Guerra Fría
Ⓒ la Guerra de Corea
Ⓓ la Guerra de Vietnam

31. En el tiempo del discurso del presidente Eisenhower, el enemigo más poderoso de los Estados Unidos era la Unión Soviética. Elija dos razones importantes para esto.

Ⓐ Los dos países habían sido enemigos políticos por muchas décadas.
Ⓑ Los dos países habían peleado en bandos opuestos durante la Segunda Guerra Mundial.
Ⓒ Ambos países querían tomar control de Europa Occidental.
Ⓓ Los dos países vivían bajo principios políticos y económicos opuestos.
Ⓔ Los dos países esperaban influenciar a los líderes en el Lejano Oriente.
Ⓕ Los países tenían conflictos de intereses en el mundo de la posguerra.

32. En 1962 los Estados Unidos y la Unión Soviética llegaron al borde de una guerra nuclear en la crisis de los misiles cubanos. ¿Cuál factor hizo de Cuba un importante aliado para la Unión Soviética?

Ⓐ su ubicación
Ⓑ su tamaño
Ⓒ su clima
Ⓓ su cultura

33. El presidente Eisenhower declara que los ciudadanos deben cuidar contra posible "influencia injustificada" del complejo militar-industrial del gobierno. ¿Cómo pueden los ciudadanos lograr esto?

Ⓐ manteniéndose informados acerca de los asuntos del gobierno
Ⓑ votando en contra de aumentos en los gastos de defensa
Ⓒ tratando de derrocar al gobierno
Ⓓ rehusándose a servir en el ejército cuando sean reclutados

34. Cuando estalló la Segunda Guerra Mundial en Europa, ¿qué provocó que muchos estadounidenses pensaran que Estados Unidos podía permanecer de manera segura fuera del conflicto?

(A) Sabían que el ejército estadounidense siempre había sido el más fuerte del mundo.

(B) Se les había dicho que los científicos estadounidenses estaban construyendo una bomba atómica.

(C) Creían que el Océano Pacífico era lo suficientemente ancho para ofrecerles protección.

(D) Pensaban que Gran Bretaña y Francia ganarían la guerra rápida y fácilmente.

35. El Congreso de los Estados Unidos tiene dos Cámaras, el Senado y la Cámara de representantes. En el Senado todos los estados están representados igualmente. En la Cámara los estados están representados de acuerdo a su población. ¿Por qué los autores de la Constitución diseñaron este tipo de legislatura?

(A) para equilibrar los intereses de los estados y de la gente

(B) para darle más poder a los estados grandes que a los pequeños

(C) para asegurarse de que la gente pueda superar los votos de los estados

(D) para asegurarse de que ningún estado pueda bloquear la legislación

36. Durante la dinastía Ming, China envió naves en una exploración del Hemisferio Oriental. Las naves regresaron con plantas comestibles nunca antes vistas en China, incluyendo piñas, papas y tomates. ¿Cuál de los siguientes mejor explica por qué estos nuevos cultivos llevaron a buenas cosechas anuales?

(A) Los nuevos cultivos crecían mejor en el clima frío de China que en su clima cálido nativo.

(B) Los agricultores chinos alternaban con los nuevos y viejos cultivos, permitiendo que el suelo descansara y se recuperara.

(C) Los nuevos cultivos agregaban variedad a la dieta y la cocina chinas.

(D) Los nuevos cultivos habían venido de muchos países y culturas diferentes.

Lea la lista siguiente. Luego conteste las preguntas 37–39.

>> Para encontrar una ruta por agua al Océano Pacífico
>> Para establecer relaciones amistosas con las tribus indígenas
>> Para recoger muestras de plantas y animales
>> Para levantar un mapa del territorio
>> Para mantener notas detalladas del viaje

37. ¿A quién le dio el presidente Thomas Jefferson la lista de tareas que se muestra aquí?

Ⓐ al partido Donner

Ⓑ a los *Forty-Niners* (buscadores de oro)

Ⓒ a la empresa ferroviaria *Union Pacific*

Ⓓ a la expedición de Lewis y Clark

38. ¿Qué motivo económico tenía el gobierno de Estados Unidos para buscar una ruta por agua por todo el continente?

Ⓐ Una ruta por agua permitiría el transporte seguro y eficiente de productos por barco.

Ⓑ Una ruta por agua haría posible que la gente colonizara el país más rápido.

Ⓒ Una ruta por agua reduciría la posibilidad de encontrar tríbus hostiles de nativos americanos.

Ⓓ Una ruta por agua eliminaría los obstáculos a la inmigración.

39. ¿Cuál fue el principal peligro potencial que enfrentó la gente que emprendió las tareas?

Ⓐ Podrían haber tenido que defenderse de tríbus hostiles de nativos americanos.

Ⓑ Podrían haber tenido que defenderse contra tropas francesas.

Ⓒ Habrían tenido que navegar peligrosas corrientes del océano.

Ⓓ Tendrían que viajar a través del territorio estéril del desierto.

40. Gran Bretaña agotó recursos financieros, humanos y militares para conquistar y gobernar sus colonias. A cambio, Gran Bretaña obtuvo nuevos mercados para sus exportaciones y compró los recursos naturales de las colonias a un buen precio. La decisión de Gran Bretaña de conquistar colonias como India y Egipto es un ejemplo de

Ⓐ análisis de costo-beneficio

Ⓑ gasto deficitario

Ⓒ presupuesto equilibrado

Ⓓ microeconomía

Estudie la siguiente caricatura política. Luego conteste las preguntas 41–43.

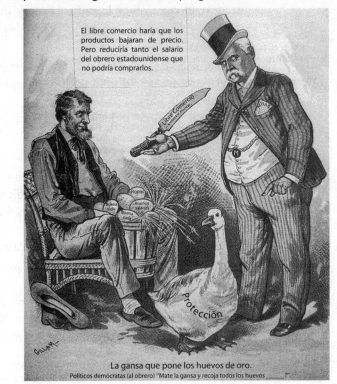

El libre comercio haría que los productos bajaran de precio. Pero reduciría tanto el salario del obrero estadounidense que no podría comprarlos.

La gansa que pone los huevos de oro.
Políticos demócratas (al obrero) "Mate la gansa y recoja todos los huevos _____?"

41. La etiqueta PROTECCIÓN sobre el ganso en la caricatura se refiere a una tarifa. ¿Qué hace una tarifa? Arrastre las palabras correctas para completar la oración.

Aplica un impuesto a las [   ] para [   ] sus precios.

[importaciones] [exportaciones] [reducir] [aumentar]

42. ¿Por qué se inclinarían los trabajadores a apoyar tarifas?

(A) Las tarifas aumentan la demanda de productos hechos en Estados Unidos.

(B) Las tarifas bajan los precios de los productos hechos en Estados Unidos.

(C) Las tarifas promueven el libre comercio entre todas las naciones.

(D) Las tarifas crean relaciones hostiles con otras naciones.

43. ¿Por qué el libre comercio disminuiría el sueldo de los trabajadores estadounidenses, como lo sugiere la caricatura política?

Ⓐ El libre comercio animaría a los estadounidenses a gastar más y a ahorrar menos.

Ⓑ El libre comercio aumentaría los salarios en otras naciones.

Ⓒ El libre comercio disminuiría la demanda de productos hechos en Estados Unidos.

Ⓓ El libre comercio reduciría las exportaciones estadounidenses a otras naciones.

44. El Artículo I, Sección 3 de la Constitución de los Estados Unidos declara que los senadores servirán términos de seis años, con un día de elecciones fijado cada dos años. Los senadores están divididos en tres grupos de partes iguales, de manera que solo un tercio de los asientos se elije en cualquier periodo dado de dos años. ¿Cuál es la razón para esta regla?

Ⓐ Asegura que la mayoría del Senado siempre contará con legisladores con experiencia.

Ⓑ Impide que cualquier senador individual sirva por más de un término.

Ⓒ Elimina la posibilidad de corrupción política dentro del Senado.

Ⓓ Evita el prejuicio de los votantes a favor de candidatos a la reelección para el Senado.

45. Los Juegos Olímpicos de Invierno, en los cuales los atletas compiten en patinar, esquiar, hockey, trineo de carreras y otros deportes de invierno, se llevan a cabo cada cuatro años. Las naciones de todo el mundo compiten por el derecho de tener las Olimpiadas de Invierno. Para que sea aceptada la oferta de una nación, ¿Qué rasgo geográfico debe presentar la nación y por qué? Escriba su respuesta en la caja.

46. Las ciudades del mundo compiten agresivamente unas contra otras por el privilegio de servir de anfitrión para los Juegos Olímpicos de Invierno y Verano, a pesar del alto costo en dinero, tiempo, esfuerzo e interrupción de las rutinas normales. ¿Cuál es el beneficio *principal* que una ciudad espera obtener cuando sirve de anfitrión de los Juegos Olímpicos?

Ⓐ un influjo de nuevos residentes, ya que la gente que viene a ver los Juegos se quedará a vivir en esa ciudad permanentemente

Ⓑ nuevas instalaciones públicas y edificios que pueden ser usadas para otros propósitos después que terminan los Juegos

Ⓒ una reputación realzada como un gran centro internacional de cultura y artes

Ⓓ ganancias en efectivo de las comidas, recuerdos y alquiler de los alojamientos de parte de los espectadores de las Olimpiadas

47. Filadelfia fue la sede del Primer y Segundo Congresos Continentales y la ciudad capital original de los Estados Unidos. ¿Cuáles dos de los siguientes hicieron de Filadelfia la elección lógica como estado anfitrión para el gobierno nacional?

(A) su ubicación central en las colonias

(B) su clima templado todo el año

(C) su gran y étnicamente variada población

(D) su floreciente economía local

(E) su papel como la ciudad más grande de las colonias y puerto más activo

(F) su reputación de una ciudad dispuesta a recibir a los sureños

Este es el fin del examen de práctica de Estudios Sociales del Examen TASC

Examen TASC de Estudios Sociales Respuestas explicativas del examen de práctica

1. **A** Hasta la invención del avión en el siglo XX los ejércitos seguían haciendo guerras en Europa marchando sobre la frontera hacia el territorio enemigo. En esta era de guerras terrestres, las islas como Gran Bretaña podían ser atacadas solamente desde el mar. El Canal Inglés hacia el sur y el Mar del Norte al este constituyeron una zona de seguridad entre Gran Bretaña y cualquier otro atacante europeo.

2. **D** Cuando se boicotea un producto, uno se rehúsa a comprarlo. Si un número grande de personas boicotean un producto, la demanda disminuye, los precios bajan.

3. **D** En los primeros años de la política estadounidense, no se votaba de forma secreta; cada candidato tenía una papeleta de color diferente, lo que hacía fácil para los jefes políticos mantener el control de quién había votado por quién. Si uno no había votado por el candidato correcto, uno podía ser atacado o se le destruía el negocio. Los votos secretos eliminaban cualquier posibilidad de presión política a votantes individuales.

4. **A** La pimienta era abundante y por eso barata en India –pero los europeos no podían producirla para ellos mismos; tenían que importarla. Ya que la oferta era pequeña, la demanda, y por eso el precio, eran altos.

5. **D** El Canal de Suez proveía una ruta acuática por todo Egipto desde el mar Mediterráneo hasta el mar Rojo. Esto significaba que las naves europeas que viajaban a Asia ya no tenían que navegar alrededor de África.

6. **B** Los ciudadanos protestan contra la política del gobierno expresándose libremente y congregándose pacíficamente.

7. **A** Cuando comenzó la Guerra de Vietnam, los hombres hasta de edades de dieciocho años podían ser reclutados y enviados al extranjero a combatir. La gente joven sostenía que si ellos tenían la edad suficiente para ser enviados a su muerte a la edad de dieciocho, también tenían la edad suficiente para votar por los líderes que decidían tales acciones. El derecho al voto es un principio básico de un gobierno democrático.

8. **C** La Resolución del Golfo de Tonkin era postulada de forma tan ambigua que un presidente podía fácilmente interpretarla de modo que él pudiera ordenar un ataque sin esperar el Congreso para declarar la guerra –si él pensaba que el ataque llevaría a una rápida rendición y a la paz.

9. **B** El Congreso es el poder legislativo del gobierno. La legislatura revocó su resolución de vigilar el poder del presidente, quien es la cabeza del poder ejecutivo.

10. **D** Los soldados afroamericanos ayudaron en la lucha por la libertad y liberación en Europa. Cuando ellos volvieron a casa, muchos estaban dispuestos a desafiar las restricciones de la segregación racial legal.

11. **A** Un negocio sindicalizado es el que contrata solamente a trabajadores sindicalizados; un negocio abierto contrata a trabajadores que no pertenecen a sindicatos. Ya que los trabajadores sindicalizados ganan más dinero y reciben mayores beneficios, los dueños de fábricas generalmente prefieren un negocio abierto.

12. Un concepto básico de la Ilustración era que las personas nacen iguales y por eso es injusto darles privilegios sociales y económicos sobre la base de su nacimiento.

13. **B** Las diez enmiendas en la Carta de derechos contienen un lenguaje muy similar a varios de los artículos de la Declaración de los derechos del hombre –libertad de religión libertad de expresión, libertad de encarcelamiento sin causa, y así por el estilo.

14. **clero, nobleza hereditaria, gente común.** Solemos referirnos al cuarto estado, es decir, la prensa, pero estos tres estratos eran los

estados del reino del tiempo de la Europa medieval.

15. C La mayoría del clero francés era pobre; apoyaban la reforma porque a pesar de la exoneración de impuestos, ello sufrían tanto como los del tercer estado de escasez de alimento, precios altos y así por el estilo.

16. D La huelga de trabajadores es un arma efectiva porque detiene el funcionamiento de un negocio. Los dueños de negocios desean llegar a un acuerdo rápidamente de modo que puedan comenzar de nuevo a obtener ganancias.

17. C Durante la guerra, las fuerzas combatientes necesitan bases abastecidas de provisiones, hospitales y otros suministros. Mientras más lejos esté una fuerza militar de sus suministros mayores serán las posibilidades de perder batallas. Por consiguiente, es importante establecer bases cerca de la zona de combate.

18. B Japón tenía que importar todo el petróleo que necesitaba para mantener a sus naves y aviones y para mantener funcionado sus fábricas. Estados Unidos descontinuó las líneas de suministro entre Japón en el norte y sus fuentes de combustible en el sur.

19. C Sólo una medida extrema como la bomba atómica convencería a los japoneses para que se rindieran inmediatamente y así evitar la necesidad de una invasión de Japón que posiblemente costaría las vidas de miles de soldados y marineros estadounidenses.

20. Toda isla, por definición, está físicamente aislada; nadie puede interferir con su control sobre sus propias fronteras excepto con un ataque a gran escala. Japón no abrió sus fronteras hasta que fue forzado a hacerlo.

21. C Constantinopla está en el mar Negro, justo al cruzar el estrecho de Bósforo de la tierra firme de Asia. Esta ubicación hacía de la ciudad un lugar natural para los mercaderes asiáticos que viajaban hacia el oeste y los que viajaban hacia el este europeo para encontrarse, comerciar, comprar y vender.

22. C Poco después de la Segunda Guerra Mundial, los votantes de la Europa Occidental eligieron muchos gobiernos socio democráticos. Estos gobiernos tomaron control de muchas industrias importantes, prometiendo administrarlas para el beneficio de sus trabajadores y de la nación en conjunto. Esta clase de control gubernamental de la industria está usualmente asociado con el sistema político llamado socialismo. Muchas políticas de esa era siguen en efecto hoy en la Europa Occidental.

23. A y E. La venida de la Primera Guerra Mundial creó miles de trabajos en fábricas e industrias en Estados Unidos. Muchos afroamericanos también deseaban escaparse de la segregación legal que enfrentaban en el Sur.

24. C La Masacre de Boston fue realmente una pelea callejera a pequeña escala en la cual unos cuantos colonos holgazanes se burlaban y mangoneaban a unos cuantos soldados británicos ("casacas rojas") en centinela de guardia. La tensión escaló a violencia cuando los colonos comenzaron a tirar piedras y los casacas rojas hicieron unos cuantos disparos. El grabado de Revere distorsiona los hechos para hacer parecer a los casacas rojas como agresores brutales abriendo fuego sin causa contra civiles indefensos.

25. A El derecho a un juicio justo por un jurado formado por iguales ha sido un principio básico del sistema de justicia británico desde la Carta Magna firmada en 1215. Los colonos continuaron la tradición británica de hacer este derecho un principio central de su gobierno.

26. B La tesorería británica necesitaba ingresos de los impuestos para saldar las deudas de las continuas guerras y otras obligaciones.

27. B Un embargo es una prohibición sobre el comercio. La Ley de Embargo de 1807, que prohibía el comercio con Gran Bretaña y Francia, detuvo la mayoría de las exportaciones de los Estados Unidos.

28. A Sin poder exportar sus cultivos comerciales o sus productos, los agricultores, comerciantes y fabricantes vieron sus ganancias reducirse alrededor de un quinto de los niveles previos a 1807.

29. C Leva –forzar a los miembros de la tripulación de una embarcación mercante al servicio militar– era una práctica común a inicios del siglo XIX. En esa época muchos oficiales de la marina británica todavía consideraban a los marineros estadounidenses puros rebeldes en contra de Gran Bretaña.

30. B La Segunda Guerra Mundial y la Guerra de Corea habían ya terminado para 1961 y solamente quedaba un número muy pequeño de "asesores militares" sirviendo en Vietnam. La Guerra Fría y la gran acumulación de armamento nuclear fueron responsables por el aumento drástico en los gastos de defensa en Estados Unidos.

31. D y F. Los Estados Unidos era una república democrática con una economía mayormente capitalista, mientras que la Unión Soviética era una dictadura de un solo partido con una economía comunista. Además, los dos países tenían conflictos de intereses en el mundo de la posguerra.

32. A Cuba está a solo 90 millas de las costas de Estados Unidos y por eso estaba idealmente ubicada para una base militar soviética.

33. A Eisenhower habló de una "ciudadanía alerta y conocedora" y quería decir que era el deber de los ciudadanos mantenerse informados sobre los asuntos del gobierno. La gente no debe solo aceptar que había una gran necesidad de gastos en defensa; deben de estar pendientes de lo que estaba sucediendo en el mundo para que pudieran ejercer el derecho constitucional para oponerse a su propio gobierno si proponía una guerra injustificada.

34. C Antes de la Segunda Guerra Mundial y especialmente antes de la llegada de las naves aéreas bombarderas de largo alcance, los estadounidenses pensaban que los Estados Unidos podía de forma segura ignorar los problemas en otras partes del mundo por la protección que ofrecían los océanos Atlántico y Pacífico.

35. A La composición del Senado y la Cámara fue diseñada como otra característica de un sistema de frenos y contrapesos. Las personas están representadas proporcionalmente en la Cámara, mientras que los estados están igualmente representados en el Senado.

36. B Los cultivos extraen ciertos minerales y nutrientes de la tierra. Cuando los agricultores cosechan los mismos cultivos año tras año, a la tierra se le agotan esos minerales; una débil cosecha es el resultado. Un nuevo cultivo que se plante en la misma tierra va a crecer muy bien porque extrae nuevos minerales que la tierra ha conservado. Es por esto que los agricultores rotan los cultivos.

37. D La expedición de Lewis y Clark salió de St. Louis a explorar el recién adquirido Territorio de Luisiana y las tierras que yacen entre éste y el Océano Pacífico.

38. A Hasta la invención del ferrocarril y luego del automóvil, una ruta por agua era la más rápida, la más segura y la más eficiente manera de transportar cantidades de productos.

39. A Los Estados Unidos formalmente adquirió el Territorio de Luisiana seis meses después de que Lewis y Clark salieran de viaje. No había tropas francesas en el territorio en ese tiempo, pero había numerosas tribus de nativos americanos, algunos de los cuales podrían ser hostiles. Afortunadamente para Lewis y Clark, la presencia del guía nativos americano Sacagawea en el grupo expedicionario garantizó relaciones amigables entre los exploradores y los nativos americanos con los que se encontraron en el camino. Ya que los exploradores viajaban a lo largo de los ríos en un campo fértil, no era muy probable que la expedición agotara las provisiones. Además, su ruta no incluía ninguna navegación en el océano.

40. A El análisis de costo-beneficio significa sopesar lo que va a costar con lo que se va a ganar. Gran Bretaña decidió que los beneficios económicos de adquirir un imperio colonial eran mayores que el costo.

41. Importaciones, aumentar. Una tarifa es un impuesto que se aplica a los productos importados. La tarifa hace que los precios del producto importado suban.

42. A Las tarifas alentaban a los estadounidenses a que compraran productos hechos en Estados Unidos en vez de importados porque los productos hechos en Estados Unidos tenían precios más bajos. La alta demanda por productos de fábricas estadounidenses les darían seguridad de empleo a los trabajadores estadounidenses.

43. C Libre comercio significa comercio sin impuestos o tarifas. Sin esas tarifas los productos importados podrían costar igual o menos que los productos hechos en Estados Unidos. Eso causaba que la demanda por productos hechos en Estados Unidos bajara, lo que quería decir que se necesitarían menos trabajadores para producirlos.

44. A Como que el poder del Senado para hacer leyes es tan importante para la nación, los autores de la Constitución se aseguraban siempre de que dos tercios de los senadores tuvieran experiencia. También esperaban que los senadores se beneficiaran de trabajar con muchos de los mismos colegas por un periodo de tiempo mayor que si todos los términos expiraran juntos.

45. Eventos como esquí de pista y esquí de salto pueden llevarse a cabo solamente donde hay montañas. Estos eventos no se pueden realizar bajo techo.

46. D El beneficio principal de una ciudad anfitriona de un evento internacional importante está en el dinero. La ciudad espera que el enorme gasto que representa ser el anfitrión de los Juegos dejará ganancias porque la gente vendrá de todas partes del mundo y van a gastar su dinero. La ciudad también espera que se le muestre como un destino atractivo para turistas, añadiendo así beneficios a largo plazo en el dinero que esos turistas van a gastar en sus visitas.

47. A y E. Filadelfia presentaba la ventaja de su ubicación central como punto de encuentro para los líderes de todas las colonias y luego de todos los estados. Además, Filadelfia era una ciudad firmemente establecida; la ciudad más grande y más activa en las colonias.

Examen TASC de Ciencia

6

CÓMO USAR ESTE CAPÍTULO

>> Lea la Visión de conjunto para saber qué cubre el Examen TASC de Ciencia.

>> Tome el Examen TASC de prueba de Ciencia para evaluar sus destrezas y conocimiento sobre las ciencias.

>> Estudie el Repaso del Examen TASC de Ciencia para refrescar sus conocimientos sobre los temas del Examen TASC de Ciencia.

>> Tome el Examen TASC de práctica de Ciencia para refinar sus destrezas y prepararse para el día del examen.

Visión de conjunto

A diferencia de los exámenes anteriores de equivalencia de escuela secundaria, el Examen TASC requiere que usted sepa un contenido básico en ciencia. No se trata solamente de un examen de lectura, aunque se le puede pedir que lea pasajes que se relacionan con las ciencias.

El Examen TASC de Ciencia está basado en los Estándares de Ciencia de la Próxima Generación, los cuales usted puede repasar en:

www.nextgenscience.org/next-generation-science-standards

Las doce ideas centrales de las disciplinas para las ciencias de la escuela secundaria son las siguientes:

Ciencias físicas

1. La materia y sus interacciones
2. El movimiento y la estabilidad: fuerzas e interacciones
3. La energía
4. Las ondas y su aplicación en las tecnologías para transferir información

Ciencias biológicas

5. De las moléculas a los organismos: estructuras y procesos
6. Los ecosistemas: interacciones, energía y dinámicas
7. Herencia: herencia y variación de rasgos
8. La evolución biológica: unidad y diversidad

Ciencias de la Tierra y el espacio

9. El lugar de la Tierra en el Universo
10. Los sistemas de la Tierra
11. La Tierra y la actividad humana

Ingeniería

12. Ingeniería del diseño

En el Examen TASC se puede esperar encontrar preguntas sobre cualquiera de estas áreas o sobre todas ellas. En el Examen TASC, las prácticas de la ingeniería se integrarán con otras áreas de contenido, como se describe.

Los Estándares de Ciencia de la Nueva Generación se enfocan en la ciencia de la forma en que se practica y se experimenta en la vida real. Los Estándares le piden a usted que piense de la manera en que piensa un científico, poniendo en uso las siguientes "prácticas de la ciencia e ingeniería":

1. Formular preguntas (para la ciencia) y definir problemas (para la ingeniería)
2. Desarrollar y emplear modelos
3. Planear y llevar a cabo investigaciones
4. Analizar e interpretar datos
5. Hacer uso de las matemáticas y del pensamiento computacional
6. Construir explicaciones (para la ciencia) y diseñar soluciones (para la ingeniería)
7. Entablar argumentos basados en evidencia
8. Obtener, evaluar y comunicar información

Para hacer un buen trabajo en el Examen TASC, se debe reconocer la conexión entre la ciencia y la "vida real". Se debe entender cómo piensan los científicos y trabajar para solucionar problemas. Se le puede pedir que lea materiales científicos, que interprete gráficas y que aplique un entendimiento científico a problemas de la vida real.

Examen TASC de Ciencia
Examen de prueba

Use las preguntas que siguen para evaluar sus conocimientos y destrezas actuales en conceptos de ciencia. Las respuestas aparecen en la página 336.

Use la siguiente información para ayudar a contestar las preguntas 1–3.

El helio es un elemento estable que no reacciona ni se enciende con el oxígeno en el aire; la baja densidad del gas helio permite que flote fácilmente. Es por eso que el gas helio se usa para inflar globos sin peligro. Un globo inflado con hidrógeno flotará en el aire como uno inflado con helio. No obstante, un globo inflado con hidrógeno es peligroso porque el hidrógeno puede encenderse al tener contacto con el oxígeno. La reacción de la quema del hidrógeno es la siguiente:

$$2H_2(g) + O_2(g) \rightarrow 2H_2O(l) + calor$$

1. ¿Dentro de qué tipo puede clasificarse esta reacción?
   Ⓐ endotérmica
   Ⓑ exotérmica
   Ⓒ fisión nuclear
   Ⓓ descomposición

2. Los gases con un peso molecular más liviano pueden viajar más rápidamente que los gases con un peso molecular mayor. Un contenedor con una mezcla de gas hidrógeno, gas helio y gas oxígeno en cantidades iguales tiene un hoyo marcado en él, haciendo que los gases se escapen. Arrastre y rellene la oración con la palabra correcta.

   Después de tres minutos habrá menos [   ] en el recipiente que

   [   ] o [   ].

   [helio]   [hidrógeno]   [oxígeno]

3. Cuando el gas hidrógeno reacciona con el gas oxígeno, ¿el diagrama de la energía potencial para la reacción aparecerá más a cuál de los siguientes?

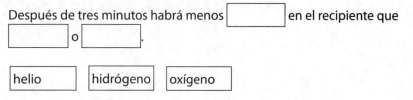

Use la siguiente información para ayudar a contestar las preguntas 4–5.

Hay evidencia que los continentes se han movido a lo largo del tiempo. Se cree que en un momento dado de la historia de la Tierra, todos los continentes de hoy en día constituyeron una masa de tierra llamada Pangea. Aquí hay un mapa que muestra cómo se cree que se veía Pangea.

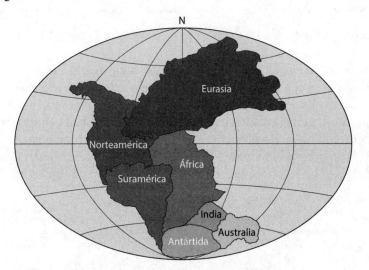

Hoy en día, la disposición de los continentes se ve así:

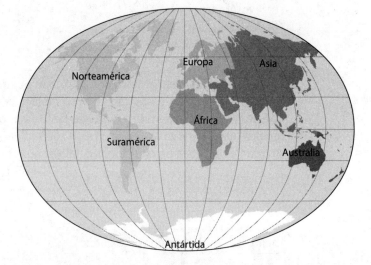

Basándose en los modelos de hoy en día sobre el movimiento de los continentes, se estima que si Cristóbal Colón navegara en el presente a las Américas como lo hizo en 1492, su barco tendría que navegar aproximadamente 155 pies más antes de tocar tierra.

4. ¿Con qué causa se relaciona <u>mejor</u>, este movimiento de los continentes?

Ⓐ el desgaste de la superficie terrestre

Ⓑ la diversidad de vida en la Tierra

Ⓒ el incremento de la cantidad de seres humanos presentes en la Tierra a través del tiempo

Ⓓ las placas tectónicas y la convección dentro de la Tierra

5. ¿Cuál de estas oraciones se asocia con el movimiento de dos continentes que se alejan uno del otro?

Ⓐ la formación de huracanes

Ⓑ la formación de una cresta en un océano

Ⓒ la formación de fiordos

Ⓓ la formación de valles con forma de V

6. En el pasado se creía que nuestro sol y otras estrellas eran bolas de fuego. Hoy, sin embargo, los científicos han confirmado que el sol no está alimentado por combustión. En su lugar, se sabe que el sol está alimentado por una reacción nuclear. La reacción nuclear que tiene lugar dentro del sol se describe <u>mejor</u> como

Ⓐ una serie de reacciones en las cuales los enlaces químicos se rompen para soltar energía

Ⓑ la producción de energía vía convección que tiene lugar en la superficie del sol

Ⓒ la quema de combustión de fósiles dentro del sol

Ⓓ una serie de reacciones de fusión que tienen lugar dentro del sol

7. El efecto fotoeléctrico y el experimento de doble rendija (ranura) son dos métodos para demostrar la naturaleza dual de la luz. Ellos prueban que la luz puede actuar como <u>ambos</u>

Ⓐ una onda y una partícula

Ⓑ una reacción de fusión y una fusión de reacción

Ⓒ la materia y la antimateria

Ⓓ los protones y los neutrones

8. El experimento de la lámina de oro de Ernest Rutherford probó que los átomos son principalmente espacios vacíos. Su experimento ayudó también a determinar que la masa de un átomo está muy concentrada en el núcleo del átomo. ¿Cuál es la partícula que ocupa la menor parte de la masa de un átomo?

Ⓐ el nucleón

Ⓑ el protón

Ⓒ el neutrón

Ⓓ el electrón

Use la siguiente información para ayudar a contestar las preguntas 9–10.

En 1945 una bomba atómica fue lanzada sobre Hiroshima, Japón. La bomba funcionó a través del bombardeo de un núcleo de uranio 235 con un neutrón para desatar una reacción en cadena. Cada paso de la reacción en cadena causó más y más energía.

9. ¿Cómo qué clase de reacción se clasifica este tipo de reacción nuclear?
(A) fusión
(B) endotérmica
(C) de fisión
(D) reversible

10. A pesar de sus beneficios potenciales, la energía nuclear se ve como controversial. ¿Cuál de estos es un beneficio de una reacción nuclear?
(A) residuos radiactivos
(B) producción de energía limpia que no produce gases de efecto invernadero
(C) exposición a la radiación
(D) posibles fusiones nucleares

Use la siguiente información para ayudar a contestar las preguntas 11–12.

La población de polillas blancas y polillas negras vive en una selva que está localizada cerca de una fábrica. La fábrica emite hollín negro por el aire que eventualmente cubre los árboles del área. Como resultado, los árboles se vuelven más oscuros en su color.

11. Esta cadena de eventos podría resultar en
(A) una disminución en la población de polillas blancas
(B) una disminución en la población de polillas negras
(C) una disminución en los problemas respiratorios entre las personas que viven cerca
(D) un aumento en el número de árboles que crecen en el área

12. ¿Cuál de estos factores no ayudaría a prevenir la contaminación del aire?

Ⓐ el uso de la energía solar para alimentar la fábrica

Ⓑ el uso de la energía eólica para alimentar la fábrica

Ⓒ manejar vehículos híbridos

Ⓓ el uso de combustibles fósiles para alimentar la fábrica

Ⓔ la installación de filtros en las chimeneas

Ⓕ la excabación de estanques para aguas residuales

Use la siguiente información para ayudar a contestar las preguntas 13–15.

Fritz Haber recibió el Premio Nobel de Química en 1918 por su trabajo en la creación del proceso Haber, un proceso mediante el cual se fabrica el amoniaco. La reacción para el proceso Haber es la siguiente:

$$3H_2(g) + N_2(g) \longleftrightarrow 2NH_3(l) + calor$$

---

13. ¿Cuál de estos procedimientos no ocasionaría la reacción para fabricar más amoniaco?

Ⓐ calentar los reactantes

Ⓑ hacer reaccionar los gases a una presión baja

Ⓒ usar un catalizador

Ⓓ usar concentraciones más altas de reactantes

14. Para que el hidrógeno y el nitrógeno reaccionen, tiene que haber

Ⓐ contacto entre los átomos del hidrógeno y el nitrógeno

Ⓑ una suficiente cantidad de amoniaco presente para formar el hidrógeno y el nitrógeno

Ⓒ colisiones efectivas entre los gases hidrógeno y nitrógeno para que ello cause una disposición distinta de los átomos

Ⓓ porciones presentes más pequeñas de hidrógeno y nitrógeno

15. Si 12 gramos del gas hidrógeno han tenido una reacción completa con 56 gramos del gas nitrógeno para hacer amoniaco, ¿cuál es la cantidad total de amoniaco que se puede generar?

Ⓐ 4.67 gramos

Ⓑ 0.214 gramos

Ⓒ 44 gramos

Ⓓ 68 gramos

16. La supervivencia del más fuerte describe <u>mejor</u>

Ⓐ la mitosis

Ⓑ las mutaciones

Ⓒ la selección natural

Ⓓ los rasgos recesivos

Use la siguiente información para ayudar a contestar las preguntas 17–18.

El cuadro representa un ecosistema.

---

17. Arrastre y colloque las cuatro palabras en el lugar correcto del cuadro.

Productores	Consumidores del primer orden	Consumidores del segundo orden

lobo   hierba   conejo   ardilla

18. Los lobos en el ecosistema cazan conejos, los cuales comen las plantas presentes en el ecosistema. Este es un ejemplo de

Ⓐ canibalismo
Ⓑ una red alimenticia
Ⓒ una cadena alimenticia
Ⓓ fotosíntesis

Use la siguiente información para ayudar a contestar las preguntas 19–20.

Un objeto inmóvil en una mesa sin fricción recibe un número de fuerzas que se le aplican. La tabla muestra cada fuerza y la aceleración que resulta de cada una.

FUERZA APLICADA (en newtons, N)	ACELERACIÓN RESULTANTE (en m/s²)
5	1
12.5	2.5
20	4

19. ¿Cuál es la masa de este objeto?

Ⓐ 1 kilogramo
Ⓑ 5 kilogramos
Ⓒ 12.5 kilogramos
Ⓓ 20 kilogramos

20. El objeto es levantado y sostenido sobre la mesa. Luego es soltado y cae sobre la mesa. ¿Qué se puede decir acerca de la velocidad y la aceleración del objeto mientras se está moviendo por el aire?

Ⓐ La velocidad aumentará y la aceleración disminuirá.
Ⓑ La velocidad permanecerá igual y la aceleración aumentará.
Ⓒ La velocidad disminuirá y la aceleración permanecerá igual.
Ⓓ La velocidad aumentará y la aceleración permanecerá igual.
Ⓔ La aceleración permanecerá igual.
Ⓕ La aceleración disminuirá.

Este es el fin del examen de prueba del Examen TASC de Ciencia.

Examen TASC de Ciencia
Respuestas al examen de prueba

1. **B** Repaso 3. Energía (pp. 349–351).
2. **hydrógeno, oxígeno, helio; o hidrógeno, helio, oxígeno** Repaso 1. La materia y sus interacciones (pp. 336–345).
3. **D** Repaso 10. Los sistemas de la Tierra (pp. 373–381).
4. **D** Repaso 10. Los sistemas de la Tierra (pp. 373–381).
5. **B** Repaso 10. Los sistemas de la Tierra (pp. 373–381).
6. **D** Repaso 1. La materia y sus interacciones (pp. 336–345).
7. **A** Repaso 1. La materia y sus interacciones (pp. 336–345).
8. **D** Repaso 1. La materia y sus interacciones (pp. 336–345).
9. **C** Repaso 1. La materia y sus interacciones (pp. 336–345).
10. **B** Repaso 11. La Tierra y la actividad humana (pp. 382–384).
11. **A** Repaso 11. La Tierra y la actividad humana (pp. 382–384).

12. **A, B, C y E** Repaso 11. La Tierra y la actividad humana (pp. 382–384).
13. **B** Repaso 1. La materia y sus interacciones (pp. 336–345).
14. **C** Repaso 1. La materia y sus interacciones (pp. 336–345).
15. **D** Repaso 1. La materia y sus interacciones (pp. 336–345).
16. **C** Repaso 8. Evolución biológica: unidad y diversidad (pp. 367–369).
17. **productores: hierba; consumidores del primer orden: conejo, ardilla; consumidores del segundo orden: lobo** Repaso 6. Ecosistemas: Interacciones, energía y dinámica (pp. 358–363).
18. **C** Repaso 6. Ecosistemas: interacciones, energía y dinámica (pp. 358–363).
19. **B** Repaso 2. Movimiento y estabilidad: fuerzas e interacciones (pp. 345–348).
20. **D** Repaso 2. Movimiento y estabilidad: fuerzas e interacciones (pp. 345–348).

Repaso de Ciencia del Examen TASC

Las páginas que siguen revisan brevemente cada una de las doce ideas centrales de las materias que aparecen enumeradas en la Visión de conjunto. Para aprender más acerca de estas áreas centrales, investigue en el Internet o en la biblioteca.

Ciencias físicas

 La materia y sus interacciones

TÉRMINOS CLAVE: átomo, desintegración radiactiva, elemento, energía de activación, enlace químico electrón, fisión, fusión, ion, materia, molécula, neutrón, núcleo, nucleosíntesis, protón, reacción endotérmica, reacción exotérmica, reactividad, tabla periódica, transmutación

Átomos

Todas las sustancias están compuestas de **materia**, es decir, todas las sustancias tienen masa y volumen (el espacio que ocupan). La unidad más básica de la materia es el **átomo**. Este último está compuesto de tres partículas subatómicas: **protones, neutrones** y **electrones.** Los protones llevan una carga eléctrica positiva, mientras que los electrones llevan una carga eléctrica negativa. Los neutrones no llevan ninguna carga. Los protones y los neutrones (nucleones) están localizados en el **núcleo** del átomo, mientras que los electrones están localizados alrededor del núcleo en órbitas llamadas niveles de energía principal. Como los protones son las únicas partículas cargadas en el núcleo, le dan a este una carga positiva.

Átomo de carbono

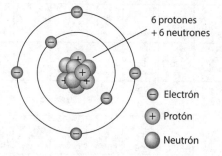

6 protones + 6 neutrones

⊖ Electrón

⊕ Protón

◯ Neutrón

El diagrama muestra la estructura atómica de un átomo de carbono. El átomo puede identificarse como carbono porque tiene seis protones. Esta y otra información acerca de los átomos y las sustancias que componen puede encontrarse en la **tabla periódica.**

La tabla periódica

La tabla periódica muestra los diferentes **elementos** (sustancias que contienen solamente una clase de átomo) organizados en *períodos* (filas horizontales numeradas de 1 a 7) y *grupos* (filas verticales numeradas de 1 a 18). Cada elemento se identifica por su símbolo químico. La tabla también da alguna información acerca de cada elemento. Los elementos están agrupados en el orden de su número atómico, es decir, el número de protones en el núcleo de esa clase de átomo. La ubicación de los distintos elementos en la tabla periódica puede usarse también para predecir algunas de las propiedades de esos elementos. Por ejemplo, el hidrógeno (en la esquina superior izquierda de la tabla) y los elementos en la esquina superior derecha de la tabla no son metales. Los elementos en el centro y en el lado izquierdo de la tabla (excepto el hidrógeno) son metales. A lo largo de una línea negra gruesa que va a través del medio de la tabla, se encuentran los semimetales, o metaloides.

Tabla periódica de los elementos

GRUPO IUPAC — **13**

NÚMERO ATÓMICO — **5**

SÍMBOLO — **B**

Boro

NOMBRE DEL ELEMENTO

1	2	3	4	5	6	7	8	9	10	11	12	13	14	15	16	17	18
1 H Hidrógeno																	2 He Helio
3 Li Litio	4 Be Berilio											5 B Boro	6 C Carbono	7 N Nitrógeno	8 O Oxígeno	9 F Flúor	10 Ne Neón
11 Na Sodio	12 Mg Magnesio											13 Al Aluminio	14 Si Silicio	15 P Fósforo	16 S Azufre	17 Cl Cloro	18 Ar Argón
19 K Potasio	20 Ca Calcio	21 Sc Escandio	22 Ti Titanio	23 V Vanadio	24 Cr Cromo	25 Mn Manganeso	26 Fe Hierro	27 Co Cobalto	28 Ni Níquel	29 Cu Cobre	30 Zn Cinc	31 Ga Galio	32 Ge Germanio	33 As Arsénico	34 Se Selenio	35 Br Bromo	36 Kr Kriptón
37 Rb Rubidio	38 Sr Estroncio	39 Y Ytrio	40 Zr Circonio	41 Nb Niobio	42 Mo Molibdeno	43 Tc Tecnecio	44 Ru Rutenio	45 Rh Rodio	46 Pd Paladio	47 Ag Plata	48 Cd Cadmio	49 In Indio	50 Sn Estaño	51 Sb Antimonio	52 Te Teluro	53 I Yodo	54 Xe Xenón
55 Cs Cesio	56 Ba Bario	57–71 La-Lu Lantánidos	72 Hf Hafnio	73 Ta Tántalo	74 W Wolframio	75 Re Renio	76 Os Osmio	77 Ir Iridio	78 Pt Platino	79 Au Oro	80 Hg Mercurio	81 Tl Talio	82 Pb plomo	83 Bi Bismuto	84 Po Polonio	85 At Astato	86 Rn Radón
87 Fr Francio	88 Ra Radio	89–103 Ac-Lr Actínidos	104 Rf Rutherfordio	105 Db Dubnio	106 Sg Seaborgio	107 Bh Bohrio	108 Hs Hassio	109 Mt Meitnerio	110 Ds Darmstadtio	111 Rg Roentgenio	112 Cn Copernicio	113 Uut Ununtrio	114 Fl Flerovio	115 Uup Ununpentio	116 Lv Livermorio	117 Uus Ununseptio	118 Uuo Ununoctio

58 Ce Cerio	59 Pr Praseodimio	60 Nd Neodimio	61 Pm Prometio	62 Sm Samario	63 Eu Europio	64 Gd Gadolinio	65 Tb Terbio	66 Dy Disprosio	67 Ho Holmio	68 Er Erbio	69 Tm Tulio	70 Yb Yterbio	71 Lu Lutecio
90 Th Torio	91 Pa Protactinio	92 U Uranio	93 Np Neptunio	94 Pu Plutonio	95 Am Americio	96 Cm Curio	97 Bk Berkelio	98 Cf Californio	99 Es Einsteinio	100 Fm Fermio	101 Md Mendelevio	102 No Nobelio	103 Lr Lawrencio

Otra pieza importante de información que aparece en la tabla periódica es el número de electrones en el nivel de energía principal más extremo (NEP) de cada elemento. Estos electrones son más importantes cuando nos referimos a la **reactividad** y los enlaces químicos. La siguiente tabla muestra el número de electrones en el NEP más extremo para **elementos** en ciertos grupos. Nótese el patrón predecible para estos electrones.

Número del grupo	1	2	13	14	15	16	17
Número de electrones en el NEP más extremo	1	2	3	4	5	6	7

Este patrón ayuda a determinar los enlaces que se pueden formar entre los átomos para constituir moléculas. Nótese que la tabla falta el grupo 18 (los gases nobles). Esto se debe a que, en estos elementos, el NEP más extremo tiene 8 electrones. Con ese número, el NEP se considera como "lleno" y el átomo no necesita ganar, perder o compartir electrones con otros átomos para alcanzar estabilidad. Así, estos gases en particular son estables y no reaccionarán con otros elementos. El helio es una excepción a esta regla, pues aunque tiene solamente 2 electrones en su NEP más extremo, este último está lleno (completo). Por lo tanto, el helio no reacciona con otros elementos.

Formación del enlace químico

Un átomo es más estable cuando tiene 8 electrones en el NEP más extremo. Se dice que los átomos desean esta condición y ganan o pierden electrones o hasta los comparten para alcanzar esta meta. Este proceso se denomina **formación del enlace químico**.

Una sencilla regla para recordar es que los átomos semejantes comparten electrones. Por ejemplo, los no metales comparten electrones con otros no metales. El agua es un buen ejemplo: el hidrógeno y el oxígeno son ambos no metales y comparten electrones para que cada uno tenga un NEP más extremo completo. El oxígeno en el grupo 16 tiene 6 electrones en su NEP más extremo. Necesita 2 más para alcanzar la estabilidad. El hidrógeno en el grupo 1 tiene solo 1 electrón en su NEP más extremo. Necesita 1 más para alcanzar la estabilidad. Por lo tanto, dos átomos de hidrógeno compartirán, cada uno, 1 electrón con un átomo de oxígeno. El átomo de oxígeno entonces tendrá 6 más 2, u 8, electrones en su NEP más extremo, llenándolo completamente. Cada átomo de hidrógeno tendrá 1 más 1, o 2, electrones en su NEP más extremo, llenándolo por completo. Este proceso de formación del enlace químico se muestra en el diagrama.

Enlaces químicos en una molécula de agua (H$_2$O)

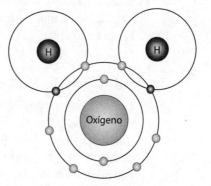

El otro tipo de enlace químico comprende la ganancia y la pérdida de electrones entre dos átomos. Estos enlaces ocurren cuando un átomo es un metal y el otro es un no metal. Un ejemplo perfecto es la sal de mesa, o cloruro de sodio. Cuando estos dos átomos se enlazan, el átomo de sodio (un metal) pierde un electrón frente al átomo de cloruro (un no metal). Cada átomo entonces tiene los 8 electrones en el NEP más extremo. Sin embargo, en cada uno el número de electrones con carga negativa ya no se equilibra con el número de los protones que tienen carga positiva. Así cada átomo es ahora un **ion** con una carga eléctrica. El enlace se forma como resultado de las cargas opuestas que se atraen unas a otras. Este proceso de formación se muestra en el diagrama:

Enlaces químicos en las moléculas de la sal de mesa (NaCl)

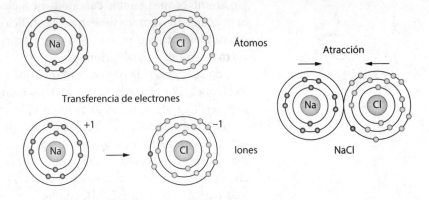

Estados de la materia

La materia existe en tres estados: sólido, líquido y gas (gaseoso). Cada estado de la materia tiene diferentes propiedades. En los sólidos, indicados en la notación química por (s), los átomos o moléculas están en una posición fija y están abarrotados/están apretados/fija y estrechamente compactadas. En los líquidos, indicados por (l), los átomos o moléculas están tocándose pero no están en una posición fija. Esto es lo que permite que las moléculas de los líquidos resbalen una sobre otra y que fluyan. En los gases, indicados por (g), los átomos o moléculas están colocados de modo muy espaciado y tienen poca o ninguna atracción entre sí.

Las fuerzas de los materiales

Los diferentes tipos de enlace entre los átomos tienen distintas fuerzas. Determinar la fuerza de un enlace es una tarea relativamente fácil siempre que se tengan datos sobre las propiedades físicas de las sustancias en cuestión. Dos de las propiedades más importantes que deben tenerse en consideración son los puntos de fusión y ebullición de una sustancia. En general, mientras más alto sea el punto de fusión o de ebullición, más fuertes serán los enlaces entre los átomos y las moléculas y tomará más energía tratar de romper esos enlaces. Por ejemplo, el agua tiene un punto de ebullición de 100°C, mientras que el etanol (alcohol para beber) tiene un punto de ebullición de 78.4°C. Las fuerzas que unen las moléculas del agua son más fuertes que las que unen las moléculas del alcohol. Para dar otro ejemplo, el hierro tiene un punto de fusión de 1,538°C, mientras que el cloruro de sodio tiene un punto de fusión de 801°C. Así, el hierro tiene enlaces más fuertes que la sal. ¡Esta es la razón por la cual el hierro, y no la sal, se usa para construir las estructuras de los edificios!

Hay una regla general con respecto a cuáles sustancias tienen un punto más alto de fusión con respecto a otras. En general, un compuesto formado de elementos no metálicos (tales como la cera $C_{20}H_{42}$) tienen un punto de fusión bajo. Un compuesto que contiene un metal como el hierro o el cloruro de potasio, tendrá un punto de fusión mucho más alto, lo cual indica enlaces más fuertes entre las moléculas. Las sustancias que contienen un semimetal o metaloide (tales como el silicio en la arena, SiO_2,) tendrán un punto de fusión alto. El punto de fusión de la arena es más de 1,700°C.

Energía química

Cuando los átomos se enlazan, poseen un tipo de energía especial llamado energía química. Se necesita la energía para romper los enlaces químicos, causando que las sustancias hiervan o se fundan. La energía también se necesita para iniciar reacciones químicas, o causar que los productos químicos reaccionen. No obstante, a veces en una reacción, se absorbe más energía de la que se libera y a veces se libera más energía de la que se absorbió. He aquí dos ejemplos: cuando el nitrato de amoniaco se disuelve en agua, la reacción absorbe energía y se siente fría. Esto se llama **reacción endotérmica**. Para este tipo de reacción, la energía de calor (o energía térmica) se escribe en la parte izquierda de la ecuación.

$$\text{Energía} + NH_4NO_3(s) + H_2O(l) \rightarrow NH_4 + (aq) + NO_3 - (aq)$$

En contraste, cuando el gas metano se quema, se libera más energía de la que se absorbe. Este exceso de energía se desprende y se siente caliente. Esto se conoce como una **reacción exotérmica** y la energía térmica se escribe en la parte derecha de la ecuación.

$$CH_4(g) + O_2(g) \rightarrow H_2O(l) + CO_2(g) + \text{Energía}$$

En la primera reacción, como que se añade más energía de la que se libera, el exceso de energía puede almacenarse en los enlaces químicos de los productos de la reacción, $NH_4 + (aq) + NO_3 - (aq)$. En la segunda reacción, como que se libera más energía comparada con la que se absorbió, habrá más energía almacenada en los enlaces químicos de la reacción $CH_4(g) + O_2(g)$. Estos dos tipos de reacciones se pueden comparar visualmente con los dos diagramas a continuación.

Reacciones químicas exotérmicas y endotérmicas

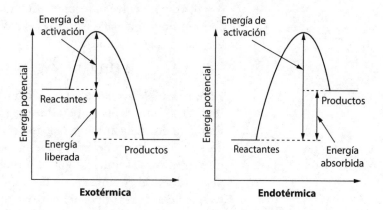

Nótese también que no se necesita solo cualquier cantidad de energía para comenzar una reacción sino, la reacción necesita una cantidad mínima de energía llamada **energía de activación.**

Tasas de reacción

Otros factores que se deben considerar cuando se inicia una reacción son las condiciones en las cuales ocurre la reacción. Solo porque dos moléculas se chocan no significa que vayan a reaccionar. Para que una reacción ocurra, las moléculas deben chocarse de modo efectivo y con suficiente energía para que reaccionen. Una forma de hacer que las moléculas se choquen con más frecuencia y efectividad es mediante el aumento de la temperatura de la reacción. La energía cinética añadida de cada molécula hará que las moléculas choquen entre sí con mayor fuerza y más frecuencia. Esto causará que reaccionen también más frecuentemente, acelerando la reacción. El uso de mayores concentraciones de reactantes también acelera una reacción al aumentar las posibilidades de que los reactantes choquen entre sí.

Otros factores que se deben considerar para acelerar una reacción incluyen la presión, el área de la superficie y el empleo de catalizadores. El subir la presión en los gases (solamente en los gases) causa que las moléculas del gas se unan más estrechamente y choquen con más frecuencia. Esto acelera la reacción. El uso de reactantes en polvo más que en un solo bloque, causará que los gases reaccionen con mayor rapidez ya que las piezas pequeñas tienen más área de superficie expuesta y lista para reaccionar. Finalmente, un catalizador apresurará la reacción. Los catalizadores más comunes son las enzimas del cuerpo humano. Esas enzimas están compuestas de proteína y ayudan a acelerar las reacciones. Por ejemplo, las enzimas digestivas son catalizadores que desintegran los alimentos rápidamente de modo que la energía se cree enseguida.

Equilibrio químico

Algunas reacciones son reversibles. En este tipo de reacción, mientras los reactantes forman productos, algunos de los productos reaccionan unos con otros para volver a formar reactantes. Una reacción reversible puede ser contraproducente. Un ejemplo es el proceso de Haber, una reacción que se usa para hacer amoniaco:

$$3H_2(g) + N_2(g) \longleftrightarrow 2NH_3(l) + Calor$$

Nótese la doble flecha en esta reacción. Esto indica que la reacción puede revertirse. Hay varias maneras de asegurarse que esta reacción cree el producto deseado, amoniaco. Primero, la cantidad de reactantes debe permanecer alta; es decir, se debe agregar más gas hidrógeno y más gas nitrógeno para asegurarse que se produzca más amoniaco. Segundo, tan pronto como el amoniaco esté hecho, se lo debe extraer o escurrirlo del recipiente de la reacción. Tercero, el amoniaco debe conservarse frío ya que el calor también es un producto. Al mantener fría la reacción, se elimina el calor que revierte la reacción y causa que el amoniaco se desintegre.

Conservación de masa

En las reacciones químicas hay conservación de masa. Es decir, el número de átomos de cada elemento que participa en la reacción debe ser el mismo del que aparece en el resultado. En el proceso de Haber, la reacción antes mencionada, el 3 en frente del gas hidrógeno significa que hay tres moléculas de gas hidrógeno. Como no hay un número en frente del gas nitrógeno, se asume que el número de moléculas es 1. Finalmente, el 2 en frente del amoniaco indica que se crearon dos moléculas de amoniaco. El siguiente diagrama muestra la reacción:

Reacción del proceso de Haber

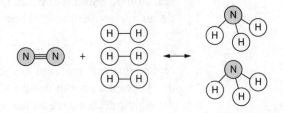

Nótese que hay dos átomos de nitrógeno a la izquierda de la flecha (el lado reactante) y dos a la derecha de la flecha (el lado del producto). De igual modo, hay seis átomos de hidrógeno a la izquierda de la flecha y seis a la derecha. Como el número de átomos de cada elemento en cada lado de la flecha es el mismo, hay conservación de masa y la ecuación está equilibrada. Supóngase que la ecuación estuviera escrita sin el número de moléculas, simplemente así:

$$H_2(g) + N_2(g) \longleftrightarrow NH_3(l) + Calor$$

La ecuación estaría mal porque indicaría que dos átomos de hidrógeno entran en la reacción y salen tres. También indica que dos átomos de nitrógeno entran en la reacción y solamente sale uno. Ambos casos representan imposibilidades. Se necesitan los números de las moléculas para equilibrar una reacción química.

Desintegración nuclear y radiactividad

En una reacción química hay conservación de masa y átomos, pero hay otras reacciones en las cuales los átomos pueden desintegrarse. Para que un átomo se desintegre, tiene que haber un cambio en el núcleo o una **transmutación** (llamada a veces **nucleosíntesis**). Un ejemplo de una transmutación es la desintegración nuclear del radio -226 (Ra-226):

$$^{226}_{88}Ra \longrightarrow {}^{222}_{86}Rn + {}^{4}_{2}He$$

Esto muestra una **desintegración radiactiva** que libera una partícula alfa. En este caso, un núcleo de radio se desintegra en un núcleo de helio (partícula alfa) y un núcleo de radón. Otro ejemplo es cuando Pb-214 se desintegra naturalmente:

$$^{214}_{82}Pb \longrightarrow {}^{214}_{83}Bi + {}^{0}_{-1}e$$

La desintegración radiactiva en este ejemplo libera una partícula beta ${}^{0}_{-1}e$. Finalmente algunas desintegraciones nucleares emiten rayos gamma. En este caso, el elemento no cambia. En vez de eso, solo cambia el contenido de energía del núcleo mientras se emite la alta energía del rayo gamma:

$$^{99}_{43}Tc \longrightarrow {}^{99}_{43}Tc + \gamma$$

El ritmo con que una sustancia se desintegra debido a emisiones radiactivas se llama la vida media de la sustancia. Literalmente, la vida media es el tiempo que toma para que la mitad de la masa de una muestra se desintegre.

Además de sufrir una desintegración natural y una transmutación, los elementos pueden ser bombardeados con otra partícula para causar una reacción de **fisión** (ruptura). Un ejemplo es la bomba atómica y la ruptura de un núcleo de uranio al bombardearlo con un neutrón:

$$^{235}_{92}U + ^{1}_{0}n \longrightarrow ^{141}_{56}Ba + ^{92}_{36}Kr + 3^{1}_{0}n + \text{energía}$$

Nótese que esta reacción es exotérmica. La energía liberada es lo que hace que la bomba sea tan destructiva. Si se controla debidamente, una reacción de fisión puede usarse en un reactor nuclear para producir energía sin emisión de gases invernadero. Otra reacción nuclear que se puede ver a diario es una reacción de **fusión**. Usted también ha estado expuesto a su radiación (en forma de luz) y calor. Esta es la reacción que ocurre en las estrellas y el sol. Dentro del sol hay una reacción de fusión que toma los núcleos más sencillos de hidrógeno y los funde para hacer helio:

$$4\,^{1}_{1}H \longrightarrow\,^{4}_{2}He + 2\,^{0}_{1}e + \text{energía}$$

Los núcleos recientemente formados pueden unirse con otros núcleos para formar otros elementos. De hecho, las estrellas son las "fábricas" que crean los elementos que se conocen en la tabla periódica. De nuevo, nótese la energía liberada en esta reacción exotérmica. Esta energía puede calcularse usando la famosa ecuación de Einstein $E = mc^2$.

RETO La materia y sus interacciones

1. El número de partículas con carga positiva en el núcleo de un átomo es también **(la masa atómica/el número atómico)** del átomo.

2. El sodio (Na) es un **(metal/no metal/semimetal)**.

3. Cuando una reacción libera energía, se dice que la reacción es **(equilibrada/endotérmica/exotérmica)**.

4. Se puede incrementar el ritmo de una reacción por **(un aumento/un descenso)** de la temperatura.

5. Una sustancia con bajo punto de fusión y ebullición tiene fuerzas más **(fuertes/débiles)** que unen los átomos y las moléculas.

RESPUESTAS AL RETO
La materia y sus interacciones

1. **el número atómico:** El número de partículas con carga positiva en el núcleo del átomo es también el número atómico del átomo. Este número puede encontrarse en la tabla periódica.

2. **metal:** El sodio (Na) es un metal ya que los metales están colocados en la parte derecha y central de la tabla periódica. Una excepción es el hidrógeno (H), el cual es un no metal.

3. **exotérmica:** Cuando una reacción libera energía, se dice que es una reacción exotérmica. Cuando una reacción absorbe energía, se dice que es endotérmica.

4. **aumento:** El ritmo al cual una reacción ocurre puede incrementarse por un aumento de temperatura ya que este aumento hace que los reactantes choquen con más frecuencia y con más energía para reaccionar.

5. **más débiles:** Una sustancia con bajo punto de fusión y ebullición tiene fuerzas más débiles que unen los átomos y las moléculas.

2 Movimiento y estabilidad: fuerzas e interacciones

TÉRMINOS CLAVE: aceleración, campo eléctrico, campo magnético, fricción, fuerza, gravedad, momento, velocidad

Fuerza de gravedad

Todos los objetos ejercen una cierta **fuerza** unos en otros. Esta fuerza se llama fuerza gravitacional o **gravedad**. En términos de gravedad, un objeto con una masa mayor tendrá más atracción que un objeto con menos masa. Una manzana que cae al suelo ejerce una atracción sobre la Tierra, pero la atracción de esta última sobre la manzana resulta mucho, mucho mayor. Esta es la ley universal de gravedad del físico inglés Isaac Newton:

$$F_g = \frac{Gm_1m_2}{r^2}$$

Nótese que esta ecuación para la fuerza de gravedad (F_g) toma en consideración las masas de los dos objetos (m_1 y m_2) y una constante gravitacional (G) y toma en consideración la distancia entre los dos objetos (r) al segundo poder (r^2). En cuanto a la distancia entre los dos objetos, cuando se alejan el uno del otro, la fuerza se volverá menor de manera exponencial. Por ejemplo, si los dos objetos están colocados a una distancia de 2 metros entre sí, entonces 2^2 significa que la fuerza se divide entre el número 4. Pero si los mismos dos objetos están a una distancia de 3 metros uno del otro, entonces 3^2 significa que la fuerza está dividida entre el número 9. Dividir entre 9 hace que la fuerza sea mucho menor que si se divide entre 4.

Fuerzas electrostáticas

El científico francés Charles Augustin de Coulomb hizo una conexión semejante entre las partículas cargadas. Dos objetos de la misma carga se rechazarán mutuamente, pero dos objetos con cargas opuestas se atraerán entre sí. La fuerza de rechazo o atracción se puede determinar usando la siguiente fórmula:

$$F = k\frac{q_1 q_2}{r^2}$$

Nótese que esta ecuación se parece a la ecuación para determinar la fuerza de gravedad. Como se está midiendo la fuerza debido a una carga electrostática, no se tiene que ocupar de las masas de los objetos, sino de sus cargas.

Magnetismo

Los imanes con dos polos pueden rechazar o atraer los polos de otros imanes. Igual a las cargas electrostáticas, los mismos polos se repelen o rechazan entre sí y los polos opuestos se atraen mutuamente. Esto se debe a las líneas (invisibles) del **campo magnético** que rodean los polos de un imán.

Líneas del campo magnético

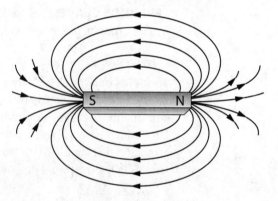

Nótese cómo los líneas del campo se alejan del polo norte del imán y van hacia el polo sur del imán. Debido al hierro en el núcleo interno de la Tierra, también existe un campo magnético semejante alrededor del planeta. Es por tal razón que la Tierra también tiene un polo norte magnético y un polo sur magnético. Una situación semejante existe en cuanto a las cargas positiva y negativa de un campo eléctrico donde las líneas se alejan de la carga positiva y se dirigen hacia la carga negativa.

Líneas del campo eléctrico

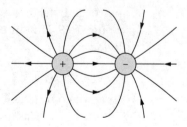

Un campo magnético también puede crearse mediante la electricidad. Cuando un alambre eléctrico se envuelve alrededor de una pieza de metal, éste se magnetiza cuando se activa la electricidad. Un aparato de este tipo se conoce como electroimán. Los electroimanes tienen muchos usos. En los depósitos de chatarra se usan los electroimanes para levantar objetos metálicos pesados. El timbre de la puerta usa electroimanes para producir sonidos amplificados y el movimiento del badajo. De igual modo, cuando un imán se pasa por el rollo de un alambre, este último comienza a generar una corriente eléctrica. Es así que las centrales eléctricas generan electricidad. Mientras el campo magnético que rodea el alambre siga cambiando, se producirá una corriente.

Las leyes de movimiento de Newton

Isaac Newton también desarrolló tres leyes con respecto a la física del movimiento. Según la primera ley del movimiento de Newton, un objeto en movimiento seguirá moviéndose, mientras que un objeto en reposo se quedará en reposo. Sin embargo, esto cambia si se aplica una fuerza, sea al objeto en movimiento o al objeto en reposo. Por ejemplo, un carro que baja por una colina continuará bajando. Pero si choca contra una pared de ladrillo, se detendrá abruptamente. Del mismo modo, un carro aparcado en la calle no está en movimiento y continuará en reposo. Pero si un camión estrella contra él, el carro se moverá como resultado del choque.

La segunda ley del movimiento de Newton describe lo que pasa con la **aceleración** de un objeto cuando una fuerza (que lo empuja o que lo hala) se le aplica a dicho objeto. Por ejemplo, cuando un objeto en reposo recibe un golpe de otro objeto en movimiento, se acelera de **velocidad** (rapidez y dirección) cero a una nueva velocidad. Esta ley del movimiento se expresa por la ecuación $F = ma$, en la cual F representa la fuerza (medida en newtons, N), m es la masa (medida en kilogramos, kg) y a es la aceleración (en metros por segundos cuadrados, m/s^2). Un objeto que cae debido a la fuerza de gravedad cerca de la superficie de la Tierra tendrá una aceleración de 9.81 m/s^2. Dado que la fuerza y la aceleración tienen una relación directa, mientras más fuerza se aplique a un objeto, mayor será la aceleración.

Una fuerza que contrarresta la aceleración es la **fricción**. Si se desliza un libro en la superficie de una mesa, el libro pronto se detendrá. La razón por la que se detiene es la fuerza de fricción producida por el rozamiento del libro contra la superficie de la mesa. La fuerza de fricción funciona de modo opuesto a la de un objeto en movimiento y reduce su movimiento.

La tercera ley de Newton establece que, cuando un objeto ejerce una fuerza sobre un segundo objeto, este último ejerce una fuerza igual pero opuesta en el primer objeto. Un ejemplo de esto es un patinador sobre hielo que empuja contra los tablones de la pista de patinaje. Mientras que el patinador empuja contra los tablones, éstos a su vez lo empujan causando que él rebote en ellos.

Momento

Cada objeto en movimiento tiene una cierta velocidad, es decir, una rapidez y una dirección. Si se conoce la velocidad y la masa del objeto, se puede calcular su **momento**. El momento de un objeto en movimiento es la cantidad de su movimiento. Se calcula el momento con la fórmula $p = mv$, donde p es el momento del objeto (en unidades de kg•m/s), m es la masa del objeto (en kilogramos, kg) y v es la velocidad del objeto (en metros por segundo, m/s). Recuérdese que el momento depende de ambas, la masa y la velocidad. Por ejemplo, una pelota de béisbol que pesa 145 gramos y se mueve a una velocidad de 40 metros por segundo (90 mph) no tendrá tanto momento como un camión que pesa 5,600,600 gramos y se mueve a una velocidad de 20 metros por segundo.

Una propiedad importante del momento es que se conserva. Es decir, cuando dos objetos chocan entre sí, la suma del momento que cada uno posee antes de la colisión será igual a la suma del momento que cada uno poseía después de esa colisión. Esta propiedad se demuestra cuando dos bolas de billar se chocan y después se separan, cuando dos carros chocan el uno con el otro o cuando un rifle produce un contragolpe después que se ha disparado una bala.

RETO — Movimiento y estabilidad: fuerzas e interacciones

Elija la palabra o frase que haga verdadera la oración.

1. Cuando la fuerza de un objeto aumenta, la aceleración del objeto (**disminuye/aumenta**).

2. Las líneas de un campo magnético (**se alejan de/se acercan**) a una partícula cargada negativamente.

3. El momento se calcula multiplicando la masa por la (**aceleración/velocidad**).

4. Las cargas opuestas, como los polos opuestos de un imán (**se atraen/se rechazan**) entre sí.

5. La energía de una masa y el momento siempre (**se conservan/se destruyen**) cuando ocurre una reacción o un proceso.

RESPUESTAS AL RETO

Movimiento y estabilidad: Fuerzas e interacciones

1. **aumenta:** Según la ecuación $F = ma$, cuando la fuerza de un objeto aumenta, la aceleración de ese objeto aumenta.

2. **se acercan a:** Las líneas de un campo magnético se acercan a una partícula cargada negativamente, tal y como se acercan al polo sur de un imán.

3. **velocidad:** El momento se calcula multiplicando la masa por la velocidad. La fuerza se calcula multiplicando la masa por la aceleración.

4. **se atraen:** Las cargas opuestas, como los polos opuestos de un imán, se atraen mutuamente. Las cargas y los polos iguales se rechazan entre sí.

5. **se conservan:** La masa, la energía y el momento siempre se conservan cuando ocurre una reacción o un proceso. Es decir, no pueden ser creados ni destruidos.

③ **Energía**

TÉRMINOS CLAVE: calor, energía, energía cinética, energía mecánica, energía potencial, temperatura

Energía mecánica: energía cinética y potencial

La **energía** es la habilidad para hacer un trabajo. Los científicos estudian cuidadosamente cómo la energía se transfiere de un sistema a otro y la conversión de una forma de energía a otra. Dos formas de energía que se encuentran regularmente son la **energía cinética** y **la energía potencial.** La energía cinética es aquella que tiene un objeto cuando se encuentra en movimiento. La energía potencial, en contraste, es la energía que un objeto tiene almacenada en sí mismo. Como la energía cinética implica movimiento, se necesitan la velocidad y la masa del objeto para calcular la energía cinética. La ecuación para este cálculo es $KE = mv^2$. La energía potencial es la que se encuentra almacenada dentro de un objeto. Por ejemplo, cuando un objeto es levantado de una superficie, tiene el potencial de caer sobre ella. La energía potencial por lo tanto depende de la distancia (d) a que está el objeto de la superficie. La ecuación para la energía potencial es $PE = mgh$, donde g es la aceleración causada por la gravedad, 9.81 m/s^2.

La **energía mecánica** es el término que se usa para definir la suma de ambas, la energía cinética y la energía potencial que tiene un objeto cuando está en movimiento. Un libro que cae al suelo tiene las dos, energía cinética (porque se está moviendo) y energía potencial (porque aún no ha llegado al suelo). El péndulo oscilante de un reloj es otro ejemplo. Cuando llega al punto más alto de la oscilación, el péndulo alcanza su mayor energía cinética y en el punto más bajo o medio de su oscilación, alcanza su menor energía cinética. Mientras el péndulo oscila, una forma de energía se convierte en la otra y vuelve a la primera. La cantidad total de energía se conserva, ninguna cantidad de energía se pierde. La energía mecánica total permanece igual porque la energía mecánica es la suma de las energías cinética y potencial.

Conservación de energía

La energía siempre se conserva. Es decir, la energía no puede crearse ni destruirse. Solo puede convertirse de una forma a otra. Digamos que un bloque se sujeta a 2.5 metros de la tierra. Si se suelta el bloque, empieza a caer. Este bloque, que el momento anterior estuvo en reposo, ahora tiene velocidad. ¿Qué muestra esto? La energía potencial del bloque se ha convertido en energía cinética mientras el bloque va cayendo por el aire. La conservación de energía es un principio básico que se aplica a muchos de los aparatos que las personas usan a diario y que los dan por sentado. Por ejemplo, una pila cambia su energía química en eléctrica; una tostadora cambia su energía eléctrica en térmica; un foco cambia su energía eléctrica en energía de luz. La energía potencial de un libro sujeto sobre el suelo puede convertirse en energía cinética cuando se deja caer y, eventualmente, en energía sonora cuando el libro da contra el suelo.

Calor y temperatura

La energía siempre fluye de una concentración alta a una concentración baja. Consideremos la energía térmica (de **calor**) y su flujo. Si los dos bloques que se muestran aquí y que poseen distintas temperaturas (asúmase que tienen la misma masa y el mismo material) se juntan, ¿cuál será la temperatura final?

Asumiendo que ninguna energía puede entrar ni escapar del sistema, la temperatura final será de 60° C. El calor fluirá de la temperatura más alta a la más baja. Esta es la razón por la cual se emplean varios tipos de aislamiento térmico en las casas, para prevenir que el calor interior salga hacia el aire frío exterior.

No se debe confundir el calor con la temperatura. El calor es energía térmica. **La temperatura,** en contraste, es una medida del movimiento de las moléculas. En el sentido estricto de la palabra, la temperatura se define como la energía cinética promedio de las moléculas.

RETO Energía

Elija la palabra o frase que haga verdadera la oración.

1. La energía conservada se llama energía (**cinética/potencial**).

2. mv^2 se usa para calcular la energía (**cinética/potencial/nuclear**).

3. Una pila convierte la energía (**química/eléctrica**) en energía (**química/eléctrica**).

4. El aislamiento térmico en una casa evita que (**el calor/el frío**) entre o salga de la casa.

5. La energía cinética promedio es la definición de (**calor/temperatura**).

RESPUESTAS AL RETO
Energía

1. potencial: La energía conservada se llama energía potencial, mientras que la energía cinética es energía de movimiento.

2. cinética: mv^2 se usa para calcular la energía cinética.
$PE = mgh$ y $E = mc^2$ se usan para calcular la energía potencial y la nuclear respectivamente.

3. **química, eléctrica:** Una pila convierte la energía química en eléctrica. La energía conservada en los enlaces químicos en una pila es lo que la pila emplea para producir electricidad.

4. **calor:** El aislamiento térmico en una casa evita que el calor entre o salga. Recuérdese que el calor siempre fluye de una temperatura más alta a una más baja.

5. **temperatura:** La energía cinética promedio es la definición de temperatura esta última mide el movimiento de las moléculas.

4 Las ondas y sus aplicaciones en las tecnologías para transferir información

TÉRMINOS CLAVE: difracción, dualidad onda-partícula de la luz, efecto fotoeléctrico, fotones, frecuencia, interferencia, longitud de onda, onda, radiación electromagnética,

Radiación electromagnética

La **radiación electromagnética** es una forma de energía que viaja a través del espacio como una **onda**. Un tipo de radiación electromagnética es la luz. El tipo de luz que los humanos podemos ver se llama luz visible. Hay también otros tipos de luz como la luz infrarroja y la luz ultravioleta que los humanos no podemos ver. Además de la luz, hay también muchas otras clases de radiación.

Cuando la radiación viaja a través de un vacío, se mueve a la velocidad de la luz, 3×10^8 metros por segundo y se representa con la letra v. Toda radiación tiene ambas, **frecuencia** (f) y **longitud de onda** (λ, o lambda). La frecuencia es el número de ciclos de ondas en una unidad temporal determinada. La longitud de onda es la distancia entre dos crestas sucesivas u otros puntos similares en una onda. La velocidad, la frecuencia y la longitud de onda de radiación están relacionadas según la ecuación $v = f\lambda$. Ya que la velocidad de la luz permanece constante (para nuestros propósitos aquí), la frecuencia y la longitud de onda están en proporción inversa una con la otra. Es decir, cuando una aumenta en valor, la otra debe disminuir en valor para que v continúe constante. Nótese que esta ecuación no se aplica solamente a la luz en un vacío. También esto es válido para el sonido, para las ondas sísmicas que atraviesan la tierra durante un terremoto y para la luz que atraviesa un medio como el agua o el vidrio. Las ondas pueden cambiar algunas de sus propiedades cuando viajan a través de otro medio. Por ejemplo, un sonido que se oye en el aire no va a ser el mismo sonido que se oye en el agua. Pero lo que todas las ondas tienen en común es que transfieren energía junto a ellas mientras viajan.

Además de la luz, otros tipos de ondas incluyen las ondas de radio, las microondas, los rayos x, los rayos gamma, los rayos UV (ultravioleta) y las ondas infrarrojas. Cada uno de estos tipos de ondas tiene un rango propio y específico de longitud de onda. El siguiente diagrama muestra estos tipos de ondas. Nótese que las clases de radiación a la izquierda tienen una longitud de onda mayor (arriba) y una frecuencia menor (poderes de diez abajo). De izquierda a derecha, la longitud de onda disminuye y la frecuencia aumenta. Eso confirma la relación inversa.

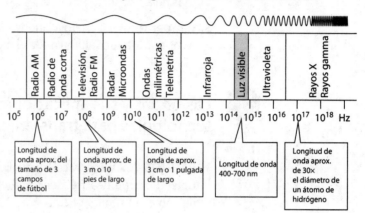

La frecuencia y longitud de onda de la radiación

Usos de la radiación

Algunas formas de radiación son útiles en medicina y odontología: los rayos x y los rayos gamma se usan en imágenes de partes del cuerpo y para detectar problemas médicos. No obstante, exponerse por largo tiempo a ambos tipos de radiación puede ser perjudicial para los tejidos humanos y el ADN y los dos necesitan usarse con precaución. Los médicos los emplean moderadamente y los técnicos médicos se aseguran de evitar estar expuestos ellos mismos a grandes cantidades de radiación.

Otros tipos de radiación con una longitud de onda mayor se usan para proveer conexiones inalámbricas para los teléfonos y las computadoras. Por ejemplo, la radiación emitida por un *enrutador* permite que cualquier persona dentro de un espacio determinado pueda navegar por la Web sin interrupción. La radiación de un aparato de control remoto permite cambiar los canales de la televisión sin moverse del asiento. La transmisión radial es una forma de radiación. El trasmisor tiene la habilidad de cambiar la energía acústica de las voces humanas a ondas que pueden trasmitirse por el aire. Un radio puede interpretar las distintas frecuencias y amplitudes de la onda para transformarla en sonido. Estas son muchas de las formas menores de radiación y no presentan ningún riesgo a la salud de los organismos vivos.

La radiación electromagnética se usa hoy día en muchos aparatos que trasmiten información en forma digital. Por ejemplo, en una máquina de facsímiles se puede escanear una imagen y convertirla en otra digital que a su vez se transforma en lo que se conoce como un mapa de bits. Este último se transfiere, a través de una línea telefónica, a otra máquina de facsímiles que la convierte en una imagen o foto que se puede imprimir. Sea cual sea el aparato que se usa para trasmitir información digitalmente, se sigue el mismo proceso: primero se convierte la información en una señal electromagnética y después se transfiere, bien de modo inalámbrico, a través de un alambre, por un cable de fibra óptica e inclusive mediante un dispositivo almacenamiento de medios. Un sistema que conecta muchos aparatos para hacer que un número de personas tenga acceso a la información trasmitida o almacenada se conoce como una red. Las redes informáticas pueden configurarse en una variedad de formas según las necesidades de los que tengan que acceder a la información.

La dualidad onda-partícula de la luz

La luz actúa como una onda pero también puede actuar como si estuviera compuesta de partículas. Esta naturaleza dual se llama **dualidad onda-partícula de la luz.** La evidencia de que la luz actúa como una onda radica en el hecho de que las ondas de luz interfieren unas con otras. La **interferencia** puede ser constructiva o destructiva como se muestra en el siguiente diagrama:

Interferencia constructiva y destructiva de las ondas de luz

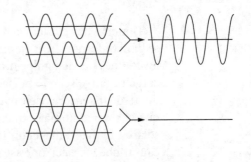

La parte superior del diagrama muestra la interferencia constructiva; se dice que las ondas están en fase unas con otras, creando una nueva onda de mayor altura (llamada amplitud) cuando se combinan. La parte inferior del diagrama muestra la interferencia destructiva: se dice que las ondas están fuera de fase unas con otras y que se anulan mutuamente.

Otra evidencia de que la luz actúa como una onda se llama **difracción.** Cuando la luz pasa a través de dos ranuras en una barrera sólida, las ondas de luz se difractan o doblan. Esto causa que aparezca una pauta de patrones constructivos y destructivos en una pantalla más allá de la barrera. Se puede producir este efecto en casa usando una linterna y un pedazo de cartón en un cuarto oscuro. Tal vez usted lo haya visto en la pared de una habitación oscura cuando la luz estaba pasando por dos persianas estrechamente espaciadas.

Difracción de ondas de luz

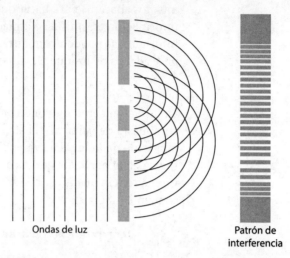

Ondas de luz

Patrón de
interferencia

También hay evidencia de que la luz actúa como partículas, las cuales se llaman **fotones.** Un ejemplo es el **efecto fotoeléctrico.** Se cree que los fotones pueden golpear un material y causar que los electrones con carga negativa sean expulsados del material. Este efecto se ha usado para desarrollar sensores de imágenes, aparatos para visión nocturna, puertas que se abren automáticamente cuando uno se acerca a ellas y paneles solares. El diagrama a continuación muestra cómo los fotones de luz pueden causar que los electrones sean expulsados de un metal.

El efecto fotoeléctrico

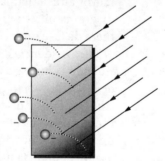

Las ondas y sus aplicaciones en las tecnologías para transferir información

RETO

Elija la palabra o frase que haga verdadera la oración.

1. La frecuencia y la longitud de onda tienen entre sí una relación (**directa/inversa**).

2. Las ondas altas de energía que pueden ser nocivas para los seres humanos y el ADN tienen una longitud de onda (**más larga/más corta**) y una frecuencia (**más alta/más baja**).

3. La luz puede actuar como (**un fotón, una onda, un fotón o una onda**).

4. Las ondas que están en fase experimentan una interferencia (**constructiva/destructiva**).

5. La luz que los ojos humanos pueden detectar se llama luz (**infrarroja/visible/ultravioleta**).

RESPUESTAS AL RETO

Las ondas y sus aplicaciones en tecnologías para transferir información

1. **inversa:** La frecuencia y la longitud de onda tienen una relación inversa porque si el valor de una disminuye, el valor de la otra debe aumentar.

2. **más corta, más alta:** Las ondas de alta energía que pueden ser nocivas a los tejidos de los humanos y al ADN tienen una longitud de onda más corta y una frecuencia más alta.

3. **fotón u onda:** La luz puede actuar como un fotón o una onda como se sabe por la naturaleza dual onda-partícula de la luz.

4. **constructiva:** Las ondas que están en fase van a experimentar una interferencia constructiva y a producir una nueva onda con una mayor amplitud (altura).

5. **visible:** La luz que los ojos humanos pueden detectar se llama luz visible.

Ciencias biológicas

 5 **De las moléculas a los organismos: estructuras y procesos**

TÉRMINOS CLAVE: ADN, aminoácido, homeostasis, órganos, orgánulos, proteínas, sistemas de órganos, tejidos

ADN

Cuatro tipos básicos de moléculas son esenciales para la vida: carbohidratos, lípidos, **proteínas** y ácidos nucleicos. Un tipo de ácido nucleico, el ácido deoxiribonucleico (ADN) se considera como clave para entender cómo evolucionan y se desarrollan los organismos.

El ADN es la molécula que codifica las secuencias de **aminoácidos**. Estos son los bloques que forman las proteínas, las moléculas que integran los músculos, el corazón y otros **órganos**, los ojos, las hormonas, las enzimas, los anticuerpos y la piel. Una secuencia de nucleótidos en el ADN le informa al cuerpo cómo poner los aminoácidos en cadenas ordenadas en cierta forma. Una vez que los aminoácidos están en ese orden, se pueden formar distintos tipos de tejidos y órganos. El interminable número de las posibles secuencias de aminoácidos es lo que les da a los órganos y a los sistemas **de órganos**, su increíble diversidad en cuanto a estructura y función. Por esto es que el corazón es diferente del riñón y por qué cada uno cumple una función distinta del otro y de las demás sustancias en el cuerpo, tales como las enzimas y los anticuerpos.

Homeostasis

Los sistemas de órganos muestran una gran diversidad, sin embargo, todos funcionan juntos. Por ejemplo, la boca, el estómago, el esófago y los intestinos son muy distintos en cuanto a su estructura y su función, pero trabajan juntos en la digestión. Otros ejemplos son el corazón, las venas, las arterias y los capilares que funcionan juntos para circular la sangre, mientras la nariz, los pulmones, la tráquea, los bronquios y los alveolos trabajan juntos para que el oxígeno penetre en el cuerpo y el dióxido de carbono salga. Todos estos sistemas que trabajan a la par, mantienen el cuerpo en un estado normal y saludable. Esto ayuda a que el cuerpo mantenga la **homeostasis**.

La homeostasis (literalmente "similar estado") es el estado en el cual las funciones corporales de un organismo están debidamente reguladas para que puedan permanecer estables. Por ejemplo, cuando uno hace ejercicios, el dióxido de carbono aumenta en la sangre. Para contrarrestar esto, la respiración se acelera para expulsar el exceso de dióxido de carbono y el corazón late con más rapidez para llevar más oxígeno a las células. Cuando uno ingiere un alimento, los niveles de insulina suben para contrarrestar los altos niveles de glucosa que penetran en la corriente sanguínea. Hasta las plantas tienen este tipo de mecanismos para ayudarlas en el mantenimiento de la homeostasis. Las plantas abren y cierran los estomas en las hojas para ajustar la cantidad del intercambio de gas y vapor de agua que ocurre en la hoja. Hacen esto en respuesta a los cambios de humedad y de la temperatura del aire. Esto ayuda a que las plantas mantengan la homeostasis.

Niveles de organización

Cada organismo es un sistema vivo con numerosos componentes arreglados en diversos niveles de organización. El nivel más alto se encuentra en los sistemas de órganos como el respiratorio y el circulatorio. Estos sistemas están compuestos de numerosos órganos que funcionan juntos para llevar a cabo funciones como la respiración o la circulación. Los órganos mismos están compuestos de varios tejidos como el músculo y las válvulas dentro del corazón. Cada tejido está hecho de células, las unidades básicas de la vida. Dentro de las células están los **orgánulos** que desempeñan funciones diferentes. Algunos orgánulos incluyen la membrana de la célula que controla lo que entra y sale de la misma, el núcleo que es el centro de dominio de la célula que contiene el ADN, la mitocondria que es responsable de la producción de energía, los ribosomas que ayudan a sintetizar la proteína y las vacuolas para el almacenamiento. Cada uno de estos orgánulos está compuesto, a su vez, de moléculas mayores que se forman a partir de los átomos, la unidad básica de la materia. Estos niveles de organización se pueden ordenar como sigue:

Átomos → Moléculas → Orgánulos → Células → Tejidos → Órganos → Sistemas de órganos → Organismos

RETO De moléculas a organismos: estructuras y procesos

Elija la palabra o frase que haga verdadera la oración.

1. Las proteínas están compuestas de (**ADN/grasas/aminoácidos**).

2. Dentro de una célula hay (**tejidos/órganos/orgánulos**).

3. Los mecanismos reguladores de los organismos vivos ayudan a que se mantengan (**estables/inestables**) y mantengan su homeostasis.

4. La unidad básica de la vida es (**el átomo/la célula**); la unidad básica de la materia es (**el átomo/la célula**).

5. El ADN está localizado en (**la mitocondria/las vacuolas/el núcleo**) de una célula.

RESPUESTAS AL RETO

De moléculas a organismos: estructuras y procesos

1. **ADN:** el ADN provee el código para las secuencias de aminoácidos.

2. **orgánulos:** dentro de una célula hay orgánulos, cada uno con su propia función para ayudar a que la célula lleve a cabo sus procesos vitales.

3. **estables:** los mecanismos de retroalimentación de los organismos vivos los ayudan a permanecer estables y mantener su homeostasis.

4. **célula, átomo:** la unidad básica de la vida es la célula; la unidad básica de la materia es el átomo.

5. **núcleo:** el ADN está localizado en el núcleo de una célula, un orgánulo que sirve como el centro de control para la célula.

 Ecosistemas: interacciones, energía y dinámicas

TÉRMINOS CLAVE: aeróbicamente, anaeróbicamente, autótrofos, cadena alimenticia, capacidad de cargo, ecosistema, equilibrio, fotosíntesis, heterótrofos, red alimenticia, respiración celular

La atmósfera primitiva de la Tierra

¿Cómo y cuándo apareció primero la vida en la Tierra? Muchos científicos piensan que la clave está en la atmósfera primitiva de la Tierra. Cuando primero apareció la vida en la Tierra, hace aproximadamente tres mil millones y medio de años, la atmósfera era muy diferente de lo que es hoy. Se cree que la primera atmósfera de la Tierra estaba compuesta de dióxido de carbono, amoniaco, metano y agua. (Como contraste, la atmósfera de hoy está compuesta de un 21% de oxígeno y un 78% de nitrógeno). Los científicos han vuelto a crear esa atmósfera primitiva en los laboratorios y han expuesto esa mezcla de dióxido de carbono, amoniaco, metano y agua a rayos simulados (rayos de electrones) y luz solar (luz ultravioleta). En estos experimentos, esas cuatro moléculas básicas de la vida comenzaron a formar moléculas mayores, las mismas macromoléculas que se necesitan para formar células. Se cree que la Tierra en un principio estaba cubierta de estas macromoléculas orgánicas. Los científicos llaman a esto el concepto del "caldo caliente".

Autótrofos y heterótrofos

Se cree que después de un tiempo, las macromoléculas en la superficie de la Tierra primitiva, reaccionaron y se combinaron entre sí y este proceso eventualmente dio lugar a las células vivas. Estas primeras células probablemente pudieron sobrevivir consumiendo las moléculas orgánicas que estaban presentes en el caldo caliente. Como estas células se alimentaban de los materiales a su disposición, se las denominan **heterótrofos**. Y dada la naturaleza de la atmósfera primitiva de la Tierra, también se cree que estos primeros heterótrofos eran capaces de tener una función **anaeróbica**, es decir, podían funcionar sin el uso del gas oxígeno, O_2. Estos primeros heterótrofos también eran capaces de producir dióxido de carbono, lo cual se cree que inició la evolución de **autótrofos**, organismos que pueden producir su propio alimento. Los autótrofos (tales como las plantas y las algas) consumían el dióxido de carbono producido por los heterótrofos primitivos y producían gas oxígeno, aunque los heterótrofos primeros no estaban equipados para usarlo. Algunos heterótrofos primitivos evolucionaron de tal forma que podían usar la atmósfera rica en oxígeno generada por los autótrofos. Aquellos que no se habían muerto.

Los autótrofos eran capaces de producir alimento para sí mismos ya que podían atrapar la energía solar y usarla en el proceso denominado **fotosíntesis**. En la fotosíntesis, el dióxido de carbono y el agua se combinan con la energía del sol para producir gas oxígeno y glucosa, un azúcar simple que provee energía. La fórmula química de la fotosíntesis es

$$\text{Luz solar} + 6CO_2 + 6H_2O \rightarrow 6O_2 + C_6H_{12}O_6$$

En el azúcar producida por fotosíntesis, la unión entre los átomos de carbono de hidrógeno y de oxígeno conservan la energía para emplearla más tarde. La energía solar que penetró las hojas de la planta ahora es energía química, la cual se almacena en las moléculas de la glucosa. Esta última puede convertirse en almidón y almacenarse en la planta.

Respiración

Los animales consumen plantas para obtener los azúcares simples y los almidones complejos que están almacenados en las plantas. En el sistema digestivo animal, los almidones se descomponen en glucosa, un azúcar simple. Esta glucosa penetra en las células donde se descompone mediante un proceso **aeróbico** (con el uso de gas oxígeno). Este proceso se llama **respiración celular**. La reacción para la respiración celular parece familiar, ya que es lo opuesto de la fotosíntesis:

$$6O_2 \text{ y } C_6H_{12}O_6 \rightarrow 6CO_2 + 6H_2O + \text{Energía térmica}$$

Nótese cómo la luz solar, que antes fue un reactante en la fotosíntesis, ahora es energía calórica, uno de los productos de la respiración celular. Durante la respiración celular, se produce otra molécula, trifosfato de adenosina, o ATP. Esta molécula almacena energía en las células y es una fuente segura de energía cuando se necesita. Recuérdese que un animal puede pasar semanas sin alimento, días sin agua, pero solamente minutos sin oxígeno. ¿Por qué? Los animales constantemente necesitan oxígeno para reaccionar con la glucosa que produce el ATP y energía. Sin oxígeno, la producción de energía cesa y el animal muere.

El flujo de la energía en un ecosistema

Un **ecosistema** es una comunidad de organismos que interactúan dentro de un ambiente específico. En un ecosistema, los autótrofos son los únicos organismos que producen su propio alimento. Su habilidad de convertir la energía solar en alimento es la clave de la supervivencia para todos los organismos en el ecosistema. Los organismos que no pueden producir su propio alimento deben consumir los autótrofos para obtener energía. Cuando un organismo consume a otro, la energía se transfiere de la presa al depredador. Estas transferencias de energía pueden presentarse en un diagrama llamado la **cadena alimenticia**. Por ejemplo, si un conejo come hierba y a su vez es devorado por un lobo, la cadena alimenticia debe verse así:

Luz solar → Hierbas y otras plantas → Conejo → Lobo

Por supuesto, estos no son los únicos organismos que se consumen unos a otros. Un diagrama mayor muestra la transferencia de energía entre múltiples organismos, lo cual se denomina **red alimenticia**. He aquí un ejemplo:

Una red alimenticia

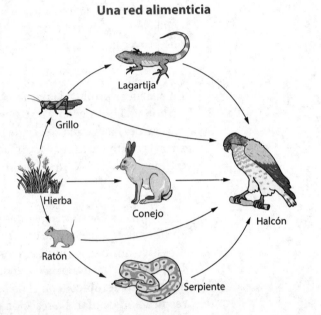

Aunque hay conservación de masa en todo momento en este sistema, mientras cada organismo es consumido, se pierde alguna energía en el ecosistema que lo rodea. Esto puede resumirse en una pirámide de energía:

La pirámide de energía

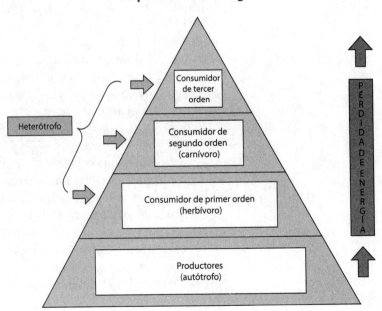

Los humanos, como consumidores del tercer orden o consumidores terciarios, están en la cima de la pirámide de energía. Además de tener fácil acceso a los alimentos, los humanos también han desarrollado una tecnología y medicina avanzadas. Esa es la razón por la cual la población humana ha aumentado dramáticamente a través del tiempo. Hubo una época cuando la enfermedad y el hambre tenían a las poblaciones humanas restringidas. En 1800 solo había un estimado de un mil millones de habitantes en la Tierra. Hoy, sin embargo, en un tiempo en que las personas tienen una vida más larga y saludable, se estima que la población humana terrestre alcanza la cifra de 7.5 mil millones. Ahora se presenta una nueva pregunta: ¿cuál es la **capacidad** de carga de la Tierra? Es decir, ¿cuántas personas puede acomodar la Tierra? Nadie lo sabe, pero cuando la Tierra no pueda mantener a más seres humanos, la población humana volverá a restringirse y dejará de aumentar.

El impacto humano

El aumento en la población humana presenta preocupaciones en cuanto a la reducción de los territorios de otras especies animales, haciéndolos competir por sus territorios, los alimentos y llevándolos a una posible extinción. Hasta la construcción de una represa para cumplir con las necesidades de los humanos puede impactar a cientos de especies que viven en las márgenes de un río. Además de constituir una amenaza para otras especies, los humanos mismos se enfrentan con límites en cuanto a los recursos naturales disponibles en el Tierra. En el futuro, la energía renovable tendrá que ser un modo de vida. Otros factores que deben considerarse son la contaminación ambiental, los desechos y la propagación de nuevas enfermedades entre las personas que viven en contacto cercano. La introducción por los humanos de una especie invasiva también puede ser una amenaza para otras especies. Por ejemplo, las ratas pueden transportarse a una isla en un barco donde no hay depredadores para restringirlas. Las ratas invasoras imponen mucho estrés en las especies de la isla, compitiendo en cuanto a los alimentos y el territorio.

El equilibrio de la población

Si es cierto que los humanos causan un impacto en la fauna y su hábitat, procesos naturales también causan un impacto en los ecosistemas. Normalmente, las poblaciones de especies en un ecosistema se mantienen estables. Esto se conoce como poblaciones en **equilibrio**. Aunque las poblaciones pueden pasar por cambios menores con las estaciones, en su mayor parte se mantienen iguales año tras año. Sin embargo, una causa natural como la enfermedad puede impactar súbitamente una especie y a su vez, producir efectos en otras especies que dependen de la primera para alimentarse. Por ejemplo, si alguna especie de conejo muere a causa de una enfermedad, los lobos del lugar y los halcones pueden enfrentar dificultades para encontrar alimento, lo cual causa la disminución de esas otras especies. Otros factores naturales que pueden reducir la población de la fauna incluyen inundaciones y rayos que pueden causar incendios en la naturaleza.

Para sobrevivir, muchas especies animales producen muchos hijos. Sin embargo, si la población de las especies aumenta demasiado, habrá competencia para obtener recursos naturales y la población comenzará a disminuir. Al mismo tiempo que la población disminuye, la competencia también se reduce y habrá menos competencia para obtener recursos naturales. Esto causará que la población comience a crecer de nuevo. Este flujo constante dentro de la gama de especies se conoce como **equilibrio** de la población, lo cual hace que el número relativo de organismos se vuelva constante a través del tiempo.

Otra forma de vencer las probabilidades es que los grupos de adultos compartan la tarea de criar a su prole. Por ejemplo, en una manada de leones puede haber dos machos que protegen el territorio mientras que un mayor número de hembras crían a los cachorros y salen a cazar en busca de alimento. Un clan de hienas une sus esfuerzos para cazar y ocuparse de sus crías. Los suricatos unen sus esfuerzos para criar a su prole y vigilar a los posibles depredadores. Los humanos han hecho esfuerzos para ayudar a que la población animal crezca sana. Los agentes de la ley trabajan para prevenir la caza ilegal. Los expertos en conservación trabajan para preservar los hábitats naturales y también se ocupan de programas de rehabilitación y liberación para animales heridos o abandonados.

RETO — Ecosistemas: interacciones, energía y dinámica

Elija la palabra o frase que haga verdadera la oración.

1. Una población que ha alcanzado el equilibro está **(disminuyendo, estable, aumentando)**.

2. El número mayor de usuarios de los recursos naturales de la Tierra son **(las plantas, la fauna, los humanos)**.

3. **(Una pirámide de energía, una red alimenticia, una cadena alimenticia)** ilustra los varios niveles de energía en un ecosistema.

4. El uso de oxígeno y glucosa para producir energía se llama **(respiración, fotosíntesis)**.

5. La fotosíntesis ocurrirá en **(un autótrofo, un heterótrofo)**.

RESPUESTAS AL RETO

Ecosistemas: interacciones, energía y dinámica

1. **estable:** una población que ha alcanzado el equilibrio está relativamente estable en número. El número puede cambiar si las condiciones en el ecosistema cambian.

2. **los humanos:** los principales usuarios de los recursos naturales de la Tierra son los humanos. Esta es la razón por la cual se necesitan recursos de energía limpios y renovables.

3. **la pirámide de energía:** Una pirámide de energía alimentaria ilustra los varios niveles de energía en un ecosistema. Mientras más energía contengan los productores, menos energía contienen los consumidores terciarios.

4. **la respiración:** el uso de oxígeno y glucosa para producir energía se llama respiración. Lo opuesto de este proceso es la fotosíntesis.

5. **un autótrofo:** la fotosíntesis ocurrirá en un autótrofo. Ejemplos de autótrofos son las plantas y las algas.

7 Herencia: Herencia y variación de rasgos

TÉRMINOS CLAVE: cromosoma, cuadro de Punnett, gen, meiosis, mitosis, mutación, rasgo

Mitosis

Las células en el cuerpo de un organismo crecen y se dividen continuamente. Esto permite que el organismo crezca en tamaño y en habilidad. El crecimiento también permite la madurez sexual y la habilidad de pasar **rasgos** o características a la prole. Este proceso de división celular se llama **mitosis**.

Para funcionar correctamente, las células necesitan una mayor relación superficie-volumen. Es decir, que necesitan ser pequeñas en volumen. Para mantener este volumen pequeño, las células se dividirán a partir de las progenitoras (madres) mayores en "células hijas" idénticas. Pero antes que una célula se divida, debe hacer una copia de su ADN, así cada célula hija tiene una copia exacta del ADN presente. Tener esta copia exacta del ADN asegurará que las dos nuevas células van a funcionar del mismo modo que la célula madre. Aunque hay muchos pasos en la mitosis, el propósito siempre es el mismo: reducir el volumen de la célula y asegurar que el código genético que pasa en el ADN sea idéntico de la madre a la hija. El ADN está contenido dentro de las estructuras llamadas **cromosomas** en el núcleo. Los cromosomas se copian durante la mitosis. Esto aparece ilustrado en el siguiente diagrama:

Mitosis

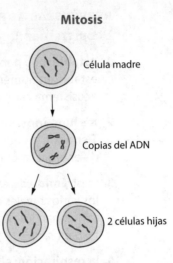

Nótese que las dos células hijas tienen exactamente la misma forma de ADN que la célula madre.

Meiosis

La **meiosis** es una forma especial de división celular. Este tipo de división celular produce las células sexuales llamadas óvulos y espermatozoides. Se necesitan estas células para la reproducción sexual. De modo diferente a la mitosis, que produce dos células nuevas, la meiosis produce cuatro células sexuales. Cada una de estas cuatro células sexuales tiene exactamente la mitad de los cromosomas de la célula madre. Cuando una célula sexual masculina (con la mitad de los cromosomas necesarios) se combina con una célula sexual femenina (con la mitad de los cromosomas necesarios), el hijo tendrá entonces el número correcto de cromosomas. Esto puede verse en el siguiente diagrama:

Meiosis

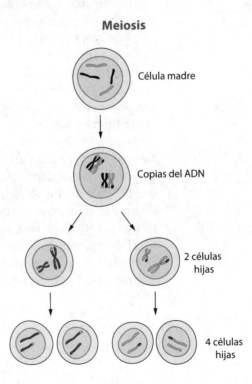

Variación genética

Un importante beneficio de la meiosis es que ayuda a la reproducción sexual a crear diversidad entre los miembros de una especie. La diversidad es crucial para asegurar que las enfermedades o los factores ambientales no exterminen toda la población de una especie. La meiosis produce células sexuales con la mitad del conjunto de cromosomas. Los cromosomas contienen **genes**, segmentos del ADN que contienen códigos para varios rasgos. Cuando las células sexuales de dos progenitores se combinan, la mezcla de cromosomas que resulta distribuye los rasgos a la prole en formas variadas. Es así que se mantiene la diversidad.

Este proceso se puede presentar en un esquema usando un recurso denominado **el cuadro de Punnett**. Digamos, por ejemplo, que una madre tiene ojos cafés y un padre tiene ojos azules. ¿Tendrán los hijos de esta pareja ojos azules u ojos café? Un cuadro de Punnett dará la respuesta. En un cuadro de Punnett, los genes para ciertos rasgos están indicados con abreviaturas. El gen para ojos café es genéticamente dominante sobre el gen para ojos azules. Es decir, si hay un gen presente de cada clase, el organismo tendrá ojos café, no azules. En un cuadro de Punnett, un gen dominante aparece con letra mayúscula, así el gen para ojos café se muestra con la mayúscula B. El gen para ojos azules es genéticamente recesivo (no dominante), entonces se muestra con la minúscula b.

Cada progenitor tiene dos genes para el color de los ojos. Supongamos que los dos genes de la madre son B y b. Ella tendrá ojos café porque el gen café es dominante. Supongamos que el padre tiene ojos azules. Como el gen azul es recesivo, se deben codificar sus dos genes para ojos azules, b y b. Ahora, tracemos el cuadro de Punnett. Los genes del color de los ojos de la madre se muestran en la columna izquierda. Los genes del color de los ojos del padre se muestran en la parte superior. Las otras casillas no sombreadas muestran cómo los genes de los progenitores pueden combinarse en su posible prole.

Cuadro de Punnett

	b	b
B	Bb	Bb
B	Bb	bb

De las cuatro casillas no sombreadas, dos contienen el gen dominante B que produce ojos color café. Esto significa que los hijos tienen un 50% de probabilidad de tener ojos café. Las dos casillas restantes no sombreadas no contienen el gen dominante B, lo cual significa que el hijo tiene una probabilidad de un 50% de no tener ojos café, sino ojos azules. Es así que se crea la diversidad en la población de una especie.

Mutaciones

De vez en cuando, en la división celular el ADN de la célula de un progenitor no resulta copiado exactamente. Esto causa una ruptura en la secuencia del ADN que se llama **mutación.** Algunas mutaciones pueden ser beneficiosas para un organismo, pero la mayoría no lo son y pueden causar trastornos que ponen en riesgo la vida. Las mutaciones también pueden deberse a factores ambientales. Por ejemplo, la constante exposición a una sustancia química nociva puede impactar el ADN de una célula. Cuando la célula defectuosa se divide y se reproduce, más células presentan la mutación y pueden desarrollar cáncer.

RETO **Herencia: herencia y variación de rasgos**

Elija la palabra o frase que haga verdadera la oración.

1. La mitosis produce células hijas con (**la mitad/el mismo número**) de los cromosomas de la célula madre.

2. Las células sexuales se producen vía (**mitosis/meiosis**).

3. Un cambio en el ADN de una célula se llama (**una mutación/una evolución**).

4. La variación genética lleva a una población de organismos (**diversos/unicelulares**) en un ecosistema.

5. Cuando un organismo contiene ambos, un gen dominante y un gen recesivo para un rasgo particular, el gen (**dominante/recesivo**) es el que va a expresarse en el organismo.

RESPUESTAS AL RETO

Herencia: herencia y variaciones de rasgos

1. **el mismo número:** la mitosis produce células hijas con el mismo número de cromosomas que la célula madre porque las células hijas son exactamente como la célula madre.

2. **meiosis:** Las células sexuales se producen vía meiosis. En este caso, cada una de las cuatro células hijas tendrá la mitad de los cromosomas de la célula madre.

3. **una mutación:** un cambio en el ADN de una célula se llama mutación. La mayor parte del tiempo, este proceso tendrá un impacto negativo en la célula y el organismo.

4. **diversos:** La variación genética conlleva a una población de diversos organismos en un ecosistema. Esto ayuda a asegurar la supervivencia de la población para que ningún factor así solo pueda eliminar la especie.

5. **dominante:** cuando un organismo lleva ambos, un gen dominante y uno recesivo para un rasgo particular, el gen dominante es el que se expresará en el organismo.

8 Evolución biológica: unidad y diversidad

TÉRMINOS CLAVE: adaptar, competencia, evolución, extinción, selección natural

Ascendencia común

El ADN, el cual encierra el código genético, ha sido vital para ayudar a los científicos a determinar cómo se relacionan las distintas especies. Al analizar las secuencias de nucleótidos a través de un proceso llamado electroforesis en gel, los científicos pueden comparar el ADN de diferentes individuos y, basándose en tales comparaciones, determinar cuáles de las especies comparten un ancestro común.

Un árbol evolutivo es una forma de mostrar la **evolución** a partir de un ancestro común. Un ejemplo común de árbol evolutivo para los simios y los humanos se muestra aquí. Los puntos a lo largo de la línea diagonal donde se cruzan con los enlaces indican una ascendencia común. Mientras más cercano aparezca el punto de intersección, más cercanamente relacionadas están las dos especies. Nótese la correlación del porcentaje entre el ADN de las especies que se muestran en el árbol.

Un árbol evolutivo

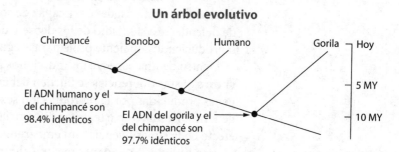

El ADN humano y el del chimpancé son 98.4% idénticos

El ADN del gorila y el del chimpancé son 97.7% idénticos

Las especies relacionadas frecuentemente tienen estructuras anatómicas similares. La semejanza muchas veces es visible aun cuando las especies no estén muy cercanamente relacionadas. El siguiente diagrama muestra la semejanza entre las extremidades de varias especies vertebradas relacionadas.

Estructura de las extremidades de especies relacionadas

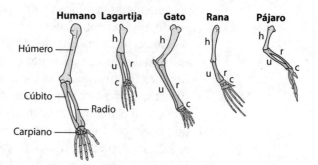

Las especies relacionadas también tendrán embriones similares. El siguiente diagrama muestra los embriones de varias especies vertebradas relacionadas. ¿Puede usted. decir cuál es el embrión humano? El orden de izquierda a derecha es pez, salamandra, tortuga, pollo, conejo y humano.

Embriones de especies relacionadas

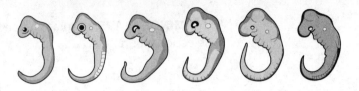

Selección natural

Con el tiempo, las especies han evolucionado a partir de sus ancestros comunes para poblar la Tierra con todos los organismos que viven hoy en día. ¿Cómo opera este proceso de evolución? El científico inglés Charles Darwin identificó la **selección natural** como el mecanismo subyacente. La selección natural a veces se conoce como: "la supervivencia del más fuerte", pero el proceso es realmente mucho más complicado. Todas las especies se enfrentan en una competencia por los alimentos y otros recursos. Las que pueden competir exitosamente son capaces de sobrevivir y reproducirse; las que no pueden, se enfrentan a la **extinción**, es decir, esas especies pueden desaparecer. Para competir exitosamente, un organismo debe estar bien adaptado al medio ambiente; es decir, debe ser capaz de encontrar refugio y alimentos nutritivos, debe ser capaz de sobrevivir en el clima local y capaz de defenderse a sí mismo de los depredadores, sea huyendo, escondiéndose o produciendo suficiente prole para asegurar la supervivencia de la especie.

Dentro de una especie, los individuos pueden diferenciarse físicamente entre sí. Estas diferencias se pueden deber a las varias combinaciones de genes producidas por la reproducción sexual o hasta por una mutación genética. La mayor parte de las diferencias individuales no tienen ningún efecto en la supervivencia. Sin embargo, un rasgo particular puede hacer que un individuo se **adapte** mejor a algún cambio en el ambiente, es decir, que pueda desarrollarse bajo las nuevas condiciones. Este individuo tendrá más probabilidades de sobrevivir que otros de la misma especie. Por ejemplo, el nuevo rasgo puede hacer que un individuo se adapte mejor a un clima que se está enfriando. Un individuo con una mejor oportunidad de supervivencia tiene más probabilidades de producir una prole, la cual también tendrá el mismo rasgo. Con el tiempo, el número de individuos con ese nuevo rasgo tiene más probabilidades de crecer y a la larga, cuando se presenten más cambios y diferencias entre los individuos, una nueva especie puede surgir eventualmente.

¿Cómo funciona este mecanismo exactamente? Tal vez haya un cambio ambiental como un aumento en la acidez del agua en los lagos y arroyos. Algunos organismos individuales en el agua pueden tolerar mejor el aumento de ácido y son capaces de sobrevivir y de pasar sus genes a su prole. Con el tiempo, pueden crear nuevas especies; los organismos que no pueden tolerar más ácido, pueden extinguirse. O quizás una nueva especie de depredadores aparezca en el ambiente natural. Los organismos individuales más capaces de defenderse, tal vez porque su coloración los hace ver mejor camuflados, tienen una mejor probabilidad de sobrevivir y pasar sus genes. Con el tiempo, pueden crear una nueva especie. Los organismos que no pueden defenderse contra un nuevo depredador, podrían extinguirse.

Evolución biológica: unidad y diversidad

Elija la palabra o frase que haga correcta la oración.

1. La secuencia nucleótido del ADN de los organismos se puede comparar empleando **(un microscopio/ electroforesis en gel/un árbol genealógico)**.

2. Examinar las estructuras y ADN de los organismos ayuda a determinar si poseen **(una ascendencia común / capacidad de mutación)**.

3. La caza en exceso de una especie puede resultar en **(la extinción / la sobrepoblación)** de esa especie.

4. Algunos miembros de una especie tal vez se adaptan mejor a cambios ambientales que otros y así tienen mayores probabilidades para **(sobrevivir / perecer)**.

5. Basado en el diagrama, entre las especies A y B existe un parentesco más **(cercano / lejano)** que entre las especies A y C.

RESPUETAS AL RETO

Evolución biológica: unidad y diversidad

1. electroforesis en gel: la secuencia nucleótido del ADN de los organismos se puede comparar empleando electroforesis en gel. Si los patrones de fragmentos coinciden, entonces las secuencias del ADN son las mismas.

2. ascendencia común: Examinar las estructuras y ADN de los organismos ayuda a determinar si comparten una ascendencia común.

3. extinción: La caza en exceso de una especie puede resultar en la extinción de esa especie. Esta es solo otra forma en la que los humanos han tenido un impacto negativo en los recursos naturales de la Tierra.

4. supervivencia: Algunos miembros de una especie puede que tenga mayores probabilidades para adaptarse a los cambios ambientales que otros y así tienen mayores probabilidades de supervivencia. Ya que se adatan lo suficiente para sobrevivir, tienen mayores probabilidades de pasar sus genes a sus crías.

5. cercano: En el diagrama, entre las especies A y B existe un parentesco cercano porque derivan de una ascendencia común reciente.

Ciencias de la Tierra y el espacio

 ## El lugar de la Tierra en el universo

TÉRMINOS CLAVE: corrimiento al azul, corrimiento al rojo, espectro de luz, órbita elíptica, teoría de la gran explosión

Reacciones nucleares

¿Cuál es la fuente del calor y la luz que emite el sol? Dentro del sol y otras estrellas muchos núcleos de hidrógeno están en fusión constante unos con otros para formar helio y elementos más pesados. Este proceso se llama fusión nuclear. La fusión de los núcleos despide energía en forma de calor y luz.

En cierto momento en el periodo de vida de una estrella, el combustible de hidrógeno para la fusión nuclear se agota. Cuando eso ocurre, una serie de procesos pueden ocurrir que causan una explosión estelar. Todos los elementos formados dentro de la estrella son expulsados hacia el espacio abierto. La explosión es llamada una supernova. Los científicos creen que las supernovas son la fuente de todos los elementos conocidos, incluyendo los que componen la Tierra y todos los seres vivos.

Espectro de luz

¿Cómo saben los científicos que el sol se compone principalmente de hidrógeno y helio? La respuesta se halla examinando los **espectros de luz** (líneas espectrales) que se obtienen de la luz del sol. Cada elemento tiene su propio patrón distintivo de los movimientos de los electrones entre los niveles de energía principal dentro del átomo. Como resultado, cuando la luz de una muestra de átomo energizado de un elemento particular pasa a través de una gradiente, produce un conjunto distinto de rayos de luz. El patrón de las líneas espectrales es diferente para cada elemento. A continuación se muestran las líneas espectrales de hidrógeno y helio.

Líneas espectrales de hidrógeno y helio

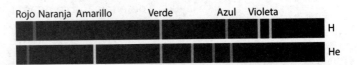

La luz del sol y de las otras estrellas produce una combinación de estos dos conjuntos de líneas espectrales. De esto, los científicos concluyen que las estrellas están compuestas principalmente de hidrógeno y helio.

El calor en el interior del sol causa que los átomos de hidrógeno y helio se muevan en vastas corrientes de convección. A veces las perturbaciones magnéticas alteran esas corrientes. Eso causa que algunas áreas sobre la superficie del sol se vuelvan menos calientes que otras. Cuando se ve a través del telescopio (usando un filtro solar para la protección), esas áreas menos calientes aparecen como manchas oscuras. Esas manchas solares tienden a crecer y disminuir en un ciclo de once años. La variación resultante en las emisiones radiactivas causa cambios en el "clima" del espacio y de la Tierra también. Y justo como algunas áreas del sol son menos calientes que otras, otras áreas son más calientes y emiten más radiación. Esas áreas más calientes se llaman erupciones solares.

La teoría de la gran explosión

Se cree ahora que el universo originó en un tiempo hace mil millones de años cuando toda la materia y la energía que existe estaba concentrada en un pequeño punto. La materia estaba extremadamente caliente y estalló hacia el espacio abierto en una explosión gigantesca. Esta idea se conoce informalmente como la **teoría de la gran explosión**. A medida que la materia fluía hacia el exterior, con el tiempo se fue fundiendo en átomos simples, elementos y finalmente en estrellas y galaxias.

¿Qué evidencia existe para una gran explosión? De nuevo, las líneas espectrales proveen la clave. La luz de los objetos que se van alejando de la Tierra produce líneas espectrales que se inclinan ligeramente hacia el lado rojo del espectro. Esto se llama **corrimiento al rojo**. La luz de la mayoría de las galaxias muestra un corrimiento al rojo, lo que significa que las galaxias están continuamente alejándose. Los científicos piensan que su movimiento es el resultado la gran explosión. Las galaxias continúan separándose cada vez más una de la otra y el universo está continuamente expandiéndose.

El diagrama muestra líneas espectrales que están corridas al rojo. Ellas vienen de luz emitida de una galaxia que se está alejando de la Tierra. Las líneas espectrales están ligeramente corridos al el lado rojo, o el derecho del espectro. También se muestran las líneas espectrales corridas al azul. Los espectros corridas al azul significan que el objeto que produce la luz se está moviendo hacia nosotros. Las líneas espectrales están inclinadas ligeramente hacia el lado violeta, o izquierdo del espectro. La luz con líneas espectrales corridas al azul viene de galaxias que se van alejando del punto de origen en el universo, pero que también se están desplazando en dirección de la Tierra.

Líneas espectrales corridas al rojo y al azul

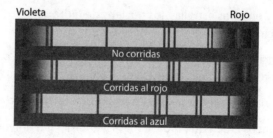

Movimientos orbitales

En sistemas planetarios como nuestro sistema solar, los planetas orbitan alrededor de una estrella masiva en el centro. Cada planeta viaja a su propia velocidad y distancia de la estrella central. El astrónomo alemán Johann

Kepler determinó a inicios de los 1600 que los planetas en nuestro sistema solar se desplazan en una **órbita** ligeramente **elíptica**. Las órbitas no son perfectamente circulares. Keppler también determinó que existe una relación entre la distancia de un planeta del sol y la velocidad a la que viaja. Si dos planetas con la misma masa orbitan a diferentes distancias de una estrella, la que está más cerca de la estrella viajará más rápido que la que está más lejos.

El físico inglés Isaac Newton determinó que es la fuerza de la gravedad lo que mantiene a los planetas en órbita alrededor del sol y las lunas en órbita alrededor de los planetas. Cada objeto con masa ejerce una fuerza gravitacional de atracción hacia otros objetos. La Tierra y su luna ejercen fueras gravitacionales entre sí. Pero la Tierra y la luna no se chocan. En lugar de eso, la luna permanece en órbita debido a su constante movimiento hacia adelante. El movimiento de la luna contrarresta la fuerza de la gravedad de la Tierra. La luna no se acerca a la Tierra, pero al mismo tiempo la gravedad de la Tierra mantiene la luna girando alrededor de la Tierra en vez de viajar hacia el espacio abierto.

Fuerzas en el sistema Tierra-Luna

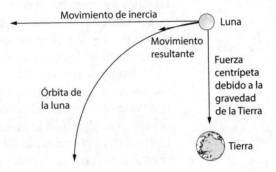

RETO   El lugar de la Tierra en el universo

Elija la palabra o la frase que haga correcta la oración.

1. En el sol y en otras estrellas, los núcleos de hidrógeno experimentan (**fusión/fisión**) nuclear para formar nuevos elementos tales como helio.

2. La evidencia de que el universo se está expandiendo se puede encontrar en el corrimiento de las líneas espectrales al (**rojo/azul**) de galaxias distantes.

3. La Tierra viaja alrededor del sol en una órbita (**elíptica/circular**).

4. Los científicos creen que toda la masa y energía del universo estaba una vez concentrada en un solo punto pequeño. Luego explotó. Esta es la teoría de (**el caldo caliente/la gran explosión**).

5. Si dos planetas con la misma masa orbitan una estrella a diferentes distancias, el planeta que está más cerca de la estrella viajará (**más rápido/más lentamente**).

RESPUESTAS AL RETO

El lugar de la Tierra en el universo

1. **fusión:** En el sol y en otras estrellas, los núcleos de hidrógeno experimentan fusión nuclear para formar elementos más pesados tales como el helio.

2. **rojo:** La evidencia de que el universo se está expandiendo se puede encontrar en el corrimiento al rojo de las líneas espectrales de galaxias distantes. El corrimiento al rojo indica que las galaxias están alejándose cada vez más unas de las otras.

3. **elíptica:** La Tierra viaja alrededor del sol en una órbita elíptica.

4. **la gran explosión:** De acuerdo con la teoría de la gran explosión, toda la masa y energía en el universo estuvo una vez concentrada en un solo punto pequeño. Y luego explotó. El universo ha venido expandiéndose desde entonces.

5. **más rápido:** Si dos planetas de masa igual orbitan una estrella a distancias diferentes, el planeta que está más cerca de la estrella viajará más rápido que el planeta que está más lejos de la estrella.

10 Los sistemas de la Tierra

TÉRMINOS CLAVE: ciclo de la roca, ciclo del carbono, ciclo hidrológico, clima, combustibles fósiles, convección, erosión, gases del efecto invernadero, manto, meseta, metamórfica, Pangea, placas tectónicas, roca ígnea, roca orogénesis, roca sedimentaria, tiempo, valles en forma de U, valles en forma de V, volcán

Determinar la edad de la Tierra

Empleando la datación radiométrica, los químicos y los geólogos han estimado que la Tierra y el resto del sistema solar tienen aproximadamente 4.6 mil millones de años. Las rocas más antiguas sobre la Tierra hoy tienen aproximadamente 4.4 mil millones de años. En contraste, se piensa que las formas de vida más antiguas sobre la Tierra han surgido hace cerca de 3.7 mil millones de años. En otras palabras, tomó cerca de mil millones de años para que se formaran las primeras formas de vida en la Tierra.

Señales de meteoritos que se han estrellado contra la Tierra con el tiempo ofrecen pistas para la edad del planeta. Se ha calculado que los meteoritos más antiguos y los cráteres de meteoritos sobre la Tierra tienen alrededor de 4.5 mil millones de años. Los meteoritos continúan estrellándose contra la Tierra, proveyendo a los científicos datos sobre las condiciones iniciales del sistema solar. Las misiones espaciales a la luna han proveído evidencia de que la luna es un poco más joven que la Tierra. Se piensa que Marte tiene unos 4.5 mil millones de años.

Placas tectónicas

Grandes cambios han ocurrido en la superficie de la Tierra en el periodo de vida del planeta. Se cree que en un tiempo todos los continentes estaban unidos en una sola masa continental gigantesca que los científicos llaman **Pangea**. He aquí un diagrama de Pangea:

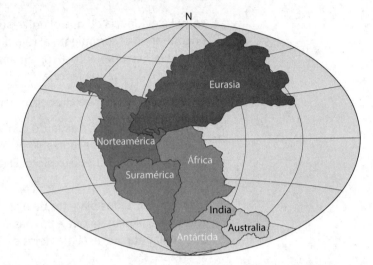

Compárese el mapa de Pangea con el siguiente mapa actualizado del globo. La evidencia de Pangea es que los continentes lucían más o menos como las piezas de un rompecabezas que se podía armar encajando las piezas.

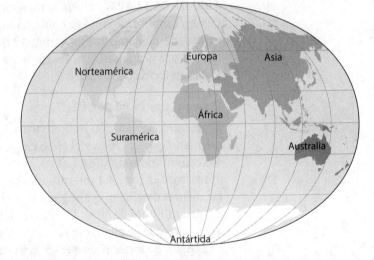

Nótese qué tan perfecto la costa este de América del sur encaja con la costa oeste de África. Se han encontrado fósiles de la misma especie de animales terrestres en ambas costas. Esos animales podrían haber vivido en ambos lugares solo si esas dos masas continentales hubiesen estado conectadas alguna vez.

Si todas las masas continentales del mundo estuvieron una vez unidas, ¿qué causó la separación? Muy adentro en el interior de la Tierra hay una masa de roca líquida derretida en una capa llamada **manto**. El intenso calor a esa profundidad produce corrientes de **convección** en la roca derretida. Pedazos de la corteza de la Tierra del tamaño de un continente llamadas placas "flotan" sobre la superficie del manto porque son menos densas que la roca derretida que hay debajo. El movimiento de la roca derretida causa que las placas se muevan muy lentamente por toda la superficie terrestre. Por ejemplo, las placas europeas y norteamericanas están alejándose mutuamente aproximadamente 1.5 pulgadas por año. Este proceso se muestra en el siguiente diagrama:

Placas "flotando" sobre el manto terrestre

Asumiendo que el ritmo de movimiento ha sido constante, se estima que los varios pedazos de Pangea comenzaron a separarse hace aproximadamente 175 millones de años. El movimiento de las placas se llama deriva continental o **placas tectónicas**.

El movimiento de las placas produce una serie de fenómenos naturales. Si dos placas que se mueven se rozan y se entrelazan, se acumula tensión con el tiempo. Al final, el punto muerto cede y las dos placas se empujan al pasar. La liberación de energía resultante es lo que la gente llama un terremoto. Si dos placas están alejándose una de la otra, puede subir roca derretida desde abajo a través de las grietas. Esto sucede a menudo debajo del océano. El agua del océano enfría la roca derretida formando una extensa cresta submarina, como se muestra en el siguiente diagrama:

Placas tectónicas formando crestas submarinas

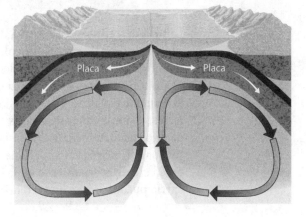

Cuando dos placas chocan de frente, la corteza en el área del choque puede empujar hacia arriba, creando montañas. Este proceso de creación de montañas se llama **orogénesis**.

Placas tectónicas formando una cadena de montañas

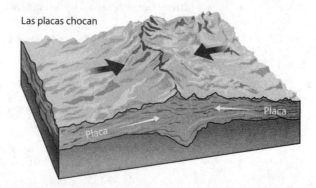

A menudo cuando dos placas chocan una es forzada por debajo de la otra. El material de la placa que es forzada hacia abajo se calienta por las corrientes de convección en el manto y se derrite en roca derretida, como se muestra en el siguiente diagrama:

Zona de impacto de una placa

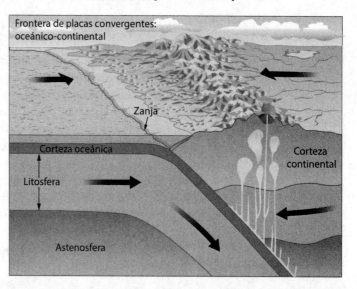

La roca derretida que se forma de esta manera se abre paso hacia la superficie de la Tierra en un **volcán**. La roca derretida (llamada magma mientras permanezca debajo de la superficie terrestre) se abre paso en forma de un tubo a través de la corteza. Se acumula presión dentro del tubo y finalmente el volcán erupciona, liberando lava (magma sobre la superficie terrestre) junto con otros gases y nubes de polvo y detritos. Este polvo y detritos pueden formar una nube masiva que puede bloquear la luz del sol cuando alcanza la superficie de la Tierra. Esto puede realmente causar un efecto de enfriamiento en las temperaturas globales. Cuando la lava se enfría puede formar un pico de montaña alrededor del cráter volcánico.

Un volcán

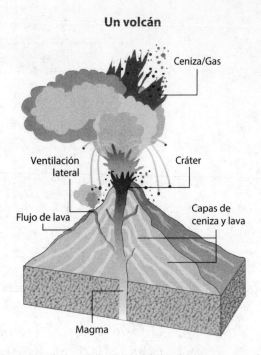

A veces un pedazo de corteza continental puede ser empujado hacia arriba entre placas continentales para formar una **meseta**, un pedazo de tierra con un terreno llano.

Erosión

Otras características de la Tierra se forman por efectos del agua y el hielo. Este proceso se llama **erosión**. El desgaste causado por la corriente de agua forma **valles en forma de V**. Los glaciares de movimiento lento, por contraste, cortan camino a través de las rocas para formar **valles en forma de U**. El agua también altera las características de la superficie por medio de huracanes y tsunamis (grandes olas del océano creadas por terremotos debajo del mar). Ambos pueden erosionar e incluso destruir las áreas costeras.

Ciclo hidrológico

El agua circula a través de la atmósfera y la superficie de la Tierra en el **ciclo hidrológico**. El agua se evapora de los océanos de la Tierra y se condensa en nubes. Los vientos hacen mover las nubes por la atmósfera, llevando a veces a las nubes largas distancias. Finalmente el agua se precipita de vuelta desde las nubes en forma de lluvia, aguanieve, nieve o granizo. Cuando el agua alcanza la superficie de la Tierra, fluye hacia abajo en arroyos y ríos o se filtra hacia el interior del suelo. Finalmente, el agua se evapora, dando inicio al ciclo otra vez.

El ciclo hidrológico

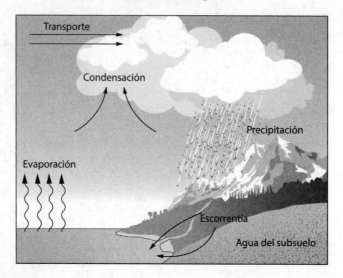

Ciclo de la roca

La roca en la corteza terrestre pasa por un ciclo de destrucción y renovación. La **roca ígnea** se forma cuando magma fluye hacia la superficie terrestre y se enfría. La **roca sedimentaria** se forma cuando pequeños pedacitos de material tales como arena y gravilla se compactan debajo de la superficie. El calor desde abajo y la presión del peso de las rocas arriba pueden convertir la roca sedimentaria en una clase distinta de roca llamada **roca metamórfica**. Los tres tipos de roca se pueden separar en fragmentos o sedimentos por erosión y desgaste. Por ejemplo, el agua puede filtrarse por las grietas en las rocas y expandirse al congelarse, causando que la roca se agriete. Finalmente, al pasar largos periodos de tiempo, el calor y la presión causan que los fragmentos de roca se fusionen o se derritan, dando inicio al ciclo una vez más. El siguiente diagrama ilustra el **ciclo de la roca**.

Ciclo de la roca

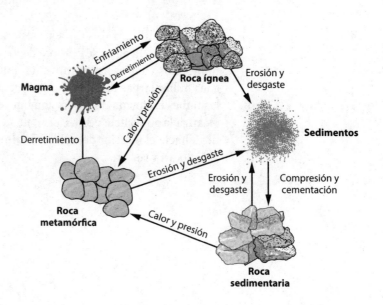

Ciclo del carbono

El elemento carbono, el cual es la base de toda vida en la Tierra, también pasa por un ciclo regular. En el ciclo de carbono, la respiración de los animales y las plantas (a veces) despide dióxido de carbono en la atmósfera. Los seres humanos también liberan dióxido de carbono de las fábricas y los automóviles. El dióxido de carbono en la atmósfera es usado luego por las plantas en el proceso de la fotosíntesis. El carbono en las plantas (y en los animales que se alimentan de plantas) puede quedarse "atrapado" en el cuerpo de organismos muertos. Esos organismos se descomponen con el tiempo en compuestos orgánicos ricos en carbono que son la base para combustibles fósiles tales como el carbón y el petróleo que la gente ahora emplea todos los días. El siguiente diagrama ilustra el ciclo carbono.

El ciclo de carbono

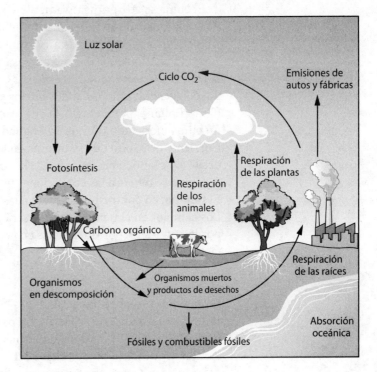

El clima y las estaciones

El **clima** en la Tierra varía de acuerdo al lugar. Las regiones cercanas al ecuador reciben la mayor cantidad de luz solar todo el año y tienen el promedio más alto en temperatura. Las regiones cercanas a los polos reciben la menor cantidad de luz solar y tienen el promedio más bajo en temperatura. Lugares en la Tierra también tienen estaciones, o cambios regulares en el promedio de temperatura en ciertas partes del año. Las estaciones se deben al hecho de que la Tierra está ligeramente inclinada sobre su eje de rotación. Como resultado, diferentes regiones regularmente reciben diferentes cantidades de luz solar ya que la Tierra orbita el sol. Existe evidencia de que la inclinación de la Tierra ha sido diferente en distintos tiempos de la historia, creando estaciones que son diferentes de las de hoy. El siguiente diagrama muestra las estaciones en los hemisferios norte y sur de la Tierra a medida que la Tierra gira alrededor del sol.

Las estaciones de la Tierra

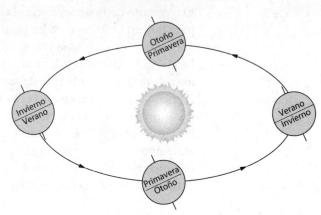

El clima se ve significativamente afectado por las características de la superficie de la Tierra. Las montañas altas tienen un clima frío y bloquean las corrientes de aire húmedo, creando desiertos en su "sombra pluviométrica". En las áreas costeras, el clima es moderado por la temperatura del agua cercana. Las corrientes oceánicas cálidas o frías pueden generar climas cálidos o fríos en masas continentales cercanas. (Gran Bretaña, por ejemplo, la cual yace en el lejano extremo norte, tiene un clima moderado porque está bañada por la cálida corriente oceánica del Corriente del Golfo que se origina en los trópicos). Los vientos que soplan desde el océano hacia las áreas de la tierra pueden crear un clima lluvioso.

Clima se refiere a las condiciones promedio durante un periodo largo. El **tiempo**, en contraste, se refiere a las condiciones que cambian día a día. Los cambios en el tiempo pueden ser causados por los vientos que circulan por la atmósfera, por diferencias en las presiones atmosféricas o por otros factores.

El impacto humano

En tiempos recientes, las actividades humanas han comenzado a tener un impacto en el clima de la Tierra. En particular, el consumo de combustibles fósiles tales como el carbón, el petróleo y el gas natural ha liberado grandes cantidades de los llamados **gases del efecto invernadero**, principalmente dióxido de carbono, en la atmósfera. Estos gases tienden a atrapar calor que de otra forma radiaría hacia el espacio abierto, y el resultado ha sido un ligero aumento en las temperaturas promedio en todo el mundo. Como resultado de las altas temperaturas, más del hielo de la Tierra se ha convertido en agua líquida, elevando lentamente los niveles del mar. Las altas temperaturas también introducen más energía en los sistemas atmosféricos, resultando en tormentas más fuertes y más frecuentes. Ahora se están haciendo esfuerzos en países alrededor del mundo para reducir las emisiones de los gases del efecto invernadero y para desacelerar el ritmo del cambio climático.

RETO	Los sistemas de la Tierra

Elija la palabra o frase que haga correcta la oración.

1. Cuando las rocas son sometidas al calor y a la presión se forman rocas (**ígneas/metamórficas/sedimentarias**).

2. La (**respiración/fotosíntesis**) de la planta puede absorber dióxido de carbono de la atmósfera.

3. (**Clima/Tiempo**) se refiere al promedio de las condiciones durante un periodo largo; (**clima/tiempo**) se refiere a las condiciones que cambian día a día.

4. (**Evaporación/Precipitación/escorrentía**) toma el agua de la superficie terrestre y la lleva a la atmósfera.

5. La roca derretida sobre la superficie de la Tierra se llama (**lava/magma**), mientras que la roca derretida debajo de la superficie de la Tierra se llama (**lava/magma**).

RESPUESTAS AL RETO

Los sistemas de la Tierra

1. **metamórfica:** Cuando las rocas son sometidas al calor y la presión, se forman rocas metamórficas (o "cambiadas").

2. **fotosíntesis:** La fotosíntesis de la planta absorbe dióxido de carbono de la atmósfera para hacer alimento para la planta.

3. **Clima, tiempo:** Clima se refiere a las condiciones promedio durante un periodo largo; tiempo se refiere a las condiciones que cambian día a día.

4. **evaporación:** La evaporación toma el agua de la superficie terrestre y la lleva a la atmósfera. La precipitación devuelve el agua a la superficie terrestre.

5. **lava, magma:** La roca derretida sobre la superficie de la Tierra se llama lava, mientras que la roca derretida debajo de la Tierra se llama magma.

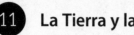 La Tierra y la actividad humana

TÉRMINOS CLAVE: recursos, renovable, sostenible

La necesidad humana de recursos

A través de la historia los humanos han sido dependientes de la Tierra y de los **recursos** naturales que brinda la Tierra. El agua potable siempre ha sido vital para la supervivencia humana. Las primeras civilizaciones en Egipto y en otras partes surgieron cerca de ríos que pudieran ser aprovechados para el uso humano. El agua del río todavía se usa para irrigar la tierra para la agricultura. Lejos de los ríos, la gente depende de la lluvia o cavan pozos para su abastecimiento de agua. Muchos también emplean el sistema de cañería para aprovechar fuentes de agua distantes cuando las fuentes locales son inadecuadas o están agotadas.

A los animales se los ha cazado a través de la historia para su consumo como alimento, pieles y otros productos, y el pescado ha sido siempre otra fuente de alimento importante. Hoy la gente depende en gran medida de la cría de ganado, una práctica que también requiere grandes cantidades de recursos tales como el cultivo de alimento y agua.

La madera de los bosques ha sido otro recurso vital. La gente la usa en edificios, barcos, en la fabricación de innumerables productos y en toda clase de productos de papel. Los bosques de la Tierra que quedan todavía ahora requieren de un manejo cuidadoso para evitar la deforestación.

Los combustibles fósiles han estado en alta demanda desde el inicio de la Revolución Industrial en el siglo XVIII. Se extraen el carbón, aceite y gas natural en enormes cantidades de minas y pozos. Hoy muchos de esos pozos están ubicados no solamente en tierra sino mar adentro. Los humanos también extraen cantidades enormes de minerales y metales que se necesitan para la construcción y la fabricación. El suministro general de la Tierra de estos recursos todavía es vasto, pero hoy hay muchas áreas donde los recursos se han agotado o mermado, o donde la extracción de los recursos ya no es económicamente factible.

El impacto humano

El consumo de todos estos recursos naturales tiene un precio. Las gentes que viven cerca de los ríos o zonas costeras corren el riesgo de inundación. Las especies de animales o peces se pueden extinguir debido al exceso de cacería o pérdida de hábitat por la contaminación ambiental del desarrollo humano. La tala de bosques conduce a la erosión, destrucción de hábitats y una calidad pobre del aire. El consumo de combustibles fósiles ha aumentado el nivel de dióxido de carbono en la atmósfera de cerca de 275 partes por millón (ppm) a cerca de 400 partes por millón. Este nivel elevado de dióxido de carbono atrapa el calor, impactando los patrones globales del tiempo. Los glaciares y los casquetes polares glaciares se derriten, aumentando los niveles del mar en todo el mundo. El dióxido de carbono en el aire también induce la formación de lluvia ácida, alterando el potencial de hidrógeno (pH) de los lagos y los ríos. También existe la amenaza constante de derrames catastróficos de petróleo a medida que se transportan gigantescas cantidades de petróleo alrededor del globo. Finalmente, hay incertidumbre en cuanto al futuro: ¿Qué ocurrirá cuando se talen más bosques, cuando más animales de ganados y especies de peces se agoten, y cuando más especies se extingan? ¿Y cuando el suministro de la Tierra de combustibles fósiles algún día se escasee o aun se acabe?

Sostenibilidad

La respuesta se encuentra en el manejo cuidadoso de los recursos naturales de la Tierra. Los humanos necesitarán poner en práctica la conservación, reúso y reciclaje a una gran escala. Además, necesita haber un cambio en cuanto al uso de recursos **renovables**, aquellos con suministros que se restablecen constantemente. Estos recursos también necesitan ser **sostenibles**; es decir, que el suministro se pueda mantener a un nivel estable.

Una forma de reducir el consumo de combustible y la emisión de dióxido de carbono es conducir vehículos híbridos y eléctricos. Se pueden remplazar los bosques talados para madera con la plantación de otros. Se pueden instalar los paneles solares en edificios comerciales y residenciales para remplazar el uso de combustibles fósiles con luz solar disponible constantemente. Otros recursos de energías sostenibles y renovables son la energía eólica y la energía geotérmica. Nuevas tecnologías harán estos recursos renovables asequibles y fáciles de operar e instalar.

La crianza de ganado es otra área que puede beneficiarse del manejo de los recursos. Las granjas de ganado requieren extensiones inmensas de tierra, agua, cultivos y otros recursos. Si la gente aprende a reducir la demanda de carne, los recursos que se usan ahora para la crianza de ganado pueden ser controlados y reducidos.

Se practica el reciclaje del plástico, el metal y productos de papel ampliamente por todo el mundo. Muchas fábricas también han reducido el empaque que se usa para sus productos o han hecho el empaque biodegradable. Como resultado, menos material termina en los vertederos, y los que allí terminan causan menos contaminación.

Un problema más reciente es la contaminación que se genera cuando las pilas y los electrónicos viejos (especialmente piezas de computadoras) entran en la corriente de desechos. Las ciudades y los pueblos están comenzando ahora a organizar programas de reciclaje de electrónicos, y las pilas más recientes son recargables y así no hay necesidad de desecharlas.

En conclusión, asegurarse de que los recursos naturales de la tierra sigan disponibles en suficientes cantidades en el futuro va a requerir una administración cuidadosa de los recursos, las tecnologías, confianza en las fuentes de energía renovable y, por supuesto, una buena dosis de sentido común básico.

RETO La Tierra y la actividad humana

Elija la palabra o frase que haga correcta la oración.

1. La actividad humana ha causado que el nivel de gas de dióxido de carbono en la atmósfera (**aumente/disminuya/se mantenga constante**).

2. Las fuentes de energía renovable incluyen (**carbón/gas natural/energía solar**).

3. Los humanos necesitan encontrar recursos que sean (**sostenibles/extractables**).

4. El desecho de metal, papel y plástico se maneja de forma eficaz cuando (**termina en los vertederos/se recicla**).

5. La tala de bosques sin replantarlos puede afectar (**negativamente/positivamente**) la vida salvaje y la gente.

RESPUESTAS AL RETO
La Tierra y la actividad humana

1. **aumente:** La actividad humana ha causado que el nivel de gas de dióxido de carbono en la atmósfera aumente de forma dramática.

2. **energía solar:** Las fuentes de energía renovable incluyen energía solar, energía eólica, energía hidroeléctrica y otras fuentes que no dependen del consumo de combustibles fósiles.

3. **sostenibles:** Los humanos necesitan encontrar recursos que sean sostenibles: es decir, que el suministro se pueda mantener a un nivel estable.

4. **se recicla:** El desecho de metal, papel y plástico se maneja de forma eficaz cuando se recicla.

5. **negativamente:** La tala de bosques sin replantarlos puede afectar negativamente la vida salvaje y la gente.

Ingeniería

 Diseño de ingeniería

Métodos para la solución de problemas

La sección anterior contemplaba formas en las que la ciencia y la tecnología comparten esfuerzos para hacer la vida más fácil y para afrontar los desafíos que enfrentan la gente y el medio ambiente. El ciclo constante de investigación y desarrollo permite que la gente logre el progreso en la tecnología. Pero hay que tener en mente que la tecnología puede tener impactos que originalmente no se habían previsto. Hay un sinnúmero de factores a considerar cuando se diseñan soluciones para problemas del mundo real.

Primero, el problema debe ser analizado. El análisis debe tener en cuenta tanto los beneficios potenciales como los costos potenciales. Por ejemplo, uno puede preguntarse si tiene sentido construir una carretera nueva para el desarrollo económico si el proyecto requiere la tala de bosques tropicales que guardan recursos potenciales que ayudan a aliviar la contaminación del aire. Un análisis de este tipo debe incluir tanto las medidas cualitativas (qué se quiere) y las medidas cuantitativas (cuánto se quiere).

Administración de proyectos grandes

La mejor forma de acercarse a muchos proyectos grandes es separarlos en pasos o fases, cada una con su propia fecha límite. Esto puede hacer el proyecto más manejable y más fácil de llevar a cabo. Tomemos como ejemplo un proyecto de pequeña escala: si uno está renovando una casa, se podría dividir el proyecto en las siguientes fases:

» Destripar completamente el interior
» Trabajos de plomería y electricidad
» Instalación de paneles de yeso
» Acondicionar el piso
» Instalación de gabinetes, lavabos y fregadero
» Pintura y colocación de baldosas
» Limpieza completa
» Amueblar
» Colocación de los efectos personales

Un contratista puede proveer una cronología y costo estimado para cada fase. Dividir el proyecto en tareas más pequeñas permite que los especialistas trabajen en cada fase del proyecto, asegurándose que cada una se lleve a cabo correctamente.

En cada proyecto de gran escala se necesita tener en cuenta una gama de factores. Hay la necesidad de establecer prioridades: ¿Qué cosas son más importantes de llevar a cabo y cuáles son de menos importancia? Algunas metas podrían resultar difíciles de cumplir y requieren de negociaciones y compromisos. Los costos, la seguridad, los impactos ambientales, la estética, y otros factores tienen que tenerse en cuenta. Por ejemplo, se necesitaría crear una represa para detener inundaciones en un área dada. Sin embargo, si un puñado de personas vive en esa área, podría tener más sentido reubicar a las personas que construir una represa costosa que podría afectar adversamente los peces locales y la fauna. Para compensar esas negativas, la represa podría incluir una planta hidroeléctrica para generar energía limpia, libre de gases del efecto invernadero. Se trata de sopesar los factores a favor y los factores en contra.

Modelos generados por computadoras

Los modelos generados por computadora son una manera efectiva de predecir el resultado final cuando se planea un proyecto. Por ejemplo, un modelo computarizado puede simular lo que sucederá cuando un rompeolas se construye para proteger una playa. ¿Se amontonará la arena en un lado? ¿Se deslizará la arena hacia el otro lado y dejará los hogares en riesgo de inundación? Con la entrada de datos exactos, un modelo computarizado muestra lo que sucederá durante diferentes periodos de tiempo. De un modelo así, los ingenieros pueden perfeccionar sus planos para asegurarse de que el proyecto de construcción cumpla con las metas propuestas.

RETO Diseño de ingeniería

Elija la palabra o la frase que haga correcta la oración.

1. Cuando se planea un proyecto de ingeniería, los ingenieros toman en cuenta **(solo lo que la gente quiere/solo lo que la gente necesita/el alcance y la escala de lo que implica).**

2. Un dueño de casa construye un aparato de energía eólica de 30 pies de altura en el patio trasero. Un inconveniente del nuevo aparato podría ser que **(los vecinos lo hallan estéticamente desagradable/genera energía limpia/compensa el cobro de energía eléctrica del dueño de casa).**

3. Un trabajo de grande escala se puede hacer más fácil si **(se divide en trabajos pequeños/se compara con otros trabajos grandes).**

4. **(Los modelos generados por computadora/Los modelos de madera a pequeña escala)** pueden mostrar los posibles resultados de un proyecto de ingeniería.

RESPUESTAS AL RETO
Diseño de ingeniería

1. **el alcance y la escala de lo que implica:** Cuando se planea un proyecto de ingeniería, los ingenieros toman en cuenta el alcance y la escala de lo que implica el proyecto. Esto incluye lo que los humanos necesitan y quieren y lo que favorece a todos a largo plazo.

2. **los vecinos lo hallan estéticamente desagradable:** Un aparato de energía eólica de 30 pies de altura en el patio trasero probablemente se considere una fealdad.

3. **se divide en trabajos pequeños:** Un trabajo grande se puede hacer más fácil si se divide en trabajos más pequeños.

4. **Los modelos generados por computadora:** Los modelos generados por computadora pueden mostrar el posible resultado de un proyecto de ingeniería.

Examen TASC de Ciencia
Examen de práctica

---

47 preguntas, 85 minutos

El siguiente examen está diseñado para simular un examen TASC real de Ciencia en cuanto al formato y número de las preguntas, y grado de dificultad. Para tener una buena idea de cómo le irá en el examen real, tome este examen bajo las condiciones reales del examen. Complete el examen en una sesión y observe el límite de tiempo. Las respuestas y explicaciones comienzan en la página 403.

1. ¿Qué proceso se muestra en la siguiente reacción?

$$4\,^1_1\text{H} \longrightarrow {}^4_2\text{He} + 2\,^0_1\text{e} + \text{energía}$$

(A) fusión nuclear del tipo que ocurre en el sol y las estrellas

(B) fisión nuclear del tipo que ocurre en una bomba atómica

(C) una reacción endotérmica que está absorbiendo cantidades masivas de energía

(D) formación de gas por la erupción de un volcán

2. El diagrama representa los espectros luminosos de cuatro elementos individuales y el espectro de la línea brillante que se produce cuando tres de los cuatro elementos se mezclan.

Espectros de línea brillante

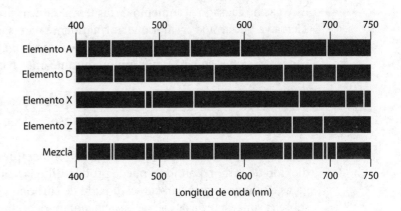

Longitud de onda (nm)

¿Cuál de estos elementos <u>no</u> está presente en la mezcla?

(A) A

(B) D

(C) X

(D) Z

3. ¿Cuál de estos se puede haber formado a través de la acción y el movimiento de un glaciar de hielo?

(A) un valle en forma de V

(B) un volcán

(C) un valle en forma de U

(D) una meseta

4. El agua puede causar desgaste y erosión. ¿Es más probable que se forme cuál de estos productos?

(A) rocas ígneas

(B) rocas metamórficas

(C) rocas sedimentarias

(D) sedimentos finos

5. Diferentes lugares en la Tierra tienen varias estaciones durante el año. El cambio en estas estaciones se puede predecir fácilmente, basándose en la fecha del año. El cambio en las estaciones depende principalmente de

(A) la distancia de la Tierra al sol

(B) la inclinación de la Tierra

(C) la cantidad de gases de efecto invernadero en la atmósfera

(D) el número de terremotos que han ocurrido durante tres meses

Use la siguiente información para contestar las preguntas 6–7.

El consumo de combustibles fósiles ha incrementado la cantidad de dióxido de carbono, un gas de efecto invernadero, en la atmósfera. Este gas ha causado el aumento de las temperaturas promedio en la Tierra ya que atrapa el calor que normalmente regresaría al espacio. Los niveles de dióxido de carbono se han estimado en las siguientes concentraciones en partes por millón durante años recientes:

Año	1960	1970	1980	1990	2000	2010	2013
Nivel de CO_2	315	325	340	350	370	390	400

Además de la amenaza del aumento de las temperaturas globales, el dióxido de carbono también puede producir lluvia ácida ya que las gotas de lluvia se mezclan con el dióxido de carbono y se precipitan sobre la superficie de la Tierra. La ecuación para esta reacción es:

$$CO_2(g) + H_2O(l) \rightarrow H_2CO_3(aq)$$

6. ¿Cuál de estas es una manera de combatir el aumento de los niveles de dióxido de carbono en la atmósfera?

（A）emplear energías alternativas que sean renovables

（B）perforar cerca de la costa para buscar petróleo

（C）derribar árboles en la selva amazónica

（D）transportar el petróleo mediante tuberías en vez de tanques petroleros

7. Cuando el dióxido de carbono reacciona con el agua de lluvia, el resultado probablemente

（A）no tendrá impacto en el medio ambiente con el paso del tiempo

（B）aumentará el nivel de acidez de los lagos y arroyos, produciendo un impacto dañino en la fauna y la flora

（C）será un líquido básico inofensivo para el medio ambiente

（D）ayudará a preservar las estatuas de mármol

8. Un termostato en la casa controla la calefacción y la refrigeración. Por ejemplo, durante el invierno se puede ajustar el termostato a 68° F para mantener la temperatura constante en la casa. Si la temperatura baja de los 68° F, se produce una señal que va hacia el sistema de calefacción, avisándole que produzca calor hasta que la temperatura en el hogar alcance de nuevo los 68° F. Del mismo modo, cuando los seres humanos comen, los niveles de azúcar en la sangre aumentan. Esto envía una señal al cerebro que, a su vez, le avisa al cuerpo que libere insulina en la sangre para metabolizar el azúcar añadida. Este mecanismo de retroalimentación ayuda a sostener?

（A）solo la temperatura corporal de la persona

（B）una red alimenticia en el cuerpo

（C）un biomedio adecuado para que los humanos vivan en él

（D）homeoestasis en el cuerpo

Use la siguiente información para contestar las preguntas 9–11.

Una planta atrapa la energía de la luz y la usa para producir glucosa. La reacción para este proceso es:

$$\text{Luz solar} + 6CO_2 + 6H_2O \rightarrow 6O_2 \text{ y } C_6H_{12}O_6$$

La glucosa producida puede almacenarse luego en la planta en forma de almidón. Un conejo consume después la planta y usa el almidón de la planta como energía. Después de comer la planta, el conejo es cazado por un águila. Esta última y sus crías se alimentan de los restos del conejo.

9. La reacción que se muestra en el pasaje se describe mejor como

（A）respiración celular

（B）una cadena alimenticia

（C）fotosíntesis

（D）síntesis de ATP

10. Arrastre tres términos para formar la reacción que más probablemente ocurra entre el conejo, el águila y las crías del águila.

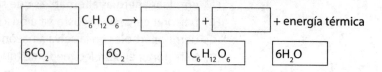

11. ¿Cuál organismo puede usar luego el oxígeno producido por la reacción en el pasaje?

Ⓐ un organismo anaeróbico

Ⓑ un organismo aeróbico

Ⓒ ambos, un organismo anaeróbico y un organismo aeróbico

Ⓓ ninguno de los dos, ni un organismo anaeróbico ni un organismo aeróbico

12. Arrastre los términos para mostrar la configuración correcta en los niveles de organización dentro de un organismo.

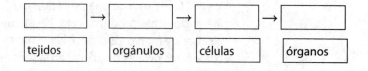

13. El siguiente gráfico representa la relación entre el depredador y su presa. La línea oscura representa el número relativo de guepardos en un ecosistema y la línea discontinua representa el número relativo de gacelas presentes en el mismo ecosistema. El eje x muestra el número de años que han pasado. ¿Cuál es la razón más probable para el aumento de la población de depredadores del año 6 al año 8?

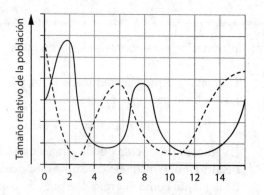

Ⓐ un aumento en la población de presas desde el año 3 al año 6

Ⓑ una población de depredadores igual en número a la población de presas desde el año 5 al año 6

Ⓒ un descenso en la población de presas desde el año 1 al año 2

Ⓓ la extinción de la población de presas en el año 3

14. Cuando se comparan la mitosis y la meiosis, ¿qué puede usted decir acerca de ambos procesos? Elija todos los que apliquen.

(A) Ambos producen el mismo número de células hijas

(B) Ambos producen células sexuales con el mismo número exacto de cromosomas que las células madres

(C) Ambos suponen la reproducción del ADN

(D) Ambos tendrán mutaciones

(E) Ambos suponen dos rondas de separación genética.

(F) Ambos se inician con la duplicación de cromosoma.

15. En los humanos, el cabello de color oscuro, D, es dominante sobre el cabello de color claro, d. Si el óvulo de una mujer rubia que carga solamente los genes para cabello de color claro, dd, es fertilizado o por el espermatozoide de un hombre que solo carga los genes para cabello oscuro, DD, ¿cuáles son las probabilidades de que su hijo tenga cabello oscuro?

(A) 100 por ciento

(B) 50 por ciento

(C) 25 por ciento

(D) 0 por ciento

16. El diagrama que sigue muestra las relaciones evolucionarias de algunos organismos:

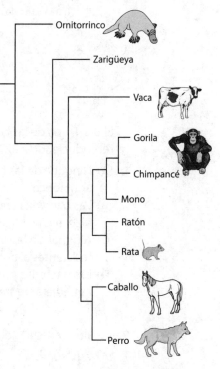

¿Cuál de estos dos organismos <u>probablemente</u> sintetizarían el mayor número de enzimas semejantes?

(A) el mono y el ratón

(B) la vaca y el caballo

(C) el chimpancé y la rata

(D) el caballo y el perro

17. El ADN de tres especies de plantas aparece en una secuencia usando una electroforesis en gel. Los resultados del proceso muestran lo siguiente:

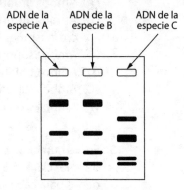

¿Cuáles dos especies de plantas están relacionadas <u>más</u> íntimamente?

(A) A y B

(B) A y C

(C) B y C

(D) No hay bastante evidencia concluyente para determinar cuáles dos están más íntimamente relacionadas.

18. El diagrama muestra dos tipos de bacteria expuestas a un antibiótico.

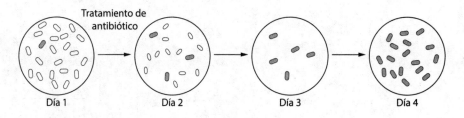

El día 4, una de las cepas de bacterias pudo prosperar y continuar reproduciéndose. ¿Qué razón explicaría por qué tal cosa sucedió?

(A) Ninguna de las bacterias pudo sobrevivir al haber estado expuesta al antibiótico.

(B) Las bacterias encontraron una nueva fuente de alimento, lo cual las hizo invencibles frente al antibiótico.

(C) Algunas de las bacterias ya poseían los genes que las hacían resistentes al antibiótico.

(D) Las bacterias pueden cambiar la secuencia de su ADN inmediatamente y así hacerse más resistentes a los antibióticos.

19. ¿Cuáles partículas definen el tipo de elemento de un átomo?

(A) nucleones

(B) protones

(C) neutrones

(D) electrones

Use la siguiente información para contestar las preguntas 20–21.

La energía se necesita para quebrar los enlaces entre los átomos en las moléculas y los enlaces que existen entre las moléculas. La energía que se requiere para que se rompan estos enlaces depende de los tipos de enlaces involucrados y los tipos de elementos involucrados. El gráfico muestra el punto de fusión de las sustancias A, B, C y D.

Sustancia	A	B	C	D
Punto de fusión (°C)	50	950	1350	1860

20. ¿Cuál sustancia contiene los enlaces químicos más fuertes?

Ⓐ A
Ⓑ B
Ⓒ C
Ⓓ D

21. ¿La sustancia A más <u>probablemente</u> está compuesta de qué tipo(s) de elementos?

Ⓐ metales
Ⓑ un metal y un no metal
Ⓒ no metales
Ⓓ un semimetal y un no metal

22. En la siguiente pirámide de energía, ¿cuál nivel más <u>probablemente</u> use el dióxido de carbono y agua para formar gas oxígeno y glucosa?

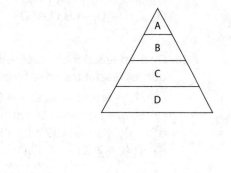

 A
Ⓑ B
Ⓒ C
Ⓓ D

Use la siguiente información para contestar las preguntas 23–24.

La siguiente reacción ocurre en un recipiente de reacción:

$$\text{Calor} + A(s) + B(1) \rightarrow 2C(s) + D(s).$$

El químico que está llevando a cabo la reacción en el laboratorio repite el experimento bajo varias condiciones para producir las máximas cantidades posibles de sustancias las C y D.

23. ¿De qué tipo puede clasificarse esta reacción?
- (A) endotérmica
- (B) exotérmica
- (C) equilibrada
- (D) una reacción nuclear

24. ¿Qué factor no ayudará al químico a cambiar la velocidad de la reacción?
- (A) incrementar la temperatura del sistema
- (B) usar reactantes en polvo
- (C) incrementar la presión en el sistema
- (D) añadir un catalizador a la reacción

25. Elija las tres ecuaciones que están correctamente balanceadas.
- (A) $C + O_2 \rightarrow CO_2$
- (B) $Na + Cl_2 \rightarrow 2NaCl$
- (C) $Ca + Cl_2 \rightarrow CaCl_2$
- (D) $3O_2 \rightarrow 2O_3$
- (E) $SnO_2 + H_2 \rightarrow Sn + H_2O$
- (F) $C_3H_8 + O_2 \rightarrow H_2O + CO_2$

26. De estas reacciones, ¿cuál necesita más manipulación para asegurarse que los reactantes no se formen de los productos?
- (A) $HCl + NaOH \rightarrow NaCl + H_2O$
- (B) $H_2(g) + I_2(g) \longleftrightarrow 2HI(g)$
- (C) $AgNO_3(aq) + NaCl(aq) \rightarrow NaNO_3(aq) + AgCl(s)$
- (D) $Zn(s) + 2HCl \rightarrow ZnCl_2(aq) + H_2(g)$

27. ¿Cuál es el beneficio de usar reacciones nucleares para producir electricidad?
- (A) Se puede disponer de los desechos nucleares de modo seguro y fácil.
- (B) No se producen gases de efecto invernadero nocivos.
- (C) Los materiales radiactivos liberados en la atmósfera por accidente son inofensivos.
- (D) Los materiales usados para producir la energía también pueden usarse para construir armas dañinas.

28. En el ciclo de carbono los combustibles fósiles se producen de

Ⓐ emisiones de las fábricas

Ⓑ fotosíntesis

Ⓒ respiración animal

Ⓓ la descomposición de organismos que antes estaban vivos

29. La población humana en la Tierra ha crecido de manera exponencial a través del tiempo. Se cree que eventualmente la población alcanzará el número máximo que los recursos de la Tierra pueden mantener. Este número se conoce como

Ⓐ la capacidad de carga de la Tierra

Ⓑ la extinción de la Tierra

Ⓒ la población próspera de la Tierra

Ⓓ la homeostasis de la Tierra

Use la siguiente información para contestar las preguntas 30–31.

Una física está llevando a cabo un experimento sobre el momento de los objetos en movimiento. La científica tiene un automóvil, una pelota de béisbol, una bola de nieve y un jugador de hockey en hielo con patines y dispuesto a moverse. Cada uno de los objetos se pone en movimiento y se mide su velocidad. Se calcula el momento de cada objeto. Después, se preparan los objetos en movimiento, dos a la vez, para chocar de frente el uno con el otro (asúmase que nadie se hiere).

---

30. Arrastre cada descripción de modo que vayan del mayor al menor momento.

	>		>		>	

Un coche de 1,100 kilogramos moviéndose a 20 metros por segundo	Una pelota de béisbol de 0.145 kilogramos moviéndose a 35 metros por segundo	Una bola de nieve de 0.3 kilogramos moviéndose a 15 metros por segundo	Un jugador de hockey de 102 kilogramos moviéndose a 10 metros por segundo

31. De estos pares de objetos, ¿cuál demuestra la conservación del momento cuando chocan entre sí?

Ⓐ el jugador de hockey y la pelota de béisbol solamente

Ⓑ el automóvil y la pelota de béisbol solamente

Ⓒ Ninguno de los objetos muestra la conservación del momento.

Ⓓ Todos los objetos muestran la conservación del momento.

Use la siguiente información para contestar las preguntas 32–33.

Un niño está jugando con dos imanes. Primero, el niño coloca los imanes el uno cerca del otro con los polos en varias posiciones. Entonces, tomando un pedazo largo de un alambre de cobre, el niño lo enrolla y sujeta las puntas del alambre a una bombilla pequeña de bajo voltaje. Después el niño pasa los imanes por el centro de la bobina de alambre.

---

32. ¿Cuál de los diagramas podría ilustrar las líneas de campo creadas alrededor de los polos de los imanes cuando se colocan cerca?

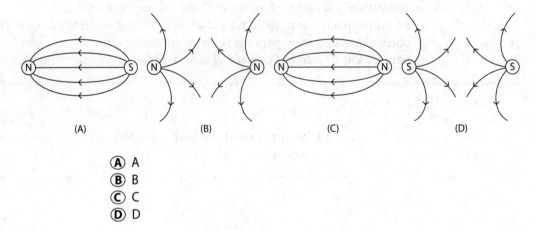

(A)   (B)   (C)   (D)

Ⓐ A

Ⓑ B

Ⓒ C

Ⓓ D

33. ¿Qué ocurre cuando los imanes pasan por el medio de la bobina de alambre?

Ⓐ Los polos sur de los imanes se atraen mutuamente.

Ⓑ Se genera un electroimán.

Ⓒ La bombilla se enciende.

Ⓓ Los polos norte y sur de los imanes se repelen.

Use la siguiente información para contestar las preguntas 34–35.

Un estudiante accidentalmente dejó caer un libro que había estado sujetando en el aire. El libro pesaba 2.0 kilogramos. Se cayó de una altura de 1.8 metros al piso, haciendo un gran ruido al tocar tierra. Asúmase que la aceleración debida a la gravedad es 9.81 m/s^2.

34. ¿Cuánta energía potencial poseía el libro mientras estaba en las manos de la estudiante?

(A) 35.5 julios
(B) 6.0 julios
(C) 13.6 julios
(D) 2.73 julios

35. Mientras el libro caía por el aire y eventualmente cayó al piso

(A) la energía potencial se destruyó y se creó energía cinética
(B) se creó energía acústica
(C) ambas, la energía potencial y la energía cinética, se destruyeron
(D) las energías del sistema se convirtieron de una forma a otra

36. Un jugador de hockey sufre un golpe del disco en la pierna. El entrenador toma inmediatamente una bolsa de hielo a 0° C y la coloca en la pierna herida cuya temperatura es de 37° C. Este incidente ocurre en una pista donde hay una temperatura ambiente de 14° C. ¿Cuál de estas es la mejor explicación sobre la dirección del flujo de calor en este sistema?

(A) La bolsa de hielo transfiere frialdad a la pierna.
(B) La única dirección del flujo de calor es de la pierna a la bolsa de hielo.
(C) El calor de la pierna se transfiere al aire y a la bolsa de hielo mientras que el calor del aire se transfiere a la bolsa de hielo.
(D) El calor del aire se transfiere a la pierna.

Use la siguiente información para contestar las preguntas 37–38.

Un motorista se detiene en una estación de gasolina y compra una taza de café que calienta en un horno de microondas. Luego sigue su camino, disfrutando de la música en la radio de su automóvil. Después de haber recorrido algunas millas, se ve involucrado en un accidente. Los paramédicos lo llevan a un hospital cercano para hacerle una tomografía axial computarizada.

37. ¿Qué tipo de radiación se va a usar durante la tomografía axial computarizada?

Ⓐ ondas de radio

Ⓑ microondas

Ⓒ rayos X

Ⓓ radiación infrarroja

38. De todos los tipos de radiación mencionados en el pasaje, ¿cuál causa la menor cantidad de daño a los tejidos vivos y al ADN después de haber estado expuestos por un tiempo largo?

Ⓐ Todos los tipos de radiación son igualmente seguros.

Ⓑ las ondas de radio

Ⓒ las microondas

Ⓓ la radiación que se usa en la tomografía axial computarizada

39. En los primeros tiempos de la historia de la Tierra, se cree que la atmósfera terrestre contenía un número de gases. Estos gases se combinaban para formar los primeros compuestos orgánicos grandes. Esto se conoce como el concepto del "caldo caliente" y se ilustra en el siguiente diagrama.

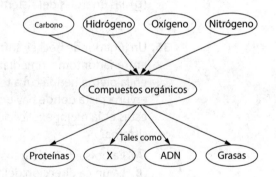

En el diagrama, la sustancia X probablemente sea

Ⓐ dióxido de carbono

Ⓑ gas de ozono

Ⓒ glucosa

Ⓓ amoniaco

40. Un cliente en un supermercado se acerca a la puerta de salida con un carrito lleno de comestibles. Cuando el frente del carrito se acerca a la puerta, una lucecita roja en un sensor sobre la misma, se enciende. Entonces la puerta se abre. ¿Qué demuestra esto?

Ⓐ defracción de la luz

Ⓑ refracción de la luz

Ⓒ el efecto fotoeléctrico

Ⓓ una interferencia destructiva de las ondas de luz

41. Un corrimiento al rojo en la luz de una estrella indica que la estrella

Ⓐ pronto va a explotar y convertirse en una supernova

Ⓑ va a convertirse en un agujero negro

Ⓒ se está moviendo hacia la Tierra

Ⓓ se está alejando de la Tierra

42. Arrastre cada proceso hidrológico a su posición correcta en el diagrama.

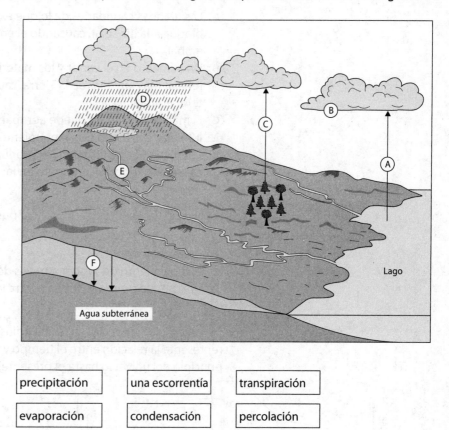

| precipitación | una escorrentía | transpiración |

| evaporación | condensación | percolación |

43. El diagrama muestra un gran meteoro impactando la superficie de la Tierra.

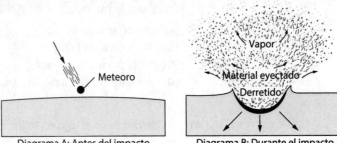

Diagrama A: Antes del impacto   Diagrama B: Durante el impacto

El derretido del meteoro es el material que se fundió durante el impacto. El vapor representa los gases que se formaron. El material lanzado por el meteoro está formado de las partículas sólidas que se esparcieron por el aire. ¿Cuál de estos elementos <u>mejor</u> describe cómo el clima global podría ser afectado por el impacto del meteoro?

Ⓐ Las grandes cantidades de lo que expulsó el meteoro pueden bloquear la luz solar, causando el enfriamiento de la temperatura global.

Ⓑ Un aumento en el vapor y los materiales eyectados pueden reflejar más luz solar de la Tierra, causando el enfriamiento de las temperaturas.

Ⓒ El material eyectado puede agruparse en capas gruesas y absorber la luz solar, causando el calentamiento de la Tierra.

Ⓓ Los incendios de los bosques producidos por el impacto pueden causar inciendos un aumento en las temperaturas globales.

44. ¿Cuál de estos eventos es cíclico y se puede predecir fácilmente?

Ⓐ una erupción volcánica

Ⓑ un terremoto

Ⓒ el movimiento de Júpiter a través del cielo en la noche

Ⓓ un asteroide que se estrella contra la Tierra

45. De acuerdo a la teoría de la Gran Explosión, ¿qué gráfico <u>mejor</u> representa la relación entre el tiempo y el tamaño del universo desde el principio del universo hasta el presente?

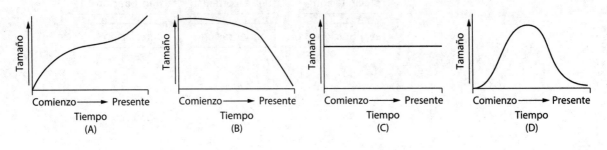

46. El mapa muestra los límites de las placas tectónicas cerca de la Fosa Tectónica en el África oriental. Las flechas muestran el movimiento de las placas. Una región de África está sombreada con líneas cruzadas. ¿Qué está sucediendo en la región sombreada en el África oriental?

Región de la fosa tectónica de África oriental

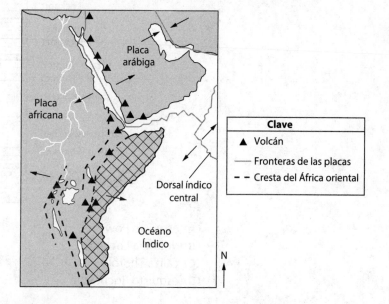

Ⓐ Esta región está chocando con el resto de África, formando montañas.

Ⓑ Esta región está chocando con la placa arábiga.

Ⓒ Esta región se está moviendo hacia el este en relación con el resto de África.

Ⓓ Esta región se está moviendo hacia el norte en relación al resto de África.

47. El diagrama muestra las capas de rocas sedimentarias en las Cataratas de Niágara. ¿Qué tipo de capa de rocas parece ser la <u>más</u> resistente al desgaste y la erosión?

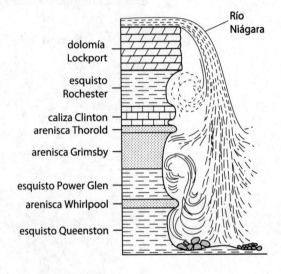

Ⓐ esquisto Power Glen
Ⓑ dolomía Lockport
Ⓒ caliza Thorold
Ⓓ esquisto Rochester

Este es el fin del examen de práctica del Examen TASC de Ciencia.

Examen TASC de Ciencia
Respuestas Explicativas del
examen de práctica

1. **A** La reacción muestra cuatro núcleos de hidrógeno que se funden entre sí para formar un elemento más pesado y para liberar energía. Este es el proceso de fusión nuclear que ocurre en el sol y en otras estrellas.

2. **C** De acuerdo al diagrama, las líneas espectrales que aparecen en los elementos A, D y Z todas aparecen en la mezcla. Nótese que las líneas que aparecen para el elemento X en el registro de 650–750 nm no aparecen en la mezcla. Por lo tanto, el elemento X no está en la mezcla.

3. **C** Los valles se forman mediante el desgaste. Un valle en forma de V se forma por el movimiento de un glaciar.

4. **D** El desgaste puede romper las rocas. Las rocas más pequeñas y desgastadas se conocen como sedimentos finos.

5. **B** Aunque la Tierra puede estar en distintos registros de distancia con respecto al sol durante el curso de un año, no es la distancia lo que determina las estaciones. La cantidad de luz solar directa que recibe un área terrestre es lo que determina sus estaciones. La cantidad de luz solar está determinada por la inclinación del planeta.

6. **A** Las energías alternativas son renovables, tales como la solar, eólica y la hidroeléctrica, que son todos métodos para generar energía sin quemar combustibles de fósiles que crean más dióxido de carbono.

7. **B** El producto final del dióxido de carbono que se mezcla con el agua de lluvia es lo que se llama lluvia ácida. La lluvia ácida puede disminuir el pH (potencial de hidrógeno) de un arroyo o de un lago, haciéndolo más ácido. Esto puede tener un impacto dañino en la fauna y la flora. La lluvia ácida también estropea las estructuras construidas con mármol.

8. **D** Ambos, el termostato y el cerebro, proveen una reacción tal que la calefacción o el cuerpo puede hacer los ajustes que se necesiten. Los ajustes pueden ayudar a mantener la estabilidad u homeostasis.

9. **C** La reacción muestra la luz solar que reacciona con el dióxido de carbono y el agua para formar glucosa, un azúcar simple que puede usarse para producir energía. Este proceso se llama fotosíntesis.

10. **$6O_2$, $6CO_2$, $6H_2O$** El conejo y las águilas usará la glucosa de las plantas en un proceso llamado respiración celular para producir energía que pueda ser almacenada en moléculas ATP para emplearla después.

11. **B** Los organismos aeróbicos necesitan usar gas oxígeno para continuar vivos. Los organismos anaeróbicos y los procesos anaeróbicos no usan oxígeno.

12. **Orgánulos → Células → Tejidos → Órganos**

13. **A** En la tabla, entre los años 3 y 6, la población de presas (las gacelas) aumenta. Eso significa que hay más alimentos disponibles para los depredadores, los guepardos y sus crías. Debido a este aumento en los alimentos, la población de depredadores (los guepardos) comienza a aumentar y crecer entre los años 6 a 8. Ninguna de las otras respuestas tiene sentido.

14. **C y F** Si bien la meiosis produce células sexuales con la mitad de los cromosomas de la célula madre, la mitosis produce células con el número exacto de cromosomas que los de la célula madre. No obstante, ambos procesos incluyen la réplica del ADN.

15. **A** Organice un cuadro de Punnett para este problema. Un progenitor con genes para cabello claro (dd) se cruza con un progenitor con genes para cabello oscuro (DD).

	d	d
D	Dd	Dd
D	Dd	Dd

Como todas las combinaciones contienen una D, hay una probabilidad de 100 por ciento que toda la prole tenga cabello oscuro.

16. **D** Para que dos organismos sinteticen enzimas semejantes, deben tener secuencias semejantes de ADN. Esto se debe a los códigos de ADN para las proteínas que forman las enzimas (y muchas otras cosas). Como el perro y el caballo provienen de la misma línea evolucionaria, deben de haber tenido un ancestro común que poseía una secuencia de ADN semejante. Esa es la razón por la cual producen enzimas similares y otras proteínas parecidas.

17. **A** Si se mira la electroforesis en gel, se puede ver que el ADN de la especie A es casi el mismo de la especie B. Los fragmentos del ADN de la especie C produjeron una secuencia que no combina con ninguna de las otras dos.

18. **C** Este es un ejemplo clásico de la supervivencia del más fuerte. Los dos tipos de bacteria fueron expuestos a un antibiótico y uno vivió mientras que el otro murió. No hubo una nueve fuente de alimento para las bacterias porque todas crecieron en la misma placa de Petri. Además, tampoco hubo cambio de ADN durante cuatro días para crear resistencia, un cambio que solo podría ocurrir durante muchos años.

19. **B** Cada elemento en la tabla periódica tiene un número atómico específico que combina con el número de protones en el núcleo de un átomo del elemento. El número de electrones en un átomo del elemento frecuentemente es igual al número de protones, pero el número de electrones también puede ser diferente porque un átomo puede ganar o perder electrones para formar un ion.

20. **D** La sustancia D, con el punto de fusión más alto, necesitará la mayor cantidad de energía cinética promedio (temperatura) para quebrar sus enlaces. Por lo tanto, la sustancia D en la tabla tiene los enlaces más fuertes.

21. **C** Las sustancias hechas de no metales tendrán los puntos de fusión más bajos. Por ejemplo, la cera está hecha de elementos que son no metales. Esa es la razón por la cual una vela de cera se derrite fácilmente con una llamita. En contraste, el hierro, que es todo metal, necesita una antorcha para fundirse.

22. **D** La reacción descrita en la pregunta es la que ocurre durante la fotosíntesis. Esta reacción ocurre en las hojas de las plantas. En la pirámide de energía, los productores (o autótrofos) contienen la mayor cantidad de energía y están colocados en la parte baja de la pirámide. En la respuesta D es donde se pueden encontrar los productores.

23. **A** Esta reacción es endotérmica porque la energía de calor se añade al sistema como un reactante. Si el calor fuera un producto, la reacción sería exotérmica.

24. **C** Aumentar la temperatura, usar reactantes en polvo y usar un catalizador son tres formas de acelerar una reacción. Otra forma es aumentar la presión, pero esto funciona solamente con gases porque solo estos últimos son comprimibles. En la reacción, ninguno de los reactantes se categoriza (g), así que no hay gases en la reacción. Como no hay gases presentes, no se puede usar presión para agilizar la reacción.

25. **A, C y D** De acuerdo a la ley de conservación de masa, lo que está a la izquierda de la flecha debe igualarse a lo que está a la derecha. La respuesta A tiene un átomo de carbono y dos átomos de oxígeno en ambos lados. La respuesta C tiene un ion de calcio y dos átomos/iones de cloro en ambos lados. La respuesta D tiene seis átomos de oxígeno en ambos lados.

26. **B** De las cuatro respuestas, solo la B es reversible (los productos reforman a los reactantes) y puede alcanzar el equilibrio. Cada una de las otras respuestas es una reacción que solo forma los productos y no es reversible.

27. **B** Hay inconvenientes al usar reacciones nucleares para producir energía que después se usa para calentar el vapor y producir electricidad. Estos inconvenientes son los opuestos de las respuestas A, C y D y ninguna de esas respuestas es verdadera. No obstante, ningún gas de efecto invernadero se produce cuando se usan reacciones nucleares para generar electricidad y eso es un beneficio.

28. **D** El ciclo del carbono describe el movimiento del carbono dentro, en y sobre la Tierra. La

respiración de organismos y las emisiones de las fábricas y los automóviles introducen carbono en la atmósfera. La fotosíntesis introduce carbono en las plantas que están en la superficie de la Tierra. Los combustibles fósiles se encuentran muy adentrados bajo el suelo. Se formaron de la descomposición de antiguos organismos vivos.

29. **A** Aunque los estimados varían, se cree que eventualmente, la población humana de la Tierra alcanzará el máximo número de recursos que el planeta puede sostener. El número se conoce como la capacidad de carga de la Tierra.

30. **automóvil, jugador de hockey, pelota de béisbol, bola de nieve** Para encontrar el momento de un objeto, se multiplica la masa del objeto por la velocidad.

31. **D** El momento siempre se conserva cuando los objetos chocan, sin tener en cuenta la masa ni la velocidad.

32. **B** Las líneas de campo alrededor de un imán se alejan del polo norte y van hacia el polo sur. Eso elimina las respuestas A y D. La selección C también es incorrecta porque muestra las líneas de campo moviéndose hacia el polo norte de un imán. Solo la respuesta B muestra las líneas de campo alejándose de los polos norte.

33. **C** El movimiento de un imán alrededor de un alambre causará que se produzca una corriente eléctrica. Esta corriente va a correr por el alambre y dentro de la bombilla, haciendo que se encienda.

34. **A** La energía potencial se mide por la ecuación $PE = mgh$. Multiplicar (2.0 kg) (9.81m/s^2) (1.8 m) causa 35.5 julios de energía.

35. **D** La energía se conserva; es decir, no puede crearse ni destruirse. La energía puede convertirse de una forma a otra. En este caso, la energía potencial se vuelve energía cinética, la cual después se convierte en energía acústica.

36. **C** La clave para contestar esta pregunta está en recordar que la temperatura controla la dirección en la cual fluye el calor. "El calor fluirá desde lo alto hacia lo bajo", es decir, de una temperatura alta a una temperatura baja. Como

la pierna del jugador tiene una temperatura más alta, el calor va a fluir de la pierna a la bolsa de hielo y al aire en la pista. Como el aire en la pista tiene una temperatura más alta que la bolsa de hielo, el calor en el aire fluirá a la bolsa de hielo también.

37. **C** De las respuestas, los rayos x representan el tipo de radiación más poderoso y se usan con propósitos médicos cuando es necesario. Los otros tipos de radiación en la lista son mucho más débiles y se reservan para uso diario en el hogar.

38. **B** Las ondas de radio constituyen la forma más débil de radiación mencionada en el pasaje. La tomografía axial computarizada usa rayos x, los cuales son dañinos si la persona está expuesta a ellos por un tiempo largo. Las microondas llevan más energía que las ondas de radio y pueden ser peligrosas para una persona con un marcapasos.

39. **C** El concepto del "caldo caliente" describe la atmósfera primitiva de la Tierra, la cual se cree que contenía gases hechos de carbono, oxígeno, hidrógeno y nitrógeno. Los gases que contienen estos elementos pudieron reaccionar para formar moléculas orgánicas mayores. Esas se conocen como las "moléculas de la vida". Son el ADN, lípidos, proteínas y azúcares. La glucosa es una forma simple de azúcar.

40. **C** Las respuestas A, B y D todas son ejemplos de cómo la luz puede actuar como una onda. Debido a la naturaleza dual onda-partícula de la luz, esta última también puede actuar como una partícula. El sensor es un ejemplo de un aparato que usa el efecto fotoeléctrico de la luz que a su vez actúa como las partículas denominadas fotones.

41. **D** Un corrimiento al rojo en el espectro luminoso de una estrella indica que la estrella se está alejando de la Tierra.

42. **A: evaporación; B: condensación; C: transpiración; D: precipitación; E: escorrentía; F: percolación** La letra A representa la evaporación del océano. La letra B muestra condensación en las nubes, mientras que la letra C representa transpiración, la pérdida de agua de las plantas y los árboles. La letra D representa el

agua de lluvia cayendo desde las nubes a la superficie de la Tierra. La letra E muestra una escorrentía de agua de lluvia a lo largo de la superficie, mientras que la letra F muestra percolación a través del suelo.

43. A El impacto del material eyectado de un meteoro puede crear tremendas nubes de polvo que pueden viajar varias millas en el aire. Estas nubes de polvo pueden bloquear la luz solar evitando así que llegue a la superficie de la Tierra, lo cual tiene como efecto el descenso de las temperaturas globales.

44. C Como los planetas tienen órbitas cíclicas y elípticas, los humanos pueden predecir sus posiciones fácilmente (en ocasiones, con una ayudita de modelos computarizados). Aunque hay sistemas colocados para advertir sobre erupciones volcánicas y terremotos, esos eventos no ocurren en ciclos regulares. Finalmente, los asteroides y meteoritos y otros objetos espaciales forman una órbita y se mueven alrededor del sol; sin embargo, muchos son demasiado pequeños para poder detectarlos hasta el último momento antes de chocar contra la Tierra, lo cual los hace muy impredecibles.

45. A El universo se ha estado expandiendo desde la Gran Explosión. El único gráfico que muestra la continua expansión del universo es la respuesta A.

46. C Las placas tectónicas representan el movimiento de las placas continentales debido a la convección dentro del manto terrestre. Las flechas en el diagrama muestran que la región sombreada se está desplazando hacia el este.

47. B Todas las capas de rocas en el diagrama han sido impactadas y redondeadas por los torrentes de agua con excepción de la capa superior hecha de dolomía Lockport. Como esa capa ha retenido su forma, es la más resistente al desgaste y la erosión.

Muestra del auténtico Examen TASC preguntas de los hacedores de exámenes

Los hacedores del Examen TASC en CTB/McGraw-Hill han proveído las siguientes muestras de preguntas auténticas para ilustrar el tipo de preguntas que usted puede esperar ver en el examen. Ya que estas preguntas vienen directamente de los hacedores del examen, ofrecen la mejor y más confiable guía para las preguntas que usted encontrará en el examen real. Estúdielas para asegurarse de estar familiarizado con el formato de las preguntas en las diferentes partes del examen.

Artes del lenguaje–Lectura

Lea este texto. Luego responda las preguntas.

LA DECLARACIÓN DE INDEPENDENCIA DE LOS ESTADOS UNIDOS DE AMÉRICA

En el Congreso, 4 de julio de 1776

Cuando en el curso de los acontecimientos humanos se hace necesario para un pueblo disolver los vínculos políticos que lo han ligado a otro y tomar entre las naciones de la tierra el puesto separado e igual a que las leyes de la naturaleza y el Dios de esa naturaleza le dan derecho, un justo respeto al juicio de la humanidad exige que declare las causas que lo impulsan a la separación.

Sostenemos como evidentes estas verdades: que todos los hombres son creados iguales; que son dotados por su Creador de ciertos derechos inalienables; que entre éstos están la vida, la libertad y la búsqueda de la felicidad; que para garantizar estos derechos se instituyen entre los hombres los gobiernos, que derivan sus poderes legítimos del consentimiento de los gobernados; que cuando quiera que una forma de gobierno se haga destructora de estos principios, el pueblo tiene el derecho a reformarla o abolirla e instituir un nuevo gobierno que se funde en dichos principios, y a organizar sus poderes en la forma que a su juicio ofrecerá las mayores probabilidades de alcanzar su seguridad y felicidad. La prudencia, claro está, aconsejará que no se cambie por motivos leves y transitorios gobiernos de antiguo establecidos; y, en efecto, toda la experiencia ha demostrado que la humanidad está más dispuesta a padecer, mientras los males sean tolerables, que a hacerse justicia aboliendo las formas a que está acostumbrada. Pero cuando una larga serie de abusos y usurpaciones, dirigida invariablemente al mismo objetivo, demuestra el designio de someter al pueblo a un despotismo absoluto, es su derecho, es su deber, derrocar ese gobierno y establecer nuevos resguardos para su futura seguridad. Tal ha sido el paciente sufrimiento de estas colonias; tal es ahora la necesidad que las obliga a reformar su anterior sistema de gobierno. La historia del actual Rey de la Gran Bretaña es una historia de repetidos agravios y usurpaciones, encaminados todos directamente hacia el establecimiento de una tiranía absoluta sobre estos estados. Para probar esto, sometemos los hechos al juicio de un mundo imparcial.

1. ¿Cuál es la estrategia retórica <u>fundamental</u> que emplea Thomas Jefferson, el autor principal, para acentuar la efectividad de su argumento?

  A. narración de una historia relevante

  B. comparación de diferentes opiniones

  C. análisis de una causa que conduce a acciones

  D. cuestionamiento de lo que la audiencia valora

<u>**Respuesta correcta**</u>: **C.** análisis de una causa que conduce a acciones

2. Relea este extracto de la Declaración de la Independencia.

> . . . y, en efecto, toda la experiencia ha demostrado que la humanidad está más dispuesta a padecer, mientras los males sean tolerables, que a hacerse justicia aboliendo las formas a que está acostumbrada.

¿Cómo emplea Thomas Jefferson esta declaración para desarrollar el argumento de que algunos males no pueden ser ignorados?

  A. Provee una razón para la sublevación de los colonos, recalcando la severidad del régimen británico.

  B. Provee un contraste a las acciones intencionadas de los colonos que enfatizan la severa violación de sus derechos.

  C. Genera dudas sobre si sería más sabio sobrellevar el presente o sublevarse contra las injusticias repetidas.

  D. Critica las pocas ganas de los colonos para separarse del régimen de Gran Bretaña, aun siendo continuamente oprimidos.

<u>**Respuesta correcta**</u>: **B.** Provee un contraste a las acciones intencionadas de los colonos que enfatizan la severa violación de sus derechos.

3. ¿Cuál es el significado de la palabra <u>impulsan</u> en el párrafo 1?

  A. unirse como uno

  B. obligar o urgir

  C. causar que algo se desbarate

  D. hacer un anuncio

<u>**Respuesta correcta**</u>: **B.** obligar o urgir

Lea el siguiente texto. Luego conteste la pregunta.

Selección de "¿Qué significa el 4 de julio para el esclavo estadounidense?"

Frederick Douglas

5 de julio, 1852

Compatriotas, no es poco el respeto que siento por los padres de la república. Los que firmaron la Declaración de la Independencia eran hombres valientes. Eran grandes hombres también –lo suficientemente grandes como para dar fama a una gran era. A una nación no le sucede muy a menudo elevar, en un tiempo, a tal número de hombres realmente grandes. El lugar desde donde me veo obligado a mirarlos no es, ciertamente, el más favorable; y aun no puedo contemplar sus grandes hazañas sin sentir nada menos que admiración. Ellos fueron hombres de estado, patriotas y héroes, y por el bien que hicieron y los principios que defendieron, me uniré a ustedes para honrar su memoria.

Amaban más su país que sus propios intereses; y, aunque ésta no es la más elevada de las excelencias humanas, todos admitimos que es una rara virtud, y que, cuando se exhibe, se le debe rendir respeto. Aquel que, de forma inteligente, entrega su vida por su patria, es un hombre a quien despreciar no es de naturaleza humana. Los padres de la patria pusieron en juego sus vidas, sus fortunas y su honor sagrado, por la causa de su país. En su admiración por la libertad, perdieron de vista todos sus intereses.

Eran hombres de paz; pero preferían la revolución a una sumisión pacífica a la esclavitud. Eran hombres tranquilos; pero no se cansaban de agitar en contra de la opresión. Mostraron paciencia; pero conocían sus límites. Creían en el orden; pero no en el orden de la tiranía. Con ellos no había nada "arreglado" que no estuviera dentro de lo correcto. Con ellos, la justicia, la libertad y la humanidad eran "definitivas"; no la esclavitud ni la opresión. Debiéramos abrigar la memoria de tales hombres. Ellos eran grandes en su momento y en su generación. Su sólida hombría resalta aun más cuando se contrasta con estos tiempos degenerados.

¡Cuán cautelosos, exactos y bien equilibrados fueron todos sus movimientos! ¡Cuán distintos son los políticos del momento! Su habilidad política miraba más allá del momento actual, y se extendía en fuerza hacia el futuro distante. Se aprovecharon de los principios eternos y establecieron un ejemplo glorioso en su defensa. ¡Márquenlos!

Entendiendo completamente la adversidad a la que pudieran enfrentarse, creyendo firmemente en el derecho de su causa, invitando honorablemente al escrutinio de un mundo a la expectativa, apelando con reverencia al cielo como testigo de su sinceridad, comprendiendo completamente la solemne responsabilidad de lo que estaban a punto de asumir, sopesando sabiamente las terribles probabilidades en su contra, nuestros padres, los padres de esta república, hicieron, de la forma más deliberada, bajo la inspiración de un glorioso patriotismo, y con una fe sublime en los grandes principios de justicia y libertad, echaron las bases profundas de la superestructura nacional, la cual se ha elevado y se sigue elevando en grandeza a nuestro alrededor.

4. ¿Cuál de las siguientes afirmaciones del discurso de Douglass es la que <u>más</u> se parece a la idea central de la Declaración de Independencia?

    A. A una nación no le sucede muy a menudo elevar, en un tiempo, a tal número de hombres realmente grandes.

    B. En su admiración por la libertad, perdieron de vista todos sus intereses.

    C. Con ellos no había nada "arreglado" que no estuviera dentro de lo correcto.

    D. Su sólida hombría resalta aun más cuando se contrasta con estos tiempos degenerados.

<u>**Respuesta correcta:**</u> **C.** Con ellos no había nada "arreglado" que no estuviera dentro de lo correcto.

Lea el siguiente texto. Luego conteste las preguntas.

Selección de *La calle principal*

Sinclair Lewis

Esa sola palabra, hogar, la aterrorizaba. ¿Sería en verdad cierto e inescapable el hecho de que ella se había comprometido a vivir en este pueblo llamado *Ghoper Prairie*? Y este hombre corpulento junto a ella, el que se atrevía a definir su futuro, ¿era un extraño? La mujer se volteó en su asiento y lo miró fijamente. ¿Quién era? ¿Por qué estaba sentado con ella? ¡No pertenecía a su clase! Tenía un cuello grueso y su forma de hablar era desagradable. Tendría doce o trece años más que ella y no lo rodeaba aquel tipo de magia que conllevan las aventuras compartidas y el entusiasmo. No podía creer que siquiera una vez hubiese podido ella dormir en sus brazos. Era uno de esos sueños que uno tiene pero no quiere admitir oficialmente.

Se decía a sí misma lo bueno que era, lo atento y comprensivo. Le tocó una oreja, acarició la superficie de su mandíbula sólida y, alejándose de nuevo, se concentró en la idea de que su pueblo debería gustarle. No iba a ser como uno de esos poblados yermos. ¡No podría serlo!

¿Cómo, si tenía tres mil habitantes? Era una población considerable. Habría unas seiscientas casas o más. Además…, los lagos cercanos serían tan hermosos. Ya los había visto en fotografías. Tendrían que ser encantadores…, ¿verdad?

A medida que el tren se alejaba de Wahkeenyan, la mujer empezó nerviosamente a buscar los lagos, el comienzo de toda su vida futura. Pero cuando los descubrió, a la izquierda de la vía férrea, su única impresión fue que se parecían a las fotografías.

A una milla de *Gopher Prairie*, las vías pasan por la cresta curvada de una montaña y desde allí podía divisar todo el pueblo. Con un furioso golpe, abrió la ventanilla y miró hacia afuera, mientras los dedos arqueados de la mano izquierda temblaban sobre el alféizar y la mano derecha descansaba sobre su pecho.

Y entonces vio que *Gopher Prairie* no era más que una aldea algo mayor que las muchas aldeas que había ido pasando. Solo un Kennicott podría verla como algo excepcional. Las casitas amontonadas rompían la monotonía del paisaje de las llanuras, pero no más que lo hubiese hecho un matorral de avellanas. Los campos envolvían la aldea e iban más allá. Se veía desprotegida y nada protectora; carecía de dignidad y del menor atisbo de grandeza. Solamente los silos, altos y pintados de rojo, y unos pocos campanarios se alzaban sobre el conjunto. Era un campamento fronterizo. No era un sitio habitable, esto era imposible e inconcebible.

Los habitantes serían tan opacos como sus viviendas, tan aplastados como sus campos. Ella no podría quedarse allí. Tendría que arrancarse de los brazos de aquel hombre y huir.

Le echó una mirada. Se sentía, a la vez, indefensa ante la madurez de su fijeza y emocionada cuando él lanzó su revista rodando por el pasillo, se agachó para recoger las bolsas, se levantó con el rostro enrojecido y se regodeó diciéndole, "Hemos llegado".

La mujer sonrió por lealtad y apartó la mirada. El tren se acercaba al pueblo. Las casas en los alrededores eran mansiones pintadas de un rojo desteñido que mostraba su edad, con adornos de madera o refugios de marcos sombríos como los cajones de un almacén o nuevos *bungalows* con piso de concreto que intentaba imitar la piedra.

Ahora el tren pasaba junto a los silos, junto a los tanques de aspecto triste que servían para guardar el petróleo, una lechería, una maderera, un corral fangoso, pisoteado y maloliente. El tren se detenía en una estación pequeña y pintada de rojo, sobre cuya plataforma se amontonaban los campesinos barbudos y calzados con mocasines, seres sin afán de aventura y ojos muertos. Allí estaba ella. No podía continuar. Era su final, el final del mundo. Se sentó con los ojos

cerrados, anhelando deshacerse de Kennicott, esconderse en algún
lugar del tren, huir hacia el Pacífico.

Algo grande se apoderó de su alma y le ordenó: "!Basta! ¡No continúes
actuando como un bebé quejumbroso!" Se irguió rápidamente y dijo:
"¡Qué maravilloso haber llegado por fin!".

El hombre creyó sus palabras. Ella haría un esfuerzo para que
le gustase el lugar. Y terminaría haciendo cosas tremendas.

5. ¿Cuál de estas oraciones de la selección <u>mejor</u> expresa la diferencia entre
las expectativas del personaje sobre *Gopher Prairie* y la realidad?

   A. Se veía desprotegida y nada protectora; carecía de dignidad y del
   menor atisbo de grandeza.
   B. La mujer sonrió por lealtad y apartó la mirada.
   C. "¡Basta! ¡No continúes actuando como un bebé quejumbroso!"
   D. Se irguió rápidamente y dijo:"¡Qué maravilloso haber llegado por fin!"

Respuesta correcta: A. Se veía desprotegida y nada protectora; carecía de
dignidad y del menor atisbo de grandeza.

6. Lea la siguiente selección del texto.

   No iba a ser como uno de esos poblados yermos. ¡No podría serlo!
   ¿Cómo, si tenía tres mil habitantes? Era una población considerable.
   Habría unas seiscientas casas o más. Además…, los lagos cercanos
   serían tan hermosos. Ya los había visto en fotografías. Tendrían que
   ser encantadores…, ¿verdad?

   ¿Qué indican los pensamientos del personaje sobre cómo se siente, a
   medida que se acerca a *Gopher Prairie*?

   A. que se siente curiosa pero tiene dudas
   B. que se siente renuente y enojada
   C. que se siente emocionada y optimista
   D. que tiene dudas, pero conserva la mente abierta

Respuesta correcta: A. que se siente curiosa pero tiene dudas

7. Lea esta oración sacada del texto.

   ¿Sería en verdad cierto e inescapable el hecho de que ella se había
   comprometido a vivir en este pueblo llamado *Gopher Prairie*?

   ¿Cuál de los sentimientos del personaje en el texto se capta mejor en la
   frase "se había comprometido a"?

   A. que ya ella se siente atada a este pueblo
   B. que ella se siente destinada a vivir en este pueblito
   C. que ella reconoce que puede decidir sobre su propio destino
   D. que ella reconoce su incapacidad para tomar sus propias decisiones

Respuesta correcta: C. que ella reconoce que puede decidir sobre su propio
destino

Artes del lenguaje–Escritura

1. Lea esta oración.

> Por qué mi mamá quería que yo limpiara mi habitación, hay muchas razones para ello; la principal era la densa capa de polvo sobre mi mesa; también había un montón de envolturas de barras de chocolate que cubrían el piso.

¿Cuál de las siguientes es la revisión <u>más</u> precisa y efectiva de la oración?

A. Había muchas razones por las cuales mi mamá quería que yo limpiara mi habitación, pero las principales eran la densa capa de polvo sobre mi mesa y el montón de envolturas de barras de chocolate que cubrían el piso.

B. Mi mamá quería que yo limpiara mi habitación por muchas razones, pero había dos entre todas que eran las principales; primero, la densa capa de polvo sobre mi mesa y, segundo, el montón de envolturas de barras de chocolate que cubrían el piso.

C. A pesar de la densa capa de polvo sobre mi mesa, había otras razones por las cuales mi mamá quería que yo limpiara mi habitación; la principal entre ellas era el montón de envolturas de barras de chocolate que cubrían el piso.

D. Por qué mi mamá quería que yo limpiara mi habitación, la principal entre las muchas razones era la densa capa de polvo sobre mi mesa, pero también un montón de envolturas de barras de chocolate que cubrían el piso.

<u>Respuesta correcta</u>: **A.** Había muchas razones por las cuales mi mamá quería que yo limpiara mi habitación, pero las principales eran la densa capa de polvo sobre mi mesa y el montón de envolturas de barras de chocolate que cubrían el piso.

2. ¿Cuál de estas oraciones incluye una falta de ortografía?

A. Robertito estaba extático pensando que iba a la ciudad con sus amigos para ver un juego de béisbol el fin de semana.

B. El tiempo primaveral ya se sentía más tibio pero tampoco estaba terriblemente caliente aún; ¡era un clima perfecto para un juego de béisbol!

C. Robertito le había prometido a su hermanito que iba a tomar fotos de algunos de los jugadores más famosos y que también iba a intentar aquirir sus autógrafos.

D. También le aseguró a su hermano que le compraría algún recuerdito extraordinario en la tienda de regalos del estadio.

<u>Respuesta correcta</u>: **C.** Robertito le había prometido a su hermanito que iba a tomar fotos de algunos de los jugadores más famosos y que también iba a intentar aquirir sus autógrafos.

3. Lea esta oración.

> Se percibía una falta de esfuerzo cuando Barry tocaba su guitarra, lo cual estaba dando la impresión, algo casi imposible de describir, que él y su instrumento se habían convertido en una sola unidad productora de música.

¿Cuál de las siguientes revisiones <u>mejor</u> expresa la idea central de modo preciso y concisamente?

A. Él y su instrumento se habían convertido en una nueva unidad productora de música.

B. Milagrosamente aunados, Barry tocaba su guitarra con tan poco esfuerzo que parecía que él y su instrumento eran una sola unidad productora de música.

C. La falta de esfuerzo con la cual Barry tocaba su guitarra daba la impresión de que él y su instrumento se hubieran convertido milagrosamente en una sola unidad productora de música.

D. Había una falta de esfuerzo en cómo Barry tocaba su guitarra, debido a algo imposible de describir, y lo hacía aparecer como si él y su instrumento se hubieran aunado para formar una sola unidad productora de música.

<u>**Respuesta correcta:**</u> **C.** La falta de esfuerzo con la cual Barry tocaba su guitarra daba la impresión de que él y su instrumento se hubieran convertido milagrosamente en una sola unidad productora de música.

4. Lea el siguiente párrafo.

> Un héroe común es la persona normal y corriente que responde con un sentido de urgencia frente a una situación que requiere acción inmediata. El héroe cotidiano reconoce que la indiferencia no es una opción. Considera el riesgo que implica la situación, pero generalmente lo hace después de haber actuado. Un héroe actúa siempre.

¿Cuál de estas oraciones sería la <u>mejor</u> para concluir el párrafo?

A. El mundo está lleno de distintas clases de héroes.

B. Sus acciones definen al héroe como una persona generosa que afecta positivamente a la humanidad con su comportamiento.

C. El héroe cotidiano es el vecino de la puerta contigua que rescata a un niño a punto de ser atropellado por un automóvil.

D. La magnitud del riesgo que se va a enfrentar no tiene importancia para el héroe ya que tiene muy poco tiempo para considerar las consecuencias.

<u>**Respuesta correcta:**</u> **B.** Sus acciones definen al héroe como una persona generosa que afecta positivamente a la humanidad con su comportamiento.

5. Lea este fragmento del borrador de un ensayo. Después conteste las preguntas.

> ¹En todo el territorio de Estados Unidos hay ciudades conocidas por sus platos "especiales". ²Cada plato tiene un sabor único y una historia, y muchas personas viajan de un extremo a otro del país para probarlos. ³Chicago es famoso por su pizza de masa gruesa. El pastel de queso de ⁴Nueva York es una de las razones que hacen famosa a la ciudad.
>
> ⁵Pat y Harry nacieron en el sur de la ciudad de Filadelfia. ⁶Pat nació en 1907 y Harry nació nueve años después. ⁷Cuando Harry era un chiquillo de tres años, la familia Olivieri se mudó a Italia. ⁸La familia permaneció en Italia por un corto tiempo antes de regresar a Filadelfia. ⁹Harry se dedicó a aprender carpintería. ¹⁰Trabajaba a la salida de la escuela. ¹¹También trabajaba en el astillero de la Marina. ¹²Pat comenzó a fabricar trineos. ¹³Harry y Pat querían alcanzar una vida mejor y ganar más dinero, así que decidieron abrir un puesto de venta de salchichas por la noche. ¹⁴En 1930, los hermanos abrieron puestos de salchichas en las esquinas de la Calle Nueve, la Calle Wharton y la Avenida Passyunk.

¿Cuál de estas oraciones mejor completa el primer párrafo para crear una cohesión entre los dos párrafos?

A. Pat y Harry Olivieri, que en el pasado vivieron en Filadelfia, inventaron la comida denominada "Philly cheesesteak" (un bocadillo con bistec y queso).

B. Los "Philly cheesesteaks" son un plato distintivo de Filadelfia y fueron inventados por los hermanos Olivieri.

C. Los hermanos Olivieri inventaron el "Philly cheesesteak" para atraer la atención del público hacia la ciudad que ellos consideraban como su hogar.

D. Gracias a los dos hermanos, Pat y Harry Olivieri, Filadelfia también tiene su propio plato distintivo: el "Philly cheesesteak".

Respuesta correcta: D. Gracias a los dos hermanos, Pat y Harry Olivieri, Filadelfia también tiene su propio plato distintivo: el "Philly cheesesteak".

6. ¿Cuál de estas revisiones mejor combina con efectividad las ideas de las oraciones 9, 10 y 11 para formar una sola oración?

A. Como Pat fabricaba trineos, Harry trabajaba en carpintería a la salida de la escuela así como también en un astillero.

B. Pat fabricaba trineos y Harry trabajaba a la salida de la escuela, aprendiendo carpintería y trabajando en un astillero.

C. Los hermanos trabajaban a la salida de la escuela en carpintería (Harry) y en un astillero (Harry), y fabricando trineos (Pat).

D. Harry se ocupaba a la salida de la escuela, aprendiendo carpintería y trabajando en un astillero, mientras que Pat comenzó a fabricar trineos.

Respuesta correcta: D. Harry se ocupaba a la salida de la escuela, aprendiendo carpintería y trabajando en un astillero, mientras que Pat comenzó a fabricar trineos.

Escriba un ensayo delineando y explicando las cualidades que debe tener un argumento convincente. Base sus ideas en los dos textos que ha leído: las selecciones de la *Declaración de Independencia* de Thomas Jefferson y la selección del discurso de Frederick Douglass sobre "¿Qué significa el 4 de julio para un esclavo?"

Antes de empezar a planear y a escribir, lea estos dos textos:

1. *La Declaración de Independencia* (página 396)
2. ¿Qué significa el 4 de julio para un esclavo?" (página 398)

Mientras lee los textos, piense sobre qué detalles de esos textos podría usar en su ensayo. Puede tomar notas o resaltar los detalles mientras lee.

Después de leer los textos, cree un plan para su ensayo. Piense acerca de las ideas, los hechos, las definiciones, los detalles y otra información y otros ejemplos que desea usar. Piense en cómo va a presentar el tópico y cuál será el tópico principal para cada párrafo.

7. Ahora, escriba su ensayo. Asegúrese de:
   >> Usar información de los dos pasajes para que su artículo incluya detalles importantes. Presente el tópico claramente, provea un enfoque y organice la información de modo que tenga sentido.
   >> Desarrollar el tópico con hechos, definiciones, detalles, citas u otra información y otros ejemplos relacionados con el tópico.
   >> Usar transiciones apropiadas y variadas para crear una cohesión.
   >> Aclarar la relación entre las ideas y los conceptos.
   >> Usar un lenguaje claro y un vocabulario que resulte informativo sobre el tópico.
   >> Proveer una conclusión que siga la información presentada.

Matemáticas

Las primeras dos preguntas se refieren a formas de evaluar la comprensión por parte del estudiante que está tomando el examen sobre exponentes racionales y radicales mediante dos Estándares Comunes Estatales (CCSS) distintos. Ambos enfoques son importantes para la evaluación, pues uno se refiere a las destrezas de razonamiento algebraico, mientras que el otro requiere un entendimiento de cómo los números equivalentes reales pueden representarse en diversos modos.

1. Si $\sqrt[4]{64} = 4^x$, ¿cuál es el valor de x?

Respuesta correcta: $\frac{3}{4}$

2. Estudie la siguiente expresión polinomial:

$(x^2 - x + 1) + (2x^2 + x - 9)$

¿Qué es la suma del polinomial?

A. $x^2 - 8$

B. $3x^2 - 8$

C. $3x^2 - 2x - 8$

D. $3x^2 + 2x - 8$

Respuesta correcta: B. $3x^2 - 8$

3. Cuando un globo esférico se llena de aire, tiene un diámetro de 6 pulgadas. ¿Cuál número representa el mejor estimado para el volumen de aire en el globo, en pulgadas cúbicas?

A. 75.4

B. 108.0

C. 113.1

D. 150.8

Respuesta correcta: C. 113.1

4. Dos rectángulos son similares y las dimensiones que aquí se muestran aparecen en centímetros.

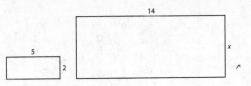

¿Cuál es la medida de *x* en centímetros?

  A. 4.0
  B. 5.6
  C. 8.4
  D. 11.0

Respuesta correcta: B. 5.6

5. Sharon hizo un dijubo a escala de un parque triangular. Las coordinadas para los vértices del parque son:

  (–10,5), (15,5), (10, 12)

  Su escala es 1 unidad = 1 metro.

¿Cuál es el área del parque triangular en metros cuadrados?

Respuesta correcta: 87.5

6. ¿Cuál es la solución de la ecuación $2(x - 10) + 4 = -6x + 2$?

A. $\dfrac{-9}{2}$

B. 1

C. $\dfrac{9}{4}$

D. $\dfrac{5}{2}$

Respuesta correcta: C. $\dfrac{9}{4}$

7. El tiempo, T, que les lleva completar el trabajo a dos personas que laboran juntas se da por $T = \dfrac{1}{r_1 + r_2}$.

En la ecuación,

r_1 es el ritmo de trabajo de la primera persona y

r_2 es el ritmo de trabajo de la segunda persona.

¿Qué fórmula podría usarse para encontrar r_1 si se saben los valores para T y r_2?

A. $r_1 = \dfrac{T - r_2}{r_2}$

B. $r_1 = \dfrac{1 - Tr_2}{T}$

C. $r_1 = \dfrac{T}{r_2 - r_2}$

D. $r_1 = \dfrac{Tr_2}{T + r_2}$

Respuesta correcta: B. $r_1 = \dfrac{1 - Tr_2}{T}$

8. Un sofá, S, cuesta \$900 más que una silla, Sl. El precio total del sofá y la silla es \$1,200. ¿Qué sistema de ecuaciones puede usarse para averiguar el precio de cada mueble?

A. $Sl = S - 900$
$S + Sl = 1200$

B. $Sl = S + 900$
$S - Sl = 1200$

C. $Sl = S + 900$
$S + Sl = 1200$

D. $S = Sl + 1200$
$S - Sl = 900$

Respuesta correcta: A. $Sl = S - 900$
$S + Sl = 1200$

9. El agua fluye en un tanque en un lapso de 10 minutos. La función $f(x)$ que aparece en el gráfico sirve de modelo para el ritmo del flujo de agua en galones por minuto (GPM)

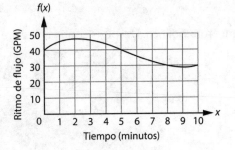

¿En cuál de estos intervalos el ritmo del flujo de agua alcanza su mayor cantidad?

A. $x = 0$ a $x = 1$

B. $x = 2$ a $x = 3$

C. $x = 4$ a $x = 5$

D. $x = 8$ a $x = 9$

Respuesta correcta: A. $x = 0$ a $x = 1$

10. ¿Cuál de estas funciones tiene la misma pendiente que $f(x)$?

A. $g(x) = x + 7$

B. $h(x) = 2x + 2$

C. $q(x) = 4/5x + 8$

D. $p(x) = 7/5x + 5$

Respuesta correcta: D. $p(x) = 7/5x + 5$

11. Tom tiene dos dados y cada uno tiene números del 1 al 6 en los lados. Si él tira los dados a la vez y suma los números, el espacio muestral de las posibles combinaciones es la serie (2, 3, 4, 5, 6, 7, 8, 9, 10, 11, 12). Tom tira los dados. Uno de los dados muestra un número menor que o igual a 3. El otro dado muestra el número 4. ¿Cuál de los los siguientes subconjuntos del espacio muestral, describe el grupo de las posibles combinaciones para Tom?

A. {5, 6}

B. {4, 5, 6}

C. {5, 6, 7}

D. {4, 5, 6, 7}

Respuesta correcta: C. {5, 6, 7}

Estudios Sociales

Estudie esta caricatura política. Después conteste las preguntas a continuación.

1898

Hawaii

UNITED STATES   Eastport Maine

Manila

Puerto Rico

Samoa

U.S. 1798

Diez mil millas de punta a punta.–Philadelphia Press.

1. Los Estados Unidos adquirió algunos de los territorios insulares que se muestran en la caricatura como resultado de

   A. una guerra con España
   B. un tratado con Francia
   C. un tratado con México
   D. una guerra con Gran Bretaña

Respuesta correcta: A. una guerra con España

2. ¿Con cuál de estas declaraciones estaría de acuerdo el caricaturista?

   A. Los Estados Unidos debería ser cuidadoso al adquirir nuevos territorios.
   B. Los Estados Unidos solo debería agregar territorios que mejoren la economía estadounidense.
   C. Los Estados Unidos solo debería agregar territorios cuando la población nacional necesite ayuda.
   D. Los Estados Unidos debería adquirir territorios para aumentar la influencia estadounidense.

Respuesta correcta: D. Los Estados Unidos debería adquirir territorios para aumentar la influencia estadounidense.

Lea la información en la casilla. Después conteste la pregunta que sigue.

> Los poderes no delegados a los Estados Unidos por la Constitución ni prohibidos por ella a los estados, están reservados a los estados o al pueblo respectivamente.
>
> —*Décima enmienda de la Constitución de los Estados Unidos*

3. ¿Cuál de estas oraciones describe por qué la Décima enmienda se agregó a la Constitución de los Estados Unidos?

 A. para restringir el poder estatal sobre el pueblo

 B. para limitar el poder del gobierno federal

 C. para permitir que los ciudadanos pudieran participar en una democracia directa a nivel estatal

 D. para permitir que los estados invaliden leyes federales que ellos estimen como inconstitucionales

Respuesta correcta: B. para limitar el poder del gobierno federal

Lea la selección. Después conteste la pregunta que sigue.

> Cuando los poderes legislativo y ejecutivo están unidos en la misma persona o en el mismo cuerpo de magistrados, no puede haber libertad.
>
> No hay libertad si el poder de juzgar no está separado de los poderes legislativo y ejecutivo.
>
> *Barón de Montesquieu, El espíritu de las leyes, 1748*

4. ¿Cuál es el principio del gobierno de los Estados Unidos que se describe en esta selección?

 A. derechos individuales

 B. soberanía popular

 C. separación de poderes

 D. separación de la iglesia y el estado

Respuesta correcta: C. separación de poderes

Lea la selección. Después conteste la pregunta que sigue.

El Barón de Montesquieu fue un filósofo de la Ilustración. La filosofía de la Ilustración en el siglo XVIII se enfrentaba a la autoridad tradicional y demandaba una sociedad basada en la libertad, la igualdad y la razón humana.

5. ¿Cuál de estas declaraciones describe un efecto de la Ilustración en Europa?

   A. Influyó en que se aumentaran las restricciones en los derechos humanos.
   B. Influyó en que muchos países llevaran la democracia a sus colonias.
   C. Influyó en que se aumentara la cooperación en tiempos de paz entre los gobiernos.
   D. Influyó en que muchos ciudadanos exigieran más derechos de sus gobiernos.

Respuesta correcta: D. Influyó en que muchos ciudadanos exigieran más derechos de sus gobiernos.

6. Lea la lista en la casilla. Después conteste la pregunta que sigue.

?
• Conflictos étnicos
• Militarismo
• Colonialismo
• Imperialismo
• Alianzas secretas

¿Cuál de estas frases es el mejor título para la lista en la casilla?

   A. Causas de la Primera Guerra Mundial
   B. Causas de la Guerra Fría
   C. Causas de la Guerra de los Siete Años
   D. Causas de la Revolución Rusa

Respuesta correcta: A. Causas de la Primera Guerra Mundial

7. ¿Cuál de estas frases <u>mejor</u> define el término económico *ganancias*?

   A. la ganancia financiera que un empleado obtiene al trabajar tiempo extra, por beneficios y por bonificación

   B. la ganancia financiera debida al interés que proviene de préstamos bancarios, bonos o cuentas de ahorro

   C. la ganancia financiera recibida a través de la venta de productos o servicios antes de sustraer los gastos

   D. la ganancia financiera que recibe un empresario vendiendo productos o servicios, después de pagar los costos de producción

Respuesta correcta: D. la ganancia financiera que recibe un empresario vendiendo productos o servicios, después de pagar los costos de producción

8. ¿Cuál fue la razón <u>principal</u> para que Inglaterra, Francia, España y los Países Bajos compitieran por las colonias en Norteamérica durante el durante el siglo XVII?

   A. para extender los ideales democráticos

   B. para controlar las rutas comerciales hacia Asia

   C. para convertir a las poblaciones indígenas al cristianismo

   D. para ganar control de los valiosos recursos naturales

Respuesta correcta: D. para ganar control de los valiosos recursos naturales

9. Mire el gráfico. Después conteste la pregunta que sigue.

Proyección del consumo de energía en los Estados Unidos, China e y la India, 2015–2035

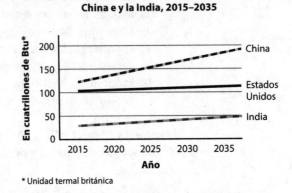

* Unidad termal británica

¿Cuál de estas oraciones explica cómo los cambios en la demanda de energía en China e India <u>probablemente</u> afectarán a los consumidores en los Estados Unidos?

A. Los consumidores en los Estados Unidos verán que los precios de los bienes de consumo aumentarán debido a que la demanda de energía subirá.

B. Los consumidores en los Estados Unidos tendrán que pagar precios más altos por la energía debido a que la demanda disminuirá.

C. Los consumidores en los Estados Unidos pagarán precios más bajos por la energía debido a que se crearán nuevas fuentes de energía para poder satisfacer el aumento en la demanda.

D. Los consumidores en los Estados Unidos verán que los precios de los productos disminuirán ya que los proveedores necesitarán usar menos energía para producir sus bienes de consumo.

<u>**Respuesta correcta:**</u> **A.** Los consumidores en los Estados Unidos verán que los precios de los bienes de consumo aumentarán debido a que la demanda de energía subirá.

10. Lea la lista en la casilla. Después conteste la pregunta que sigue.

> - Clima caliente y seco
> - Baja precipitación
> - Desiertos creados por las montañas y los vientos
> - Grandes cantidades de petróleo y gas natural

¿Qué región geográfica mundial aparece descrita en la lista de la casilla?

A. El Oriente Medio

B. Las grandes llanuras

C. El Asia sudeste

D. La cuenca del río Amazonas

<u>**Respuesta correcta:**</u> **A.** El Oriente Medio

Ciencia

1. ¿Cuál de estas oraciones describe el papel del ADN en una célula?

A. El ADN es el material que se forma en la membrana de la célula.

B. El ADN produce la energía necesaria para las actividades de la célula.

C. El ADN provee la información para producir proteínas en la célula.

D. El ADN es la pieza fundamental para construir las demás moléculas en la célula.

Respuesta correcta: C. El ADN provee la información para producir proteínas en la célula.

Base para A. El ADN no es el material que forma la membrana celular.

Base para B. El ADN no se encarga de producir energía en una célula.

Base para C. Las secuencias básicas de nitrógeno del ADN proveen la información codificada que se necesita para producir distintas proteínas para una célula.

Base para D. Aunque el ADN contiene instrucciones codificadas para ensamblar proteínas, el ADN no es la pieza fundamental que produce otras moléculas.

2. Una especie de plantas varía en cuanto a la formación de los bordes de sus hojas. Algunas de las plantas tienen hojas con bordes ondulados y otras de las plantas tienen bordes lisos. En esta especie de plantas, el rasgo para la formación del borde está controlado por un solo gen. El alelo dominante está representado por L y el alelo recesivo está representado por l.

Una planta con hojas de bordes ondulados se cruza con una planta de bordes lisos y produce 421 descendientes. De estos, 298 plantas descendientes tienen hojas de bordes ondulados y 123 plantas descendientes tienen hojas de bordes lisos.

¿Cuáles son los genotipos de las plantas progenitoras en este cruce?

A. Ll y ll

B. Ll y Ll

C. LL y ll

D. LL y Ll

Respuesta correcta: B. Ll y Ll

Base para A. Al cruzar estos genotipos se espera que se produzca un fenotipo en una relación de 1:1, mientras que el fenotipo observado tiene una relación de aproximadamente 3:1.

Base para B. La relación del fenotipo observado es aproximadamente de 3:1, lo cual es consistente con un cruce entre dos progenitores heterocigotos.

Base para C. Un error común es que cada progenitor es homocigoto en cuanto a la expresión de su fenotipo. Un cruce que involucra a un progenitor homocigoto dominante resultaría en que todos los descendientes tendrían el fenotipo dominante, aun si el otro progenitor fuera homocigoto recesivo.

Base para D. Un cruce que involucra un progenitor homocigoto dominante resultaría en que todos los descendientes tendrían el fenotipo dominante.

3. Se estudió una población de cierta especie de mamíferos durante varias generaciones. El gráfico muestra los porcentajes de los colores del pelaje observados en la población durante las generaciones.

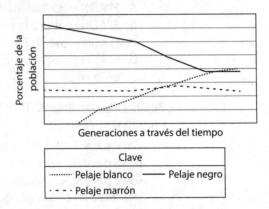

Generaciones a través del tiempo

Clave	
·········· Pelaje blanco	—— Pelaje negro
- - - Pelaje marrón	

¿Cuál de estas explicaciones es la razón más probable para la apariencia de los individuos que tienen pelaje blanco?

A. Los mamíferos cambiaron el color de su pelaje para adaptarse a un cambio climático.

B. Los mamíferos eligieron una nueva fuente de alimentación que resultó en un nuevo color de pelaje.

C. Ocurrió una mutación en el gen correspondiente al color del pelaje, lo cual resultó en un nuevo color de pelaje.

D. Un nuevo depredador apareció en el área, lo cual causó que los individuos cambiaran el color de su pelaje.

Respuesta correcta: C. Ocurrió una mutación en el gen correspondiente al color del pelaje, lo cual resultó en un nuevo color de pelaje.

Base para A. Un error común es que los organismos pueden elegir cambios en su genotipo en respuesta a las presiones de selección. Un rasgo tiene que existir en la población antes que la selección pueda actuar sobre ella.

Base para B. El estudiante que responde puede creer que las fuentes de alimentación pueden producir nuevos alelos dentro de la población.

Base para C. Nuevos alelos (que pueden producir nuevos fenotipos) se producen a través de mutaciones en las células gametos.

Base para D. El estudiante que responde puede creer que la amenaza de depredación puede producir nuevos alelos dentro de la población.

4. De estas afirmaciones, ¿cuál podría explicar <u>mejor</u> los cambios que a través del tiempo aparecen en los porcentajes de los colores del pelaje dentro de la población?

   A. Los mamíferos con pelaje blanco tienen una ventaja para producir descendencia.

   B. Los mamíferos con pelaje marrón tienen una ventaja para producir descendencia.

   C. Los mamíferos con pelaje blanco tienen una desventaja para producir descendencia.

   D. Los mamíferos con pelaje marrón tienen una desventaja para producir descendencia.

<u>**Respuesta correcta:**</u> **A.** Los mamíferos con pelaje blanco tienen una ventaja para producir descendencia.

   Base para A. El porcentaje de la población con pelaje blanco aumentó a ritmo constante a través del tiempo, lo cual quizás apoya la afirmación que el pelaje blanco tiene una ventaja reproductiva.

   Base para B. El porcentaje de la población con pelaje marrón se mantuvo relativamente estable a través del tiempo, lo cual no apoya la afirmación que el pelaje marrón tiene una ventaja reproductiva.

   Base para C. El porcentaje de la población con pelaje blanco aumentó a ritmo constante a través del tiempo, lo cual no apoya la afirmación que el pelaje blanco tiene una desventaja reproductiva.

   Base para D. El porcentaje de la población con pelaje marrón se mantuvo relativamente estable a través del tiempo, lo cual no apoya la afirmación que el pelaje marrón tiene una desventaja reproductiva.

5. El sol produce tremendas cantidades de energía. Alguna de esta energía alcanza la Tierra y afecta los sistemas terrestres.

¿Cuál de estas afirmaciones explica cómo el sol produce esta energía?

   A. El sol produce energía a través de las reacciones de fusión en su núcleo.

   B. El sol produce energía a través de la descomposición radiactiva en su núcleo.

   C. El sol produce energía a través de las células de convección en su superficie.

   D. El sol produce energía a través de la reacción de combustión en su superficie.

<u>**Respuesta correcta:**</u> **A.** El sol produce energía a través de las reacciones de fusión en su núcleo.

   Base para A. El sol produce energía a través de la fusión de hidrógeno en su núcleo.

   Base para B. Un error común es que la energía solar proviene de la descomposición radiactiva, lo cual es una reacción de fisión (no una reacción de fusión).

   Base para C. Aunque el sol transfiere energía hacia su superficie a través de la convección, esto no explica cómo se produce la energía.

   Base para D. Un error común es que el sol es una bola de fuego como resultado de la combustión.

6. El diagrama presenta un corte transversal donde dos placas tectónicas de la superficie terrestre se están moviendo una hacia la otra. El borde principal de una placa tectónica tiene una corteza oceánica mientras que el borde principal de la otra placa tectónica tiene una corteza continental.

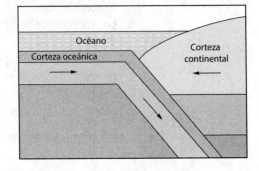

Se podría predecir la formación a través del tiempo de varias características geográficas en el área que se muestra en el diagrama. ¿Cuál es una característica geográfica que <u>no</u> puede predecirse que ocurrirá en esta área?

A. volcanes
B. montañas
C. una dorsal oceánica
D. una fosa oceánica

<u>Respuesta correcta</u>: C. una dorsal oceánica

Base para A. Se puede predecir la formación de volcanes en esta área, debido a la subducción de la placa oceánica.
Base para B. Se puede predecir la aparición de montañas en esta área.
Base para C. Una dorsal oceánica ocurre cuando dos placas oceánicas se alejan la una de la otra; por lo tanto, no puede predecirse que esto ocurrirá en esta área.
Base para D. La aparición de una fosa oceánica podría predecirse en esta área debido a la subducción de la placa oceánica.

7. ¿Cuál de estas frases puede explicar el movimiento de las placas tectónicas que se muestran en el diagrama?

A. la rotación del eje de la Tierra
B. las corrientes dentro de los océanos de la Tierra
C. la convección del material en el interior de la Tierra
D. la fuerza de gravedad del sol y la luna sobre la superficie de la Tierra

<u>Respuesta correcta</u>: C. la convección del material en el interior de la Tierra

Base para A. Un error común es que la rotación de la Tierra causa el movimiento de las placas tectónicas.
Base para B. El estudiante que responde puede creer que las corrientes dentro del océano causan el movimiento de las placas tectónicas.
Base para C. La convección lenta del material en el interior de la Tierra podría explicar el movimiento de las placas tectónicas de la superficie terrestre.
Base para D. El estudiante que responde puede creer que la fuerza de gravedad del sol y la luna causa el movimiento de las placas tectónicas.

8. Un objeto en reposo con una masa de 4 kilogramos (kg) recibe una fuerza que causa que el objeto se mueva. La tabla muestra las medidas documentadas para el movimiento del objeto.

TIEMPO (S)	VELOCIDAD (m/s)
0	0
1	2
2	4
3	6
4	8
5	10

Basándose en los datos, ¿cuál es la ecuación que determina correctamente la cantidad de fuerza, en newtons (N), que actuó sobre el objeto?

A. $4 \text{ kg} \times 0.5 \frac{s^2}{m} = 2 \text{ N}$

B. $4 \text{ kg} \times 2 \frac{m}{s^2} = 8 \text{ N}$

C. $4 \text{ kg} \times 5 \text{ s} = 20 \text{ N}$

D. $4 \text{ kg} \times 10 \frac{m}{s} = 40 \text{ N}$

Respuesta correcta: B. $4 \text{ kg} \times 2 \frac{m}{s^2} = 8 \text{ N}$

Base para A. Esta ecuación intenta incorrectamente determinar la fuerza usando el inverso de la aceleración (el cambio de velocidad en el tiempo).

Base para B. Esta ecuación correctamente determina la fuerza, multiplicando la masa del objeto por su aceleración (el cambio de la velocidad en el tiempo), de acuerdo a la Segunda Ley de Movimiento de Newton.

Base para C. Esta ecuación intenta incorrectamente determinar la fuerza usando el tiempo final en la tabla en lugar de la aceleración (el cambio de la velocidad en el tiempo).

Base para D. Esta ecuación intenta incorrectamente determinar la fuerza usando la velocidad final en la tabla, en vez de la aceleración (el cambio de velocidad en el tiempo).

9. El clorato de potasio ($KClO_3$) es un sólido cristalino que puede experimentar descomposición termal para formar cloruro de potasio sólido (KCl) y oxígeno gaseoso (O_2) cuando se añade calor. La ecuación química para esta reacción se muestra seguidamente.

$$2\ KClO_3 + calor \rightarrow 2\ KCL + 3O_2$$

ELEMENTO	SÍMBOLO	MASA MOLAR (gramos/mol)
Potasio	K	39.10
Cloro	Cl	35.45
Oxígeno	O	16.00

Si 5.00 gramos de KCIO (0.0408 moles) sufre una descomposición, ¿cuál de estas ecuaciones muestra la cantidad de oxígeno que se producirá según se predice?

A. $0.0408\ moles \times \dfrac{2\ moles}{3\ moles} \times \dfrac{16.00\ gramos}{mol} = 0.435\ gramos$

B. $0.0408\ moles \times \dfrac{2\ moles}{3\ moles} \times \dfrac{32.00\ gramos}{mol} = 0.870\ gramos$

C. $0.0408\ moles \times \dfrac{3\ moles}{2\ moles} \times \dfrac{16.00\ gramos}{mol} = 0.979\ gramos$

D. $0.0408\ moles \times \dfrac{3\ moles}{2\ moles} \times \dfrac{32.00\ gramos}{mol} = 1.96\ gramos$

Respuesta correcta: D. $0.0408\ moles \times \dfrac{3\ moles}{2\ moles} \times \dfrac{32.00\ gramos}{mol} = 1.96\ gramos$

Base para A. Esta ecuación invierte la concentración de moles, usando 2:3 (en vez de 3:2) y usa la masa molar de oxígeno atómico en lugar de la masa molar de oxígeno molecular.

Base para B. Esta ecuación invierte la concentración de moles, usando 2:3 (en vez de 3:2).

Base para C. Esta ecuación usa la masa molar de oxígeno atómico en vez de la masa molar de oxígeno molecular.

Base para D. Esta respuesta muestra la ecuación matemática correcta para determinar la cantidad de oxígeno que se predijo, producida por una cantidad dada de clorato de potasio.